ビジネスに・経営に必ず役立つ

# 会社法の基礎知識

元弁護士
井口茂
弁護士
鷹取信哉
弁護士
田中昭人［共著］

自由国民社

# 目次

## 第2章・株式会社の特色と設立

# 第3章・株式と株主

## 第4章・株主総会

## 第5章・取締役と監査役

# 第6章・株式会社の会計

## 第7章・会社の資金調達

# 第8章・定款変更・会社分割・合併・倒産

# はしがき

## 『会社法の基礎知識』第六版刊行に際して

平成一七年六月の「会社法」成立を踏まえ、平成一九年八月、従前の『商法の基礎知識』のタイトルを『会社法の基礎知識』と改め、記述も新法に則して大幅に加筆修正をほどこして刊行いたしました。

幸い『会社法の基礎知識』は読者の好評を得、法改正の度に改訂版の発刊を繰り返して参りました。旧版（第五版）は、平成二六年六月改正を踏まえたものですが、令和元年一二月には、株主総会に関する規律の見直し（株主総会資料の電子提供制度の創設、株主提案権の濫用的な行使を制限するための措置の整備）、取締役等に関する規律の見直し（取締役の報酬に関する規律の見直し、会社補償に関する規律の整備、役員等賠償責任保険契約に関する規律の整備、業務執行の社外取締役への委託、社外取締役を置くことの義務付け）、社債の管理に関する規律の見直し、株式交付制度の創設等の改正が行われました。この改正法は、既に令和三年三月（株主総会資料の電子提供制度の創設等の一部の改正については、令和四年九月）から施行されており、もっと早い時期にその内容を反映した改訂版を上梓すべきでしたが、我々執筆者の都合で遅くなってしまいました。

ここに私たちを辛抱強く督励し、発刊に導いてくださった自由国民社の村上美千代さんに深く感謝の意を表したいと思います。

今回の改訂版につきましても、読者の皆さまにご愛読をいただき、忌憚のないご意見を賜れば幸いです。

二〇二四年八月

鷹取　信哉
田中　昭人

## 旧『商法の基礎知識』初版はしがき

この本は、初め、『ビジネスマンの商法入門』として誕生したのですが、その後の改訂を機に、『商法の基礎知識』と改題しました。内容はビジネスに直結している法律「商法」をやさしく説いた本です。

私としては、ビジネスマンの方々はもちろんのこと、ご自分で事業を営んでいる方々、その他直接間接、会社に関与されているみなさんのために、できるだけわかりやすく商法を説明しようと努めたつもりです。商法を現に学んでいたり、あるいはこれから学ぼうとしている学生のみなさんが商法の基礎知識を習得するためにも役立つように、思いきって基本をかみくだいて説明しました。

商法は民法などにくらべ、どちらかというと、「むずかしい法律」と敬遠されるのが一般のようです。

商法はそのような印象をもたれがちですが、ほんとうは商法も学んでみれば、なかなかおもしろい法律なのです。商法を敬遠される人はきっと商法をしっかりと学んだことがない人なのでしょう。いわば食わず嫌いなのです。

どんな分野、学問でも、それを学んでもみずに、受ける印象だけで判断してはいけないものでしょう。商法も学んでみれば、味のある法律だとわかっていただけると思います。

ビジネスの社会では、民法もたいせつな役割を果たしていますが、同時に商法もたいへん重要なはたらきをしています。取引を営む企業そのものも商法が規制しているのですし、その企業が営む取引活動も商法が規制しています。

本文でも述べましたが、商法はひとことでいえば企業に関する法なのです。

この本では判例に登場したケースの話や判例の考えなどをかなりの件数、とりいれて解説しました。また、学生向きの一般の商法の教科書とはおもむきを変え、小規模の株式会社の運営の実際やその問題点についてもかなり言及したつもりです。

なにしろ、実際のわが国の企業社会における企業の圧倒的多数は中小規模の会社なのですから、これを無視することはできないことだからです。そして、また、そのような状況や実際の運営を知ることは、わが国の企業社会を正しく把握するために不可欠のことだからです。

本書が読者のみなさんの商法学習に少しでも役立てば幸いです。

本書中の図面の作成や各頁下段二行のコメントの執筆は、すべて自由国民社編集部に、その責任において行っていただきました。このように本書がまとまるまでの間に同社編集部の諸兄には多大のご協力をいただきました。心から謝意を表する次第です。

一九九〇年一〇月

井口　茂

# 第1章

# 会社という制度

PART 1

# 会社とは

▼それは法律上どのような団体なのであろうか

## 会社って いったいなんだろう

みなさんは、「会社とはなんですか」と問われたとき、どう考え、どう答えますか。

「私の勤め先だ」と答える人もいましょうし、「おやじから引き継いだ家業だ」と答える人もいましょう。中には、「税理士にすすめられて税金対策上作ってみたけれど、あまり実体がないなぁ」とおっしゃる人もいるかもしれません。

「会社」と一般にいうとき、多くの人は、普通、社屋や工場などの物的施設とそこにいる経営者や従業員をまとめて、ばくぜんと企業組織という意味にとらえているようです。それもあながち間違いとはいえませんが、しかし、法律上の意義としては、正確なものとはいえません。

会社というのは社屋のことでもありませんし、また、そこにいる役員や勤めている従業員のことでもありません。これらをひっくるめての企業組織といっても不正確です。

会社は一つの独立した営利法人という団体なのです。社屋や工場、倉庫などはその法人の所有に属する物的施設であり、経営者（役員）は法人の機関です。また、そこに勤めている従業員は法人に雇われている人たちです。

もうすこし正確に会社の概念をとらえておくことにしましょうか。

ひとことでいえば、会社とは営利を目的とする社団法人といえます。こういっても、まだ明確にはあくできないかもしれません。

営利を目的とする社団法人とは、いったいどのような意味なのか、もうすこしくわしく次の段以下で考えてみることにしましょう。

## 社団性——会社は社員からなりたつ団体である

会社は共同の目的を有する複数の構成員からなりたつ団体です。この構成メンバーを法律上は社員といいます。社員食堂とか社員採用試験、社員の慰安旅行などというときに使う社員ということばは、普通、会社の従業員のことをさしているのであって、法律上の正しい意味での社員のことではありません。

法律上、社員というのは社団、すなわち人間の集まり・団体を構成する人たちのことです。たとえば株式会社という社団についていえば、株式会社を構成している株主、これが社員なのです。

会社が社団で、複数の構成員から成り立つ団体だということになりますと、一人会社（株主・社員が一人の会社）の社団性が問題になります。

株式会社については、従来から、一般に一人会社でも株式を他に譲渡し社員を複数になし得る点を重視して社団性は潜在しているものと解されていましたが、この点は持分会社でも同様ですから、会社法は持分会社の社員が一名になることを解散事由とせず（会社法六四一条四号）、一人会社を認めるに至りました。

## 法人性——会社自身が権利能力を有する

はじめに法人ということについて、少しコメントしておきましょう。法律上、権利や義務の主体になりうる地位・資格のことを権利能力とか**法人格**といいますが、この法人格をもっているのは自然人（普通の人間のこと）と法人です。法律は、各種の会社や公益法人など、多くの団体もまた社会を構成している分子と考え、自然人のほかに団体である法人も法人格をもつことにしているのです。法人は法律によらなければ成立することができません（民法三三条一項）。

さて、会社はすべてこのような法人とされています（会社法三条）が、団体、つまり社団であっても、全部が全部、法人となるものではありません。団体であっても、団体自身が権利能力（法人格）を認められていない場合は、その団体は「権利能力のない社団」とよばれ、法人には該当しません。

ＰＴＡとか学校の同窓会などは団体ではあるのですが、それらはこの権利能力のない社団です（団体、すなわち社団ではあるものの、団体それ自体としては権利能力をもちませんので、この名は実体そのものをよくあらわしています）。

会社は全て法人とされますから、会社自身がその名において権利をもち、義務を負担します。会社の財産も負債も全て会社自身が権利や義務のもち手であるわけです。もし仮に、団体に権利能力が認められないとしますと、実際は団体の権利義務であっても、法律上の取り扱いは団体の構成員のだれかの権利義務としたり、あるいは、団体の代表者個人の名において処理をしたりすることが必要となりましょう。これでは法律関係の処理が複雑であるばかりか、ときには実体と異なる権利関係の処理、帰属をすることにもなります。

団体自身に権利能力（法人格）を認め、ちょうど団体が一個の人として権利義務のもち手とされるというところに、法人制度の法律技術上の大きな効用があるわけです。会社は法人とされていますので、団体の法律関係の処理がたいへん簡便になされ、単純化されているのです。

## 営利性——会社は営利を目的とする法人である

法人の中には、公益認定を受けた**公益法人**や、営利を目的としない**一般社団法人等**もありますが、会社はこれらとは異なり、営利を目的とする営利法人です。

会社はそれを構成しているメンバー（社員）の私益をはかることを目的とし、対外的な経済活動・取引活動によって利益をあげたうえで、この利益を配当とか残余財産の分配という方法で会社を構成している社員に分配するのです。

協同組合などは、利益を構成員に分配することを目的としていませんので、会社にはあたりません。相互保険会社なども同様です。

**参照条文**

**会社法二条（定義）**　①この法律において、次の各号に掲げる用語の意義は、当該各号に定めるところによる。
1　会社　株式会社、合名会社、合資会社又は合同会社をいう。

**会社法三条（法人格）**　会社は、法人とする。

**民法三三条一項（法人の成立）**　法人は、この法律その他の法律の規定によらなければ、成立しない。

PART 2

# 会社には四つの種類がある

▼社員や株主は会社の債務を支払う責任を負うか

## 会社には合名、合資 合同、株式の四種類がある

みなさんは会社の基本的なしくみ、たとえば会社を構成している社員はどのような責任を負うか、といったことをお考えになったことがありますか。これからそれを見ていきましょう。

会社法において、「会社」とは**株式会社**、**合名会社**、**合資会社**又は**合同会社**をいいます（会社法二条一号）。

したがって、わが国の会社制度のもとには、以上の四種類の会社があることになります。会社法施行前は、合同会社という形態はなく、**有限会社**という形態がありましたが、会社法においては、合同会社を新設し、従来の有限会社を株式会社の一形態に吸収しました（ただし、会社法制定時に存在する有限会社は特例有限会社として、旧有限会社法の規制を受けることになっています）。

それでは、会社法がこのように会社の種類を四つに限定したのはどうしてなのでしょうか。

それは企業が最も自己に適する種類の会社を選択できるように配慮しながらも、会社についての法律関係をはっきりと明確にし、その構成員や取引先の利益を保護しようという配慮からです。

## 社員の責任とは どのようなことか

会社という社団を構成しているメンバーを「社員」ということは、すでに前のパートで述べました。この社員たる者、いったいどのような責任を負っているのでしょうか。

以上の四種類の会社はその構成メンバーである社員の責任のとりかた、態様が同じではありません。それぞれ異なっています。

責任ということばは、法律上いろいろな意味に使われますが、ここでは、会社が第三者に対して債務を負っている場合に、その会社の構成員である社員が会社の債務を弁済する義務を負う場合のこと、と考えていくことにしましょう。

会社が負っている債務はもちろん、本来、その会社自身の債務なのですが、この会社が負担した債務について、社員自身も会社債権者に対して支払いの責任を負わなければならないという場合、社員は会社債務について**直接責任**を負うといいます。

これに対し、会社に対しては出資義務を負うものの、社員の義務としてはそこまでであり、会社の債務については別段、社員が会社債権者に対し、支払いの責任を負わない場合を**間接責任**といいます。

要するに会社の債権者に対し、社員が自分のサイフから会社債務を弁済する責任があるかどうかということです。

間接責任の場合は、社員が会社債権者に対してまったく責任を負わないのですから、むしろ無責任といったほうがよいような感じもしますが、たとえ、間接責任しか負わない社員でも、会社には出資しており、その出資が会社財産を構成しているわけですので、このような社員の

**会社法のもとに存在する会社の種類**

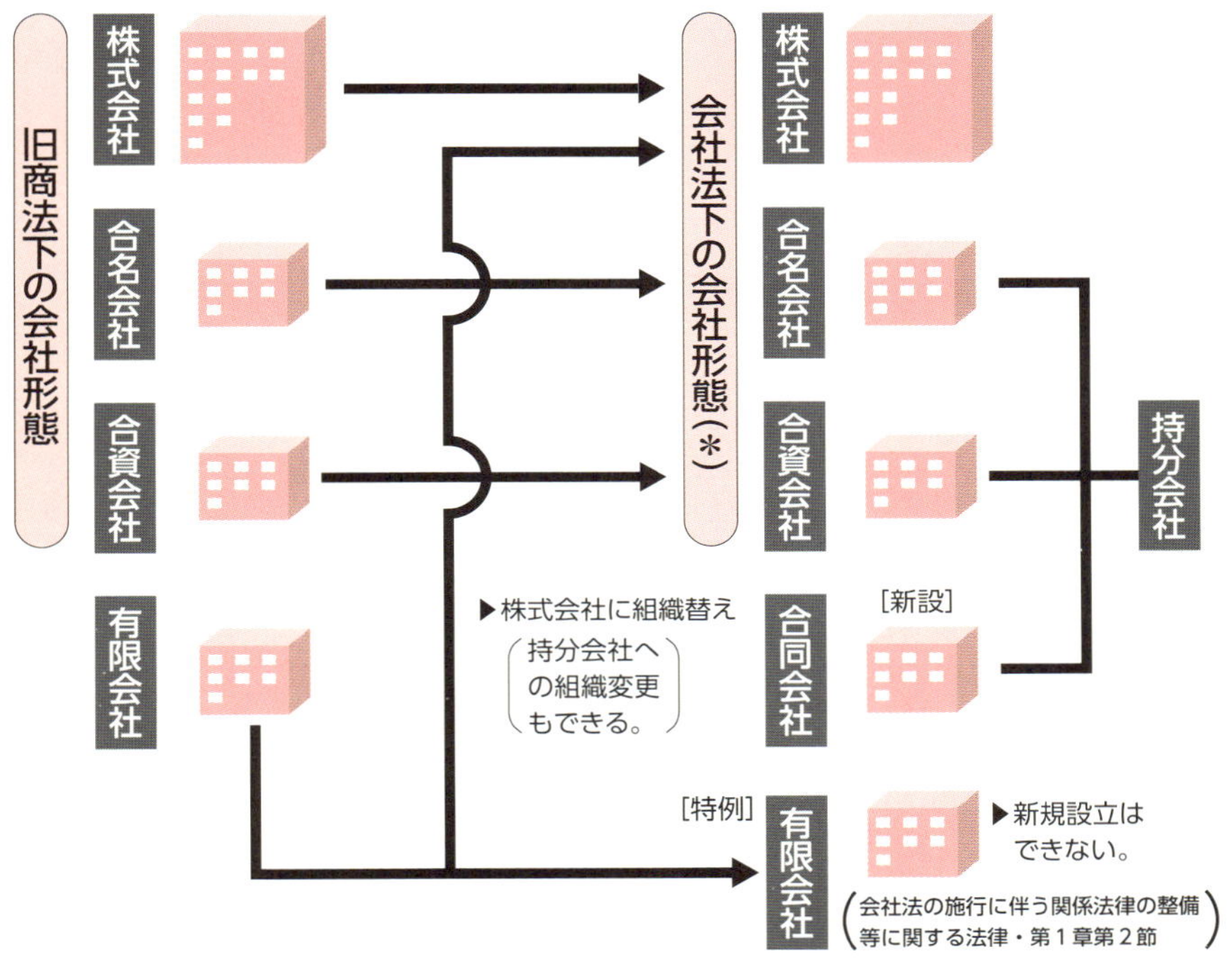


＊会社法は、旧商法や有限会社法などの会社に関する法令を全面的に見直し、一つの統一法典として再編成したもので、平成18年5月1日に施行されました。

出資も会社を通じ、間接的に会社債権者に対する弁済にあてられていると考えることができましょう。そこでこれを間接責任というのです。

次に、社員の責任には**有限責任**と**無限責任**とがあります。

無限責任というのは、会社の債務がどのようにあろうとも、その全額について弁済をする責任を負う場合のことです。有限責任というのはこの弁済の責任が一定の金額を限度としている場合のことをいいます。その名のとおり、限りが無い責任か、限りが有る責任かということなのです。

以上のことを前提に、四種類の会社について、それぞれ、社員の責任がどうなっているかをみることにしましょう。

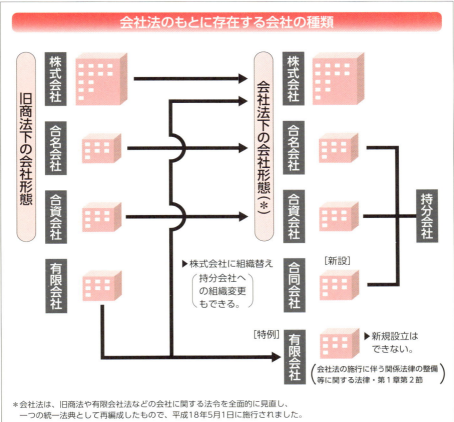

## 合名会社の社員はどのような責任を負うか

合名会社も法人なのですから、会社が負っている債務は会社自身が弁済しなければならないのはもちろんです。

しかし、合名会社では、会社がその財産をもって会社の債務を弁済できないときには、二次的に社員が個人で会社債権者に対して弁済する責任を負うものとされます（直接責任）。

しかも、この責任については限度がおかれていません（無限責任）。

このことでおわかりのように、合名会社というのは直接の無限責任を負う社員だけから構成されている会社です（会社法五七六条二項）。

合名会社はこのように社員の責任がたいへん重く、それだけに個人的におたがいに信頼関係の強い人たちの、少人数の者の共同事業に適する会社形態といえます。各社員の会社に対する関係もたいへん濃く、社員は原則として会社の業務執行にあたることになっています（会社法五九〇条一項）。

## 合資会社の社員には二つの種類がある

合資会社は、合名会社の社員と同様の責任を負う無限責任社員と、会社の債務について会社債権者に対し、直接の責任は負うけれども、その責任の限度は自己の出資額を限度とされる有限責任社員とから構成されています（会社法五七六条三項）。責任の限度が異なる二つの種類の社員からなる二元的組織の会社なわけです。

## 株式会社の社員（株主）の責任は

株式会社は、会社債務については会社債権者に対し、直接にはなんらの責任を負うことなく、ただ、会社に対してのみ一定額の出資義務を負う社員だけからなっている会社です（会社法一〇四条）。

株式会社の社員のことを**株主**といいます。株主は間接の有限責任を負うだけというわけです。同じ有限責任でも、株式会社の株主の有限責任と合資会社の有限責任社員の有限責任とでは内容が違います。株主は原則として出資義務を完了していますので、直接債権者に責任を負うことはありませんが、合資会社の有限責任社員は出資義務を完了していない場合、その限度で直接債権者に責任を負うのです（会社法五八〇条二項）。

株式会社はこのような間接責任を負うにすぎない株主からなりたっており、彼らは会社の基本的な事項については意思の決定に加わりはしますが、業務の執行にはタッチせず、しかも、この株主の地位は株式として細分化され、それに譲渡性が認められているところから、多くの人たちの参画も可能で、これらのことが株式会社を今日みられるところまで発展せしめたといえましょう。

## 合同会社の社員の責任も有限である

合同会社というのは会社法により新たに認められた会社形態で、合名、合資会社と同様に法律に縛られない柔軟な経営が可能でありながら、有限責任社員のみで設立できるものです。有限責任社員のみという点で株式会社と類似しますが、会社債権者に対し直接責任を負う（ただし、出資額を限度とする）という点で異なっています。

## 四種類の会社にはそれぞれ特徴がある

会社には以上にみました四つの種類がありますが、株式会社を除く会社は社員がそれぞれその出資持分を有しているということで、**持分会社**と呼ばれています。そこで、会社法においては、大きく株式会社と持分会社の二種類にわけて法的な規制をしています。

事業を営む場合、どの種類の会社形態を選ぶか問題となりますが、一般的に持分会社は、社員同士の個人的な信頼関係

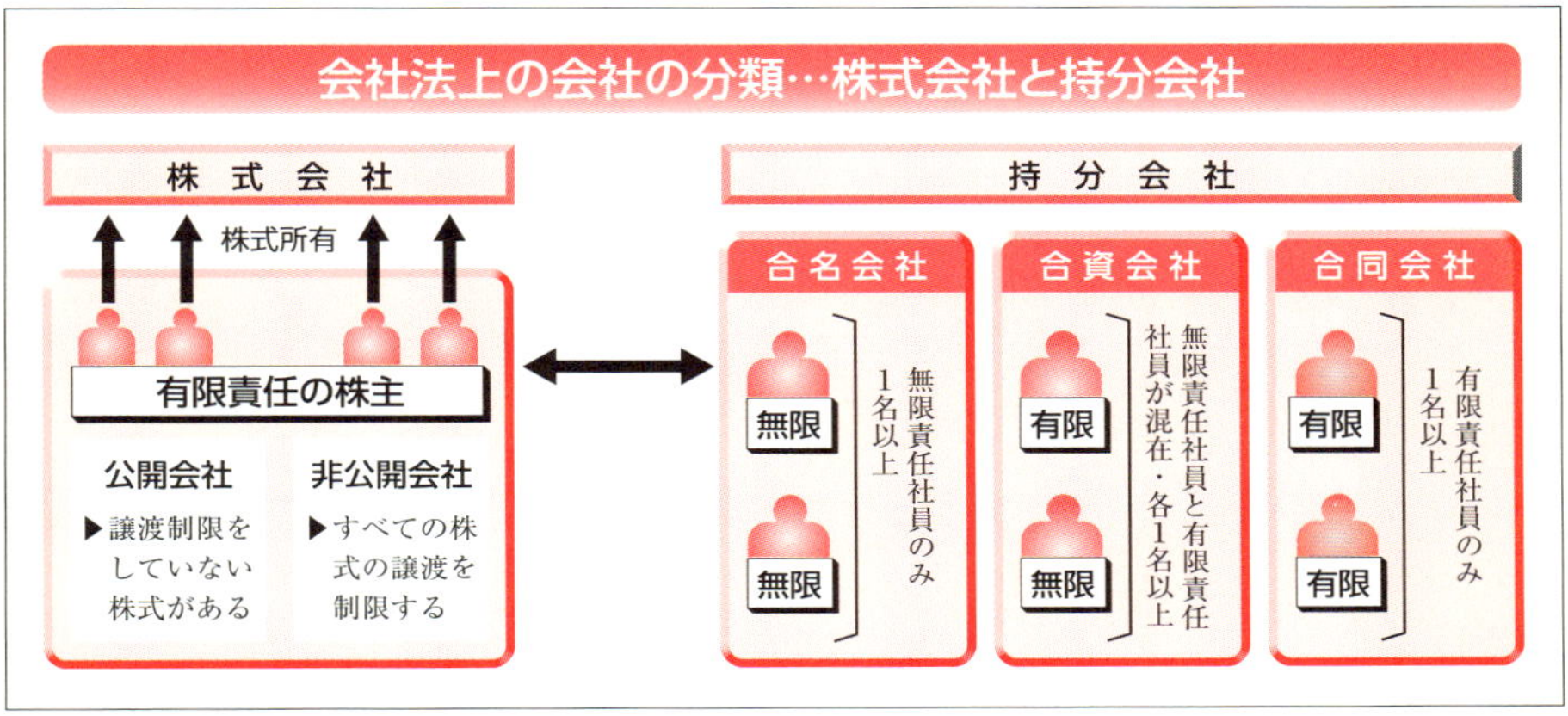


が濃く、親族や親しい友人の間の共同事業に適するといえましょう。これに対し、株式会社は、本来、社員（株主）同士の信頼関係などはないことを前提にしており、没個性的ではありますので、多くの資本を集めて大きな企業を経営していくのに適する会社形態といわれています。

しかし、会社法においては、中小会社向けの簡素な機関設計も認められていますので、現在では、一口に株式会社といっても、機関設計次第で中小から大会社まで様々な会社形態をとることが可能となっています。株式会社の中でも複数の選択肢があるのです。

## 人的会社とか物的会社というのはどのような会社か

これで、以上の四種類の会社は、会社とその構成員（社員）との関係や社員の責任のあり方が一様ではないことがわかりました。合名会社では、社員は会社の債務について、会社債権者に対し、直接に無限責任を負いました。社員としては会社の経営、業務の執行がどうなっているか常に目を光らせていなければなりません。あんかんとしてはいられません。万一、事業経営が失敗に帰すときは、自分自身が自分の財産を投げうってでも、会社債権者に対して、責任をとらなければならないからです。

一方、会社債権者からしますと、このような合名会社では、会社そのものよりも、むしろ、自分たち債権者に対して、直接に無限責任を負ってくれる社員そのものの実力とか信用がたいへん意味をもってくることになります。会社財産はあまり重要性をもたないということができましょう。

このような種類の会社はまた、社員同士がおたがいに強い信頼関係によって結ばれていることが必要ですし、社員の地位の譲渡も簡単には認められないことにもなります。

このように会社と社員との関係が密接な会社を**人的会社**といいます。合名会社はこの人的会社の典型です。

これに対し、株式会社においてはすでに述べましたように、社員（株主）は、会社の債務については会社債権者に対し、直接にはなんらの責任を負うことなく、ただ、会社に対して一定額の出資義務を負うにとどまります。

社員は会社の経営に直接タッチすることなく、経営はもっぱら株主総会で選任する取締役にまかされます。社員(株主)はただ、株主総会を通じて会社の重要事項を決定するにすぎません。

会社債権者からしますと、株式会社の社員（株主）というのは、所詮、自分たちに責任を負ってくれる連中ではないのですから、社員（株主）個人の信用などは問題にしません。会社に対する信用はただ、会社財産のうえからだけ判断されます。それだけに、会社財産の保全ということが強く求められてきます。社員同士のおたがいの信頼関係も、さほど問題になりません。したがって、社員の地位の譲渡についても別段、きびしい制限をおく必要もないことになります。

このように、社員と会社との関係がうすく、その結びつきが弱い会社を**物的会社**といいます。株式会社はこの物的会社の典型です。

合資会社と合同会社は、以上の両者の中間的な会社形態ですが、そのうちでも合資会社は人的会社のカラーが濃く、合同会社は物的会社のカラーが濃いといえます。

## 取引先はどのような種類の会社か

ある会社と取引をはじめるに際しては、相手方会社が以上の四種類のうちのいずれかということは、第一に頭におかなければならないことです。それは取引開始にあたっての必要な検討事項の一つといえましょう。

取引の相手方の会社が株式会社や合同会社である場合には、その取引先の経済力、信用は会社そのもののそれに着眼し、検討することが必要でしょうし、合名会社であれば、会社の財産的基礎よりもむしろその会社の社員がだれで、その社員たちには経済力や信用がどれだけあるかという点に、目を配らなければならないはずです。無限責任社員で構成される人的会社では、すでに述べたように、会社の債務について社員たる個々人が最終的には責任をとってくれるからです。

取引先会社の候補についてはいろいろな面につき、調査し、検討をするのが取引社会の常識でしょうが、その一つとして、このように取引先との取引から発生する債務の最終的な引き当てとなるのは会社財産なのか、社員個人の財産なのか、いいかえますと、相手方会社は物的会社か人的会社かということも検討することが求められるわけです。

仮に合名会社、合資会社であれば、会社財産だけでなく、さらにその会社の社員個々人の信用、経済力も調査、検討をする必要が出てまいりましょう。

### ★商事会社と民事会社

商事会社、民事会社という分類は、その会社が商行為をなすことを業としているか否かによるものです。しかし、このような分類は現在では余り意味がないため、会社法では会社の定義中に「商行為を業とする」ことを特に定めていません。会社法では、逆に、会社がその事業としてする行為又はその事業のためにする行為を商行為としています（会社法五条）。

### ★一般法上の会社と特別法上の会社

会社法の規定にしたがって設立された会社が一般法上の会社で、このほか、さらに特別法の規定にしたがう会社が特別法上の会社です。日本電信電話株式会社（ＮＴＴ）とか日本郵政株式会社などの特殊会社のほか、銀行、保険など特定の業種のための特別法にしたがう会社も特別法上の会社です。

PART③

# 会社の権利能力には制限がある

▼会社と政治献金

## 会社は法人格をもつけれども

会社は法人ですから、会社自身の名において権利を有し、義務を負うこと（会社自身が権利能力を有していること）が認められていることはすでに述べました。その点についていえば、会社は同じく権利能力を有する私たち生（なま）身（み）の人間、すなわち自然人と同じ扱いを受けています。

しかし、考えてみますと、法人である会社に法人格（権利能力）を認める根拠は、かならずしも私たち自然人に人格が認められる根拠と同じではありませんし、したがってまた、法人である会社の権利能力が認められる範囲も、自然人のそれと同一である必要もありません。

法人には法人がはたす社会的な作用やその実在というものがあります。それらのものに着目して法人格が認められているのですから、広い範囲にわたって権利能力が認められている自然人に比べ、権利能力には制限が加えられ、自然人よりも能力の範囲がそれだけ狭くなっているのです。

## 会社の権利能力にはどんな制限が加えられるか

会社の権利能力については、それが法人であるところから、一般に次の制限があると解されています。

① まず、性質からくる制限です。会社はなるほど法律上、法人という一種の「人」ではありますが、しかし、自然人のように肉体をもっているわけではありませんから、性とか年齢、身体、親族関係といったような自然人であることを前提とした権利や義務を有することはできません。

② 次に、法律または命令による制限です。会社の権利能力は、法令によってこれを制限することができます（民法三四条）。

③ もう一つ、目的による制限があります。もともと、会社のような法人は一定の目的のもとに存在する団体です。定められた目的を遂行し、社会的作用をはたすという点に着眼して、法はこれに法人格を認めたものです。

したがって、その定められた目的と関係のない法律関係に法人がタッチしていくことは、認めるべきではないといえましょう。

そこで、一般に、会社の権利能力はその会社の定款によって定められる目的の範囲内に制限されると解されています（民法三四条）。

定款所定の目的の範囲内ということは、定款に記載されている目的そのものだけということではなく、その目的である行為のほか、その目的を達成するために必要な行為、有益な行為を全てふくむと解されるのですが、この定款で定められた目的の範囲外の事項については、たとえ会社の名で行なわれたとしても、それは会社の行為とは認められず、会社に対して効力を生じないのだと考えられています。

## 目的による制限はなにかと問題をよぶ

会社は、定款所定の目的を達成するために必要な行為はもちろん、その目的達成のために有益な行為をも、全て行うことができるのですから、会社が地元の社寺の祭礼や社会事業などに、なにがしかの寄附をすることもその目的の範囲内の行為であると解されます。社会への貢献が、やがては会社自身の利益にもつながることは大いにあるからです。

それでは、会社が政党に政治献金をするのはどうでしょうか。

会社による寄附、無償の財政援助は、現代の社会において株式会社の社会的役割が大きくなるにしたがって、広く要請されるようになってきています。会社に対する政治献金の要請についても同様でしょう。

かつて問題になりました**八幡製鉄政治献金事件**は、この問題に関連して起きたものです。

この事件では、会社の代表取締役が会社を代表して、自由民主党に三五〇万円の政治献金をしたのを、株主が、その政治献金は会社の定款所定の事業目的を逸脱し、それは取締役の忠実義務に違反するから、代表取締役は会社に対し、損害賠償をする責任ありとして、株主代表訴訟を提起したのでした。社会的にも大いに議論をよびました。

この事件について最高裁判所は、会社による政治資金の寄附は、客観的、抽象的に観察して、会社の社会的役割をはたすためになされたものと認められるかぎり、会社の権利能力の範囲に属する行為である、と判示したのでした（最判昭和四五年六月二四日民集二四・六・六二五）。

会社の能力の範囲を考えるにあたって通説、判例にしたがって、定款所定の目的を達成せしめるために必要、有益な行為は、定款に定める目的の範囲内にふくまれるのだとしますと、こと政党に対する政治献金のみをとりあげて、これを別異に論ずる必要はないといえます。

右の事件についての最高裁判所の判決も述べていますが、企業体が社会的作用に属する活動を行うことは、その企業体が、経済社会において円滑な発展をはかるうえに相当の価値、効果をともなうところの、目的達成のために必要、有益な行為です。会社の政党に対する政治献金についても同じように考えることができましょう。

このように定款の目的は柔軟に解釈されていますので、目的の範囲外として会社の行為が無効になることはまずないであろうといわれています。

ただ、会社が政治献金をする能力を有するとしても、その献金の額は社会的な事情、会社の規模、能力等々の事情を勘案し、相当な程度でなければならないと考えられます。

会社にとっての応分の程度を超えて、過分の政治献金をした場合は、取締役の会社に対する忠実義務違反という別の問題も起こりうることです。

会社は、以上のような範囲で権利能力をもちますが、会社というのは自然人のように手や足をもっているわけではありません。実際の会社の活動は、会社の内部にしかるべき地位を占めている自然人（**機関**）の、具体的な行動によることとなります。

会社の機関については、のちに学ぶことにしますが、このような会社の行為については、会社に認められる権利能力の範囲において、行為能力を有すると解されています。

# PART❹ 会社制度を濫用すると

▼せっかくの法人格が否認されることもある

## 店舗の明渡をめぐって こんなことがありました

判例のケースですが、このようなことがありました。

Aは昭和三六年二月二〇日、その所有する店舗を電気屋のBに賃貸しました。Bの電気屋は形式上、甲株式会社という会社によって営まれており、店舗の賃貸借契約は、Aとの間で、この会社名義で結ばれました。

甲株式会社は、形式上は会社でしたが、それはBが経営する電気屋について、税金の軽減をはかる目的でつくった会社で、B自身が代表取締役になっている、実質上の個人企業でした。Aのほうは単に電気屋のBに店舗を貸したと考えていました。

期間が満了する段になって、AがBに店舗の明渡を求めたところ、Bは、いついつにはかならず店舗を明け渡す旨のB個人名義の念書をAに差し入れました。しかし、Bは約定どおりには店舗を明け渡さなかったので、AはBを被告として、店舗の明渡を求める訴訟を起こし、この訴訟で、ABは、店舗賃貸借契約を本日、合意で解除し、被告Bは昭和四三年一月末日かぎり、店舗を原告Aに明け渡す旨の裁判上の和解をしました。

ところが、Bは期限がきても、店を明け渡さなかったようで、結局、Aは甲会社に対する訴えをさらに提起したようです。争いは一、二審を経て、最高裁判所にまでもちこまれました。こんどの訴訟は甲会社を被告とし、店舗の明渡を求めることを内容としていました。Aは、甲会社名義でなされた店舗賃貸借契約は合意解除を内容とする先の和解によって終了したと主張し、一審でも二審でも原告の勝訴でした。

被告甲会社は、かいつまんでいえば、あ先に成立した和解での店舗の明渡は、あれはAとB（個人）の間で成立したもので、それによって店舗の賃貸借は終了したとAは主張し、裁判所もそれを認容したけれども、契約は甲会社名義だったのだし、和解はAとB（個人）の間に成立したものであるから、それによって甲会社が明渡の義務を負うとするのは理解できないと主張しました。

## 最高裁判所の判決は こういいました

このケースで、最高裁判所は、昭和四四年二月二七日、次のように判断しました。

「およそ法人格の付与は社会的に存在する団体についてその価値を評価してなされる立法政策によるものであって、これを権利主体として表現せしめるに値すると認めるときに、法的技術に基づいて行なわれるものなのである。従って、法人格が全くの形骸にすぎない場合、またはそれが法律の適用を回避するために濫用されるが如き場合においては、法人格を認めることは、法人格なるものの本来の目的に照らして許すべからざるものというべきであり、法人格を否認すべきことが要請される場合を生じるのである。

（中略）株式会社は準則主義によって容易に設立され得、かつ、いわゆる一人会社すら可能であるため、株式会社形態がいわば単なる藁（わら）人形に過ぎず、会社即個人であり、個人即会社であって、その実質が全く個人企業と認められるが如き場合を生じるのであって、このような場合、これと取引する相手方としては、その取引がはたして会社としてなされたのか、または個人としてなされたか判然しないことすら多く、相手方の保護を必要とするのである。このような場合、会社という法的形態の背後に存在する実体たる個人に迫る必要を生じるときは、会社名義でなされた取引であっても、相手方は会社という法人格を否認して恰も法人格のないと同様、その取引をば背後者たる個人の行為であると認めて、その責任を追求することを得、そして、また、個人名義でなされた行為であっても、相手方は敢て商法五〇四条を俟つまでもなく、直ちにその行為を会社の行為であると認め得るのである。けだし、このように解しなければ、個人が株式会社形態を利用することによって、いわれなく相手方の利益が害される虞があるからである。」（最判昭和四四年二月二七日民集二三・二・五一一）と。

## 法人成りの会社も会社には違いないが

わが国の会社、特に株式会社の数はたいへんなものです。しかし、その株式会社のうち、名実ともに株式会社らしい大会社というのはそんなに多いわけではありません。株式会社のうちのかなりの数は閉鎖的な、小規模会社です。なぜ実質上の個人企業の多くがこうやって法人になるのでしょうか。

理由はいろいろあるでしょうが、主なのは税制上、法人のほうが個人企業より有利である場合が多いこととか、「〇〇業甲野太郎」より、「〇〇株式会社代表取締役甲野太郎」のほうが、「〇〇商店店主乙野次郎」より「株式会社〇〇商事代表取締役乙野次郎」のほうがそれぞれ、世間的にも信用を得やすいこと、また、仮に事業が失敗した場合、株式会社にしておけば、実質上のオーナーが株主の有限責任をたてに、責任を回避できることがある等々の点にあるようです。

なるほど、これでは個人企業を営む者の多くが、その事業を会社にしたがるのも無理ありません。世間でいう〝法人成り〟というのは、このような実質上の個人企業が形式上会社設立の手続きをとって会社となっているものです。

このような会社もかたちのうえでは一応、りっぱな会社です。しかし、このような会社は会社法が理念形態としている会社、特に株式会社のそれとはいちじるしく異なる存在です。株式会社形態の本来的な機能もはたしませんし、ときにオーナー個人の業務、財産と会社の業務、財産とが混同していることもあります。

法が予定する各機関の分化も実質上なければ、株主総会、取締役会など、開かれたためしがないという会社もありましょう。会社財産維持のためとか、会社の合理的運営のための各種の強行規定も守られていないことがあります。要するに企業の経営は個人企業とほとんど同じように行われているのがこの種の会社に少なくないのです。

## 会社の法人格がはぎとられることもある

この種の会社によってひき起こされる問題はいろいろとありますが、前述の最高裁判例の事例も、その一例といえます。

このようなかたちだけは会社であるも

のの、その実質は個人企業である会社において、取引の責任が問題になったときに、それは会社のやったことで、社員（株主）たる個人には責任がないとか、会社が倒産した場合、背後のオーナー個人が株主としての有限責任を主張するなどしたら、相手方や会社債権者の権利は絵にかいた餅と同じことになってしまいます。

会社とそれを構成している社員（株主）は別個の人格ではありますが、ただ、どのような事情のもとにおいても、このことをつらぬくと、ときに第三者を害し、不当な結果をまねくことがあります。そこで、具体的ケースにおいて、一定の要件がある場合には特定の法律関係につき、会社の法人格を否認し、会社とその背後にある社員とを同一視し、法人格の効力が存在しないこととする理論が主張されてきました。それは会社制度を濫用し、会社法人格をほしいままに利用するのに対応する法理だと考えてよいでしょう。

実質上の個人企業である会社についていえば、会社がまったくかたちだけのものなのに、その会社法人格を濫用する場合、特定の事案につき、その会社の法人格を否認し、会社と経営者たる個人とを同一視して扱おうとする理論です。

かねてから、現実に訴訟の場に登場する事件について、従来はこの法理による解法が適切と考えられる事案がすくなくないのに、実務の大勢はこの法理を正面からとりあげることにやや消極的であったといわれていました。しかし、先に紹介したケースにおいて、最高裁判所はこの法人格否認の法理を適用して判決し、甲会社の主張を退けたのでした。

## 特定の事案につき法人格の機能をストップさせる

この法人格否認の法理は一般に法人制度の目的からみて、ある一つの会社について法人としてのその独立性をつらぬくことが正義の観念に反すると認められる場合に、会社の存在をあらゆる面につき全面的に否定するのではなく（このへんが会社解散命令などと違うところです）、法人としての存在は認めるものの、ある特定の事案について法人格の機能を停止させ、その背後にある実体に即した法律的取り扱いをしようとするものです。

ここでは、個人会社に関連してこの法理を考察しました。しかし、法人格否認の法理は、この分野に特有の問題というわけではありません。会社法人格の濫用がみられる場合、あるいは法人格がまったくの形骸にすぎない場合などについては、他の分野に関しても問題となりうることです。

たとえば、債務者たる個人の営業者が個人として負っている債務について、債権者からの強制執行をまぬがれるために、株式会社を設立し、自分の財産の大部分をその会社に出資してしまう場合だとか、個人として他との間に法律上または契約上負っている競業避止義務をまぬがれるために、株式会社を設立し、みずからが支配するその会社をして、その行為を行なわせる場合などでも、会社法人格の濫用が問題になり、法人格の否認が問題となりましょう。

## 判決はこうもいっている

そのほか、判例のケースに関していえば、次のような判決もあります。

会社名義でなされた売買契約であっても、その会社が形骸化していて、実質はまったくの個人企業であり、他はその会社の代表者たる個人を信用して取引をす

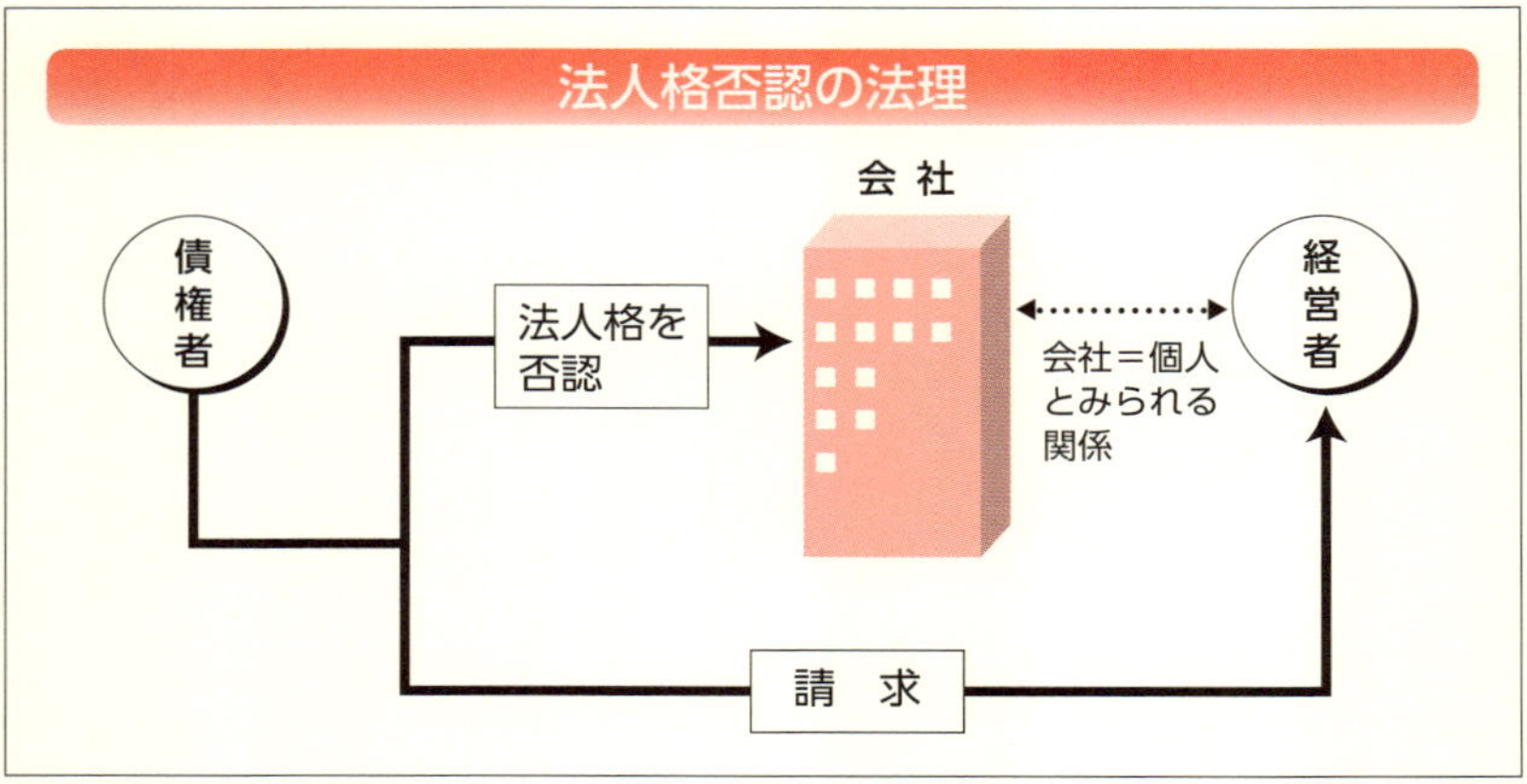


る場合には、その取引の責任を会社の背後者たる個人に対して求めることができるとするのは仙台地裁の昭和四四年一二月二七日の判決ですが、この事件では、被告個人は、原告との間の問題となった木材類の取引の相手方は被告個人ではなく、会社のはずだと主張したようです。原告も、被告個人が代表取締役をしているその会社あての「○○建設㈱殿」と書いた領収証を発行してはいました。

判決はしかし、仮に被告の主張するように、この取引の相手方は被告個人ではなく、会社であったとしても、被告（個人）はその取引上の責任をまぬがれないものというべきだといい、なぜならばその会社というのは、会社とはいっても、本店は被告の自宅であり、そこには「○○建設株式会社」なる看板も出しておらず、事務員は被告の妻だけであって、本店所在地には法人としての企業活動を認めさせるような設備はほとんどなく、会社だといっても、それは形骸化しており、実質はまったくの個人企業であるとしたうえで、前に紹介した最高裁判所の判決と同様の見解を示し、相手方がその代表者たる個人を信用して取引をする場合は、その取引の相手方は会社法人格を否認し、あたかも法人格がないと同様、その取引の責任を背後者たる個人に対して求めうるとしています。

この判決は、先程ふれた原告が先に発行していた「○○建設㈱殿」なる領収証は、「○○建設㈱こと何某（被告名）殿」なる趣旨のものであるとみてもいます。

また、最判昭和四八年一〇月二六日（民集二七・九・一二四〇）は、形式上は新会社の設立登記がなされ、旧会社と別異の株式会社の形態をとっていても、新旧両会社の実質が前後同一で、その新会社設立は旧会社の債務免脱を目的としてなされた会社制度の濫用である場合には、（新）会社は取引の相手方に対し、信義則上新旧両会社が別異の法人格であるとの実体法上および訴訟法上の主張をすることができないと判示していますし、仙台地裁の昭和四五年三月二六日の判決は、子会社の従業員の解雇が親会社の不当労働行為によるものとして無効なときは、従業員の有する賃金債権につき、親会社がその支払義務を負うと判示しています。

最後にあげた判決などは、親会社が子会社の営業や財産等を管理、支配しているような場合の子会社の対外関係についての親会社の責任というかたちで問題とされうる議論と関連するとみてよいでしょう。

# 第2章 株式会社の特色と設立

PART 1

# 株式会社の特色

▼株式会社にはどのような特色があるか

## 社団としての株式会社の特色

株式会社がほかの種類の会社と最も違う点は、**株式**という制度と**株主の有限責任**の制度とにあると考えられています。

他の種類の会社、たとえば合名会社、合資会社でも社員という地位はあり、株式会社の株主も社員であることには変わりはないのですが、株式会社ではこの社員の地位が特に株式といわれ、社員の地位がこまかく分化されています。この株式を引き受け、払込みをした人が**株主**（**社員**）です。

前にも述べましたが、この株主たる者、まことに責任の範囲がはっきりしています。株主は、各自が有する株式の引受価額を限度として、会社に対し、出資する義務を負いますが、会社債権者に対してはなんらの責任も負いません。

株式会社の会社債権者の側から考えてみましょう。債務者たる会社の構成メンバーである株主は、個人としては会社債務について、まったく責《せめ》を負わないのですから、会社債権者としては、自己の有する会社に対する債権の最終的な担保となるのは、ただ会社の財産だけしかないことになり、心細い気がしましょう。

そこで、法律も株式会社については会社財産の充実、維持に目を光らせることにしました。すなわち、会社法は株式会社につき、**資本金**の制度を設け、会社に対し、法定の基準によって定められる一定の金額の公示を命じ、同時に会社にその金額にみあう財産を保持せしめるようにしているのです。こうして会社にその財産の充実、維持をはからしめないと、会社財産のみしか担保となっていない会社債権者の保護に欠けることになるからです。

以上のようなことから、結局、株式会社の法律的特色は株式と株主の有限責任、それに資本金の制度であることが理解されましょう。以下、簡単にそれぞれについて考察することにしましょう。

## 株式の制度——こうして社員の地位を細分化

株式会社においては、社員の地位が細分化された割合的単位の形式をとっています。これを株式といいます。そして、この株式の持ち主である社員を株主というわけです。会社は全て営利社団法人であり、会社について出資をし、会社を構成しているメンバーを社員というのですが、ただ、株式会社においてはこの社員の地位を細分し、単位化している点に特色があります。

株式会社について、特にこのように社員の地位を細分し、単位化したのは、多くの人たちが容易に会社に参加できるようにしようとしたためです。

株式会社は社員（株主）の個性を問題にすることなく、多くの人たちから資本を調達しやすくなっている会社形態です。この株式の制度をとることにより、多くの人たちが株式会社に資本を投下することも、また、それを回収することも容易になっていますし、多数の社員（株主）から構成されている会社の法律関係の処理も簡単にできるようになっているわけです。

また、この株式は、自由に譲渡できるのが原則であり、それが証券取引所で取引の対象となっていることは、みなさんのよく知るところでしょう。

このようなことが、資本金何百億という大株式会社を誕生せしめる制度的基盤となっているのです。

## 資本の制度と会社債権者の保護

株主は、ただ会社に対し一定額の出資義務を負うにすぎず、会社の債権者に対してはなんらの責任も負いません。株主有限責任の原則は、会社の定款や株主総会の決議によっても修正したり、変更したりすることは許されません。

このように、株主は会社の債権者に対し、責任を負いませんから、会社債権者としては、自分の債権の最終的な担保はただ会社財産だけということになります。頼りになるのは、その会社の財産のみであって、株主をあてにできないわけです。そうなってきますと、法律も会社債権者の保護を考えてやらなくてはならず、会社に対し、法律上の一定の基準によって定められる金額を公示せしめ（資本金額は登記もされますし、貸借対照表にも記載されます）、また、会社をしてその金額にみあう財産を保持せしめるようにしています。この金額のことを資本金というのです。

誤解してはならないのは、この資本金は、会社が実際に保持している財産とはまったく異なるということです。会社の財産は、経済情勢や営業成績などにより、常に変動しますけれども、資本金は、法律の定める手続きによって変更されないかぎり、変動しません。

このような資本金の制度をもとに、平成一七年改正前の商法では、会社債権者を保護するため、次の三つの原則があると言われてきました。

### ①資本充実の原則

会社の設立または新株発行の際に、資本金額に相当する財産が実際に会社に拠出されなければならないという原則です。発行価額の全額払込み、現物出資等の調査等がこの原則の現れといえます。

ただ、現在、最低資本金制度が撤廃されましたし、出資をしない発起人の失権手続き（会社法三六条三項）、払込みをしない引受け金の当然失権（会社法六三条三項）が認められましたので、かつてのような厳しい原則とはいえなくなってきています。

### ②資本維持の原則

資本金額に相当する財産が、その後も維持されなければならないという原則をいいます。

具体的には、貸借対照表上の純資産額が資本金、準備金の額の合計額を上回る場合でなければ、会社は、株主に対し、剰余金の配当等をしてはならないといった配当規制の形で現れています（会社法四四六条、四六一条等）。

### ③資本不変の原則

いったん定めた資本金の額は、法律の定める厳格な手続きを経るのでなければ減少できないという原則です（会社法四四九条）。

この制度も、債権者保護手続きがあるとはいえ、一定の場合には、株主総会の特別決議（会社法四四七条一項、三〇九条二項九号）や取締役・取締役会の決議（会社法四四七条三項）で資本金額の減少を決定してよいことになったため、かつてのような厳しい原則とはいえなくなってきています。

PART 2

# 会社法は株式会社をこう規制する

▼株式会社の法的規制は厳格である

## 株式会社の関係者の立場はさまざま

すでに述べたように、株式会社にあっては、株主は細分化された単位のかたちをとる株式をもつ社員でした。株主は、実質的には企業の所有者であるわけです。

しかしながら、株主が企業の所有者であるからといって、その企業の経営について直接はタッチしていません。株主は株主総会のメンバーですから、株主総会の決議によって、会社の基本的な意思を決定し、たいせつな事項を決めることに参加はしますが、それ以外は他の機関で経営を行っていきます。

典型例としては、株主総会が取締役を選任し、取締役が取締役会を構成して業務執行に係る意思決定を行い、具体的な業務執行や代表行為は取締役会が選任した代表取締役が行う、会社の監査については株主総会で選任した監査役が行う、というものです。

よく〝企業の所有と経営の分離〟といわれますが、それは株式会社のこのような制度的な特徴をとらえていっているのです。

このように、株式会社では制度として企業の所有と経営とが分離しており、経営の任にあたる者はかならずしも株主であるわけでもありません。しかも、株主同士の間にはお互いに信頼関係もありません。いわば株主は個性を喪失している者同士であるのが一般です。そのうえにまた、株主有限責任の原則がとられていますから、会社債権者の保護ということも考慮されなければなりません。株主、経営者、会社債権者等々、株式会社の関係者の利害はかならずしも一致するものではないのです。

もし、これらの関係者がてんでに自己の利益のみを考え、ほしいままにそれを追うときには、とかく他の関係グループの犠牲的な損失・被害を生じがちです。

新聞を注意深く読んでいるみなさんであれば、世の中には株式会社をめぐるいろいろな紛争が意外に多いことをご存じのことと思います。それからまた、株式会社は株式の制度を通じ、一般公衆の投機とも結びついていることも忘れてはならないことです。

## 法的規制の特色いろいろ

会社法には以上のような、いわば株式会社の制度にともなって発生しがちな病理的弊害を防ぎ、株主や会社債権者を保護し、ひいては社会公共の利益をまもる任務も課せられています。

法律はこの使命を達成するために、次のような観点で規制をしています。

①　**強行法規性**　会社法の規定は会社の内部の関係を規律する法規も、会社の外部の関係を規律する法規も、原則として強行法規と解されてきています。会社債権者の保護のために、会社をして会社の財産状態を健全に維持せしめることが必要ですし、内部的にも、経営の任にあたる者の背任行為など、権限の濫用をチェックする必要もあるからです。そのほ

か、一般株主の利益の保護ということも、もちろんありましょう。

**② 公示主義**　会社法は、公示主義を広く採用しています。株式会社には、多くの利害関係人が広範囲に存在しています。そこで、この多くの利害関係人、特に株主と会社債権者に対し、会社の重要な事項を知らしめ、これらを不測の損害からまもろうとしているのです。

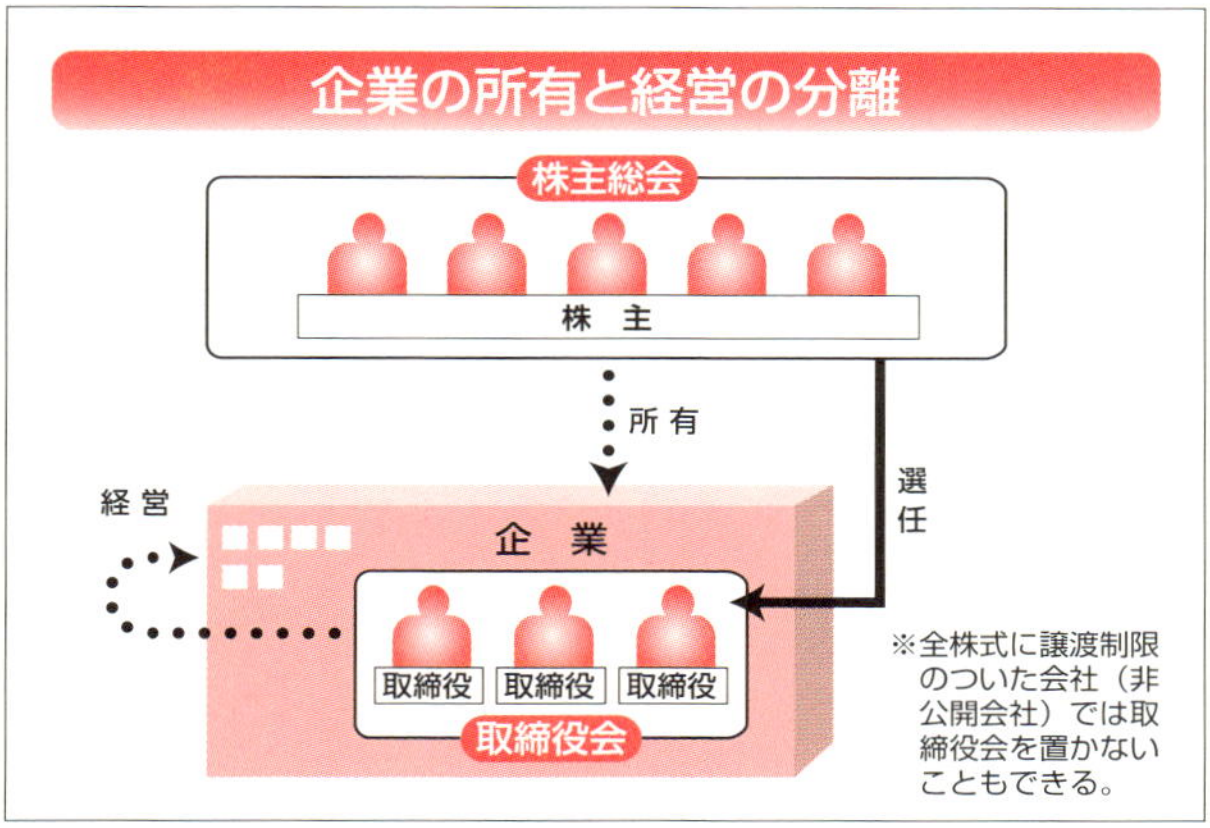


**③ 集団的処理**　株式会社は、多くの株主によって構成されています。これをいちいち、個別的に処理していたのでは、会社としては何事につけ、複雑で、とうてい円滑にその内部関係を処理できません。したがって、株式会社では法律関係が集団的に処理されます。この原則が最も端的に表れているのは、会社の設立や株主総会の決議、合併などが違法になされたときに、特別の訴えにより、その無効を画一的に確定するという制度です。

**④ 強化されている罰則**　会社法は会社制度の濫用ともいうべき弊害を考え、会社、特に株式会社の運営にあたる役員や発起人等が任務の違背などの違法な行為によって会社または第三者に損害をあたえたときは、これに民事上の責任を負わせるとともに、他方、このことに関連して行われる不正な行為に関しては、厳しい罰則を定めています。

　会社制度が現代の経済社会に大きく貢献していることは、もうだれも異論なく認めるのですが、その反面、会社がその企業経営の場において行う犯罪による弊害を放置することはできません。

　会社法は、特別背任罪（会社法九六〇条〜九六二条）、会社財産を危うくする罪（会社法九六三条）、虚偽文書行使等の罪（会社法九六四条）、預合（あずけあい）の罪（会社法九六五条）、株式の超過発行の罪（会社法九六六条）、取締役等の贈収賄罪（会社法九六七条）、株主等の権利の行使に関する贈収賄罪（会社法九六八条）、株主の権利行使に関する利益供与の罪（会社法九七〇条）等々につき、罰則を定めて臨んでいます。

　これらは刑法上の犯罪から独立しているものです。

　そのほか、独占禁止法や、証券取引法、破産法なども、それぞれの立場から一定の行為については罪則を定めています。

**★強行法規**

　強行法規というのは、当事者の意思がどうであっても適用される法のことで、一般に公益に関する規定は、この強行法規です。これに対し、当事者の意思によって、その適用を任意に排除できる規定のことを任意法規といいます。強行法規は、当事者の意思や合意がどうであろうとも適用される法律、規定ですから、私人の意思によってその適用を左右することはできません。

PART❸

# 発起人

**▼発起人は設立手続きを引っ張る機関車である**

## 発起人の資格には別段制限がない

何事であろうと、何かことをはじめるにはそのための準備が必要です。株式会社を起こす（設立する）場合も同じです。

株式会社もそうそう簡単に生まれるものではありません。その設立は複雑な手続きをふんで行われます。法律は、株式会社の設立について厳格な規定をおき、設立関係者においてそれを遵守しながらステップをふんでいき、最後に設立の登記をすることによって株式会社は成立することにしています。

この株式会社の設立手続きを中心になって進めるのは会社設立を企画した**発起人**（ほっきにん）です。

発起人とは、定款に署名又は記名押印した者（電磁的記録で定款を作成するときは、電子署名をした者。会社法二六条二項、会社法施行規則二二五条一項一号）をいいます（会社法二六条一項）。

したがって、実際は設立手続きに関与した人であっても、その人が定款に発起人として署名等をしないかぎり、その人は発起人とはいえません。このように形式的な基準で発起人を定めるのは、発起人としての責任を負う者の範囲を明確にするためですが、定款に署名等をしていない人でも、後述するように擬似《ぎじ》**発起人**とされることがあるので、その点には注意が必要です。

発起人は、自分自身ですくなくともその会社の株式を一株以上引き受け、設立される会社の株主とならなければなりません（会社法二五条二項）。

発起人になる資格には別段制限がありません。法人でも発起人になることができます。従来は株式会社を設立するには七人以上の発起人を必要としましたが、平成二年の商法改正後は、発起人は一人でもよいことになっています。

## 発起人の間の合意・契約

発起人が複数いる場合、このような発起人同士の間には、普通、会社の設立を目的とした話があり、そのための合意があるものです。正確にいえば、発起人間にはまず、会社の設立手続きに着手する前に、会社の設立を目的とする契約が存在するのが普通です。

この契約を**発起人組合の契約**といいます。それは民法上の組合契約としての性質をもつ契約といえましょう（民法六六七条）。しかし、発起人が一人のときは、発起人組合は存在しません。

この契約の中で、これから設立する会社の規模、事業目的や内容、設立手続きの担当者などが決められ、その履行として、順々に設立手続きがすすめられていくのが常態です。

## 発起人は設立中の会社の機関でもある

会社は設立登記をするまではまだ法人格（権利能力）を取得しません。しかし、そこに一つの団体が事実としてあることは確かです。それは、みずからが会社と

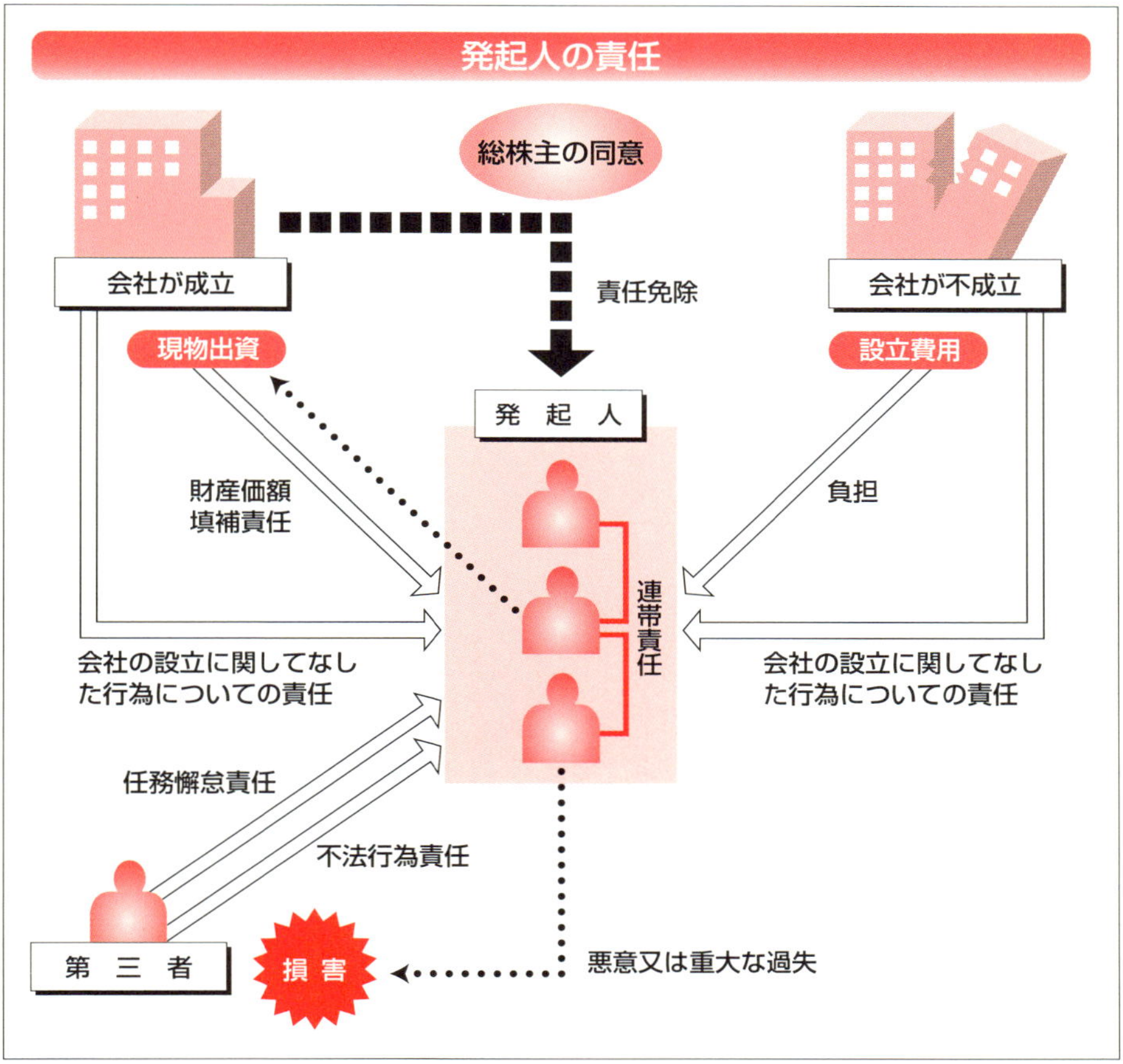


して成立することを目的とする権利能力のない社団であるといえます。これを、一般に「**設立中の会社**」といっています。

発起人は、この設立中の会社の執行機関です。発起人は、会社設立のためにいろいろと権利義務を取得したり、負ったりしますが、これらは実質的には設立中の会社の権利義務なのです。したがって、のちに会社が成立して、法人格を取得するに至れば、このような権利義務は、特に移転行為を経ることなく、そのまま成立した会社に帰属することになります。

## 発起人は重い責任を負う

株式会社の設立は、一面においては一般第三者の利害とも関連していますから、設立関係者があやまちを犯すと、他に大きな損害をあたえかねません。そこで、会社法も発起人に対し、特に次のような重い責任を負わせています。

まず、会社が成立した場合ですが、会社が成立していても、発起人において、会社の設立に関して任務を怠って会社に損害を与えたときは、発起人は会社に対し、連帯して損害賠償の責任を負わなければなりません（会社法五三条一項、五四条）。この責任（過失責任）を免除してもらうためには、総株主の同意が必要です（会社法五五条）。

この責任はあくまで会社に対する責任ですが、これとは別に、発起人が会社設立に関する任務を悪意または重過失で怠ったときには、第三者に対して連帯して損害賠償の責任を負わなければなりません（会社法五三条二項、五四条）。

また、発起人には、財産価額填補《てんぽ》責任というものもあります。これは、現物出資または財産引受けがあったにもかかわらず、それらの目的となった財産の現実価格が定款で定めた価額に著しく不足するときは、発起人らが連帯して、この不足額を支払わなければならないというものです（会社法五二条一項）。

もっとも、現物出資や財産引受けについて裁判所の検査役の調査を受けていた場合や（会社法五二条二項一号）、発起人が職務を行うにつき注意を怠らなかったことを証明した場合には、財産価額填補責任を免れることができますが（同項二号）、募集設立の場合については、後者の免責を受けることはできません（会社法一〇三条一項）。不足額を放置したのでは、募集株式の引受人（金銭の出資者）との間で、実質的な拠出額の不平等が生じてしまうからです。

なお、会社法制定前には、発起人は、設立に際して発行する株式中に、会社成立後もまだ引受けのない株式や、申込みが取り消された株式があるときは、これを共同して引き受けたものとみなされ（引受担保責任）、連帯してその払込みをしなければならない（払込み担保責任）との定めがありましたが（旧商法一九二条）、会社法ではこれらに相当する規定がなくなりました。会社法では、現実に出資のない株式は失権することにしたので（会社法三六条三項、六三条三項）、発起人に引受責任を負わせるべき対象の株式がそもそも存在しないからです。

次に、会社が不成立に終わった場合はどうでしょうか。

この場合には、発起人は会社の設立に関してした行為につき、連帯して責任を負わなければなりません（会社法五六条）。したがって、引受人が払込みをしたときは、その返還義務を負いますし、さらには設立に関して支出した諸費用（設立事務所費用、定款認証手数料など）も、全て発起人が負担しなければならないのです。

## 株式募集の文書に自分の名を出した人も

以上のきびしい責任を負わせられるのは定款に発起人として署名した人ですが、そのような本来の発起人でなくても、会社の設立にあたって、株式申込証とか目論見書、株式募集の広告など株式募集に関する文書に自分の名をあげ、会社設立を賛助する旨の記載・記録することを承諾した者は、発起人と同一の責任を負うことになります（会社法一〇三条四項）。このような人を**疑似《ぎじ》発起人**といいますが、取引の世界では軽々に名を出すものではないようです。

**参照条文**

**会社法二五条（株式会社の設立）**

①株式会社は、次に掲げるいずれかの方法により設立することができる。

1 （一部略）発起人が設立時発行株式の全部を引き受ける方法

2 （一部略）発起人が設立時発行株式を引き受けるほか、設立時発行株式を引き受ける者の募集をする方法

PART 4

# 定款

▼定款は株式会社の憲法である

## 定款とはどのようなもので、どんなはたらきをするか

会社は一つの組織・団体ですから、会社の組織や運営、株主の地位などを定める根本規則が必要です。会社のこの根本規則のことを定款《ていかん》といいます（実質的意義の定款）。定款は、いわば会社という組織・団体の憲法にあたります。また、定款は、このような規則を記載・記録した書面・電磁的記録を指すこともあります（形式的意義の定款）。

発起人は定款を作って、発起人全員でこれに署名（電磁的記録で定款を作成する場合には、電子署名）をしなければなりません（会社法二六条一項、二項、会社法施行規則二二五条一項）。そして、これについて公証人の認証を受けます（会社法三〇条一項）。定款に公証人の認証を必要としているのは定款の内容を明確にし、後の紛争発生を未然に予防しようという趣旨からです。

定款は、会社の最も重要な自治規則ですから、これを作った発起人は当然のこと、会社の株主や機関もこれに従わなければなりません。定款が会社の運営につきいかに重要な役割をはたしているかは、取締役に定款の遵守義務が定められ（会社法三五五条）、株主総会決議の方法・内容の定款違反が決議取消し事由とされていること（会社法八三一条一項一号、二号）などからも読み取れるでしょう。

## 定款にかならず記載しなければならない事項

**原始定款**（会社成立時に定める定款）には、次の事項が必ず盛り込まれていなければなりません（**絶対的記載事項**）。絶対的記載事項の記載を欠けば、その定款は無効になってしまいます。会社成立後に定款を変更する場合には、④と⑤の記載は削除してもかまいません。

① **目的**（会社法二七条一号）　会社が営もうとする事業を具体的に記載することを要します。

② **商号**（同条二号）　商号には「株式会社」の文字を入れなければなりません。かつては同一営業のため他人が登記をした商号は、同じ市町村内では登記ができませんでしたが、会社法では、この規制は撤廃されました。

③ **本店の所在地**（同条三号）　最小行政区画である市町村、東京都では区を記載します。

④ **設立に際して出資される財産の価額又はその最低額**（同条四号）　最低資本金の定めがなくなったので、いくらでもよいのですが、具体的な金額か、最低いくらという定めが必要です。

⑤ **発起人の氏名・名称及び住所**（同条五号）　名称は、発起人が法人の場合に書きます。

⑥ **発行可能株式総数**（会社法三七条一項、九八条、一一三条一項）　公証人の認証時点で発行可能株式総数を定款で定めなかったときは、株式会社の成立の時までに、発起人全員の同意によって、定款を変更して発行可能株式総数の定めをしなければなりません。

## 定款に定めれば効力が認められる事項

定款に記載されていなくても定款そのものの効力には関係がありませんが、定款に定めていないときは、その事項の効力が認められない事項を**相対的記載事項**といいます。会社を実際に運営していくためには絶対的記載事項だけではかならずしも十分とはいえません。円滑に運営するためには、この相対的記載事項も定款に定めておいたほうがベターです。

この相対的記載事項は、会社法のあちこちに規定されていますが、その中でも、特に会社設立の際に関係のある重要な事項に、いわゆる**変態設立事項**があります。

次にあげるのが、その変態設立事項です（会社法二八条）。

① **現物出資**（同条一号）

金銭以外の財産をもってなす出資のことを現物出資といいます。「現物」は動産、不動産、有価証券など、その種類を問いません。

会社債権者への支払を確実にするための会社財産をしっかりと確保するためには、出資を金銭に限る方が望ましいのですが、現実には、既存の工場、店舗、敷地といった財産を直接出資の目的とする方が会社経営上有益な場合があります。もっとも、これらの財産を過大に評価すれば、会社財産の基礎を危うくするおそれがあり、また、株主や会社債権者の利益を害するおそれが出てきてしまいます。そこで、この現物出資については、出資者、出資の目的たる財産及びその価額、出資者（発起人に限られます）に対して割り当てる株式数などを定款に記載することを要するとしたのです。

② **財産引受け**（同条二号）

発起人において、会社（設立中）のために、会社の成立を条件として、他からある財産を譲り受けることを約定する契約を**財産引受契約**といいます。

この財産引受けは本来、取引なのですが、これを自由にしておきますと、これもまた、目的物を過大に評価して、対価も過大に給付してしまうおそれがあり、そのようなことになれば、会社の財産の基礎をあやうくしますし、うっかりしていますと、現物出資についてのきびしい制限を潜脱する手段として使われやすい危険もはらんでいます。

そこで、会社法はこの財産引受けに関する事項についても定款に記載することを求めたのです。

③ **発起人の報酬・特別利益**（同条三号）

発起人の報酬とは、発起人が会社設立のために働いた、その労務に対する報酬のことです。発起人が受けるべき特別利益とは、会社の設立に際して活動した発起人の功労に報いるためにあたえられる特別の利益のことで、たとえば会社設備の利用権とか、利益配当に関しての優先権、新株引受に関する優先権付与などがこれにあたります。これらも、お手盛りになる危険がありますので、同じく、変態設立事項の一つとされています。

④ **設立費用**（同条四号）

会社の設立に必要な定款作成の費用、株式申込証の印刷代、設立事務所の賃料とか雇った人の給与等のことです。これについても、無制限な支出を許さないよう、その金額（総額）を定款に記載することを求めたのです。

設立費用のうち、客観的に算定が可能な定款に係る印紙税や払込み取扱銀行の手数料・報酬等については、そのようなおそれがないことから、定款に記載することを要しません（会社法二八条四号、会社法施行規則五条）。

以上の変態設立事項は、「危険な約束」ともいわれ、とかく濫用される危険が多いものですので、原則としてこれらの事項は、まず定款に記載され、ついで裁判所の選任する**検査役**の調査を受けるものとし（会社法三三条一項、四項）、これらの事項が不当であるときは、裁判所は変更決定をし（会社法三三条七項）、発起人は、これを受けて全員の同意で変更された事項についての定めを廃止する定款変更をすることができます（会社法三三条九項）。

もっとも、財産引受け・現物出資（現物出資財産等）につき定款に記載・記録された価額の総額が五〇〇万円を超えない場合、現物出資財産等のうち市場価格のある有価証券であって、定款に定めた価額がその市場価格として法務省令で定める方法により算定される場合、現物出資財産等につき定款で定めた価額が相当であることについて、弁護士、弁護士法人、公認会計士、監査法人、税理士、税理士法人の証明を受けた場合（不動産については、その証明及び不動産鑑定士の鑑定評価が必要）には、検査役の選任を請求する必要はありません（会社法三三条一〇項）。

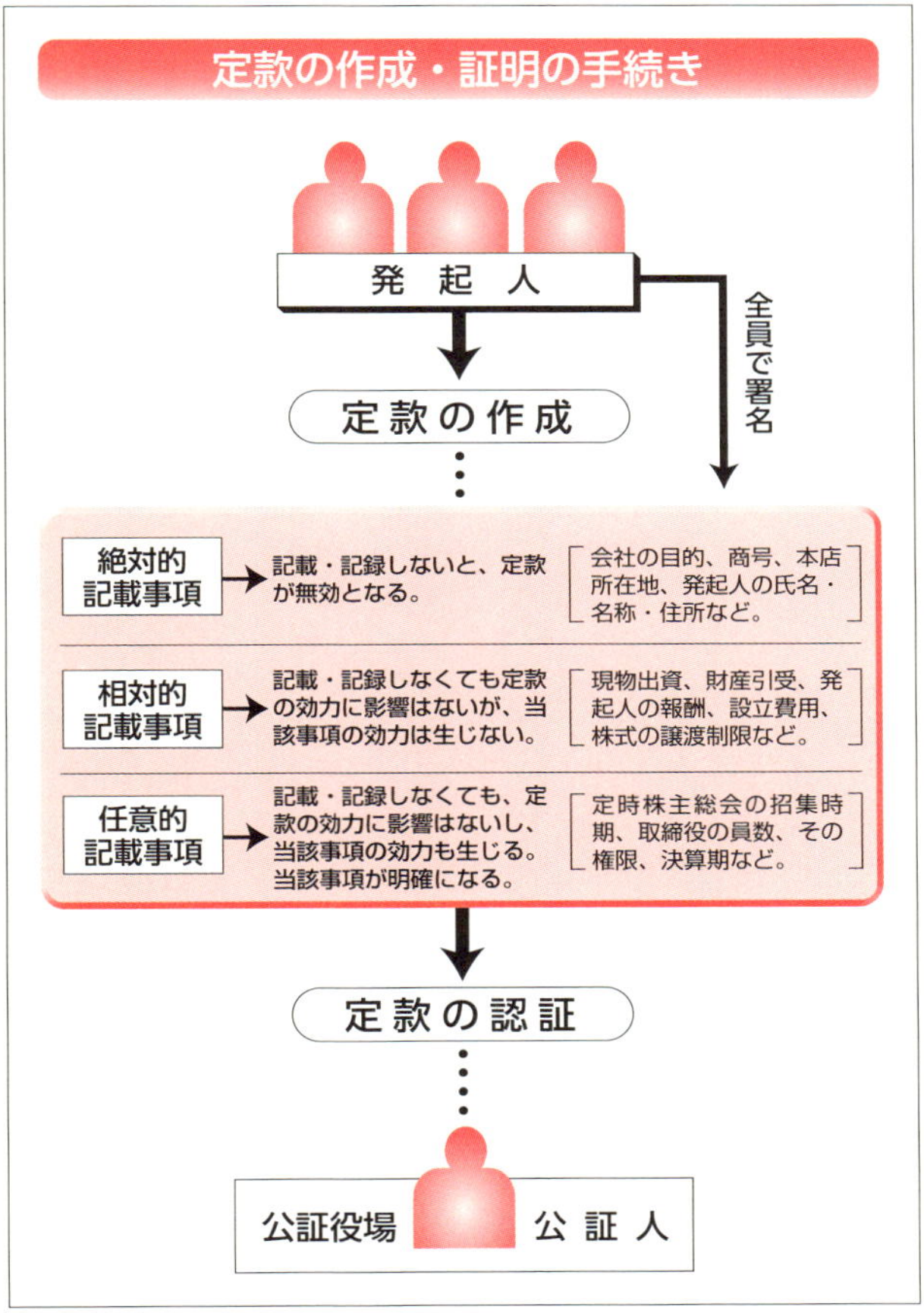
定款の作成・証明の手続き
発　起　人
全員で署名
定款の作成
絶対的記載事項
記載・記録しないと、定款が無効となる。
会社の目的、商号、本店所在地、発起人の氏名・名称・住所など。
相対的記載事項
記載・記録しなくても定款の効力に影響はないが、当該事項の効力は生じない。
現物出資、財産引受、発起人の報酬、設立費用、株式の譲渡制限など。
任意的記載事項
記載・記録しなくても、定款の効力に影響はないし、当該事項の効力も生じる。当該事項が明確になる。
定時株主総会の招集時期、取締役の員数、その権限、決算期など。
定款の認証
公証役場
公　証　人

## 相対的記載事項の活用例――株式の譲渡制限と同族会社の事業承継

会社の経営にたずさわる人は、自社の定款に何を定めておけば、どのような効果があるか、ある規定を置くことによる会社運営上のプラス、マイナスをよく考えて、定款の記載事項をきめるのがよいでしょう。ただ単に、定款のひながたがそうきめているから、自分の会社の特質も考えることなく、そのまま自社の定款の記載事項もそのとおりにしておこうというのでは少々お粗末です。

たとえば小さな株式会社で、自分の会社が将来、だれかに乗っ取られることが心配なら、定款にあらかじめ**株式の譲渡制限**を定めておくのも一法です。よく株式会社の定款には、「当会社の株式を譲渡するには、あらかじめ取締役会の承認を受けなければならない」という規定が入っていることがありますが、これが定款による株式の譲渡制限の定めです（会社法二条一七号、会社法一〇七条一項一号、二項一号）。

この規定が定款に定められている場合は、株主において株式を譲渡しようとするときは、会社に対して譲渡の承認を求めなければならないことになります。

また、小規模の同族的性格をもつ会社では、親族内で誰に事業承継させるかが切実な問題になることがありますが、そのような場合に備えて定款を上手に利用することが大切です。

具体的には、議決権がまったくない株式（完全無議決権株式）や議決権制限株式の発行を定款に定めておき（会社法一〇八条二項三号）、後継者には議決権の制限がない通常の株式を譲渡し、後継者以外の親族には完全無議決権株式または議決権が制限された株式を譲渡することにより、親族内での事業承継をスムーズに行うことが可能となります。

## 任意的記載事項を定めることも自由

**任意的記載事項**というのは定款に記載するかしないか、会社の任意とされている事項のことです。絶対的記載事項、相対的記載事項以外の事項は定款に規定しなくても効力はありますが、定款に記載しておけば、定款変更の手続きによらないかぎり、変更できないという利益があります。

任意的記載事項については、別に制限はありません。強行法規に反しない事項であれば、なんでも定款に規定することができます。

株主総会の議長だとか、取締役や監査役の員数、社長、専務、常務取締役の権限、事業年度、定時株主総会の招集日などは多くの会社の定款に規定されているのが普通のようです。これらはこの任意的記載事項です。

## 発起人全員で決める重要な株式発行事項

設立時に発行する株式に関する事項には、次にみるような会社がスタートする上でとても重要な事柄があります。これらについては発起人全員の同意が必要となっています（会社法三二条一項、五八条二項）。

**① 株式の種類と数**

発起設立の場合には発起人が割当てを受ける設立時発行株式の数・種類であり、募集設立の場合には、さらに引受人に割り当てる株式の数・種類が加わります。

**② 株式に対し払い込む金額**

設立時発行株式と引換えに払い込む金額の額を決定しなければなりません。

**③ 株式の発行価額中、資本に組み入れない額**

原則として、設立時に株主となる者が会社に払込み又は給付をした財産の総額を資本に組み入れなければなりませんが（会社法四四五条一項）、その二分の一を超えない額を資本に組み入れず、資本準備金とすることも認められており（同法四四五条二項、三項）、このような取り扱いとするかどうかを決めます。

**④ 設立時募集株式の払込み期日**

募集設立において、引受人が金銭の払込みをすべき日・期間を決めます。

**⑤ 設立時募集株式の引受けの取消しに関する事項**

一定の日までに設立登記がされない場合は、設立時募集株式の引受けの取消しをすることができることとするときは、その旨及びその一定の日を定めます。

PART⑤

# 設立手続きのコースは二本

▼設立手続きとそれに瑕疵があった場合

## 設立手続きの手順には二とおりある

株式会社の設立手続きには二つのやりかたがあります。**募集設立**と**発起設立**がこれです（会社法二五条一項一号、二号）。株式会社の設立手続きも定款を作成し、それについて認証を受けたりすることは、発起設立と募集設立に共通なのですが、以後の株式引受その他の手続きについては、発起設立と募集設立とで異なることになります。二つのコースの流れをここでみておくことにしましょう。

## コース1　発起設立

### ①　募集株式の引受けと出資

会社の設立に際して発行する株式全部を発起人だけで引き受ける設立手続きを発起設立といいます。発起設立は、発起人だけが会社成立当初の株主になる場合です。各発起人は一株以上を引き受けなければなりません（会社法二五条二項）。

次に、発起人は引き受けた株式について、遅滞なく、発行価額全額の払込みをなし、また、現物出資をする発起人は出資の目的である財産全部の給付を行うことを要します（会社法三四条一項本文）。ただし、発起人全員の同意があれば、登記、登録等の対抗要件をそなえるに必要な行為は、会社成立後に延ばすことが可能です（同項ただし書）。

なお、募集設立の場合は、会社設立登記の申請に当たり、預金通帳写しなどで出資金の払込みがあったことを証する書面を添付すれば足ります（商業登記法四七条二項五号）。

### ②　設立時役員等の選任

発起人の議決権の過半数で**設立時取締役**（株式会社の設立に際して取締役となる者）を選任します（会社法三八条一項）。この選任にあたっては、発起人は引き受けた株式一株につき一個の議決権をもっていますので、原則として（会社法四〇条三項、四一条一項参照）、その議決権の過半数をもって行います（会社法四〇条一項、二項）。

設立しようとする株式会社が取締役会設置会社である場合、設立時取締役は、**設立時代表取締役**を選任しなければなりません（会社法四七条一項）。

また、機関設計に応じて、発起人は、**設立時会計参与**、**設立時監査役**、**設立時会計監査人**を選任します（会社法三八条二項）。

### ③　設立経過の調査

変態設立事項があるときは、発起人は、公証人の定款認証後、その事項を調査させるため、裁判所に**検査役**の選任を申し立てなければなりません（会社法三三条一項）。検査役の調査の結果、妥当であればそれで問題ありませんが、変態設立事項が不当なときは、裁判所は検査役の報告をきき（会社法三三条四項）、これを変更する決定をします（同条七項）。

検査役の調査には時間と費用がかかり過ぎるとの批判があったため、現物出資等の額が少額な場合等、一定の場合には検査役の調査が不要になりました（会社法三三条一〇項）。

設立時取締役等は、その選任後遅滞なく、現物出資財産等について定款で定められた価額が相当であるか等につき調査、報告をします（会社法四六条一項）。調査の結果、法令・定款に違反し、または不当な点があると認めるときは、発起人にその旨を通知しなければなりません（同条二項）。

## コース2　募集設立

### ① 引受人の募集

募集設立は、発起人のほかに株式の引受人を募集して、会社を設立する手続きです。

募集設立では発起人は設立に際して会社が発行する株式総数の一部を引き受けるにとどまり、その余の株式については株主を募集することとなります（会社法五七条一項）。

募集の方法については別に制限がありませんから、公募でも縁故による私募でもかまいません。募集設立は、発起人が株式のかなりの部分を引き受け、残余については縁故募集による株式引受人から引き受けてもらうというかたちをとって、わが国の実際ではたいへん多く利用されています。

発起人は、設立時募集株式の数、払込み金額等を決定し（会社法五八条一項各号）、これを引き受けようとする者に定款認証日、公証人の氏名、定款記載事項等を通知します（会社法五九条一項）。

### ② 募集株式の引受けと出資

書面（発起人の承諾があれば電磁的方法）で引受けの申込みがあると（会社法五九条三項、四項）、発起人は申込者の中から設立時募集株式の割当てを受ける者及び割当株式数を定め（会社法六〇条一項。**割当自由の原則**）、申込者に割当株式数を通知します（会社法六〇条二項。なお、同法六一条参照）。

割当によって、株式申込人は割り当てられた設立時募集株式について、株式引受人となり（会社法六二条）、設立時募集株式の払込み金額の全額の払込み義務を負うことになります（会社法六三条）。

発起人は、募集設立の払込み取扱金融機関に対し、**株式払込み金保管証明書**の交付を請求でき（会社法六四条一項）、これを交付した払込み取扱金融機関は、後日、払込みの事実がないこと等を会社に対抗できません（同条二項）。発起設立の場合と異なり、この株式払込み金保管証明書は、設立登記の申請書に添付しなければなりません（商業登記法四七条二項五号）。

株式引受人が割り当てられたけれども、払込みをしないときは、当然に株主となる権利を失います（**打切り発行**…会社法六三条三項）。

募集設立の場合でも、定款に変態設立事項の定めがあれば、例外的な場合を除き、検査役の調査を受けなければなりませんが、実際にはそのような例は多くありません。

### ③ 創立総会

発起人は、払込み期日または払込み期間の末日以後遅滞なく、創立総会を招集します（会社法六五条）。創立総会は、株主総会の前身ともいうべきもので、その招集手続きや議事手続きも株主総会とほぼ同様ですが、会社のスタート時点では慎重を期したほうがよいとの考えから、決議の要件は厳しくなっていて、議決権総数の過半数かつ出席した設立時株主の議決権の三分の二以上の賛成が必要となっています（会社法七三条一項）。

創立総会では、発起人が会社の設立に関する事項を報告し（会社法八七条一

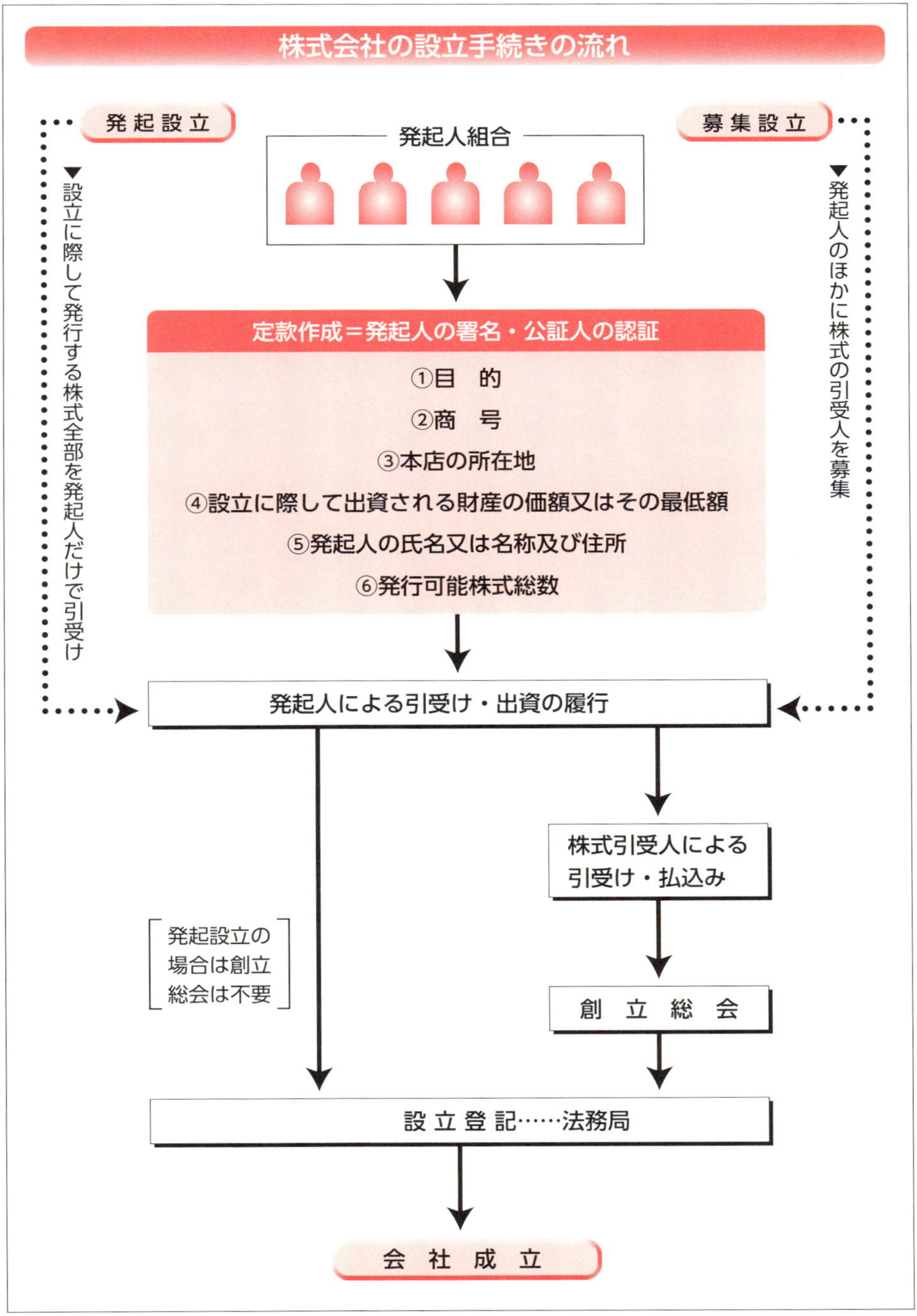
株式会社の設立手続きの流れ
発起設立
募集設立
発起人組合
設立に際して発行する株式全部を発起人だけで引受け
発起人のほかに株式の引受人を募集
定款作成＝発起人の署名・公証人の認証
①目　的
②商　号
③本店の所在地
④設立に際して出資される財産の価額又はその最低額
⑤発起人の氏名又は名称及び住所
⑥発行可能株式総数
発起人による引受け・出資の履行
株式引受人による引受け・払込み
発起設立の場合は創立総会は不要
創　立　総　会
設立登記……法務局
会　社　成　立

項）、変態設立事項があれば、検査役の調査報告の内容、弁護士等の証明の内容を記した書面（電磁的記録）を提出しなければなりません（会社法八七条二項）。さらに、設立時取締役等の選任を行い（会社法八八条）、必要があれば定款の変更・会社設立の廃止を決めることも可能です（会社法七三条四項）。

設立時取締役は、現物出資財産等について定款で定められた価額が相当であるか等につき調査、報告をし、それが不当であると認めたときは、創立総会で変態設立事項の変更をすることができます（会社法九六条）。

## 設立登記によって会社は誕生する

募集設立のコースを経るにせよ、発起設立のコースを経るにせよ、以上の各段階を経て、会社の実体は徐々にできあがっていきます。

そして、会社がいよいよ、この世に誕生することとなるのは発起設立、募集設立とも、会社の**設立登記**によってです。すなわち、会社はその設立登記をすることによって、はじめて成立したこととなるのです（**創設的効力**…会社法四九条）。

設立登記は、本店の所在地を管轄する登記所に、定款、検査役の調査報告書等を添付して申請します（会社法九一一条一項、商業登記法四七条二項〜四項）。

申請時期については、発起設立の場合と募集設立の場合とで異なっています。発起設立の場合は、設立時取締役・監査役による設立経過の調査が終了した日または発起人が定めた日のいずれか遅い日から二週間内ですが、募集設立の場合は、創立総会終結の日から二週間内に登記することとなっています。

ただ、**種類創立総会**（特定の種類の株主が集まる創立総会）の決議があったような場合には、起算日が異なります（会社法九一一条二項）。

会社の設立当初から支店がある場合には、支店所在地でも登記をしなければなりません（会社法九三〇条一項一号）。

登記事項は、かならずしも定款の記載事項と一致しません。公示制度としての登記なのですから、法律も、目的、商号、本店所在地など、公示の必要があるものを選んで登記事項としています（同条二項）。

会社成立後に登記事項を変更する場合には、本店所在地で二週間以内に変更登記をしなければいけません（会社法九一五条一項）。ただし、目的、商号など定款の記載事項について登記変更する場合には、定款変更の手続きが必要となるので、その点は注意が必要です。

なお、設立登記が行なわれますと、発起人が会社設立に必要な行為によって取得したり、負担していた権利義務は特別の移転行為を必要とすることなく、当然に会社に帰属することになります。

そのほか、①株式引受けの無効の主張や取消しが制限されるに至ること（会社法五一条二項）、②権利株（会社成立前または新株発行の効力発生前における株式引受人の地位）についての譲渡制限が解除されること（会社法五〇条二項）、③株券発行会社は、株式を発行した日以後遅滞なく株券を発行しなければいけないということも（会社法二一五条一項）、この設立登記によって発生してくる効果です。

## 設立手続きに欠陥があったら

以上の株式会社の設立手続きが法定の要件を欠いていたら、その会社の設立はどうなるのでしょうか。

定款にかならず記載しなければならな

い絶対的記載事項を記載していなかったとか、定款の認証がなかった、創立総会の招集がなかったなどという事情がのちに判明した場合、その会社の設立手続きは適法とはいえません。

　一般原則からすれば、設立手続きに欠陥があれば、その会社の設立は無効とされるべきものです。そのようなときは、だれでもその無効を主張できましょうし、その方法にも制限がないはずのものでもあります。

　しかし、考えてみますと、とにもかくにも、設立登記も済み、以後相当の期間にわたり活動してきた会社を、その設立手続きが法定の要件を欠いていたからと、これを無効にし、はじめからその会社がなかったこととして扱うことにしますと、その会社がそれまでに行ってきた法律関係は全てくつがえされ、混乱が生ずること必定です。また、登記によって、会社は有効に成立したものと信じて取引をしてきた人たちにも、不測の損害をあたえもしましょう。

　そこで、会社をめぐる法律関係を適切に処理するため、無効を主張できる者を限定したうえで、法律関係を画一的に処理し、設立無効の効果を過去に遡らせないことが必要となります。そのための法制度が、**設立無効の訴え**です。

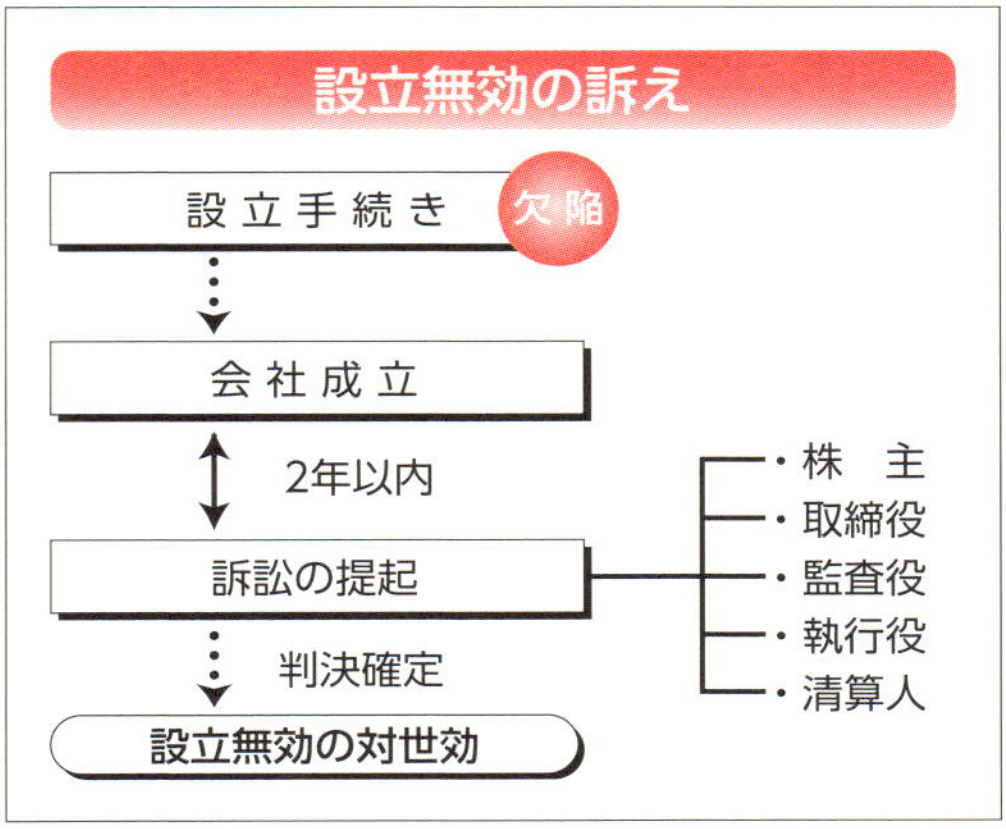


## 設立無効の訴えの制度

　具体的にはこういうことです。会社の設立手続きに欠陥があるときは設立の無効を生ずるけれども、これを一般原則によらず、会社の設立無効は会社成立の日から二年内に限り（会社法八二八条一項一号）、しかも、その会社の株主、取締役、監査役、執行役、清算人にかぎって（会社法八二八条二項一号）、かつ会社を相手どってなす訴え提起の方法によってのみこれを主張できるものとしました（会社法八二八条一項本文）。

　そして、設立を無効とする判決が確定した場合、誰に対しても設立の無効を主張できることにして法律関係を画一的に処理します（**対世効**。会社法八三八条）。もっとも、設立時にまで遡って無効としてしまいますと、それまでに行われてきた取引に混乱が生じかねませんので、遡及効が制限され、将来に向かってのみ効力を失うものとされています（会社法八三九条）。

　設立無効の原因とされているものには、①定款の絶対的記載事項の記載がないか、または記載が違法なこと、②定款に公証人の認証を受けていないこと、③株式発行事項について発起人全員の同意がないこと、④創立総会の招集がないことなどがあります。

　なお、設立に際して出資される財産の価額またはその最低額に相当する出資がない場合も無効原因となりますが、発起人等が不足額を会社に拠出することにより、無効原因が消滅するということもあります。

PART 6

# 株式払込みの仮装

▼預合いと見せ金

## 会社設立に関する責任

会社の設立過程で資本金に相当する財産が実際に会社に拠出されていないと、会社の責任の引き当てが欠如し、債権者に不測の損害を与えることがあります。また、募集株式について出資が履行されないまま株式が発行されると、きちんと出資を履行した引受人にとっては、株式一株当たりの価値が薄まってしまうといえます。

そこで、会社法は、設立に関与した発起人、設立時取締役、設立時監査役等に対して重い民事責任を定めています。

## 現物出資・財産引受けの不足額補填責任

会社成立時における現物出資財産等の価額が当該現物出資財産等について定款に記載され、又は記録された価額（定款の変更があった場合にあっては、変更後の価額）に著しく不足するときは、発起人及び設立時取締役は、株式会社に対し、不足額の支払義務を負わされます（連帯責任。会社法五二条一項）。

ただし、①現物出資又は財産引受け事項について検査役の調査を経た場合、②職務を行うについて注意を怠らなかったことを証明した場合は、この限りではないとされています（会社法五二条二項）。この責任は、総株主の同意がなければ、免除を受けることが許されません（会社法五五条）。

現物出資・財産引受事項について証明や鑑定評価等をした弁護士、公認会計士等（会社法三三条一〇項三号）についても、同様の責任が課されています（会社法五二条三項）。

## 仮装の払込み①（預合い）

株式会社は、設立過程で株式の申込人に株式を引き受けさせ、払込みをさせますので、会社設立時点では、少なくともこの株式払込み金があるはずです。

ところが、実際には株式の払込みを行われていないのに、株式の払込みがあったように見せかけ、株式会社が設立されることがあります。具体的には、発起人が払込み取扱銀行と通謀して、まず払込み取扱銀行から借り入れを起こし、この借入金を株式払込み金として会社の預金に振り替えてもらい、その借入金を返すまではこの預金を引き出さないことを約定するのです。これを**預合い**（あずけあい）といいます。

このように株式の仮装払込みのもとで会社が設立されますと、会社財産が実質的に確保されず、会社債権者の不測の損害を与えかねませんし、他の引受人（株主）との関係をみてもアンフェアです。

そこで、わが会社法はこの「預合い」を株式払込みの仮装行為とみて、これに対し、五年以下の拘禁または五〇〇万円以下の罰金という重い刑罰を科しています（会社法九六五条）。

この場合は預合いに応じた者も同様に処罰されます。

## 仮装の払込み②（見せ金）

預合いを会社法違反として刑罰をもって禁ずるということにしますと、今度はこう考える者が出てきます。それでは株式の払込み金を他の銀行から借りてきて、これを払込み金にあて、その直後に引き出せばよいと。

このように、会社の設立に際し、発起人が払込み取扱銀行以外の第三者から金銭を借り入れて、これを株式の払込みにあてて会社を成立せしめ、会社成立後、取締役に就任した発起人が直ちにこれを払込み取扱銀行から引き出し、自己の借入先に返済することを見せ金といいます。「見せ金」は、一つ一つの行為を分断してみれば、現実に払込み取扱銀行に全額払込みがなされていますので、会社成立の後にこれを会社の代表機関が引き出したところで、その時点では取締役の任務懈怠があるに止まり、問題はないようにも見えます。

しかしながら、「見せ金」は、これらの個々の行為がはじめから計画的に、一連のものとして考えられ、個々の行為は仕組まれた払込み仮装の一連の動きといえます。そして、それが計画どおりに進んだ場合は、株式会社に出資をさせようとした法の趣旨は一蹴される結果となりましょう。そう考えますと、この「見せ金」による払込みは株式払込みの仮装にすぎなく、法律上払込みとしての効力をもたないものと考えるのが妥当です。多くの学説も「見せ金」による払込みを「預合い」禁止の潜脱行為とみ、これを有効な株式払込みとは目しがたいとしています。裁判例では最判昭和三八年一二月六日の判決が有名です。この判決はこういっています。

「当初から真実の株式の払込みとして会社資金を確保するの意図なく、一時的の借入金を以て単に払込みの外形を整え、株式会社成立の手続き後直ちに右払込み金を払い戻してこれを借入先に返済する場合の如きは、右会社の営業資金はなんら確保されたことにはならないのであって、かかる払込みは、単に外形上株式払込みの形式こそ備えているが、実質的には到底払込みがあったものとは解し得ず、払込みとしての効力を有しないものといわなければならない」（最判昭和三八年一二月六日民集一七・一二・一六三三）。

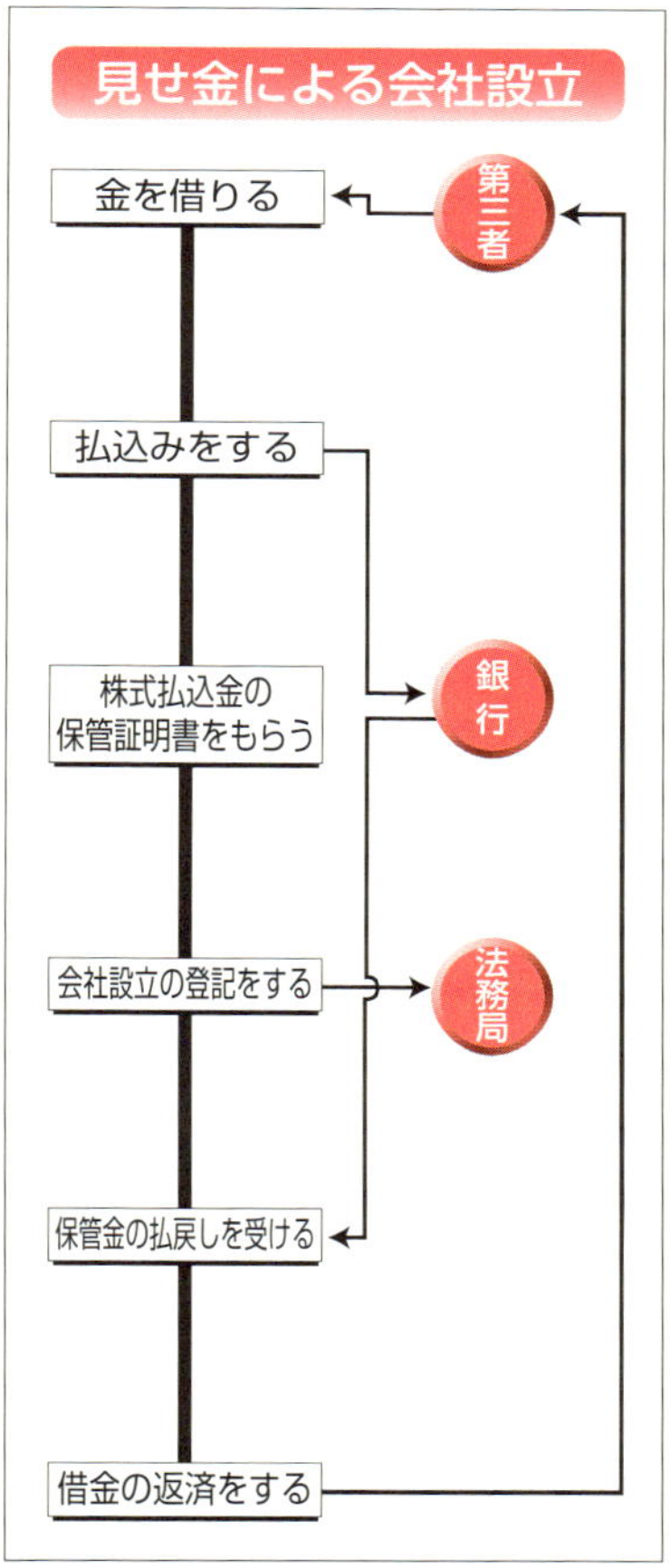


## 引受人等の支払義務

このように仮装払込みについて法律上の効果が生じないとすると、払込み期間の満了によって、引受人の株主となる権利が消滅します（会社法二〇八条五項）。

しかしながら、このような失権株についても登記がなされることがあり，このような場合、失権株を有効と取り扱ってよいか否かが明確ではありませんでした。そこで、平成二六年改正法は、次の規定を設けて、この点を整理しました。

### ① 引受人の支払義務責任

株式会社に対し、払込みを仮装した発起人は、仮装した出資に係る金銭全額の支払義務を、現物出資の給付を仮装した発起人は、給付を仮装した財産の全部の給付（株式会社が給付に代えて財産の価額に相当する金銭の支払を請求したときは、その金銭の全額支払）をする義務を負います（会社法五二条の二第一項）。

取締役と発起人の馴れ合いによる責任免除を封じるため、ここでも総株主の同意がなければ、責任を免除できないとされています（会社法五五条）。

### ② 取締役等の責任

発起人が出資の履行を仮装することに関与した他の発起人や設立時取締役として法務省令で定める者も、同様の支払義務を負いますが、その者（当該出資の履行を仮装したものを除く。）がその職務を行うについて注意を怠らなかったことを証明した場合は、責任を免れることができます（会社法五二条の二第二項）。

なお、ここでも取締役相互の馴れ合いによる責任免除がなされないよう、総株主の同意が責任免除の要件となっています（会社法五五条）。

## 仮装払込みに係る株式についての株主権の行使

仮装払込みをした発起人は、支払がされた後でなければ、出資の履行を仮装した設立時株式について、設立時株主及び株主の権利を行使することができません（会社法五二条の二第四項）。

もっとも、取引安全の見地から、設立時発行株式又はその株主となる権利を譲り受けた者は、悪意又は重過失がない限り、設立時株主及び株主の権利を行使することが可能です（会社法五二条の二第五項）。

## 任務懈怠の責任

発起人、設立時取締役又は設立時監査役は、株式会社の設立についてその任務を怠ったときは、株式会社に対して損害賠償する責任を負い（過失責任。会社法五三条一項）、職務を行うについて悪意又は重大な過失があったときは、第三者に対しても損害賠償責任を負います（会社法五三条二項）。

例えば、行為無能力の制限や詐害行為等を理由に現物出資や財産引受けが取り消されたときに、資金不足分の損害賠償が求められることが考えられます。

そして、これらの者が株式会社又は第三者に対する損害賠償責任を負う場合において、他の発起人、設立時取締役又は設立時監査役も損害賠償責任を負うときは、これらの者は、連帯責任となります（会社法五四条）。

## 擬似発起人の責任

株式会社の設立にあたって、定款に発起人として署名していない者は、発起人ではありませんが、募集の広告その他当該募集に関する書面又は電磁的記録に自己の氏名又は名称及び株式会社の設立を賛助する旨を記載し、又は記録することを承諾した者は、発起人とみなされ、同じ責任を負わされます（会社法一〇三条四項）。

# 第3章

# 株式と株主

PART 1

# 株式とは何か

▼それは株式会社の社員たる地位である

## 株式とは株式会社の社員たる地位のこと

株式会社は、多くの出資者（株主）の出資をもとにできあがっている団体ですから、この団体の実質上の所有者は、株主ということになります。すじからいえば、この出資者は、それぞれの出資額に応じて、経営について口出しをすることもできるはずですし、また、利益の分配にあずかってしかるべきです。

しかし、株式会社というこの事業団体は、法律的には営利社団法人という法人になっており、財産はみんなこの法人に帰属しています。そこで、経済上・実質上の共同所有者である出資者の地位も法律的には会社という社団法人に対する地位のかたちに引きなおされています。そうしておいて、この実質上の所有者は、会社の経営基本方針の決定に加わったり、会社から利益の配当を受けたりできるようになっているわけです。

株式会社における**株式**というのは、このような経済的な実体をもつところの、社員たる地位のことです。この理屈はなにも株式会社にかぎるわけではなく、社団法人に共通することなのですが、株式会社では、この社員たる地位が細かく分化された割合的単位のかたちをとっており、この点が他の社団法人と異なります。

## 株主とは株式の持ち主のこと

この株式会社の社員たる地位、すなわち株式の持ち主のことを、**株主**といっています。

株式会社において、社員たる地位（株式）がこのような細分化された割合的単位のかたちになっているのは、多くの人たちができるだけ容易に株式会社に参画できるようにという配慮からです。

株式は割合的単位の形式をとっていて、均等の大きさに細分化されていますから、その取り扱いはきわめて明快で、株式会社では株式関係の処理が簡単に、スムースに運ばれるようになっています。

ある株式会社で株式が五〇〇〇万株発行されているとしますと、その会社では社員の地位が五〇〇〇万個に細かく分けられていることになります。

## 平成一三年改正で額面株式が廃止された

この株式には、**額面株式**と**無額面株式**があります。額面株式とは、額面のある株式、すなわち定款に一株の金額の定めがあり、しかも株券に券面額があらわされている株式のことであり（旧商法一六六条一項四号、二二五条四号）、無額面株式とは、株券に券面額の記載がなく、ただ株式数のみが記載されている株式のことです。かつて会社は、そのいずれか一方だけを発行することもできましたし、両方を発行することもできましたが（旧商法一九九条）、平成一三年改正法によって、額面株式が廃止されました。

## 額面株式の何が問題だったか

もともと額面株式の発行価額は券面額以上でなければならないと定められていましたので（旧商法二〇二条二項）、額面株式には出資単位の維持機能があると言われていました。しかし、商法改正前でも、会社成立後の規制がなかったため、定款を変更して券面額を引き下げて発行価額を五万円未満にして新株を発行することは可能であり、その意味で出資単位を維持する機能は不徹底なものでした。

　また、額面株式の発行の際には、券面額以上の金額を資本に組み入れねばならないと定められ（旧商法二八四条ノ二ただし書、三五七条後段等）、解釈上、会社の存続している間は常に資本金額は券面額総額以上でなければならないと解されていました。そのため、例えば、株価を下げるために株式分割をしようとした際、券面額総額が資本金額を超えそうなときは、定款変更を余儀なくされる事態が生じました。しかし、そもそも券面額総額が資本金額を超えることを禁止する理由があるのか、その理由は必ずしもはっきりしていませんでした。

　さらに、券面額と株式の時価に何か関係があるかのような誤解を与えやすい弊害が指摘されていました。上場会社の株式取引を見れば明らかなとおり、株式時価は需給バランスで決まり、券面額とは無関係ですが、何となく関係がありそうに思われがちです。

　また、株式の時価とはお構いなしに、額面が五〇円の株式に五円の配当があれば「一割配当」などと言われたりしますが、時価が一〇〇円の場合と一〇〇〇円の場合を同列に表現するようなもので、これなどは投資家にかなり誤解を生みやすい表現です。そして、閉鎖会社の株式の取引が行われる際、会社の実質的価値と無関係に券面額を譲渡価格にすることもないわけではなく、このように実質的な価値を表していない券面に、あたかもそれがあるかのような取り扱いがなされる弊害があったと言われていました。

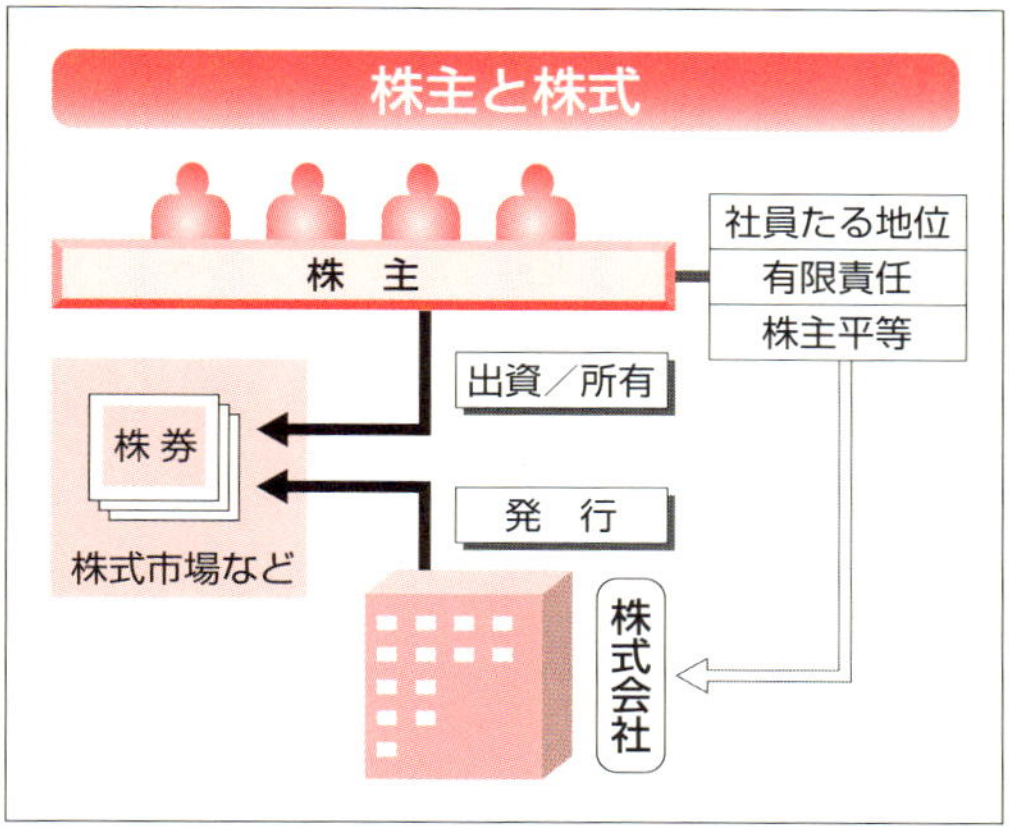


## 発行済みの額面株券の取り扱い

　右に見た弊害を取り除くことのほか、無額面株式のほうが、発行価額の制約がないので株価下落時に新株発行がやりやすい、株式分割等の手続きが簡単であるなどのメリットが斟酌《しんしゃく》されて、額面株式は全面的に廃止されました。

　会社法の下では株券不発行が原則となり、株券を発行したいときはその旨を定款で定め（会社法二一四条）、登記をしておく必要があります（同法九一一条三項一〇号）。もっとも従前の株券発行会社では原則としてこの登記がなされたものとみなされますので（整備法一一三条四項）、発行済みの額面株券をそのまま放置したくなければ、所定の手続き（会社法二一八条一項～五項）を経て、株券を発行しない旨の総会決議をし（同法四六六条、三〇九条二項一一号）、その旨の登記をしておく必要があります。

PART 2

# 株主の権利と義務

▼株主は持ち株数に応じて平等に扱われる

## 株主はいろいろな権利をもっている

すでに述べましたように、株式の持ち主のことを株主といいます。株主の資格やその員数については会社法上は格別の制限はありません。極端な場合には株主が一人という場合もあります。このような会社を**一人会社**といいます。

さて、株主は会社に対していろいろな権利をもっています。これを大別しますと、つぎの二つのグループになります。

第一のグループに属する権利は株主自身の利益のために認められた権利で、これを**自益権**といいます。剰余金配当請求権（会社法一〇五条一項一号、四五三条）及び残余財産分配請求権（会社法一〇五条一項二号、五〇四条）が、その中核ですが、これ以外にも株式買取請求権（会社法一一六条、四六九条ほか）や、株式譲渡による投下資本の回収を可能ならしめる名義書換請求権（会社法一三三条一項）、株券発行請求権（会社法二一五条一項～三項）などがふくまれます。

第二のグループに属する権利は**共益権**です。共益権とは株主が会社の管理、運営に関与し、あるいは取締役等の行為を監督是正することを内容とする権利のことで、株主はこれを会社の利益のために行使すべきものと考えられています。

この中には、議決権（会社法一〇五条一項三号、三〇八条一項）を中心に、株主総会の決議の取消しを訴える権利（会社法八三一条）、説明請求権（会社法三一四条）、提案権（会社法三〇三条一項）、累積投票請求権（会社法三四二条）、総会招集権（会社法二九七条）などがあり、監督是正に関連するものとしては、会計帳簿閲覧請求権（会社法四三三条）、違法行為の差止め請求権（会社法三六〇条）、新株予約権の発行差止め請求（会社法二四七条）、代表訴訟提起権（会社法八四七条）、役員等の解任請求権（会社法八五四条一項）等々があります。

なお、親子会社にあっては、子会社の不適切な業務執行により、株主である親会社、さらにはその株主の利益が害されないとも限りません。企業の再編が活発化し、このような問題が増加していくことも予想されます。そこで、平成一一年改正法により、親会社の株主その他の社員に子会社の株主名簿等（会社法一二五条四項）、総会議事録（会社法三一八条五項）、取締役会議事録（会社法三七一条五項）、計算書類等（会社法四四二条四項）の閲覧等請求権が認められました。

## 株主の権利は全部が株主一人で単独に行使できるわけでもない

株主の権利の中にはそれを行使するのに、一人ひとりの株主が単独で行使できる権利と、会社の発行済株式総数の一定割合または一定の持ち株を有する株主にかぎって行使できる権利とがあります（一人でも、あるいは数人の持ち株を合算してもよい）。前者を**単独株主権**、後者を**少数株主権**といいます。

自益権はもともと株主自身の利益のために認められている権利ですから、全て

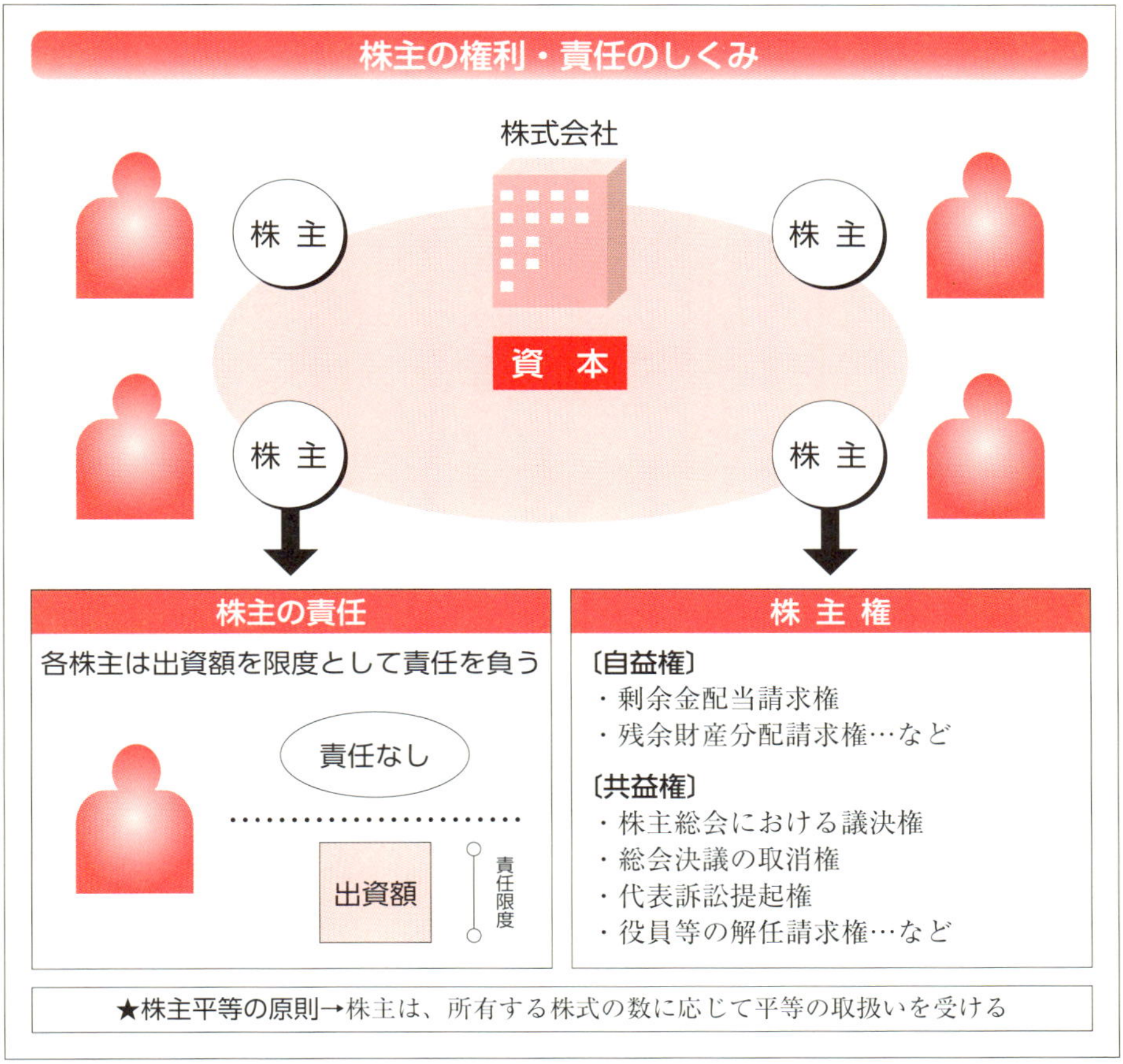


各株主が単独で行使できる単独株主権ですが、共益権には単独株主権と少数株主権とがあります。株主総会の招集請求権や取締役等の解任請求権、会計帳簿の閲覧権などはこの少数株主権です。株式会社の規模の大小を問わず、一つの会社の中で株主、役員等の間にいろいろな派閥が生まれ、争うこともままあります。人間がある程度集まると、そこに抗争が生まれるのは、やむを得ないことなのかもしれません。そのようなときは、結果的には多数派が支配的な力を持つのは、ある意味で当然としても、それがときに権利を濫用し、専横をきわめることも大いにあり得ます。少数株主権というのは、このような多数派株主の専横をチェックして、会社や株主の正当な利益を守るために認められているのです。

なお、株主の有するこれらのいろいろな権利のうち、その株主の同意がないかぎり、株主総会の多数決をもってしても奪うことができない権利を**固有権**といいます。固有権は株式会社に参画する株主にとっての本質的利益を内容としていると目すべき権利です。利益配当請求権とか残余財産分配請求権などはこの固有権と考えるべきでしょう。

## 株主の権利行使に関する利益供与は禁止される

　会社は何人に対しても、株主等の権利行使に関し、自己又は子会社の計算で財産上の利益を供与してはなりません（会社法一二〇条一項）。親会社の株主の権利行使に関し、子会社の計算による利益供与も同様です。

　株主の権利の種類については限定されていませんが、実際には議決権等の共益権や監督是正権の行使に関する場合が多いでしょう。権利の行使に関してですから、権利の行使だけでなく、その不行使にも適用されます。供与の相手方は、現に株主であると否とを問いません。

　会社が特定の株主に対し無償で財産上の利益を供与したとき、または有償であっても、会社の受けた利益が供与した利益にくらべ、いちじるしく少ないときは、株主の権利行使に関しての供与と推定されます（会社法一二〇条二項）。

　右に違反して会社が財産上の利益を供与したときは、利益供与を受けた者はそれを会社に返還しなければならず（会社法一二〇条三項）、これに関与した取締役・執行役等は会社に対し、供与した利益の価額につき、連帯して弁済する責任を負うほか（会社法一二〇条四項）、刑罰が科されることになっています（会社法九七〇条一項）。

## 株主の義務は出資義務だけ

　権利があれば義務もあるのが普通ですが、株主はいったいどのような義務を負うのでしょうか。

　株主の義務は会社に対して引き受けた株式の引受価額を限度とする出資義務だけです（会社法一〇四条）。そのほかにはなんの義務も負いません。

　しかも、この株主の義務は、会社の成立前または新株発行の効力発生前に全部履行しなければならないことになっています（会社法三四条一項、六三条一項、二〇八条一項、二項）から、理屈っぽくいえば、この義務も株式引受人としての義務であって、会社成立後または新株発行の効力発生後は、株主としてはもはや会社に対して義務は負っていないともいえましょう。

## 株主は持ち株数に比例して平等に扱われる

　このように、株主は会社に対して、いろいろな権利をもち、出資の義務も負担していますが、これらの権利義務については、株主はそれぞれの有する株式数に応じて、平等に取り扱われるのが原則となっています。このことを**株主平等の原則**といいます。

　株式会社というのは一つの資本団体です。したがって、一般の団体がその構成員の取り扱いをなすについて、頭数（あたまかず）を基準にして平等に取り扱うのと異なり、平等待遇の基準が株主一人ひとりについての頭数ではなく、各株主の有している株式の数になる点に注意しましょう。平等といっても、株主はその持ち株数に比例して会社から平等の待遇を受けるのであって、決して、株主であればその持ち株数を問題にすることなく、みんな一人の株主として頭割的に平等の取り扱いを受けるという意味ではありません。

　この株主平等の原則は株式会社法における一つの大原則ですが、会社が権利の内容に違いのある特殊な株式を発行する場合は、例外が認められます。これについては、のちに学ぶことにしましょう。

PART③

# 権利の内容が特殊な株式

▼変わり者は株式の中にもいる

## 内容が少々変わっている株式もある

前のパートで述べました株主平等の原則は、また、各株式の内容は同一であるということをも意味しています。これも株主平等の原則の重要な内容です。しかし、かといって、法律がこの原則をどのような場合でも死守し、例外はいっさい認めないとするときは、会社の資金調達に不便をきたすこともあります。

そこで、わが会社法もこの原則の例外として、権利の内容に違いがある特殊な株式（**種類株式**）の発行を認めています（会社法一〇八条一項）。この内容が少々変わった株式は、どれも会社の資金調達の便に配慮して法律が認めたものです。会社がこの株式を発行するためには、あらかじめ定款にその株式の内容と発行可能種類株式総数を定めておかなければなりません（会社法一〇八条二項）。

この、内容が少々変わった特殊の株式というのは、なんといっても、株主平等の原則の例外として、法律が特に認めるものなのですから、法律が認める態様のものにかぎって許されます。会社が、任意に法定の態様と違う株式を自分の会社の定款で定めたところで、そのような定めは無効です。

以下では、この会社法が定めた種類株式を見ていきましょう。

### ①優先株と劣後株

**優先株**とは、剰余金の配当、残余財産の分配について普通株に優先する株式をいい、**劣後株**は、逆にこれが劣っている株式をいいます（会社法一〇八条一項一号、二号）。業績不振の会社が資金調達のため、新株を発行しようとするときに、その新株を優先株とすれば、会社は株主を比較的容易に集めることができることから、これまで多く発行されてきた種類株式は優先株でした。

優先株を発行するときは、定款で株式の内容及び発行可能種類株式総数を定めなければなりません。さらに、具体的には、ある決算期に優先配当の一部又は全部が支払われなかった場合、次の期に不足分が繰り越されて支払われるか（累積的優先株）、そうでないか（非累積的優先株）、優先配当を受けてなお利益がある場合に、さらに利益の分配を受けることができるか（参加的優先株）、そうでないか（非参加的優先株）等を定めることになります。

なお、近時、**トラッキング・ストック**（特定事業連動株式）、つまり会社が営む特定の事業（営業部門・完全子会社等）の業績に配当金額等が連動するように設計された株式の発行がなされることがあります。これは配当ゼロのこともありますので、優先株ではありませんが、会社法一〇八条一項により認められた有効な株式と解されています。

### ②議決権制限株式

株式会社は、議決権を行使することができる事項につき内容の異なる数種の株式を発行することができます（会社法

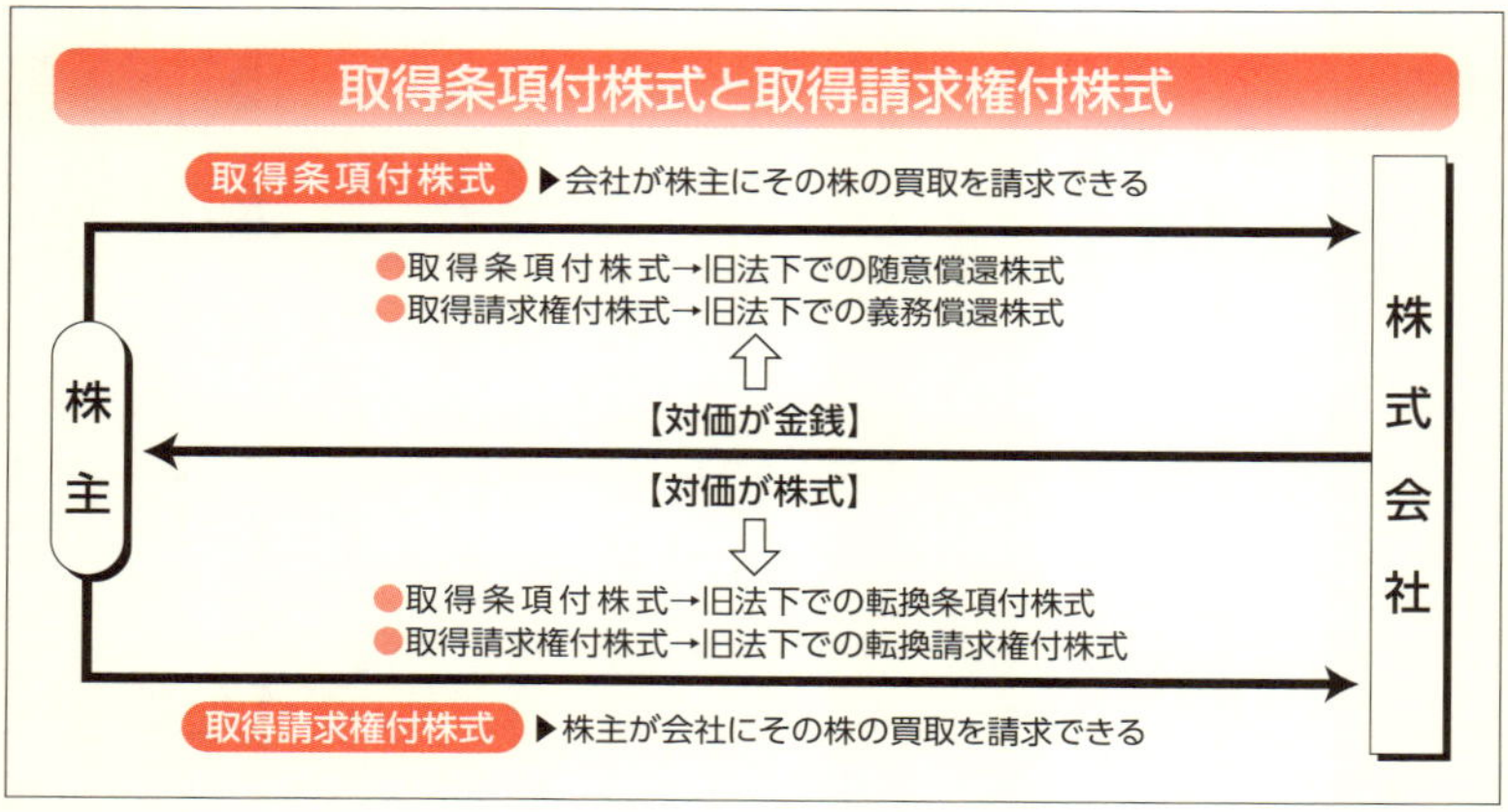
取得条項付株式と取得請求権付株式
取得条項付株式 ▶会社が株主にその株の買取を請求できる
●取得条項付株式→旧法下での随意償還株式
●取得請求権付株式→旧法下での義務償還株式
【対価が金銭】
【対価が株式】
●取得条項付株式→旧法下での転換条項付株式
●取得請求権付株式→旧法下での転換請求権付株式
取得請求権付株式 ▶株主が会社にその株の買取を請求できる
株主
株式会社

一〇八条一項三号)。これを**議決権制限株式**といいます。

かつては利益優先株式に限り、議決権のない株式が認められ（旧商法二四二条一項)、いわば議決権のない代償として優先的な利益配当を認めるものと考えられていました。しかし、利益配当で優先的な取扱いを受けなくても、低い発行価額で株式を取得できるのであれば、結果的に利回りは変わりませんし、場合によってはかえって良くなることだってあります。

そこで、平成一三年一一月改正法以降、会社に、議決権制限株式の自由な設計が認められています。

### ③取得請求権付株式

**取得請求権付株式**とは、株主が当該会社に対して、株式の買い取りを請求することができる株式をいいます（会社法一〇八条一項五号）。株主の請求時に交付するものが金銭のときは従前の義務償還株式に、別の種類の株式のときは転換予約権付株式に相当しますが（旧商法二二二条ノ二・一項)、これ以外にも社債、新株予約権等を交付するとすることも可能です（会社法一〇八条二項五号)。

### ④取得条項付株式

**取得条項付株式**は、一定の事由が生じたことを条件として会社がこれを強制的に取得することができる株式です（会社法一〇八条一項六号)。旧法下では、会社がある種類株式を別の種類株式に転換できる株式を強制転換条項付株式と呼んでいましたが、これも取得の対価として株式とすることで、同様のことを行い得ることになります。

### ⑤全部取得条項付株式

**全部取得条項付株式**とは、株主総会の特別決議で、会社がその株式の全部を買い取ることの可能な株式です（会社法一〇八条一項七号)。会社更生手続きや民事再生手続きでは、株主の総入替えをするために一〇〇パーセント減資が可能ですが、任意整理の場合には、既存株主全員の同意が必要となり、実際上の困難を伴いました。そこで、会社法は、株主総会の特別決議で定款変更を行うことで、株式に全部取得条項を付けることを可能としました（会社法三〇九条二項三号)。

この全部取得条項付種類株式は、実務上、少数派株主の締出し（**キャッシュ・アウト**）のために利用されることが多いのですが、平成二六年改正で、株主への情報開示を充実させるため、事前開示手続き（会社法一七一条の二）と事後開示手続き（会社法一七三条の二）が設けられるほか、事前の救済制度として、株主が不利益を受けるおそれがあるときの差止め請求が認められました（会社法一七一条の三）。

また、従前から取得価格に反対する株主には裁判所への価格決定の申立てが認められていましたが（会社法一七二条一項）、平成二六年改正法では、この申立てがなされている場合に、会社が決定前に公正価格と認める額を仮払いする制度が導入され、会社が利息支払のリスク（会社法一七二条二項参照）を回避できるようになりました（会社法一七二条五項）。

## ⑥拒否権付株式

会社は、定款の定めによって、特定の事項については、株主総会等の決議に加えて、その種類の株主による**種類株主総会**の決議を要する株式を発行できます（会社法一〇八条一項八号）。拒否権の対象には、役員選任、株式・社債の発行、重要財産の譲受け等、様々なことを対象にでき、ベンチャー企業においては、出資者に拒否権付株式を付与することで、その同意がない限り、組織変更、株式募集を行わないという使い方が可能といわれています。

## ⑦種類株主総会で取締役・監査役を選任できる株式

全株式譲渡制限会社（指名委員会等設置会社を除く）において、定款の定めにより、その種類の株主の総会（他の種類の株主と共同して開催する総会を含む）における取締役または監査役の選任について、内容の異なる種類の株式を発行することができます（会社法一〇八条一項九号）。

たとえば、Aという種類の株式の株主には、その種類株主総会で三人の取締役を選ぶ権利が与えられ、Bという種類の株式の株主には、その種類株主総会で二人の取締役を選ぶ権利が与えられるといった株式です。その結果、ベンチャー企業において、出資者が企業に対し確実に役員を送り込める株式の発行が可能となりました。

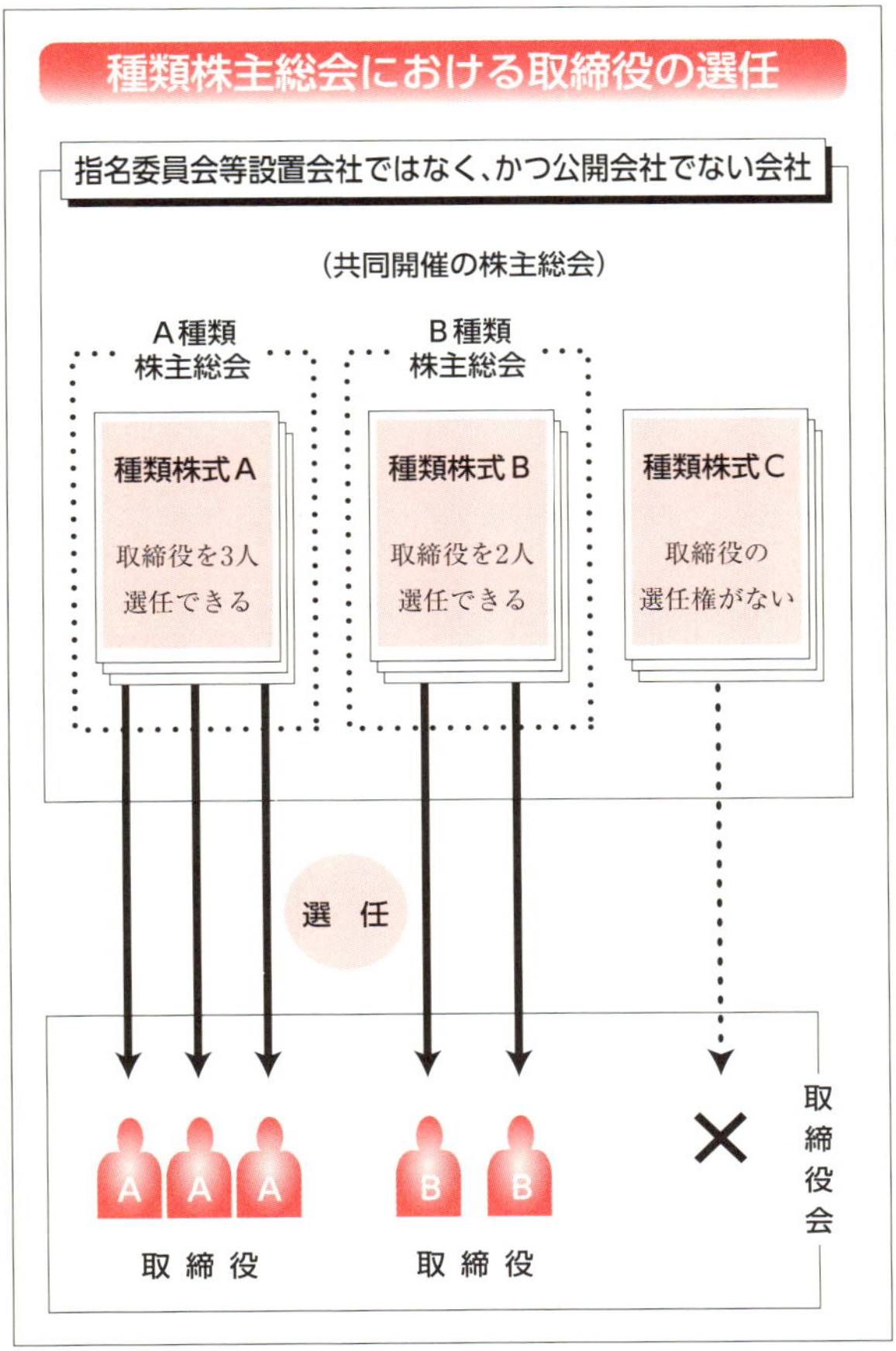

PART 4

# 株券の発行

▼株券所持にはリスクが伴う

## 株券とは何か

株式会社は、その株式に係る株券を発行する旨を定款で定めることができます（会社法二一四条）。このような定款の定めを置いた株式会社を**株券発行会社**と呼びますが（会社法一一七条七項）、会社法は、このような株券発行会社を例外的な会社と位置づけ、原則として会社は株券を発行しないものとの立場をとっています。

もともと平成一六年改正で、株券喪失のリスクを防止するために、定款で定めれば株券を発行しないことが可能となりましたが、会社法は、さらにその趣旨を推し進め、公開会社（＊）においては株券を廃止し（株式等決済合理化法）、非公開会社でも、従来の原則と例外を逆転させて、株券の発行を定款で定めた場合に限り、株券を発行することが可能としたものです。

それでは、その株券の意味ですが、これは株主たる地位を表章している**有価証券**のことをいうと解されています。

有価証券とは、私法上の権利（財産権）を表章する証券であって、それによって表章される権利の移転および行使に証券が必要となるものをいいますが、株券も、株式の譲渡に当たり株券の交付が効力要件とされていますし（会社法一二八条一項）、株式の行使に当たり、株券の提示（実際には、多くの場合で株主名簿の記載がこれに替わります）が必要となっているのです。

## 株券の発行

株券発行会社は、株式を発行した日以後、遅滞なく株券を発行する必要があります（会社法二一五条一項）。

株券の効力発生時期については、会社が会社法二一六条所定の形式を具備した文書を株主に交付した時と捉えるのが判例ですが（最判昭和四〇年一一月一六日民集十九・八・一九七〇）、未交付の株券が失われたときに、それについての善意取得を認めないと取引の安全を害しますので、学説は総じてこの判例に批判的です。

もっとも、わが国の中小会社には閉鎖会社が多く、株式譲渡が頻繁になされるわけではありませんし、株主名簿への記載により剰余金配当等も受けられますから、株券発行の必要性が高いわけではありません。そこで、公開会社ではない株券発行会社は、株主の請求があるまでは株券を発行しなくてもかまわないことになっています（会社法二一五条四項）。

## 株券の記載事項

株券に記載されるべき事項は会社法で決められています（要式証券性）。発行会社の商号、当該株券に係る株式数、譲渡による当該株式の取得について株式会社の承認を要することを定めたときはその旨、種類株式発行会社にあっては当該株券に係る株式の種類及びその内容、さらには株券番号を記載し、代表取締役（代表執行役）が署名または記名押印しなければなりません（会社法二一六条）。

ここで注意をしなければならないのは、株券は、会社の設立やその後の株式発行によって成立した株式を表章するものであって（要因証券性）、株券の作成によって、株式が発生するものではないということです（非設権証券性）。したがって、無効原因等により株式が有効に成立しなければ、株券そのものもまた無効になってしまいます。

## 株券不所持制度

株主が株券を所持していると、それを紛失したり、盗難にあったりする可能性を避けられません。このような場合に善意取得者が現れたときは、自らの株式を失うことになってしまいます。そこで、株券の喪失リスクを排するために、次の制度が認められています。

第一は、株券不所持制度です。これは、株主から株券発行に先だち、または株券発行後は株券を会社に提出して、「私は株券を所持することを欲しません」と申し出ることができるというものです。

株主からこの申し出を受けたときは、会社は、遅滞なく株券を発行しない旨を株主名簿に記載または記録しなければなりません（会社法二一七条三項）。

株券不所持の申し出をした株主は、株券を所持していなくても、株主名簿の名義書換がすんでいる以上は、会社に対して株主権を行使できます。もっとも、株式の譲渡はできませんので、株式譲渡の必要があるときは、株主から会社に対し、いつでも株券の発行か返還を請求することができることになっています（会社法二一七条六項）。

## 株券失効制度

株主のリスク回避の第二は、株券失効制度です。これは株券を喪失してしまった株主が、第三者の善意取得を防止するために、紛失した株券を無効にするための手続きです。具体的には、株券喪失者が会社に対して株券喪失登録の申請をし（会社法二二三条）、これをうけた会社において、株券番号、喪失者の氏名・住所等を記載し、または記録しなければなりません（会社法二二一条）。

株券喪失登録がされた株券は、登録抹消がなされた場合を除き、その株券喪失登録がされた日の翌日から起算して一年を経過した日に無効となり（会社法二二八条一項）、登録者は、株券の再発行を受けることになります（同条二項）。

これに対し、登録がなされた株券を所持する者がいれば、その者は、登録日の翌日から一年以内に限り、会社に対し、喪失登録の抹消申請を行い（会社法二二五条一項）、自己が所持する株券の失効を防ぐことができます。

登録抹消の申請があると、会社は、遅滞なく株券喪失登録者に対し申請者の氏名および住所ならびに株券の番号を通知しますので（同条三項）、株券喪失登録者がなおも自己の権利を主張したいときには、その株券につき占有移転禁止の仮処分を申し立てて、第三者の善意取得を防ぐなどの措置を講じる必要があります。

**用　語**

**＊公開会社**
譲渡による株式の取得について株式会社の承認を要する旨の定款の定め（譲渡制限）を、一部の株式についてでも設けていなければ公開会社とされる。他方、非公開会社とは、全ての株式について譲渡制限を設けている株式会社のこと。

PART 5

# 株式の譲渡

▼株主は株式を譲渡して投下資本を回収する

## 株式の譲渡は原則として自由

株主は、原則として、株式会社に自己の所有株式を買い取ってもらうことができません。そこで、株主が投下資本を回収するためには、株式を第三者に譲渡してその代金を得るほかなく、そのために会社法は株式の譲渡を原則自由としています（会社法一二七条）。

そのための具体的な方法ですが、株券発行会社の株式を譲渡する場合、譲渡人と譲受人間で株式譲渡の合意が成立するだけでなく、譲渡人から譲受人への株券交付が必要です。これがないと、株式譲渡の効力が生じません。もし会社から株券の発行を受けていなければ、譲渡人は、会社から株券の発行を受けた上で、これを譲受人に交付しなければなりません。

これに対し、株券不発行会社の株式を譲渡する場合、その株式が振替株式のときは譲渡人の振替申請により振替記載・記録をする必要があります。それ以外の一般的な株式のときは、当事者の合意によって株式譲渡の効力が生じ、株主名簿の書換によって、株式取得を第三者に対抗できるようになります（会社法一三〇条一項）。

## 法律による譲渡制限

以上のとおり、会社法は株式譲渡自由の原則を採用していますが、例外として法律による制限、定款による制限、契約による制限が認められています。法律による制限には次のようなものがあります。

### ① 権利株譲渡の制限

会社の成立または新株発行前における株式引受人の地位のことを**権利株**といいますが、会社に対する関係で、この権利株の譲渡の効力が認められますと、設立手続きや新株発行手続きに影響が出かねません。そこで、株式引受人の変更があっても、会社がそれを無視して手続きを進められるように、権利株の譲渡は会社に対し、効力をもたないものとされています（会社法三五条、六三条二項、二〇八条四項）。

### ② 株券発行前の株式譲渡の制限

株券発行会社において、株券発行前の株式譲渡は当事者間では有効ですが、これも会社に対しては効力を生じません（会社法一二八条二項）。権利株の譲渡と同様、会社の株券発行事務の円滑を図る趣旨です。

### ③ 自己株式買受の規制

従来、わが国では、自己株式（株式会社の自社発行株式）の取得が厳しく制限されていましたが、平成一三年六月改正によって、原則自由へと大きく方向転換されました。この点については、項を改めて述べることにしたいと思います。

### ④ 子会社による親会社の株式の取得禁止

子会社は、原則として親会社の株式を取得することができません（会社法一三五条一項）。子会社は、親会社から出資を受け、親会社の支配を受けていますので、親会社の株式取得が自由になると、資本の空洞化につながったり、親会社の経営者の地位保全に使われたりするなどの弊害があるからです。

## 定款の定めによって株式譲渡を制限できる

株式譲渡自由の原則は、かならずしも同族会社の多い中小企業には歓迎されていませんでした。このような会社では、大企業と異なり、株主の個性が会社経営に与える影響が大きく、好ましくない者に株式が譲渡され、新株主によって企業経営が円滑にいかなくなったり、はなはだしいときには、会社の経営が乗っとりの危険にさらされたりするからです。そこで、昭和四一年の商法改正により、定款によって株式譲渡の制限ができることとなり、この考えは会社法にも引き継がれています。

会社は、その発行する全部の株式の内容として、または種類株式の内容として、譲渡によるその株式の取得について会社の承認を要する旨の定めを設けることができます（会社法一〇七条一項一号、一〇八条一項四号）。

原始定款ではなく、定款変更でこの定めを置くときは、既存の株主の権利に重大な制約が加わることになりますので、特殊決議や種類株主総会の決議が定款変更の要件になりますし（会社法三〇九条三項一号、一一一条二項、三二四条三項一号）、反対株主には株式買取請求権が認められています（会社法一一六条一項一号、二号）。

定款の内容ですが、全ての株式を譲渡制限株式とするときは、もちろん株式の譲渡につき会社の承認を要する旨定めることは可能ですが、一定の場合（たとえば従業員に譲渡する場合）には会社の承認があったとみなす旨を定めることも可能です（会社法一〇七条二項）。種類株式を譲渡制限株式とするときは、以上のような定めのほかに、発行可能種類株式総数を定めておかなければなりません（会社法一〇八条二項本文）。

会社の定款で株式譲渡の制限を定めたときは、これを登記し（会社法九一一条三項七号）、株券にもその定めを記載する必要があり（会社法二一六条三号）、これを怠ると善意の第三者に対抗できません（会社法九〇八条一項）。

## 譲渡制限株式の譲渡の仕方

譲渡制限株式を譲渡しようとする株主（会社法一三六条）、あるいはその取得者（会社法一三七条）は、会社に対し、株式数、譲受人の氏名等を明らかにして譲渡による取得を承認するか否かを決定するよう求めることになりますが、これに加えて、会社が承認しないときは、会社が株式を買い取り、または指定買取人を指定するよう求めることもできます（会社法一三八条一号ハ）。

これに対応し、取締役会設置会社では、取締役会（会社法一三九条一項本文かっこ書）の決議、それ以外の会社では株主総会の決議で（同法同条同項本文）、承認するかしないかを決めますが、定款で他の機関に行わせることもできます（同法同条同項ただし書）。

会社が承認しない場合、会社は譲渡承認等請求者に不承認決定の通知をしなければならず（会社法一三九条二項）、請求日から二週間以内に通知をしないと、承認の決定をしたものとみなされます（会社法一四五条一号）。

不承認時の会社の買取りや指定買取人の指定の請求を受けたときは、以上に加えて、株式を買い取る旨及び会社が買い取る株式数を通知することが必要で、これを四〇日以内に行わないと、同様にみなし承認の効力が働きます（同法一四五条二号）。会社は、対象株式の全部又は一部の指定買取人を指定することも可能で、この場合、指定買取人は譲渡承認等請求者に対し、指定を受けた旨と指定買取人の買取株式数を通知しなければなりません（会社法一四二条一項）。

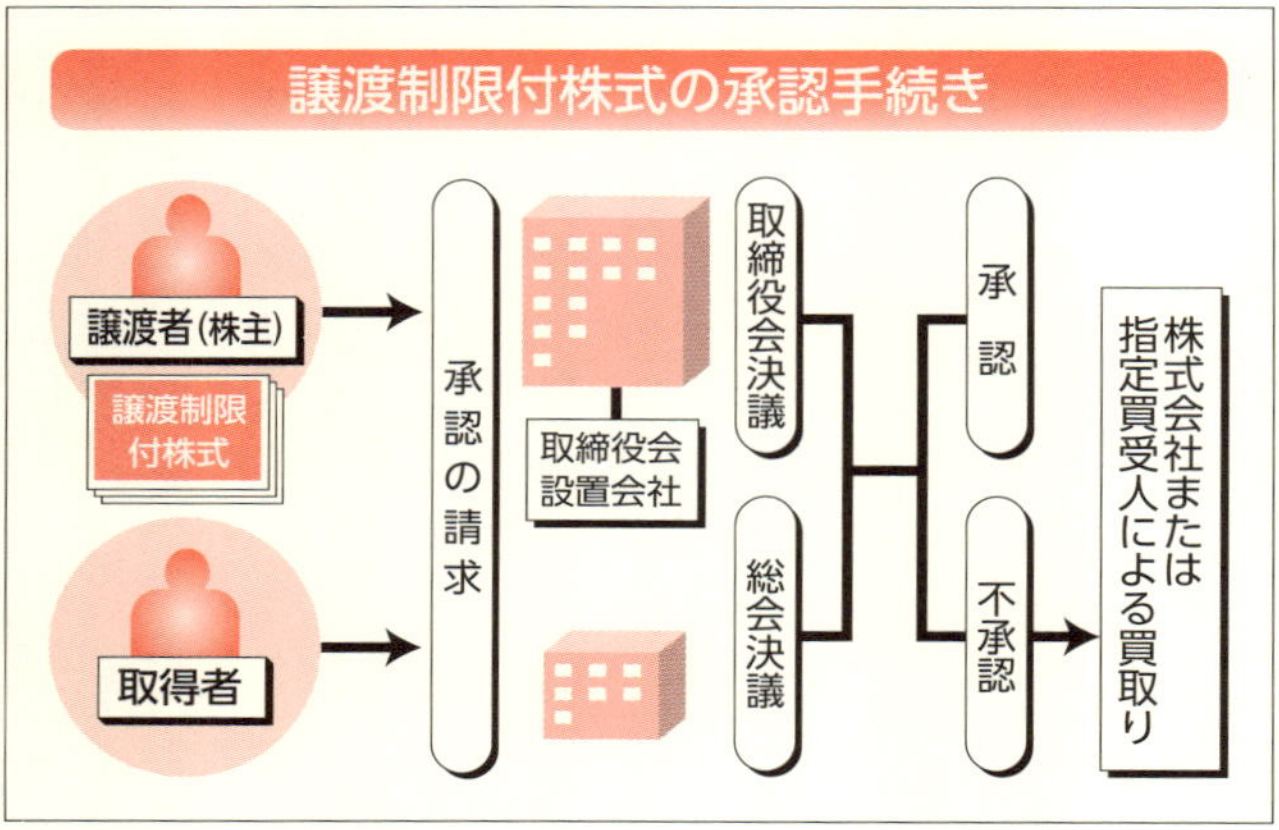


会社や指定買取人の買取通知が到達することにより、譲渡承認等請求者との間で売買契約が成立したことになりますので、以後、譲渡承認等請求者が一方的に譲渡承認請求を撤回することはできません（会社法一四三条各項）。

## 売買価格の決め方

会社又は指定買取人が前述の通知をするときは、一株当たりの純資産額に買取株式数を乗じた金額を供託所に供託する必要があり、供託を証する書面を譲渡承認等請求者に交付しなければなりません（会社法一四一条二項、一四二条二項）。

会社又は指定買取人と譲渡承認等請求者は株式の売買価額について協議をしますが、協議が調わないときは、会社または指定買取人からの通知があった日より二〇日内に裁判所に売買価格の決定を申し立てることができます（会社法一四四条二項、七項）。当事者がこの申立てをしなければ、供託された金額が売買価格となります（会社法一四四条五項）。

申立てを受けた裁判所は、譲渡等承認請求の時における会社の資産状態その他一切の事情を考慮して売買価格を決定します（同条三項）。取引相場のある株式は、それによればよいものの、取引相場のない株式をどう評価するかは、極めて難しい問題です。その算定方式には、純資産価額方式、収益還元方式、配当還元方式、類似業種比準方式などがありますが、これまでの判例の多くは、これらの複数の評価方法で算出した金額を何らかの割合で加重平均して算出する折衷方式を採用してきています。

対象株式の売買価格が確定した場合、会社または指定買取人が供託をしていたときは、供託金額が売買代金の全部または一部に充当されます（同条六項、七項）。

## 契約による制限

株主同士で他方当事者の承認なしに株式を譲渡できないと定める、あるいは株式を譲渡しようとするとき他方当事者に先買権を認めるなど、株式譲渡を制限する合意がなされることがあります。

これらの契約も、当事者間では有効と解されるものの、会社に同意権を与えるようなものは、株式譲渡自由の原則を潜脱するとして効力を否定する見解が有力です。

## 株式譲渡制限のある会社での株主の譲渡承認手続きの流れ

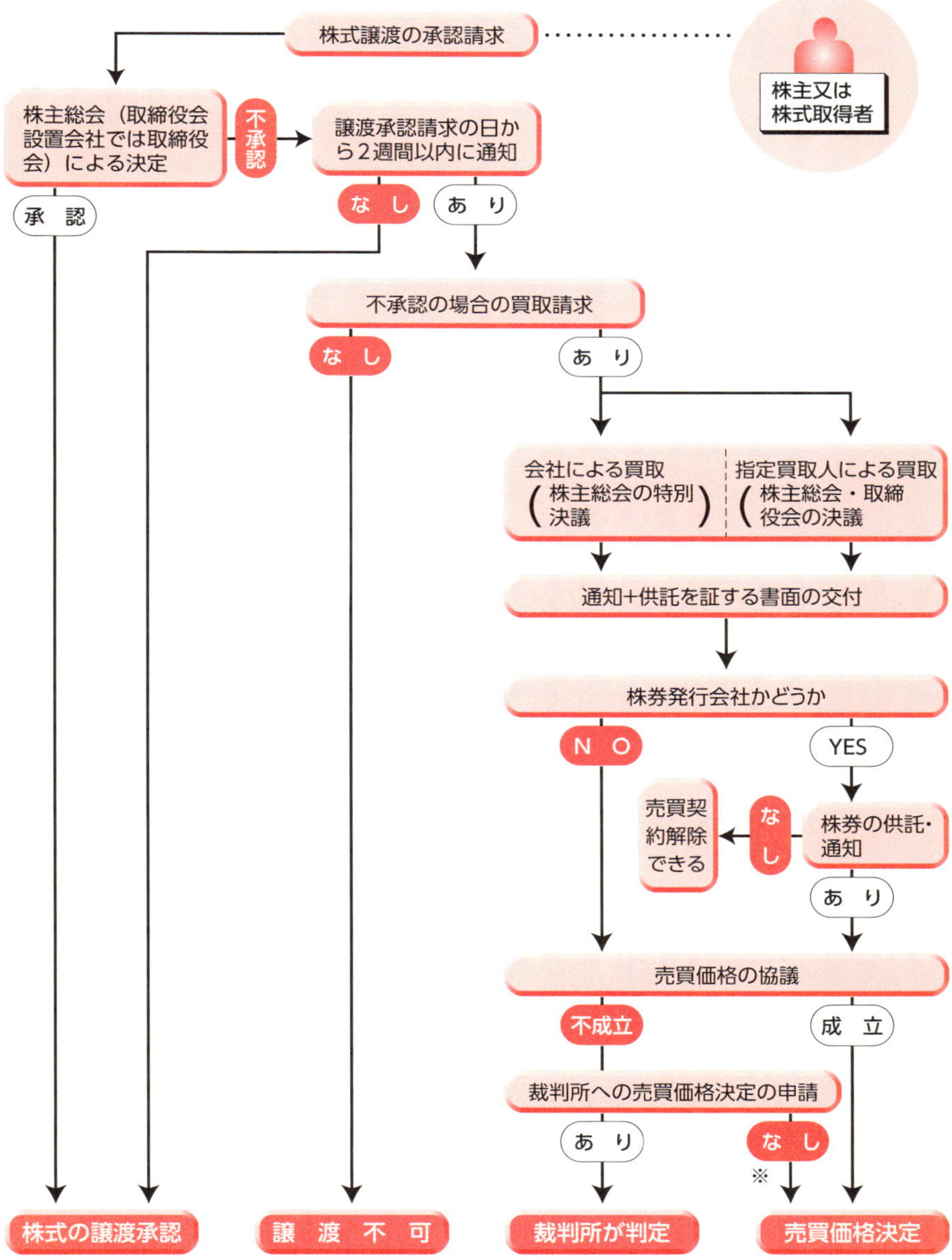


※1株当たりの純資産額×買取り株式数=売買価格とする（会社法144条5項）。

PART 6

# 自己株式の取得

▼平成一三年改正法で自己株式の買受けは原則自由に変わった

## 自己株式の取得が制限されてきたわけ

会社は、原則として自社で発行している株式を取得することができませんでした（旧商法二一一条ノ二）。その理由は、会社が自己株式を買った分だけ会社財産が外に流出するわけですから、これが自由に認められてしまいますと、資本の充実を害し、ひいては会社債権者等の利益を害することになるからです。

そのほかにも、内部情報に通じた取締役等が、株価操作やインサイダー取引をするおそれがある、やり方によっては特定の株主を優遇して株主平等の原則に反する、会社経営者の会社支配を維持する目的に利用される危険があるなど、いろんな弊害があげられていました。

しかし、経済界からは、自己株式の取得を認めよとの要望が強く唱えられました。その理由のひとつは、株価対策です。株式の価格（時価）は、基本的に需給バランスで決まりますが、株価が低迷しているのは株式の売りが多い状況にあると言ってよいでしょう。そこで会社が自己株式を購入してこれを償却すれば、その分、株式が減って、株価が上がり市場の活性化につながると考えられるのです。

また、合併、会社分割等の企業再編に当たり、新株発行に代えて保有する自己株式を割り当てることが可能になれば、会社は、新株発行に伴う配当負担の増加を防止できます。さらに、大株主が株式を放出する際に、会社が自己株式を取得できれば、敵対的買収にさらされずにすむなどのメリットもあります。

そして、自己株式取得の弊害として、資本充実・維持に反するという点があげられますが、会社財産の流出という観点からいえば、剰余金配当も自己株式の取得も変わりありませんので、資本充実・維持は利益配当と同程度の規制をすれば足りるとも言えましょう。そこで、平成一三年改正法は、自己株式の取得に一定の規制は加えるものの、原則禁止から原則自由へと大きく方向転換したのです。

## 自己株式を取得できる場合

会社が自己株式を取得できる場合は、会社法一五五条一号から一三号に列挙されており、形式的にはこれらに該当するときに限り認められていますが、実質的には広く認められています。

具体的には、①取得条項付株式の取得、②譲渡制限株式の取得、③株主総会決議等に基づく取得、④取得請求権付株式の取得、⑤全部取得条項付種類株式の取得、⑥株式相続人等への売渡請求に基づく取得、⑦単元未満株式の買取り、⑧所在不明株主の株式の買取り、⑨端数処理手続きにおける買取り、⑩他の会社の事業の全部を譲り受ける場合にその会社が取得する株式の取得、⑪合併後消滅する会社からの株式の承継、⑫吸収分割をする会社からの株式の承継、⑬法務省令で定める場合です。

このうち③の自己株式「取得」に当たるかどうかは、形式的にではなく、実質的に考えることが必要です。

たとえば、会社が自己株式を無償で取得する場合などは、形式上は自己株式の取得ですが、これは会社の経済的基盤を危うくする心配もありませんし、投機の心配もないので、このような場合は会社法の規制に服しません（会社法一五五条一三号、会社則二七条一号）。

また、会社名義であっても他人の計算でなされる場合も、株式取得による損益が会社に帰属することはありませんので、自己株式の取得には当たらないと解されています。

## 株主との合意による取得における手続き規制等

### ① 手続き規制

会社が③の株主総会決議等に基づいて自己株式を取得する場合、会社財産が株主に出ていく点で、株主に対する剰余金配当と同じような状態となります。そこで、株主総会で、取得株式の種類・数、取得と引換えに交付する金銭等の内容及びその総額、株式を取得することができる期間を決議しなければなりません（会社法一五六条一項各号）。一定の会社は、特定の株主からの取得を除き、取締役会が定めることとすることもできます（会社法四五九条一項一号）。

会社が特定の株主から自己株式を取得する旨の決議をすることも可能ですが（会社法一六〇条一項）、この場合、株主への通知が必要で（同条二項）、平等な売却機会を得るため、他の株主には、自己の分の買取りを求める議案変更請求権が認められています（同条三項）。

なお、経済界の強い要望を受け、平成一五年の改正により、取締役会設置会社では市場取引や証券取引法（当時）の定める公開買付けの方法によれば取締役会の決議だけで自己株式を取得できるようになりました（会社法一六五条二項・三項）。

以上の株主総会決議等を踏まえて、会社が実際に自己株式を取得するときは、取締役又は取締役会において、その都度、取得価格等を定めなければなりません（会社法一五七条一項各号、同条二項）。

会社は、株主からの申込みに応じて、その株主の株式を取得しますが、申込総数が取得総数を超えるときは、按分で取得することになります（会社法一五九条二項）。

### ② 財源規制

自己株式を取得するのと引換えに交付する金銭等の総額は、取得の効力発生日における分配可能額を超えてはなりません（会社法四六一条一項二号、三号）。自己株式の取得は、株主に会社財産を払い戻すものですから、資本維持の原則によって、剰余金配当と同じ規制が加えられたのです。

この規制に違反する自己株式取得がなされたときは、譲渡人、業務執行者、議案提案者には、譲渡人が交付を受けた金銭等の帳簿価額に相当する金銭の支払義務が課せられます（会社法四六二条一項一号、二号）。

自己株式の取得日の属する事業年度末の計算書類における分配可能額がマイナスになるおそれがあるときも、株式取得が禁じられています。もちろん、会社財産の維持を目的としています。現にマイナスが生じたときは、業務執行者にマイナス額または取得により株主に交付した金銭等の帳簿価額の総額のいずれか少ない額を支払う義務が課せられます（会社法四六五条一項二号、三号）。ただし、天変地変の影響など、業務執行者がマイナスのおそれがないものと認めるにつき注意を怠らなかったことを証明したときは、この限りでないものとされています（同項本文ただし書）。

## 自己株式の保有も認められた

会社が取得するに至った自己株式（いわゆる金庫株）には消却および処分義務が課されず、保有が認められています。

会社が自己株式を取得した場合に、その会社自体が議決権を行使することはできません（会社法三〇八条二項）。また、剰余金の配当も認められていません（会社法四五三条）。その他の権利行使については、明文化されていませんが、残余財産分配請求権、新株引受権の行使はできないものの、株式併合、株式分割、新株引受権は、それが認められないと自己株式の価値に変動を来たしますので、一般的には可能だと解されています。

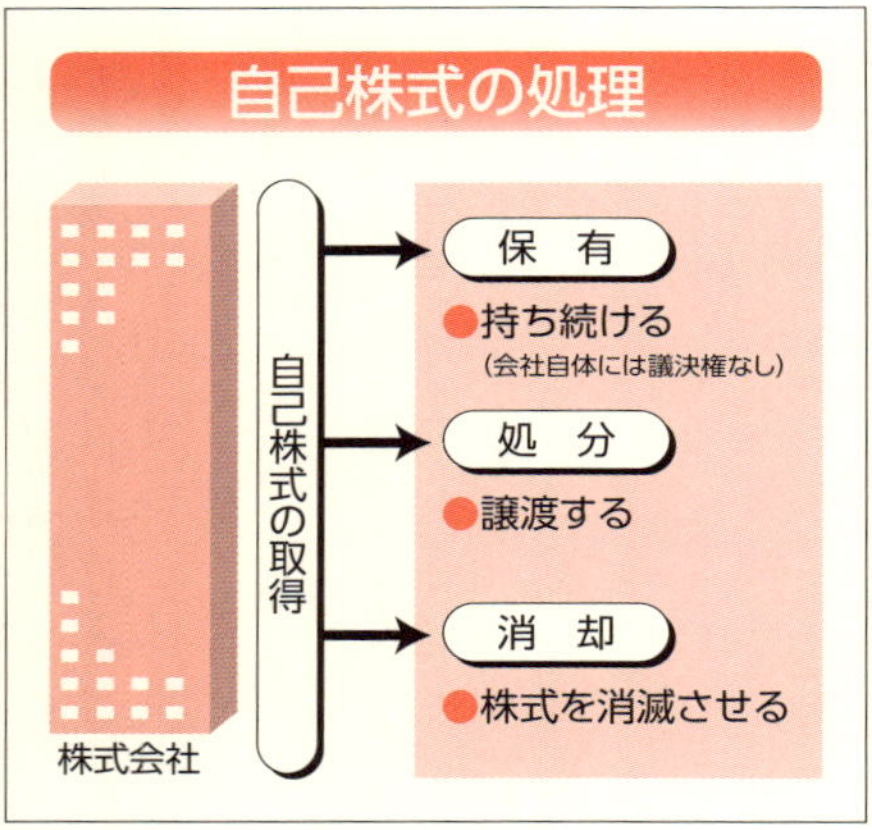


## 自己株式の消却と処分

会社が取得した自己株式の処理方法としては、消却と処分があります。消却とは、保有する自己株式を消滅させることをいい（会社法一七八条一項）、この場合、取締役（会社法三四八条一項）または取締役会（会社法一七八条二項）で消却する自己株式の数を定める必要があります（同条一項）。

会社が自己株式を処分するときは、法律の特別の定めがある場合を除いて、株式発行と同じ募集手続きで行うことになり、その都度、処分すべき株式の数、払込み金額又はその算定方法等を定めなければなりません（会社法一九九条以下）。

会社の違法な自己株式の処分については、違法な株式発行の場合と同様、株主等による差止め（会社法二一〇条）、不公正な払込み金額で株式を引き受けた者等の責任（会社法二一二条）、処分無効確認訴訟の提起（会社法八二八条一項三号）が認められています。

## 金融商品取引法の改正

自己株式の取得が原則自由となったことによって、自社株の株価を吊り上げたり、あるいは下落を防止したりするなど、会社が意図的に価格操作を行い、これにより市場の公正性・健全性が損なわれる可能性が出てきました。

そこで、平成一三年商法改正とあわせて金融商品取引法も改正されました。すなわち、従前、証券取引全般を対象として、相場操縦禁止の規定がありましたが（同法一五九条）、これに加えて一六二条の二が新設され、自社株についての相場操縦を防止する目的で、取引の公正を確保するために必要かつ適当である事項を内閣府令に委ねられることになりました。これを受けて内閣府は、証券会社の数、注文の時間、注文の価格、注文の総額について制限を設けました。

このほか、インサイダー取引規制の強化（同法一六六条二項一号）、自己株券買付状況報告書の提出（同法二四条の六・第一項）などの改正が行われています。

PART 7

# 特別支配株主の株式等売渡請求制度

▼少数株主の締出し制度が創設された

## キャッシュ・アウトとは

支配株主が、少数株主の有する株式の全部を、少数株主の個別の承諾を得ることなく、金銭を対価にして、少数株主が有する株式を強制的に取得することを、**キャッシュ・アウト**といいます。

いわば少数株主の締出しの制度と言ってよいでしょう。

株主が減るわけですから、株主管理コストを節約できますし、書面による株主総会決議の制度（会社法三一九条）を活用して、株主総会における意思決定を迅速化することも可能になります。

さらに、少数株主からの責任追及を恐れることなく、長期的な視野に立った柔軟な経営の実現も可能になることも、キャッシュ・アウトのメリットだと言われています。

## 新制度創設の背景

これまでもキャッシュ・アウトを実現する方法がなかったわけではありません。株式併合のほかに、①全部取得条項付種類株式の取得（会社法一〇八条一項七号）、②株式の併合による取得（会社法一八〇条一項）、③株式交換による取得（会社法七六七条）、④吸収合併による取得（会社法七四九条一項二号）があります。

このうち①は、特別決議で全部取得条項付種類株式の発行を可能とする定款変更をした上で（三〇九条二項三号）、全部取得条項付種類株式の取得の総会決議をして少数の株式を端数株式として、その売却代金を少数株主に交付するものですが、常に株主総会の特別決議を要するなど手続きが煩雑であり、機動的な手続きとはいえません。②は、株式の併合により株式を端数株式として、その売却代金を少数株主に交付するものですが、これにも株主総会の特別決議が必要です。③は、少数株主の株式を別会社が取得し、その対価として当該別会社が少数株主に対して金銭を交付するものであり、④は、会社合併により少数株主に割り当てるべき株式に代えて金銭を交付するものですが、いずれも組織再編であるため、煩瑣な手続き（契約、情報開示、反対株主の株式買取請求権、債権者の保護手続き等）が必要で、これまた機動的な少数株主の排除はできませんでした。

そこで、機動的なキャッシュ・アウトを実現するため、平成二六年改正法によって、特別支配株主の株式等売渡請求の制度が創設されました。

## 制度の概要

特別支配株主の株式等売渡請求制度とは、株式会社の総株主の議決権の九割以上を有する株主（特別支配株主）が、他の株主全員に対し、その有する当該会社（対象会社）の株式の全部を売り渡すことを請求でき（売渡請求）、所定の手続きを経て、特別支配株主が当該株式の全部を強制的に取得できる制度です（会社法一七九条）。少数株主の株式が会社に移転するのではなく、特別支配株主に直接移転すること、対象会社を特別支配株主の一〇〇％子会社にできることが、この制度の特徴となっています。

新株予約権や新株予約付社債について、後に新株予約権が行使されると新たな株式が生じて、せっかく行う株式売渡請求の意義が失われかねませんので、株式等売渡請求と併せて、これらについての売渡請求が認められています（会社法一七九条二項・三項）。

## 株式等売渡請求の手続き

### ①対象会社の承認

特別支配株主が株式等売渡請求をするに当たり、売渡株主等の利益に配慮する必要がありますから、対象会社に株式等売渡請求の条件等が適正か否かを判断する職責が担わせされています。特別支配株主は、売渡株主に対して交付する金銭の額又はその算定方法等、売渡株式の取得日等の所定事項（会社法一七九条の二第一項各号）を定め、これらを対象会社に通知し、その承認を得ることが必要となっています（会社法一七九条の二、一七九条の三）。対象会社が取締役会設置会社のときは、取締役会の決議が必要です（会社法一七九条の三第三項）。対象会社では、対価の相当性、対価支払の実現性等を判断することになります。

### ②売渡株主等に対する通知等

対象会社は、承認・不承認と決定した場合、その内容を特別支配株主に通知します（会社法一七九条の三第四項）。また、承認をしたときは、売渡株主等に対し、取得日の二〇日前までに、売渡承認をした旨、特別支配株主の氏名・名称及び住所等の事項を通知し（会社法一七九条の四第一項一号）、登録株式質権者にも承認の通知をします（会社法一七九条の四第一項二号）。

後述の反対株主等の保護手続きを行使する機会を付与するためであり、この売渡株主等に対する通知は、公告をもって代えることができないとされています（会社法一七九条の四第二項）。

### ③事前開示手続き

対象会社は、売渡株主等に対する通知又は登録株式質権者のための公告の日の早い日から取得後六か月を経過するまでの間、売渡請求に関する事項を記載し、又は記録した書面又は電磁的記録を本店に備え置き、売渡株主等の閲覧等に供します（事前開示手続き。会社法一七九条の五）。

### ③売渡株式等の取得

株式等売渡請求をした特別支配株主は、取得日に、売渡株式等の全部を取得します（会社法一七九条の九第一項）。集団的・画一的に株式の移転の効力を生じさせる必要があることから、取得日に全少数株主の株式が一括して特別支配株主に移転することになり、売渡対価の支払はその要件とはされていません。

なお、取得した売渡株式等に譲渡制限が付されている場合、対象会社が取得の承認をしたものとみなされます（会社法一七九条の九第二項）。

### ⑤事後開示手続き

対象会社は、取得日後遅滞なく、売渡株式等の取得に関する事項を記載し、又は記録した書面又は電磁的記録を作成し、取得日から六箇月間（対象会社が公開会社でない場合にあっては、取得日から一年間）、これをその本店に備え置き、同様に取得日に売渡株主等であった者による閲覧等に供します（事後開示手続き。会社法一七九条の一〇）。

## 反対株主等の保護

株式等売渡請求がなされると、売渡株主等は一定の対価の下で強制的に株主の地位から締め出されますから、株式等売渡請求やその条件に反対する売渡株主等の利益を考える必要があります。

そこで、前述した対象会社の承認手続きに加えて、次の制度が定められました。

### ① 売渡株主等の差止め請求権

法令違反、対象会社の売渡株主等に対する通知又は事前開示手続き違反、売渡価格の著しい不当があった場合において、売渡株主が不利益を受けるおそれがあるときは、売渡株主は、特別支配株主に対し、株式等売渡請求に係る売渡株式等の全部の取得をやめることを請求することができます（会社法一七九条の七）

### ② 売買価格決定の申立て

株式等売渡請求があった場合には、売買価格に不満を覚える売渡株主は、取得日の二十日前の日から取得日の前日までの間に、裁判所に対し、その有する売渡株式等の売買価格の決定の申立てをすることができます（会社法一七九条の八）。

### ③ 売渡株式等の取得無効の訴え

株式等売渡請求に係る売渡株式等の全部の取得の無効は、利害関係人が多数に上るため、早期に法律関係を画一的に処理する必要が高いと言えます。

そこで、会社の組織に関する行為の無効の訴えに準じて、取得日から六箇月以内（対象会社が公開会社でない場合にあっては、当該取得日から一年以内）に、訴えをもってのみ主張することができるとされました（会社法八四六条の二第一項）。

無効原因の規定はなく、もっぱら解釈に委ねられますが、取得者の持ち株要件の不足、対価である金銭の違法な割当て、対象会社の取締役会決議の瑕疵等が考えられるところです。

### キャッシュ・アウト制度の比較

| 行為 | 買収者の種類・要件 | | 対象証券 | 対象会社の意思決定 | 効果 | 少数株主の救済措置 | |
|---|---|---|---|---|---|---|---|
| | 種類 | 総会決議 | | | | 差止め請求 | 株式買取請求／価格決定 |
| 全部取得条項付種類株式の取得 | 限定なし | 必要 | 株式 | 株主総会特別決議（171条1項、309条2項3号） | 対象会社が株式対価で全部取得（173条1項）→裁判所の許可で買収者・対象会社に端数 | 株主（171条の3）・法令定款違反を理由とする | 反対株主：裁判所に価格決定申立（172条1項）→決定価格は対象会社が支払う |
| 株式の併合 | 限定なし | 必要 | 株式 | 株主総会特別決議（180条2項、309条2項4号） | 株式併合（182条）→裁判所の許可で買収者・対象会社に端数売却（235条） | 株主（182条の3）・法令定款違反を理由とする | 反対株主：対象会社に対する株式買取請求（182条の4・1項） |
| 株式等売渡請求 | 限定なし | 不要▶対象会社の議決権の90%保有（179条1項） | ・株式<br>・新株予約権<br>・新株予約権付社債（179条） | 取締役会決議（179条の3・1項、3項） | 買収者が対象会社の全株式・新株予約権を取得（179条の9・1項） | 株主・新株予約権者（179条の7）<br>・法令定款違反<br>・対価が著しく不相当 | 売渡株主・新株予約権者：裁判所に価格決定申立て→決定価格は特別支配株主が支払う |
| 株式交換（対価が金銭） | 株式会社・合同会社（767条） | 必要 | 株式（768条1項2号ホ、770条1項3号ロ）▶金銭対価での新株予約権消滅は不可 | 株主総会特別決議（783条1項、309条2項12号） | 買収者が対象会社の全株式を取得（769条1項、771条1項） | 株主（784条の2・1号）<br>・法令定款違反 | 反対株主：対象会社に対する株式買取請求（785条1項） |
| | | 不要▶略式→対象会社の議決権の90%保有（784条1項） | | 取締役会決議（784条1項） | | 株主（784条の2）<br>・法令定款違反<br>・対価が著しく不相当 | 買収者以外の全株主：対象会社に対する株式買取請求（785条1項） |

PART 8

# 株主名簿のはたらき

▼「株主なり」と会社に主張するには

## 株主名簿とは

株主名簿とは、株主や株券に関する事項をあきらかにするために作成される帳簿のことをいいます（会社法一二一条）。

これに記載または記録すべき事項は、会社法等で、次のとおりに定められています。

① 株主の氏名又は名称及び住所
② 株主の有する株式の種類（種類株式発行会社にあっては、株式の種類及び種類ごとの数）
③ 株主が株式を取得した日
④ 株式会社が株券発行会社である場合には、株券の番号（以上、会社法一二一条）
⑤ 質権の登録（会社法一四八条）
⑥ 信託財産の表示（会社法一五四条の二）
⑦ 振替株式については主務省令で定める事項（社債株式振替法一五二条一項、一五一条一項）

会社は株主名簿を本店にそなえて置き（会社法一二五条一項）、株主や会社債権者の求めがあれば、拒絶事由に該当しない限り、閲覧または謄写を認めなければなりません（同条二項、三項）。

## 株主名簿のはたらき

株主は、多数のことが多く、しかも、株式譲渡、相続、合併等は会社と無関係に行われてたえず変動します。

株主名簿の制度は、このような動きに対応するためのものです。すなわち、剰余金配当請求権や株主総会における議決権行使など、会社と株主との間の法律関係を、全てこの株主名簿に記載されたところによって処理できるとすることで（**確定的効力**）、会社―株主間の法律関係の円滑な処理に資することを目的としています。

株主にとっては、いったん株主名簿の名義人となっておけば、株券発行会社においても、改めて株券の呈示等をすることなく、会社に株主であることを対抗できます（**資格授与的効力**）。逆に、会社にとっては、名義人に権利行使を認めれば、その者が真の権利者でなくとも、悪意・重過失のない限り、免責されます（**免責的効力**）。

通知・催告については、会社は、株主名簿上の株主の住所等にあてて発すれば足り、それが到達しなかったときでも、通常到達すべきであった時に到達したものとみなされます（会社法一二六条一項、二項）。

また、このようにして発信した通知、催告が五年以上継続して到達しない場合には、会社はその株主に対しては通知、催告を行わなくてもよいことになっています（会社法一九六条一項）。

さらに、このような通知の不到達が続き、かつ、その株式につき継続して五年間、剰余金の配当の受領がなかったときは、会社が、その株式を競売する、あるいは所定の方法で売却し（会社法一九七条一項、二項。**所在不明株主の株式売却制度**）、株式事務の効率化を図ることが

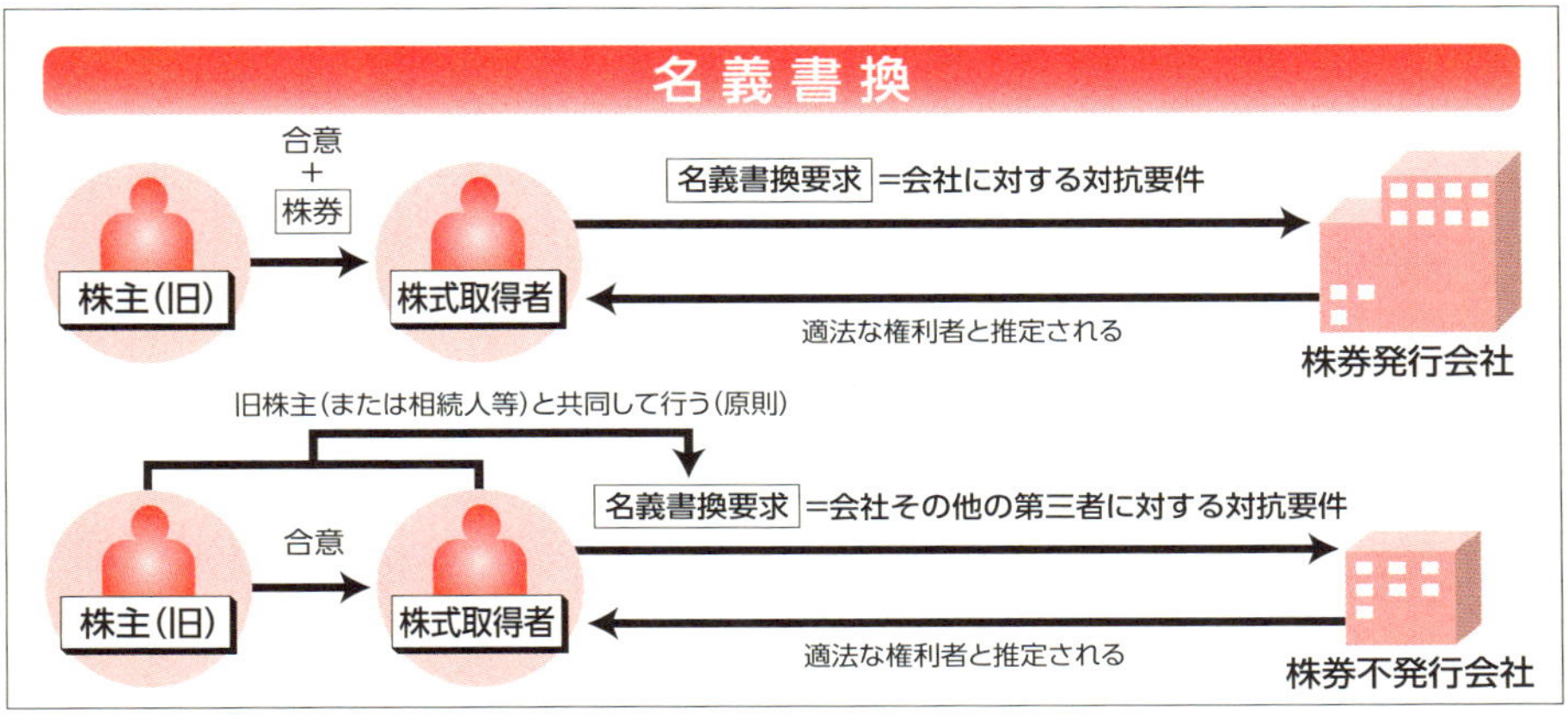


可能となっています。

## 名義書換の手続き

### ① 株券発行会社の場合

株券発行会社では、株式の譲渡は当事者間の合意と株券の交付でその効力が生じますが、譲受人が会社に対して株主たる地位を対抗するためには、株主名簿に記載・記録してもらう必要があります（会社法一三〇条一項）。

株券の占有者は、適法な権利者と推定されますので（会社法一三一条一項）、譲受人が会社に株券を呈示して名義書換を請求すれば、会社は、反証のない限り、これに応じなければなりません（会社法一三三条二項、会社法施行規則二二条二項一号）。

これに対し、株式移転や株式交換により発行済株式の全部を取得した会社、所在不明株式の売却により株式を取得し、その代金納付の証明書等を提供する者については、株券の呈示がなくても、株主名簿の書換請求が認められています（会社法一三三条二項、会社法施行規則二二条二項二号から四号まで）。

### ② 株券不発行会社の場合

株券不発行会社の場合、振替株式の場合を除き、株式の譲渡は当事者間の合意でその効力が生じますが、株主名簿上の名義書換が、会社のみならず第三者に対する関係でも対抗要件になります（会社法一三〇条一項）。

株式取得者は、利害関係人の利益を害するおそれがないものとして会社法施行規則二二条一項各号で定める場合を除き、その取得した株式の株主として株主名簿に記載・記録された者または相続人その他一般承継人と共同して名義書換を請求しなければなりません（会社法一三三条二項）。

## その権利はオレのもの
## ――失念株の問題

BがAから株式を譲り受けながら、名義書換をしないでいるうちに、会社が募集株式の発行や剰余金配当を行った場合、この新株引受権や剰余金配当請求権の権利者は、AとBのいずれに帰属するでしょうか。

名義書換を失念、怠っている株式の問題だからでしょう、このような株式のことを**失念株**といいます。

失念などの理由で名義書換をしていな

い株式についての新株引受権や剰余金配当請求権は、株式譲渡の当事者間では、譲受人であるBの方にあると考えるべきでしょう。

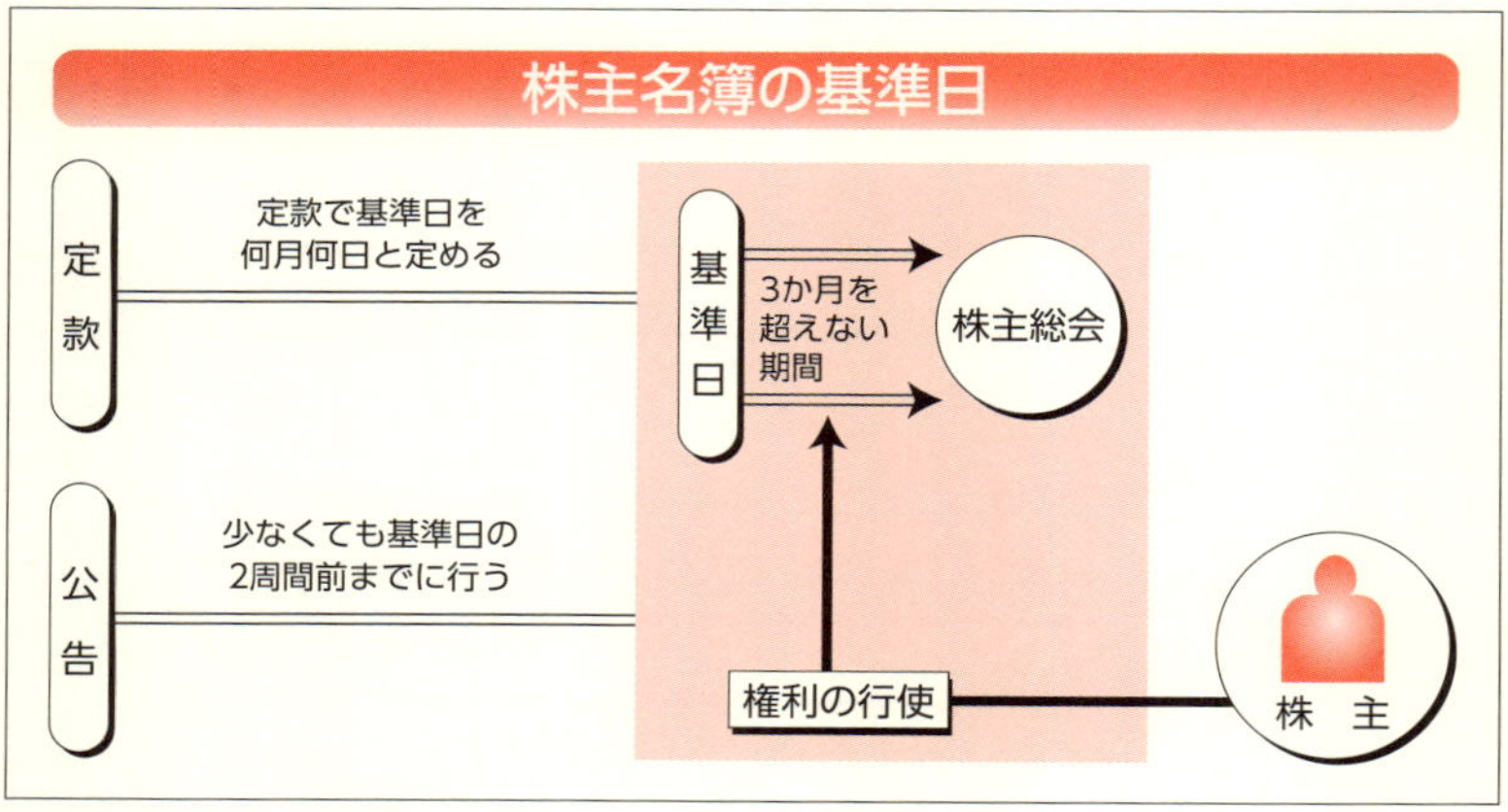


Bは会社に対してこそ、名義書換を経ていない以上、「権利者は私だ」とは主張することができませんけれども、株式譲渡の当事者間では株主の地位はすでにAからBに移っているのですから、こう解さなければなりません。

判例も、剰余金配当請求権については同様の見解に立って、BのAに対する不当利得返還請求権を認めています（最判昭和三七年四月二〇日民集一六・四・八六〇）。しかし、他方で新株引受権については、株式発行後の株価の変動次第で名簿上の株主の間で株式の押し付け合い等が生じかねないとして、Bの権利を否定しています（最判昭和三五年九月一五日民集一四・一一・二一四六）。

なお、譲渡後も名義書換が未了の株式について、会社の側から譲受人に株主としての権利行使を認め得るかについても争いがありますが、株主名簿の確定的効力は、画一的処理という会社の便宜のための制度に過ぎないので、これを認めても構わないと解されます（最判昭和三〇年一〇月二〇日民集九・一一・一六五七）。

## 基準日の制度

多数の株主を抱える会社では、株式の譲渡などによって、頻繁に株主が変動します。ある時点において株主が誰かをつかむことは、そう容易なことではありません。

本来は、株主総会で議決権を行使したり、会社から剰余金の配当を受けたりするのは、その権利行使時点の株主名簿上の株主であるべきでしょう。しかし、株主名簿の株主の記載は常に変動するものですから、これを追っていたのでは手続きが面倒なことこのうえもありません。

そこで、これに対処するために、会社法は、株主名簿の記載等は変更するけれども、一定の日を定めて、その日に記載等のされている株主（**基準日株主**）をその権利を行使できる者と定めることができるとしました（会社法一二四条一項、二項）。これを**基準日**の制度といいます。

会社が基準日を定めるにあたっては、基準日は権利行使の日の前三か月以内の日でなければなりません（同条二項）。

また、基準日を定めたときは、その基準日の二週間前までに、当該基準日や基準日株主が行使できる権利の内容を公告しなければなりません（同条三項）。

PART 9

# 株券失効制度の創設

▼株券をなくしたときは、こうして再発行してもらう

株券の所持者は、これをしっかり管理しなければなりません。ところが、世の中には、不要書類と一緒に捨ててしまったり、盗難に遭ったりする人もいるようです。

そうなりますと、いざ株式を売却しようと思っても、これを売ることはできません（会社法一二八条一項本文）。また、株券のところで説明したとおり、何かの拍子でこれを入手した人が善意取得してしまい、元々の所持人が権利を失うこともあるのです（会社法一三一条二項）。

上場会社では、平成一六年の「社債、株式等の振替に関する法律」の改正によって、株券を発行せず、株式の帰属を振替機関・口座管理機関が作成する振替口座簿の記載・記録によって定める制度が導入されましたので、今後はこの種の問題が減っていくでしょうが、それでも上場会社以外の株券発行会社の株券については、同じ問題が残ります。

従来、紛失・盗難等により株券を喪失して再発行してもらいたい人は、公示催告・除権判決制度（公示催告及ビ仲裁手続ニ関スル法律七七七条ないし七八五条）の制度を利用して、裁判所に喪失株券を無効にしてもらわねばなりませんでした。しかし、この制度に対しては費用がかかりすぎるなどの批判が出されていました。そこで、平成一四年の商法改正では、株券に限り公示催告・除権判決制度が廃止され（旧商法二三〇条ノ九ノ二）、新たに**株券失効制度**が導入され、これが会社法にも引き継がれています。

## 株券喪失登録の申請

株券失効制度の下では、株券を喪失した者は、会社に対して**株券喪失登録簿**に記載・記録するよう請求します（会社法二二三条）。請求者は、氏名・名称、住所、株券番号を明らかにするほか（会社法施行規則四七条二項）、株券喪失の事実を証する資料などを会社に提出しなければなりません（同条三項一号）。申請者が株主名簿の名義人でないときは、さらに当該株式を所持していたことを証明する資料をつける必要があります（同項二号）。

なお、株券喪失登録の請求後に、株券を発行する旨の定款の定めが廃止され、株券が無効となったときには、それ以降に善意取得者がでることはなく、手続きを進める意味がありません。そこで、請求者は、会社に申請をして、株券喪失登録の抹消をしてもらうことができます（会社法二二六条一項）。

## 株券喪失登録と会社による通知

株券発行会社は、株券喪失登録簿を作り、株券喪失登録の申請があったときは、これに、①株券番号、②株券喪失者の氏名・名称、住所、③株式名義人の氏名・名称、住所、④株券喪失登録日を記載・記録します（会社法二二一条）。

この株券喪失登録簿は、本店に備え置かれます（会社法二三一条一項）。誰でも請求の理由を明らかにして株券喪失登録簿を閲覧・謄写できますので（同条二

項一号、二号）、株券を取得しようとする者は、その株券につき喪失登録がなされているか否かを容易に確認することができます。

株式名義人でない者が株券喪失登録を請求してきた場合には、名義人の知らない間に株券を失効させられないように、会社は、名義人に対し、遅滞なく株券喪失登録をした旨並びに前述の①、②及び③を通知しなければなりません（会社法二二四条一項）。

また、株券喪失登録がなされた株券について、株券所持人が権利行使のために株券を会社に提出してきたときは、会社は、遅滞なく、株券提出者に対し、その株券につき株券喪失登録がされている旨を通知しなければなりません（会社法二二四条二項）。もちろん、株券喪失登録に対する抹消申請の機会を保障する趣旨です。

なお、会社が株券について株主名簿管理人を置いたときは、その株主名簿管理人は、株券喪失登録について会社を代理します（会社法二二二条）。

## 名義書換・権利行使の制限

株券喪失登録がされた株券については、会社はその登録が抹消された日または喪失登録日の翌日から起算して一年を経過した日までの間、名義書換をすることができません（会社法二三〇条）。

したがって、喪失登録のなされた株券（株式）に基づいて剰余金の配当、株式分割等による株券交付などを求め得るのはあくまで名義人であって、株券喪失登録者ではありません。名義人がこれらを受けてしまったときは、名義人でない株券喪失登録者としては、後日、不当利得の返還を求めていくしかありません。

## 株券所持者の抹消申請

株券喪失登録がなされた株券を所持する者がいれば、喪失登録日の翌日から一年限り、会社に対し、その株券喪失登録につき抹消の申請を行い（会社法二二五条一項）、自己が所持する株券の失効を防ぐことができます。この登録抹消の申請にあたっては、申請書に株券喪失登録がされた株券を添付して会社に提出しなければなりません（同条二項）。

抹消申請があると、会社は、遅滞なく、株券喪失登録者に対し、申請者の氏名・名称および住所ならびに株券の番号を通知します（同条三項）。通知がされた日から二週間が経過すると、会社は株券喪失登録を抹消し、登録抹消申請者から提出を受けた株券を返還しなければなりませんので（同条四項）、株券喪失登録者がなおも自己の権利を主張したいときは、その株券につき占有移転禁止の仮処分を申し立てて、第三者の善意取得を防ぐなどの措置を講じる必要があります。

## 株券喪失登録がされた株券の無効と再発行

喪失登録がされた株券は、抹消申請がされた場合を除き、その株券喪失登録がされた日の翌日から起算して一年を経過した日に無効となります（会社法二二八条一項）。無効となったときは、会社は、株券喪失登録者に対し、株券を再発行します（同条二項）。

この場合、株券喪失登録者が名義人でなかったときは、株券の再発行の後に名義書換を行わないと株主としての地位を会社に対抗できません（会社法一三〇条一項）。もちろん、閉鎖会社のときは、譲渡承認請求の手続きをとることも必要となります（会社法一三七条一項）。

PART⑩

# 株式等振替制度

▼上場株のペーパレス化が始まった

## 株券保管振替制度

かつて商法は、株券をもって株式を表章する有価証券とし、その交付により権利移転が可能とすることで、株式の流通を容易にしてきました。

確かに、小規模な会社であれば、このような形で権利の流通が促進されるでしょうが、市場で多数の株式取引が行われる上場株について、このような株券交付にたよっていたのでは、迅速な取引を行うことができません。

そこで、昭和五九年に制定された「株券等の保管及び振替に関する法律」によって、**株券保管振替制度**が発足しました。この保管振替制度は、現行の株式等振替制度の前身ともいうべき制度であり、株券所有者が所有株券を参加者（証券会社、銀行、証券金融会社など）に預託します（同法一五条一項）。そして、参加者は、株券所有者から預かった株券や自己の保有する株券をまとめて保管振替機関（**株式会社証券保管振替機構**）に寄託し（混蔵寄託、同法一四条一項）、株券の預託を受けた保管振替機関は、参加者顧客口座簿に所定の記載・記録をし（同法一七条二項）、株券発行会社に株主名簿の書換を請求し、この結果、株主名簿上は保管振替機関が株主として記載・記録されました（同法二九条一項）。

もっとも、実質上の株主は、参加者の管理する顧客口座簿に記載・記録された株主ですから、これらの者に議決権等の株主権行使の機会を確保する必要があります。そこで、保管振替機関が株券発行会社に対し、顧客口座簿の記載・記録等に基づき**実質株主通知**を行い（同法三一条）、株券発行会社では、これに基づいて**実質株主名簿**を作ることとなっていました。そして、この実質株主名簿の記載は、株主名簿の記載と同一の効力を有するものとされ（保振法三三条一項）、株券発行会社は、これに基づいて株主総会の招集通知等実質株主に宛てて送り、実質上の株主に議決権行使等の機会を与えたのです。

株式の譲渡、質入は、譲渡人と譲受人間の現実の株券の交付に代え、口座簿（参加者口座簿、顧客口座簿）の振替の記載をもって、株券の交付があったと同一の効力が認められました（同法二七条二項）。

## 株式等振替制度の制定経緯

平成一六年の商法改正で、株券の電子化は認められたものの、株券発行会社と不発行会社の株式が併存すると混乱してしまうため、証券取引所では株券発行をもって上場の要件としていました。そして、株券保管振替制度は、このような株券の存在を前提としているので、株券の発行・運搬・保管コストを避けられない、株券の保有に伴う紛失・盗難・偽造などのリスクが生じる、売買で株券の受渡しが必要となり、証券取引に手間や時間がかかる（取引から三営業日後にならないと、株式の受け渡しと資金の決済が完了しません）といった問題点が指摘されて

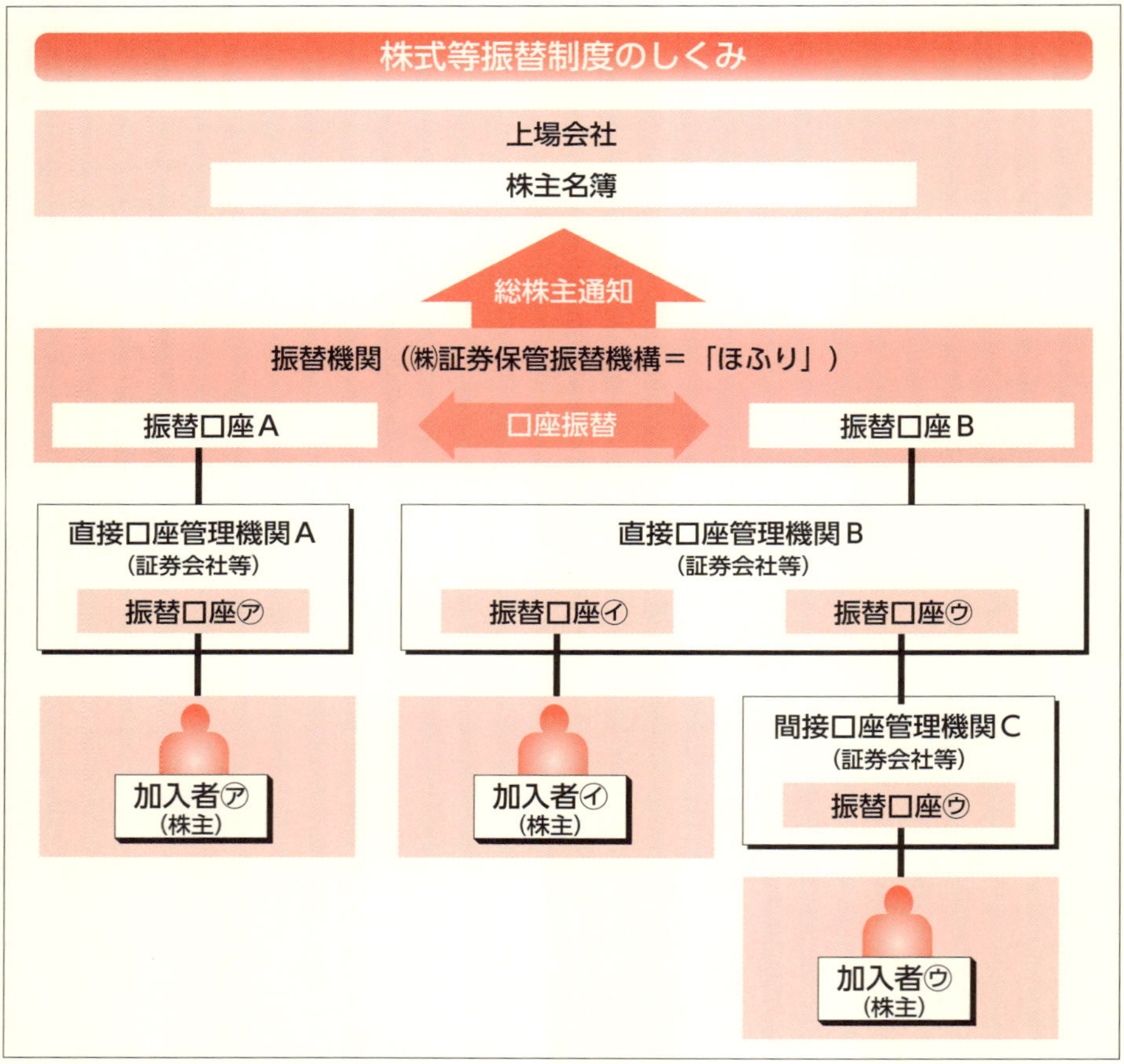


いました。

　この点、一般の社債や国債等については、平成一四年に「短期社債等の振替に関する法律」が改正され（「社債等の振替に関する法律」と名称が改められました）、無券面化が実現していましたが、平成一六年の改正により、さらに「社債、株式等の振替に関する法律」と変更され、株式についても、株券を発行しないで電子データのやりとりだけで株式の帰属と移転を決定する**株式等振替制度**が創設されました。この法律は、平成二一年一月五日から施行され、上場会社の株券が一斉に電子化されました。

## 振替株式の譲渡・担保設定

　株券不発行会社（株式譲渡制限会社を除く）で振替制度の利用に同意した会社の株式を「**振替株式**」といいます（同法一二八条一項）。振替株式の帰属は、振替口座簿の記録によって決せられます（同項）。

　振替株式を譲渡するためには、譲渡人が、譲渡人名義の振替口座簿を管理する口座管理機関（証券会社、銀行等…法二条四項）に対して振替申請を行い、これを受けた口座管理機関が、譲渡人名義の振替口座簿から該当する振替株式の数を減少させ、譲受人名義の振替口座簿に振替株式の数を増加させる内容の記帳をする方法で行われます（同法一三二条、一四〇条）。保有欄に譲り受けた株式数の増加が記帳された段階で、譲渡の効力が生じ、対抗要件が具備されます。

振替株式に対する質権設定は、質権設定者名義の口座簿から質権者名義の口座簿への振替の申請によって行い（同法一三二条）、質権者名義の振替口座簿の質権欄に、質権の目的たる振替株式の銘柄・数などの増額の記載・記録をすることが、質権設定の効力要件となります（同法一四一条）。

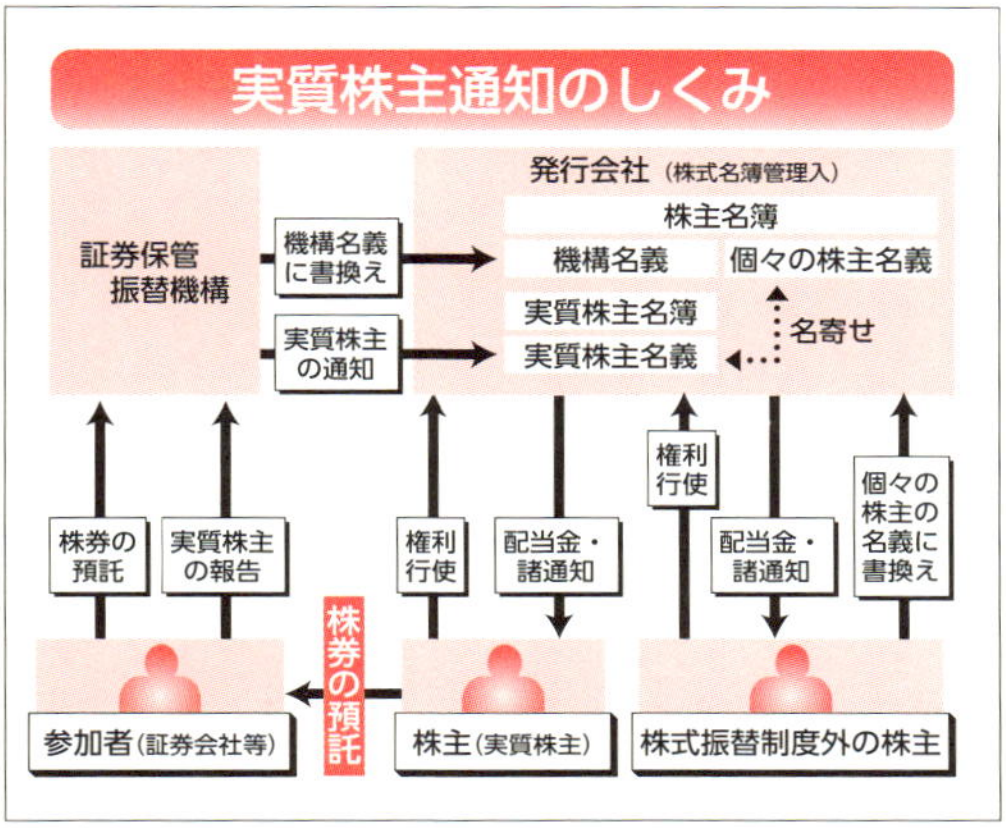


## 振替口座簿の効力

振替口座簿の名義人は、口座に記録された振替株式を適法に有するものと推定されます（同法一四三条）。振替申請によって悪意・重過失なく自己の名義の振替口座簿に振替株式の増加記載・記録を受けた者は、記載・記録された振替株式を善意取得することになります（同法一四四条）。

このように振替株式は、振替口座簿の記載・記録でしか保有できず、振替口座簿を管理する口座管理機関も、顧客のために管理する株式及び自己の株式を上位の口座振替機関の口座管理簿に記帳しなければならず、多数の口座振替機関の階層ができあがっていきます。そして、その頂点には、振替機関が設けられ（同法二条二項）、この振替機関は、他人名義の振替口座簿を管理するに止まり、自己名義の振替株式を保有しないことになっています。

## 振替株式の会社に対する権利行使

株券保管振替制度の下では、株主管理は、株主名簿と実質株主名簿で行われていましたが、振替制度の下では、株主名簿だけで管理がなされるようになります。例えば、会社が議決権行使をすべき株主を確定するために、基準日（会社法一二四条一項）を定めたときは、振替機関が会社に対し、振替口座簿に記載されたその日の株主（登録株式質権者、登録譲渡担保権者）の氏名・名称、住所等を通知しますので（**総株主通知**…振替法一五一条一項、七項）、会社は、これを受けて通知事項を株主名簿に反映させ（同法一五二条一項）、記載・登録した株主等に議決権を行使させるのです。

なお、株主が会社に対して少数株主権等を行使しようとするときは、口座管理機関を経由して、振替機関から会社に氏名・名称、住所等を通知してもらった上で（個別株主通知。同法一五四条三項）、これを行使することになります。この手続きを経れば、株主名簿の書換が終わっていない株主でも、少数株主権等を行使することが可能となります。

PART 11

# 株式への担保設定

▼株式を質権や譲渡担保の目的物にすることもある

## 株式の担保化

株式への担保設定は、会社法上、**略式質**と**登録質**という方法が明定されており、解釈上、**譲渡担保**という方法も認められています。

略式質と登録質は、いずれも質権に該当し、債権者がその債権の担保として質権設定者（債務者または第三者）から受け取った財産権を債務が弁済されるまで債権者の手許に留置し、もし弁済がなされないときには、その者から他の債権者に優先して弁済を受ける権利をいいます（民法三四二条…典型担保）。

譲渡担保は、債権者が債権担保の目的で所有権をはじめとする財産権を債務者や物上保証人から法形式上譲り受け、債務不履行があると、その権利が確定的に債権者に帰属するという担保です。質権と異なり、明文の規定はありませんが（非典型担保）、裁判所の手続きを経ないで簡易に権利実行が可能であるため、広く利用されています。

## 略式質

株券発行会社の株式を対象とする略式質は、当事者間の質権設定の合意と株券の交付によって効力が生じ（会社法一四六条二項）、株券の占有継続が第三者に対する対抗要件となります（会社法一四七条二項）。株主が会社に株券不所持の申出をしている場合は、株主が株券を入手してから、その株券を質権者に交付する必要があります。

略式質は、会社と無関係に質権設定が可能ですので、当事者、特に質権設定の事実を会社に知られたくない設定者側としては利用し易く、実務上も広く使われています。ただし、株券不発行会社の株式は、株券交付ができませんので、略式質を設定することはできません（後述の登録質によります）。

質権者が優先弁済を受けるためには、質権者が占有中の株券を任意に売却するほか、動産執行の申立てをして、入札・競り売り等の方法により換価することも可能です（民事執行法一二二条一項、一三四条）。

質権の効力は、質権対象物の価値変形物（売却代金など）にも及びますが（物上代位…民法三六二条二項、民法三五〇条、三〇四条一項）、会社法は、取得請求権付株式の取得、取得条項付株式の取得等について、物上代位の効力が及ぶことを明文化しています（会社法一五一条各号）。この物上代位権を行使するためには、会社が質権設定者（株主）に目的物を払い渡し、引渡しをする前に差し押さえておかなければなりません（民法三六二条二項、三五〇条、三〇四条一項ただし書）。

## 登録質

株券発行会社の株式を登録質の対象とするときは、略式質の要件をみたしたうえで、会社が質権設定者の請求によって、

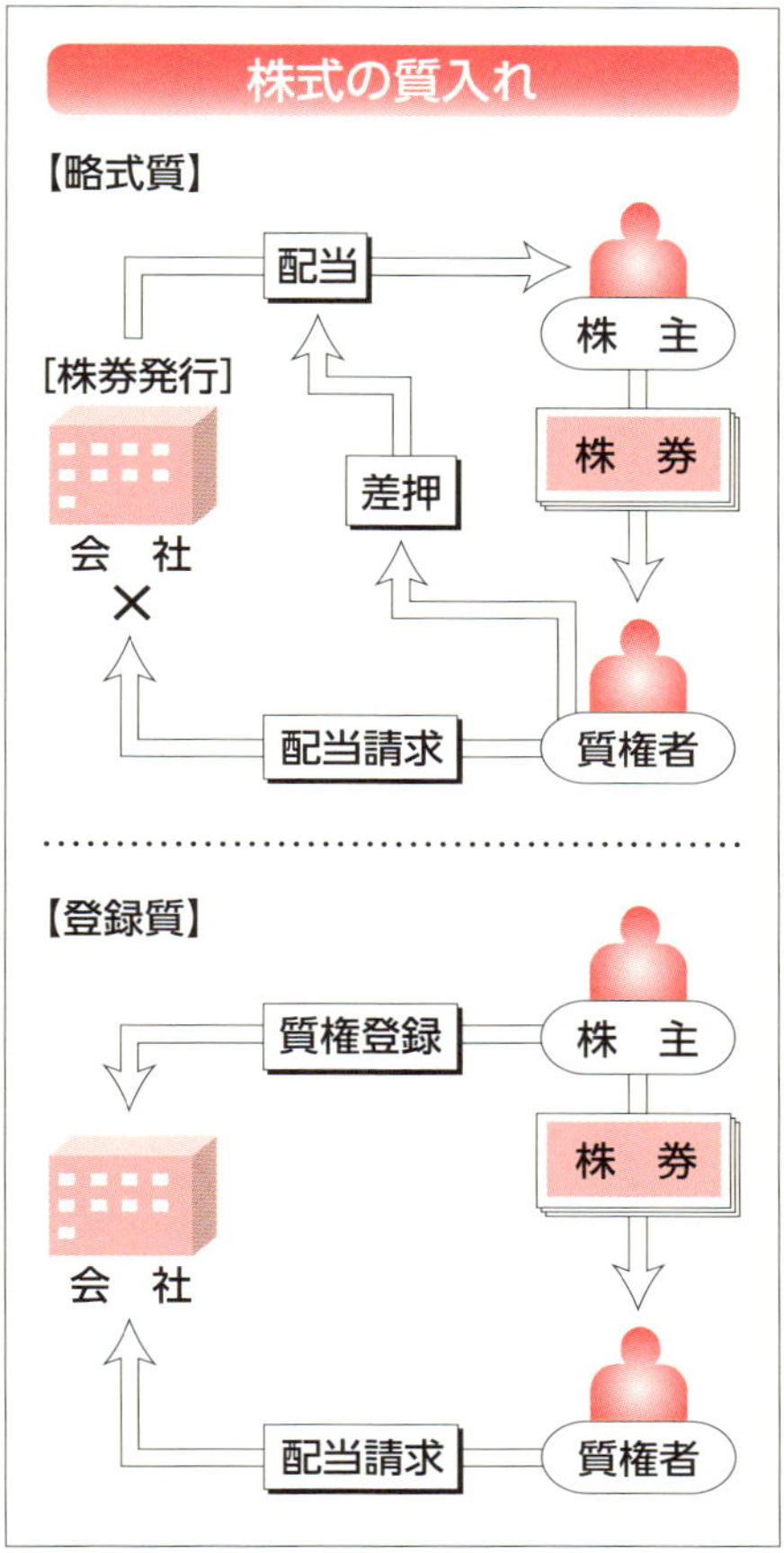


質権者の氏名・名称、住所を株主名簿に記載・記録します（会社法一五二条一項）。株券不発行会社の株式（振替株式を除く）では株券の交付は不要ですが、当事者の合意と株主名簿の記載・記録が必要です。

略式質と異なり、会社が質権者を把握していますので、質権者は、会社から直接剰余金配当、残余財産の分配などを受けることができ（会社法一五二条～一五四条）、その限りで物上代位の手間を省けます。

質権者が優先弁済を受けるためには、株券発行会社の株式では質権者が株券を占有しているはずなので、これを売却するほか、動産執行の申立てをすることも可能です（民事執行法一九〇条一項一号、一二二条一項、一三四条）。これに対し、株券不発行会社の株式では、「その他の財産権」の担保権実行（民事執行法一九三条）によって、譲渡命令、売却命令を受けて換価していきます（同法一六一条一項）。

## 譲渡担保

株券発行会社の株式に譲渡担保権を設定する場合、当事者間の譲渡担保契約のほか、株券を担保設定者（譲渡人）から債権者（譲受人）に交付することで効力が生じます（会社法一二八条一項）。株券を質権者に交付するだけでなく（**略式譲渡担保**）、名義書換をしておくと（**登録譲渡担保**）、質権者が譲渡担保権の設定を会社に対抗することができます（会社法一三〇条一項）。ただ、略式質と同じく、名義書換の手間や発行会社に知られたくないといった理由から、登録型の譲渡担保が利用されることは少なく、略式型の利用が多いのが実情です。

優先弁済を受ける方法としては、第三者に任意売却をしてその譲渡代金を債権に充当する方法（処分清算型）、債権者が自ら担保株式を取得し、その時価相当の弁済があったものとする方法（帰属清算型）があります。

株券発行会社以外の株式（振替株式を除く）の譲渡担保は、譲渡担保権者の氏名・名称、住所を株主名簿に記載・記録しなければなりませんが（会社法一五二条一項）、そうすると、会社としては譲渡担保権者を株主として扱うほかありません。

議決権行使等を誰が、どのように行使するかは、設定者と担保権利者が内部的に話し合って決めることになります。

●取引法こぼれ話

## 法律用語に興味をもとう

### ▼法律用語を毛嫌いせずに

法律用語は、私たち日常の常識で解する意味と違う意味をもっていたりして、むずかしいからとか、技術的な用語の一種であるからなどといって、法律用語を毛嫌いしたり、敬遠したりしたのでは法律の勉強は身につきません。

法律用語が特殊な意味・内容をもつことがあるのは事実ですが、特殊な内容をもっていることばについても、私たちは、なるほど法律ではこのことばをこのような意味に使うのかと興味をもってこれに接するようにしたいものです。

### ▼考えてみることはここでも大切

日常語で「行為」といえば、それは人間のおこない、しわざのことですが、法律上の「行為」である法律行為は権利を発生、変更、消滅させるものにかぎられてきます。マンションを借りるために賃貸借契約を結んだり、テレビを電気屋から買うのはいずれも法律上の行為ですが、海水浴をしたり、山に登ったり、洗顔したり、入浴したり、あるいは恋人とデートをしたりする行為はどれも法律上の行為ではありません。

法律上の行為とはいったいどのようなことであろうか、その特色はどこに見出されるのかと興味をもって考えてみることです。そのことがやがて法律行為の意義、概念を正しくつかむことへの道となります。また、日常語としては、「人」といえば、それは私たち人間のことをさしますが、法律のうえではどうでしょう。

法律上の「人」には、日常用語例にいう私たち生身《なまみ》の人間である「自然人」と、そのほかに、「法人」もふくまれます。寺を宗教法人として、人ととらえることもありますし、会社も私立大学もみな、人です。勤めている会社が営利社団法人、子どもが通学している私立の学校が学校法人と、それぞれ人であるというのですから、常識をもって理解しようとすればむずかしくもなってきましょう。

どうして、法律は法人という団体を私たち人間と同じく人扱いするのでしょうか。そこから、法人とはそもそも何であろうかと考え、法律は権利義務の主体となり得る地位をもつ者をどうも人としたようだと考えていくこともありましょう。さらには、どうもこの法人制度は団体についての法律関係の簡便な処理を考えた制度だと考えるようになるでしょう。これを簡単に、「法律上の人には自然人のほかに法人もあるのだ、よし、わかった」と学習していくだけでは少々淋しくはありませんか。

一見、無味乾燥のようであっても、興味をもつことです。全ての学習の動機づけは興味からはじまるといってもよいのではないでしょうか。

司馬遼太郎の小説に『峠』というのがあります。長岡藩の河井継之助の生涯を書いた小説ですが、この中で河井継之助は義兄の椰野嘉兵衛に、西洋には人以外の人がいることを知った、それは法人というもので、会社、国家、市といったものを、かの地では一種の人とみなしている、とびっくりしながら、話をしています。すぐれた先人の知識に対する興味はこのように強かったようです。先達の態度を見習いたいものだと思います。

# 第4章

# 株主総会

PART 1

# 機関の分化

▼法律の建て前と実際は違う面もあるが

## 株式会社は手足をもっているわけではない

私たちはすでに、会社とは営利を目的とする社団法人であることを学びました。また、会社は、会社自身の名において、権利を有し、義務を負うこと、すなわち、会社は法人として能力を有していることも学んだはずです（一九頁参照）。

会社という法人も、私たち自然人と同じように権利能力を持ち、法律上の行為をなし、経済社会で大いに活躍しています。しかし、この法人は、自然人と同じく権利能力者としての「人」ではあるものの、実際の活動となると、自然人のように手や足があるわけではありません。

ですから、実際に法人それ自身が、みずからの頭や手足によって、法律上の行為ができるわけではありません。法律上、法人の行為というものは認められはしますが、それは法人の中にいる自然人が行為をし、それを法人の行為とみるということにほかならないのです。

このように、法人が内部の管理を行い、意思を決定し、外部と取引をするには、実際は、法人の中にいる自然人によってことが運ばれていきます。

法人の内部管理や業務執行から、意思決定、さらには外部に対しての法人の代表行為などのため、自然人やその集まりが法人の中で一定の地位にある場合、この地位のことを**機関**といいます。会社という法人は、その組織の中に、会社の意思を決し、業務を執行し、外部との取引をしていくことができる自然人を置き、その現実の行動を通じて、法人の行為を実現していくのです。

## 所有と経営の分離

株式会社の実質上のオーナーは、株主です。したがって、本来は、この株主が会社の支配経営権をもっていると考えることができます。その意味では、株主が会社経営の任にあたれば、一番めんどうがないともいえましょう。

合名会社等の持分会社の場合は、制度上も、実際、社員（株式会社でいう株主）が社員たる資格に基づいて経営にあたる機関になっています。社員たる資格と機関たる資格とが一致しているわけです。

しかし、持分会社において、このように社員が経営にあたることができるのは、もともとこのような人的会社（二三頁参照）では、会社の社員数が少数であることが組織上予定されているからです。このような人的会社に対し、株式会社では社員たる株主の数が一般に多数であり、そのうえ、株主の責任が有限で、人的関係も一般的に稀薄です。また、株主の中には企業経営の知識や能力に欠ける者も実際は多いでしょう。このような株式会社では、株主の全員が会社経営にあたるなどということは、およそ不可能なことです。

そこで、株式会社においては、株主は株主総会を開いて、会社の基本的事項を決定するにとどめ、業務の執行や外部との取引にあたって会社を代表することなどは、全て業務の執行機関に一任しています。典型的な株式会社においては、株主総会で選任された取締役で構成する取締役会が業務執行に関する意思を決定し、また、そこで代表取締役を選任して、これに業務執行や会社の代表をさせるという建て前になっているのです。

したがって、このような株式会社においては、原則として社員（株主）たる資格と機関たる資格とが人的会社におけるように一致していず、これが分離しているということができます。これを株式会社における「所有と経営の分離」といいます。

ただ、株主が取締役(会)に企業の経営をまかせているといっても、これにいっさいがっさい全てをまかせるというわけにはいきません。そこで、株主総会は、取締役に決算の結果を報告させ、その承認をしたり、また、取締役の選任や解任をきめる権限を行使することなどによって取締役(会)を監視していきます。

そして、他方においては監査役等を選任することにより、取締役の業務の執行および会計に関して監督にあたらせることも可能です。

このように、典型的な株式会社においては、まず、会社の基本的な事項についての意思決定機関である株主総会、業務執行および代表の任にあたる取締役会、代表取締役、さらには業務執行や会計面の監督にあたる監査役が機関として置かれています。

## 株式会社の機関設計のバリエーションが豊富に

旧商法においては、株式会社の機関として、株主総会、取締役、取締役会、代表取締役、監査役が必須とされていました。しかし、会社法では、小規模の物的会社である有限会社を株式会社に含めることにし、また、従来の株式会社においても、いわゆる小規模閉鎖会社から大規模な会社まで様々な形態がありますから、その会社の都合に合わせて機関設計ができるように、株主総会と取締役を最小単位の機関として定め、さらに取締役会、監査役（監査役会）等の機関を設置するかどうかを選択できるようにしています。どのような機関設計をするかによって、所有と経営の分離の程度も変わってきますから、株主総会に期待される役割も異なることとなります。

例えば、最小単位である株主総会と取締役だけの会社においては、株主総会が取締役の業務執行を監督する必要がありますので、会社法は、原則として株主総会を会社に関する一切の事項を決定することができる万能の機関としています（会社法二九五条一項）。これに対し、取締役会を設置する場合は、取締役の業務執行は取締役会で監督することになりますので、株主総会は、その権限であると会社法に規定されている事項と定款で定めた事項に限って決定することができるものとしています（同条二項）。

規模の小さな会社の場合は、会社の所有者である株主が取締役として会社を経営することが望ましい場合もありますし、規模が大きい場合には機関を分化させることが経営効率を上げ、株主の利益にもなると考えられますので、それぞれの会社の都合に応じた柔軟な機関設計ができることは、株式会社の使い勝手を向上させるものだといえます。

以上のように、会社法では、株式会社の機関の分化の程度に柔軟性を持たせることになりましたが、株主総会が株式会社に最低限必要な機関であることに変わりはありませんので、まずは、株主総会について学んでいきたいと思います。

# 会社の機関設計の具体例

■非公開会社かつ非大会社

| | |
|---|---|
| 1 | 株主総会（※１）＋取締役 |
| 2 | 株主総会＋取締役＋監査役 |
| 3 | 株主総会＋取締役＋監査役＋会計監査人 |
| 4 | 株主総会＋取締役会＋会計参与（※２） |
| 5 | 株主総会＋取締役会＋監査役 |
| 6 | 株主総会＋取締役会＋監査役会 |
| 7 | 株主総会＋取締役会＋監査役＋会計監査人 |
| 8 | 株主総会＋取締役会＋監査役会＋会計監査人 |
| 9 | 株主総会＋取締役会＋監査等委員会＋会計監査人 |
| 10 | 株主総会＋取締役会＋３委員会等（※３）＋会計監査人 |

※１）全ての株式会社で株主総会は必須機関であるからこれも考慮しなくてもいいが、一応記載しておいた。
※２）全ての株式会社で会計参与は任意的機関である（４は選択的必置）。
※３）３委員会等＝指名委員会＋監査委員会＋報酬委員会＋執行役

■公開会社かつ非大会社

| | |
|---|---|
| 1 | 株主総会＋取締役会＋監査役 |
| 2 | 株主総会＋取締役会＋監査役＋会計監査人 |
| 3 | 株主総会＋取締役会＋監査役会 |
| 4 | 株主総会＋取締役会＋監査役会＋会計監査人 |
| 5 | 株主総会＋取締役会＋監査等委員会＋会計監査人 |
| 6 | 株主総会＋取締役会＋３委員会等＋会計監査人 |

■非公開会社かつ大会社

| | |
|---|---|
| 1 | 株主総会＋取締役＋監査役＋会計監査人 |
| 2 | 株主総会＋取締役会＋監査役＋会計監査人 |
| 3 | 株主総会＋取締役会＋監査役会＋会計監査人 |
| 4 | 株主総会＋取締役会＋監査等委員会＋会計監査人 |
| 5 | 株主総会＋取締役会＋３委員会等＋会計監査人 |

■公開会社かつ大会社

| | |
|---|---|
| 1 | 株主総会＋取締役会＋監査役会＋会計監査人 |
| 2 | 株主総会＋取締役会＋監査等委員会＋会計監査人 |
| 3 | 株主総会＋取締役会＋３委員会等＋会計監査人 |

PART❷

# 株主総会の招集

▼招集手続きはむずかしい？

## 株主総会は最高の意思決定機関である

　株主総会というのは、株主によって構成されるところの、会社の意思を決定する機関です。これは、会議体の機関になっています。

　株主総会は、株式会社における最高の意思決定機関であり、原則として、一切の事項について決議することができる万能の機関です（会社二九五条一項）。したがって、このような会社では、株主総会が会社経営に、より密接に関与しうるわけです。

　これに対し、旧商法では取締役会が必須の機関とされていた関係もあり、多くの会社に取締役会が置かれていますが（このような会社を**取締役会設置会社**といいます）、このような会社においては、業務執行に関する意思決定等は取締役会の権限とし、株主総会の決議事項を、会社の基礎、土台に変更を生ずる事項や役員の選・解任に関する事項、株主の利害に重大な影響をおよぼす事項、計算に関する事項等の法定の事項と、定款で総会の権限と定めた事項に限定しています（同条二項）。

　しかし、このように限定されていたとしても、その意思決定は最高のものであり、これら法定の権限のわく内においては、株主総会の決議は取締役をも拘束するのです。

　株主総会には、定時総会と臨時総会という種類があります。

　株式会社はすくなくとも毎事業年度の終了後、一定の時期に、株主総会を開催しなければなりません（会社法二九六条一項）。通常は毎年一回開催することになりますが、半年を一事業年度とする会社の場合は、半年に一回ということになります。このように、事業年度ごとに、一定時期にかならず開催される株主総会を**定時株主総会**と呼んでいます。これに対し、必要に応じて、随時招集され、開催される株主総会を**臨時株主総会**といいます（同条二項）。

　また、優先株式等の種類株式を発行している場合は、その種類株主に利害のある事項を決定するために種類株主で構成される株主総会が開催されることがあります。これを**種類株主総会**といい、会社法で定められた事項および定款で定めた事項にかぎり、決議をすることができます（会社法三二一条）。

## 総会はこのような手続きで招集する

　株主総会は、取締役（取締役会設置会社においては取締役会）が開催の日時、場所等をきめ（会社法二九八条一項、四項）、代表取締役がこれに基づいて招集するのが原則です。

　例外として、少数株主も取締役に株主総会の招集を請求し、それがいれられないときは、裁判所の許可を得て株主総会を招集することができます（会社法二九七条）。

　株主総会を招集する場合に決めなければいけない事項は、開催日時および場所、総会の目的となる事項（議題）があるときはその事項、書面投票を認めるときはその旨、電子投票を認めるときはその旨、その他法務省令（会社法施行規則六三条）で定める事項です（会社法二九八条一項）。

開催場所については、旧商法は原則として会社の本店所在地またはその隣接地であることを要するとしていましたが、会社法ではこのような制限はなくなりました。

ただし、株主の出席が制限されるような場所で開催することは不当に株主の権利を害し違法となりますので、この点の配慮は必要です。

議題については、取締役会設置会社においては、その議題以外の事項について総会決議をすることができませんので（会社法三〇九条五項本文）、必ずこれを定める必要があります。さらに、取締役会設置会社においては、株主総会の決議事項は、会社法に規定されている事項または定款で定めた事項に限られていますので（会社法二九五条二項）、議題もこれらの事項に関するものに限られることになります。

## 書面以外の招集通知も可能

さて、右のような各事項を決定したうえで、取締役は、各株主に対し、招集通知を発することになるのですが、旧商法では、この招集通知を書面で行うことが義務づけられていました。

会社法でも、取締役会設置会社では書面によることが義務づけられていますが（会社法二九九条二項）、それ以外の会社では、書面投票、電子投票を行う場合を除き、書面によることは義務づけられていません。

したがって、このような会社では、口頭でも、書面でも、電子メール等の電磁的方法でも招集通知が可能です。

右のような招集通知を、株主総会の開催日の何日前までに発しなければいけないかについて、会社法は下の表1のように定めています（会社法二九九条一項）。会社法の原則は二週間前ですが、全部の株式について譲渡制限のある非公開会社については一週間前とされています（同項）。非公開会社においては会社と株主の関係が緊密と考えられるため、株主に準備期間をそれほど与える必要はないということです。

さらに、非公開会社で、かつ取締役会設置会社以外の会社においては、定款で定めれば、この一週間をさらに短縮することができます（同項）。ただし、招集通知は株主総会への出席と議決権行使の準備の機会を与えるためのものですから、定款で短縮するといっても、余裕をもって二、三日間はおくべきでしょう。

なお、招集通知を発すべき期間の数え方は間違えやすいところですので、あとで説明します。

さて、取締役会設置会社においては書

**表1 招集通知を発すべき期間**

| | |
|---|---|
| 公開会社 | 2週間 |
| 公開会社でない取締役会設置会社で、書面決議又は電磁的方法による決議ができる旨を定める場合 | 2週間 |
| 公開会社でない取締役会設置会社 | 1週間 |
| 取締役会設置会社以外の株式会社 | 定款で1週間を下回る期間を定めた場合はその期間 |

面による通知をしなければならないのですが、あらかじめ株主の書面または電磁的方法による承諾が得られれば、これに代えて電磁的方法（例えば電子メール）により招集通知を発することもできます（会社法二九九条三項、会社法施行令二条一項二号）。一度、株主から右のような承諾を得ていれば、その株主に対しては、その後の招集通知を電子メール等により行うことができるようになりますので、招集手続きの手間とコストを少なくすることが期待できるわけです。

なお、株主が右のような承諾をした場合でも、右のような電子メール等での招集通知を受けないことを会社に申し出れば、その承諾を撤回できることになっていますが、この株主の申出は、書面または電磁的方法で行うことになっていますので、この点に注意が必要です（会社法施行令二条二項）。

## 招集通知のための期間計算は正確に

それでは、二週間前に招集通知を発するとして、この「二週間前」とは、どのように数えるのでしょうか。六月三〇日に株主総会を開催する場合、招集通知を発しなければならないぎりぎりの日がいつかわかりますか？

一般的な感覚からすれば、六月三〇日の一週間前は六月二三日、二週間前は六月一六日という気がします。しかし、正解はそれぞれ六月二二日、六月一五日なのです。

この点について、ちょっと古い判例ですが（したがって、触れられている法律も古いものであることに注意してください）、次のようにいっています。

「商法第百五十六条第一項ニ於テ総会ヲ招集スルニハ会日ヨリ二週間前ニ各株主ニ対シテ其ノ通知ヲ発スルコトヲ要スト規定シアルハ株主ニ対シ会議ニ出席スルニ付準備ノ機会ヲ与フル為通知ノ日ヨリ二週間ヲ経過シタル後ニ会日ノ到来スル様余裕ヲ置キテ通知ヲ発スヘキコトヲ命シタル趣旨ニ出テタルモノト解スルヲ相当トス故ニ通知書ヲ発シタル日ノ翌日ヨリ起算シテ会日迄ノ間ニ少クトモ二週間ノ日数存シタル場合ニ非サレハ其ノ通知ハ違法ナリト謂フヘク従テ斯ル通知ニ基キ開キタル会日ニ於テ為シタル総会ノ決議ハ違法タルヲ免レサルモノトス」（大判昭和一〇年七月一五日民集一四・一四〇一）。

右の判例は、株主総会の日が五月一五日で、招集通知を発送した日が五月一日という事案に関するもので、発送日を入れれば株主総会の二週間前に招集通知を発したといえるものでした。

ところで、期間の数えかたについては、民法で初日不算入という原則がとられています。

これは、期間を定めるにつき、日・週・月または年をもってしたときは、期間の初日はこれを算入しないというものです（民法一四〇条本文）。要するに起算にあたっては日の端数は数えないというものです。一一月一日の朝に、いまから二〇日間といった場合は、その一一月一日はもう二四時間はなく、一日としては半ぱになっています。だから、その日は数えないことにしているのです。

もっとも、一〇月末日に一一月一日から二〇日間ときめる場合は、初日は一一月一日ですけれども、この初日は算入されます（同条ただし書）。初日がまるまる二四時間あるからです。そして、期間の末日の終了をもって期間の満了とします（民法一四一条）。

民法の期間の数えかたは、通則的な定めですから、民法と違う計算方法を定めている法令や法律行為がある場合にはそれによりますが、そうでなければこの民法の定めによって期間は計算されます（民法一三八条）。

したがって、招集通知の期間計算においても初日は算入されないわけですから、右の判例のいうように招集通知を発した日の翌日から期間を起算すべきということになり、五月一五日開催の株主総会の招集通知を五月一日に発送したのでは、一日足りないということになってしまうわけです。

一日くらい違っても株主総会の決議にそれほど影響はないとも考えられますが、右の判例は、招集通知が株主総会への出席につき準備の機会を与えるためであることを重視して、一日足りない招集手続きで招集された株主総会における決議を取り消しました。

株主総会の招集通知について、おかなければならない法定の期間は、中小会社の運用の実務・現場では、意外としっかりと認識されていません。私たちが関与している中小会社の総務部などからも、ときどき電話で問いあわせてきます。会社の運営では、こういった一見、ささいなこととみえるようなことを、きちんと守っていくことが大切です。

## 招集通知の内容と必要書類の提供

招集通知は、株主に対して総会出席や議決権行使の準備の機会を与えるために重要なものです。したがって、招集通知を発するにあたっては、その株主総会で決議する対象及びその決議をするにあたって必要十分な情報を株主に与えるべきです。

そこで、会社法は、その株式会社が取締役会設置会社である場合（それ以外の会社でも書面投票又は電子投票を認める場合）には、その招集通知に、①開催日時および場所、②会議の目的たる事項（議題）があるときはその事項、③書面投票を認めるときはその旨、④電子投票を認めるときはその旨、⑤その他会社法施行規則六三条以下に規定されている事項、をそれぞれ記載させることとしています（会社法二九九条四項、同二九八条一項）。

また、取締役会設置会社においては、定時株主総会を招集する場合、その招集通知と一緒に、貸借対照表、損益計算書、事業報告等の書類（監査役、会計監査人を置く会社にあっては監査報告、会計監査報告を含みます）を株主に提供しなければならないとされています（会社法四三七条）。

さらに、書面投票、電子投票を認める場合には、株主に対し、議決権の行使について参考となるべき事項を記載した書類（株主総会参考書類）と議決権行使書面を交付しなければなりません（会社法三〇一条一項、三〇二条二項）。

書面投票、電子投票をする株主は総会に出席せず、会場で取締役等の説明を聞くことができないわけですから、その議決権行使のために必要な情報をあらかじめ株主に提供する必要があるのです。

したがって、株主総会参考書類の記載内容については、会社法施行規則において、議案ごとに細かく規定されていますので、そのフォローはかなり大変だと思います。

書面投票、電子投票を採用すれば、株主は会場に行かなくても議決権を行使できるため、便利だといえますが、株主参考書類の作成、提供のことを考えますと株主がそれほど多くない中小の会社ではかえって不便かもしれません。

なお、電磁的方法による招集通知ができる場合は、株主総会参考書類及び議決

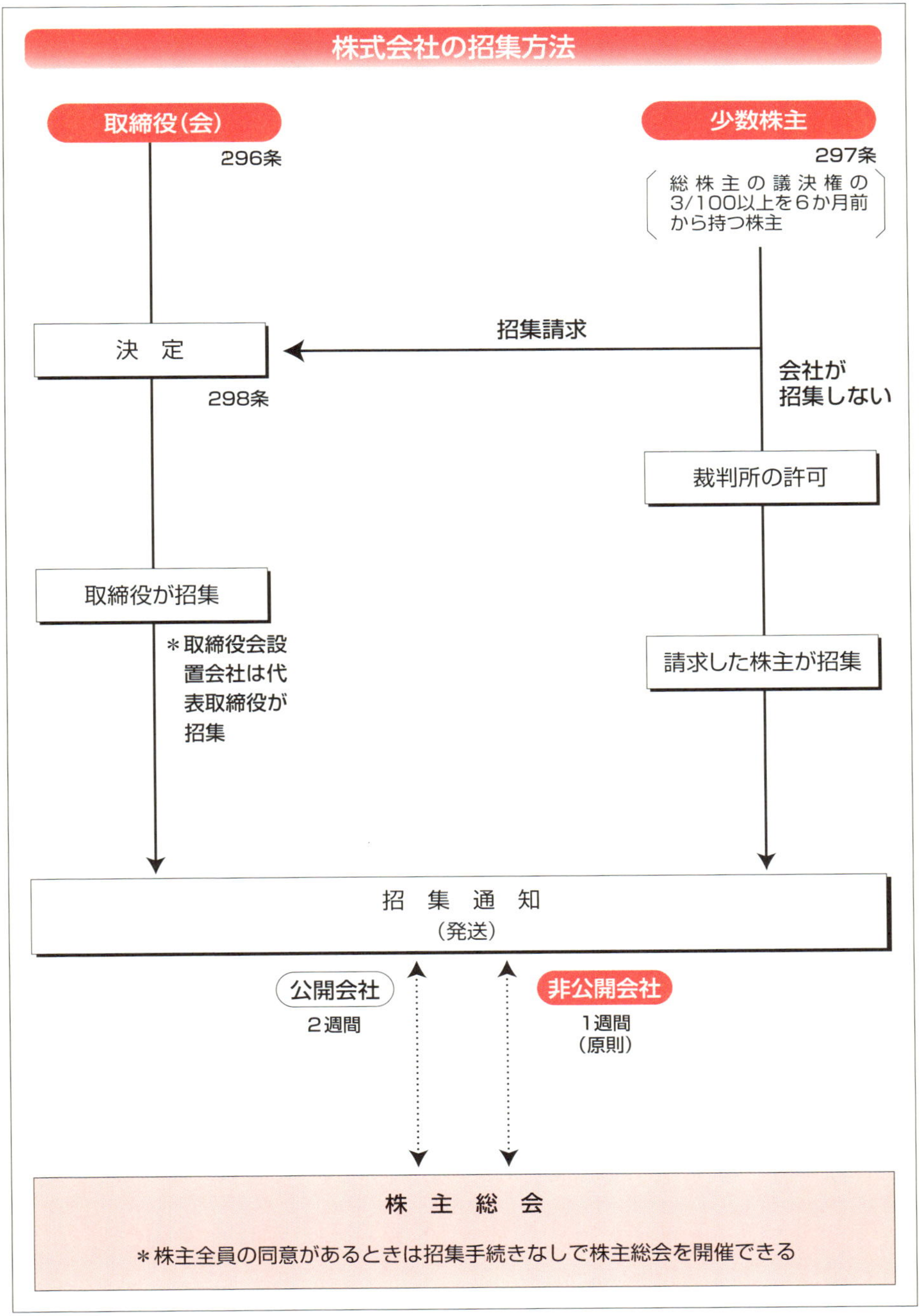
株式会社の招集方法
取締役(会)
296条
少数株主
297条
総株主の議決権の3/100以上を6か月前から持つ株主
決　定
招集請求
会社が招集しない
298条
裁判所の許可
取締役が招集
＊取締役会設置会社は代表取締役が招集
請求した株主が招集
招　集　通　知
(発送)
公開会社
2週間
非公開会社
1週間(原則)
株　主　総　会
＊株主全員の同意があるときは招集手続きなしで株主総会を開催できる

権行使書面を電磁的方法により提供することができますが、株主の請求がある場合は書面を交付しなければなりません（会社法三〇一条二項、三〇二条二項）。ただし、電子投票が認められる場合の議決権行使書面については、書面で交付しても意味がないため、電磁的方法（電子メールなど）で株主に提供するものとされています（会社法三〇二条三項）。

ところで、このように株主総会の招集には、株主の出席や準備の機会を確保するという利益を保障するため、細かな手続き規定が設けられているわけですが、株主が自分でこのような利益を放棄する場合にまで、その遵守を求める必要はありません。

そこで、会社法は、議決権を有する全ての株主の同意がある場合には、招集手続きを経ずに株主総会を開催することを認めています（会社法三〇〇条本文）。

全ての株主が全ての株主総会について招集手続きの省略を認めている場合は、そのように取り扱ってよいと思われますが、その同意はいつでも撤回できるというべきですから、一人でもその同意を撤回したときは原則どおり招集手続きをとる必要があります。

もちろん、特定の株主総会についての同意である場合は、他の株主総会についてまで招集手続きを省略してしまうことはできません。

また、当然のことですが、株主総会の招集にあたって書面投票や電子投票を認める場合には、たとえ株主全員の同意があったとしても、招集手続きを省略することはできません（会社法三〇〇条ただし書）。

書面投票や電子投票を行おうとする株主は、招集通知とともに交付される議決権行使書面や株主総会参考書類がないと議決権行使ができないからです。

## 株主総会参考書類の電子提供制度

定時株主総会においては計算書類等を、書面投票、電子投票ができることとした場合は、株主参考書類及び議決権行使書類を、あらかじめ株主に対し提供する義務があることは前に述べました。

株主が多数に上る公開会社などにおいては、このような書類を印刷し、各株主に送付することは、多大な労力と費用がかかることになります。

そこで、令和元年の改正で、これらの書類をインターネット上のウェブサイトに掲載し、そのアドレス等を株主に書面で通知する方法により電子的に提供することができることになりました。

この制度は、定款に電子提供措置をとる旨を定めれば（会社法三二五条の二）、公開会社に限らず採用することができます。中小の会社でも、定時株主総会に関し、計算書類等を印刷、発送する手間を省くことができることになるのです。

ただし、前に述べた株主参考書類の電磁的方法による提供の場合と異なり、個別の株主の承諾を前提としませんし、インターネット環境がある株主ばかりとは限りませんので、このような定款を定めた株式会社の株主に対し、株主参考書類等を書面で交付するよう請求することを認め、そのような請求を受けた株式会社は通常通り招集通知とともに株主総会関係書類等を交付しなければならないこととしました（会社法三二五条の五第一項、第二項）。

なお、このような電子提供措置は、原則として会日の三週間前までに行う必要がありますし、会日から三か月を経過するまでの期間これを継続する必要があります（会社法三二五条の三第一項）。

PART③
# 全員出席総会などの問題
▼招集手続きに瑕疵をふくんだ総会の二形態

## 株主総会は法定の手続きによって招集するのだが

株主総会の招集手続きはないものの、全株主が集まり、全員が株主総会開催に同意して開催した株主総会を一般に全員出席総会といっています。

　このような株主総会において行われた決議は、一体全体、有効なのでしょうか。

　すでに述べましたように、株主総会は招集権限のある者によって、しかも、会日の二週間前に、議題を記載した招集通知を各株主に発するという手続きを経て、招集されることが必要です（会社法二九八条、二九九条）。

　株式会社というのは、一個の組織体なのですし、その意思決定機関である株主総会の招集なのですから、ルーズな手続きによることはいけません。まして、株式会社は株主相互間に、もともと信頼関係がないことを前提とする物的会社といわれるものです。

　また、株主総会は、会社にとって重要な会議体の機関なのですから、法律の定める手続きにしたがって招集されるべきで、法定の招集手続きを無視して、これと異なる手続きによって招集・開催された株主総会は、法律上無効であると考えることも可能です。

　そのため、招集権者の招集によらないで、株主全員が集まってなした決議は、株主総会ではなく、それは単なる株主の会合で、そこで行なった決議は、法律上無効であるとする古い判例もありました（大判昭和七年二月一二日民集一一・二〇七）。

　株主総会の招集が法律の定める準則にのっとって行われていない株主全員の集まりは、単なる株主の会合にとどまり、それは決して会社法にいう会議体の機関としての株主総会ではない、とみることもできましょう。

　このような分野は、営利活動の組織を規制するいわゆる組織法のコントロールに服する場面であり、したがって、強行法的カラーが濃い場の問題であるだけに、忠実に法の命ずる招集手続きを経た会議でなければ、たとえ、全株主の同意、出席のもとに行われたとしても、それを株主総会と目することはできないとするのも一理ある考え方です。

## 法定の招集手続きは株主のことを考えたルール

たしかに法は、株主総会の招集手続きについて、厳格にルールを定めてはいますけれども、しかし、この総会招集に関する規定は、各株主に対し、議題について、相当の準備や検討をしたうえで、株主総会に出席し、議事に加わる機会を確保、保障するためのものであって、各株主の利益を保護するためのものです。したがって、株主の全員が真摯に総会開催に同意し、実際に全株主が集まった場合は、有効な株主総会が存在したものと認めてさしつかえないと考えることもできます。

　この点、最判昭和四六年六月二四日民集二五・四・五九六は株主が一人の会社（「一人会社」といいます）における全員出席総会を適法と認め、さらに最判昭和六〇年一二月二〇日民集三九・八・一八六九も一般的に全員出席総会での決議は有効に成立するとしました。

このような判例を踏まえて平成一四年改正商法では、議決権を行使できる株主全員が同意した場合には、招集手続きなしで株主総会を開催できる旨が明文化され、会社法もそれを引き継いでいます（会社法三〇〇条本文）。

### 取締役会設置会社と非設置会社の招集通知の違い

| | 取締役会設置会社 | 取締役会非設置会社 |
|---|---|---|
| 株主総会の決議事項 | 法律で規定する事項および定款で定めた事項 | 株式会社の組織、運営、その他株式会社に関する一切の事項 |
| 招集通知 | ２週間前までに発送 | 1週間前（定款でさらに短縮可）までに発送 |
| | 書面または電磁的方法による通知 | 口頭でも可能 |
| | 会議の目的事項の記載・記録が必要 | 会議の目的事項の記載・記録が不要 |

## 一部の株主だけを招集した株主総会は？

つぎに、株主のうち一部に対してだけ株主総会の招集通知を出し、他の株主には招集の通知をしないで開いた株主総会がときどき問題となることがあります。では、このような株主総会で行われた決議はどうなるのでしょうか。

株主総会の招集通知もれについては、通知をもらえなかった株主は株主総会に参加して議決権を行使することができないわけですから、これは株主の重要な権利を侵害するものであることは明らかといえます。したがって、そのような株主総会における決議は決議取消しの訴え（後述）の対象となる違法なものとされています。

さらに、株主総会の招集通知もれが、株主のうちのわずかな者にある場合ではなく、それが非常な多数にわたるように著しい場合は、総会決議自体がされなかったもの、つまり不存在とみられてしまいます。

同じ招集通知もれなのに、どうしてこんな違いが出るのでしょうか。それは、株主総会の決議が形式的には存在するようにみえる場合であっても、法律の眼からみて、それを有効な株主総会の決議とみることができるかどうか、そこで評価がされるからなのです。その結果、その招集通知もれが総会決議を不存在にしたり、総会決議自体は存在するがその決議に取消し事由があるということになるわけです。

それでは、どの程度の招集通知もれがあれば、総会決議を不存在とさせてしまうほどの著しい通知もれとされるのでしょう。

判例のうえでは、①株主九名、株式総数五〇〇〇株の会社で、株主の一人である代表取締役が二名の株主に招集通知をし、他の六名の株主（その持ち株二一〇〇株）には通知をしなかったケース、②発行済株式総数二万株中、二〇〇〇株をもつ株主一名（全株主数八名）に招集通知をしただけのケース、③各人が六〇株をもつ株主一〇名のうち、二名にのみ招集通知をしたケースなどが、いずれも株主総会の決議不存在とされています。

PART 4

# 株主総会の運営・決議

▼株主総会の議事運営や決議はこう規制されている

## 株主総会の議事運営は会社法や定款・慣習による

株主は、株主総会に参加して、議決権を行使します。そこでの議事運営は、会社法に定めがある場合はこれにしたがうほか、定款や慣習によって行われます。

議題は招集通知にあげられた事項にかぎられますが、総会の延期や続行については、性質上当然に決議することができ、その場合は改めて招集手続きをとる必要はありません（会社法三一七条）。「延期」というのは株主総会成立の後、本来の議事に入る前に、会議を他の日にもちこすことをさし、「続行」というのは招集の目的とされた議事に入ったけれども、全部の議事がすまなかったため、これを後日に引き継ぐ場合をさします。

## 議長――その権限と役割

株主総会の議長は、定款で定められているのが通常ですが、そのような定款の定めがない場合には総会においてこれを選任します。議長は総会の秩序を維持し、議事を整理しますが、その命にしたがわない者や、その他総会の秩序を乱す者を退場させることもできます（会社法三一五条）。

株主総会は会議体の機関ですから、それが理想どおり円滑に運営されるかどうかは、議長の議事進行にかかっています。議長は右に述べた権限を有しているのですから、それを的確に行使し、総会の秩序を維持しながら、議事を整理していかなければなりません。

それでは、あるべき株主総会の議事運営とはどのようなものでしょうか。従前、わが国でみられた開会宣言から閉会まで一時間とかからない、いわゆるシャンシャン総会がよいのでしょうか。それとも株主の質問時間を可能なかぎり多くとり、できるだけ時間をかけた総会がよい総会なのでしょうか。

なにがよい総会なのかについては、いちがいに時間の長短で判断することはできません。株主による活発な議論のない結果、短時間で終わるのでは株主総会を開く意味が乏しいですし、長時間を要したからといってもそれが株主の無用な質問の結果ということでは充実した総会だということもできません。要はまともな論議をつくし、活性化した総会であることが望ましいのです。

株主からの重複にわたる質問やくどい質問は、取締役らが十分に説明したと判断すれば、議長はこれを打ち切ってもよいでしょうし、不当に議事を長びかせる目的とかいたずらに取締役を困惑させるような質問を打ち切るなど、議長はその権限によって、合理的に議事を整理していくべきでしょう。議長にはそういう責務が課されてもいるのです。

## 株主は提案権をもつ…さらに総会を招集することも

株主総会の目的事項である議題は、会社側（取締役・取締役会）が決めるのが通常ですが、株主の側でも、一定の事項を株主総会の「議題」とすることを取締役に対して請求することができます（会社法三〇三条）。また、株主は、その「議題」とされている事項（会社が定めた議題も含みます。）について「議案」を提出することができますし（会社法三〇四条）、総会の八週間前までであれば、株主は自分が提出する「議案の要領」を株主に通知するよう取締役に請求することもできます（会社法三〇五条一項）。もちろん、このような「議題」は株主総会が議決できる事項にかぎられますし（会社法二九五条）、さらにその株主自身が議決できる事項にかぎられます。

ところで、このような株主提案が濫発されますと株主総会の招集手続きや議事に支障が生じることになりますので、その濫用防止のために、取締役会設置会社においては、それを行使できる株主に一定の制限をもうけています。すなわち、公開会社でない取締役会設置会社では、議決権を行使できる総株主の議決権の一〇〇分の一以上の議決権又は三〇〇個以上の議決権を有する株主に限定されますし（会社法三〇三条三項）、公開会社（取締役会設置が強制されています）では、さらにそれらの議決権を六か月前から引き続き有していることが要求されます（同条二項）。ただし、右の割合や個数、期間の制限は定款で引き下げることができることになっています。これは会社の側で株主の権利を拡充するのであれば問題はないからです。

このようにその行使について一定の議決権等が要求される株主の権利を少数株主権といいます。

なお、右のような株主の「議案」提出権と「議案の要領」の通知請求権は、その議案が法令、定款に違反する場合や、実質的に同じ議案について議決権を有する総株主の一〇分の一以上の賛成を得られなかった日から三年を経過していない場合は認められません（会社法三〇五条四項）。これも濫用を防止するためです。

さらに、一人の株主が多数の議案を提出できるとするとその議案の要領を他の株主に通知するために多大な事務負担、費用負担が生じますし、株主総会の円滑な議事進行も妨げられることになります。このような濫用的な株主提案を防止するために、令和元年の法改正において、一人の株主が十を超える議案を提案しようとする場合は、十を超える部分の提案については議案の要領の通知請求権を認めないこととしました（会社法三〇五条四項）。ただし、これによって株主提案権を過度に制限されることは避けなければなりませんので、役員等の選任、解任に関する議案などは、候補者等の数に関わらず一つの議案とみなすことにしています（同項）。なお、株主が提案した十を超える議案について、どれを採用するかは取締役がこれを定めることになっていますが、提案株主において議案相互間に優先順位を定めている場合には、取締役はその順位に従わなければなりません（同条五項）。

以上は、取締役が総会を招集する場合の株主の提案権について述べたものですが、このように株主に提案権が認められていても総会が招集されなければ意味がありません。そこで、法は、一〇〇分の三（定款で引き下げ可）以上の議決権を［公開会社においては六か月（定款で引き下げ可）前から引き続き］有する株主は、取締役に対し、総会の目的事項および招集の理由を示して総会の招集を請求することができるものとしています（会社法二九七条一項、二項）。さらに、取締役がその請求後遅滞なく総会を招集しないか、その請求日から八週間以内の日を会日とする招集通知が発せられない場合は、裁判所の許可を得て、その株主自身が総会を招集することができるものとしました（同条四項）。

## 総会検査役等を選任することもできる

株主が総会の議事運営を妨害するおそれがある場合や会社側が質問権など株主の正当な権利の行使を無視するおそれがあるような場合に、なにか防止策はあるでしょうか。

　このような場合、会社または議決権を行使できる総株主の議決権の一〇〇分の一以上（定款で引き下げ可）の議決権を［公開会社においては六か月（定款で引き下げ可）前から引き続き］有する株主は、株主総会に先立ち、その招集手続き及び決議の方法を調査させるため、裁判所に**検査役**を選任するよう申し立てることができます（会社法三〇六条一項、二項）。

　裁判所に選任された検査役は、必要な調査を行い、その結果を書面等により裁判所に報告します（同条五項）。裁判所は、その報告に基づき、必要と認めるときは、取締役に対して、一定の期間内に株主総会を招集すること、検査役の調査結果を株主に通知することの全部または一部を命じることになります（会社法三〇七条一項）。

　裁判所の命令にしたがって株主総会を招集したときは、取締役は検査役の報告内容を株主総会で開示しなければなりませんし（同条二項）、さらに、取締役（および監査役）は、その報告内容を調査した上、その結果を株主総会に報告しなければなりません（同条三項）。

　このように検査役が選任されれば、株主総会の招集手続き、議事運営が、法令または定款に違反したり、不公正なものになることを通常は防止できるでしょうし、仮に防止できなかった場合でも、総会をやり直すことにより是正されることが期待されるわけです。また、検査役の調査により、株主が総会決議の取消し事由等を立証しやすくなるということもあります。

## 取締役、監査役等は説明義務を負う

株主は、株主総会において、議決権行使に必要な場合、取締役や監査役等に対し、会議の目的たる事項について質問をする権利があると解されており、他方、取締役や監査役等はこの株主の質問に関し、必要な説明をすべき義務を負っています（会社法三一四条本文）。ただし、その質問が総会の目的たる事項に関しない場合、説明をすることによって株主共同の利益をいちじるしく害する場合、その他正当の理由がある場合として法務省令で定められている以下のような場合には、説明義務はありません（同条ただし書、施行規則七一条）。

①　その事項について説明をするために調査が必要である場合（ただし、株主総会の日より相当の期間前にその質問事項を会社に通知していた場合および調査がいちじるしく容易である場合は説明を拒むことはできません）

②　その事項について説明をすることにより会社その他の者の権利を侵害することになる場合

③　実質的に同一事項について繰り返して説明を求める場合

④　その他、説明をしないことにつき正当な理由がある場合

　右のような正当な拒絶理由がないにもかかわらず、取締役等が必要な説明をしなかったり説明が十分といえなかったり

するときは、株主総会決議の取消し事由となるほか（会社法八三一条一項一号）、一〇〇万円以下の過料の制裁があります（会社法九七六条九号）。

なお、事前に質問事項を会社に通知していた場合であっても、株主総会において実際に質問をしなければ、取締役等に説明義務は発生しませんし、同種の質問事項が多数ある場合に、質問者の氏名を明らかにすることなく一括説明をすることも許されると考えられています。

## 議決権は一株に一個

株主の議決権は、一般の会議とちょっと違い、株主一人ひとりについて一個ずつあたえられるのではなく、株式一個ごとに議決権が一個あたえられます（会社法三〇八条一項本文）。これを**一株一議決権の原則**といいます。株式会社が資本団体であることの性質がよくあらわれているではありませんか。

この一株一議決権の原則の例外になるのは、次の株式や制度です。

①会社が有する自己株式については議決権が認められません（会社法三〇八条二項）。このようなことを認めると会社の経営陣が不当な会社支配をする危険があるからです。

同様の理由により、②会社が、その会社の株主である（株を相互保有している）相手方会社の総株主の議決権の四分の一以上を有すること等の事由を通じて、その経営を実質的に支配することが可能な関係にある株主についても、その議決権は認められません（会社法三〇八条一項本文、施行規則六七条一項）。

③会社は、株主総会の全部または一部の決議事項について議決権を行使できない株式を発行することができますが（会社法一〇八条一項三号）、これらの株式についてはその全部または一部について議決権がないことになります。

④会社が自己株式を特定の株主から取得する場合には、その株主はその自己株式取得のための株主総会決議について原則として議決権を行使できません（会社法一四〇条三項、一六〇条四項）。このような者に議決権を行使させることは公平とはいえないからです。

以上のほかにも、⑤単元未満株式（会社法三〇八条一項ただし書）、⑥会社が定めた基準日（会社法一二四条一項）後に発行された株式については、原則としてその株主総会においては議決権の行使が認められません。ただし、後者については、「基準日株主」の権利を害しないかぎりにおいて、会社の側で基準日後に発行された全ての株式について平等に議決権の行使を認めることは可能です（同条四項）。

## 株主は代理人によって議決権を行使することもできる

株主は、議決権をみずから行使することができるほか、代理人によって行使することも可能で、この場合は、株主または代理人が、代理権を証明する書面（委任状）を会社に提出する必要があります（会社法三一〇条一項…なお、会社の承諾があれば電磁的方法も可。同条三項参照）。この代理権の授与は総会ごとにしなければなりません（同条二項）。

また、株主において代理人を複数選任するのはさしつかえありませんが、会社は出席できる代理人の数を制限することができます（同条五項）。

代理人による議決権の行使に関連して、会社は定款により、代理人の資格を株主にかぎることができるかという問題があります。実際に定款をもって、株主総会の議決権行使に際しての代理人資格をその会社の株主に限定している会社は多いようです。このような代理人資格の制限は有効なのでしょうか。このような定款の定めは、議決権の代理行使の保障の趣旨に反するとする考えもあるようですが、代理人の資格をその会社の株主に限定する程度であれば、合理的な制約の範囲内と考えてよいと思います。

最判昭和四三年一一月一日民集二二・一二・二四〇二も、商法二三九条三項（会社法三一〇条一項に相当。以下同じ）は議決権行使の代理人資格を制限すべき合理的な理由がある場合に、定款の規定により相当と認められる程度の制限を加えることまでも禁止したものとは解されず、代理人は株主にかぎる旨の定款の規定は株主総会が株主以外の第三者によって撹乱されることを防止し、会社の利益を保護する趣旨にでたものと認められ、合理的な理由による相当程度の制限ということができるから、商法二三九条三項に反することなく、有効であると判断しています。

このように代理人資格を株主に限定する定款規定が有効と認められるのは、総会が撹乱されることの防止にあるわけですから、そのような危険がない場合にまで、この定款規定を杓子定規に適用すべきではありません。

例えば、最判昭和五一年一二月二四日民集三〇・一一・一〇七六は、株主である地方公共団体または会社がその職員または従業員を代理人として議決権を行使させることは違法とはいえないと判断しています。このような場合にまで、定款規定を盾に従業員自身は株主ではないとして議決権の代理行使を認めないと、その株主総会決議は違法となり、決議取消しの訴えの対象になると考えた方がよいでしょう。

## 書面投票、電子投票と総会決議の省略

取締役（取締役会）は、株主総会の招集を決定するにあたり、株主の便益のために、総会に出席しない株主が書面によって議決権を行使できることとする旨を定めることができます（会社法二九八条一項三号）。この場合、株主は、総会の会日の直前の営業時間の終了時（取締役または取締役会が定めた時があればその時）までに、議決権行使書面に必要事項を記載して会社に提出すれば、わざわざ株主総会に出なくとも、議決権を行使することが可能です（会社法三一一条一項）。通常、右のような書面投票の方法をとるかどうかは会社の自由ですが、議決権を有する株主の数が一〇〇〇人以上の会社では、このような書面投票の制度が法律上強制されています（会社法二九八条二項）。

これと同様に株主の便益の観点から、取締役（取締役会）は、株主総会の招集を決定するにあたり、総会に出席しない株主が電磁的方法により議決権を行使できることとする旨を定めることができます（会社法二九八条一項四号）。

この場合、株主は、右で説明したと同じ時までに、会社の承諾を得た上で、議決権行使書面に記載すべき事項を電磁的方法（ホームページや電子メールなど）により会社に提供することによって議決権を行使することができます（会社法三一二条一項）。ここで、電子投票をすることについて会社の承諾が必要とされていますが、会社が招集通知を電磁的方法で行った場合には、公平上、会社は株主の電子投票の申出の承諾を拒絶することはできません（会社法三一二条二項）。

ところで、株主総会において書面投票

または電子投票の方法を認めることにした場合、その招集通知は書面または電磁的方法により行う必要があり（会社法二九九条二項一号・三項）、その招集通知には議決権の行使について参考となるべき事項を記載した参考書類（またはその電磁的記録）と議決権行使書面（またはその電磁的記録）を交付（または提供）しなければなりません（会社法三〇一条・三〇二条）。

右のような書面投票等は株主の便益のためですから、そのような方法を選択した株主が総会に出席することは差し支えありません。ただし、これらの方法は総会に出席しない株主のためですから、総会に出席した以上は、改めて議決権の行使をすることが必要です。

さて、以上に述べた書面投票や電子投票の制度は、総会に出席しない株主の議決権を行使させようというものですから、総会自体は開催されるわけですが、さらに進んで、取締役（株主が招集者の場合は株主）が提案した総会の目的事項について、議決権を有する株主全員が書面または電磁的記録により同意の意思表示をしたときには、その提案を可決する旨の総会決議があったとみなされ（会社法三一九条一項）、その時（つまり最後の株主の同意の意思表示が会社に到達した時）に、予定されていた株主総会が終結したものとみなされます（同条五項）。この場合は、株主総会を開いて決議をしても同じ結果になると考えられるからです。

ところで、株主総会への提案事項について株主全員の同意があったか否かは、会社はわかりますが、個々の株主はわかりません。また、会社が勝手に株主全員の同意があったと偽装する危険がないともいえません。そこで、会社は、株主全員の同意書面または電磁的記録を、総会決議があったとみなされた時から一〇年間、本店に備え置き（同条二項）、株主はこれを閲覧謄写できるものとしています（同条三項。なお、同条四項）。

## 議決権の不統一行使

株主総会の議決権は、一株一議決権の原則によっています。通常、株主は何百株、何千株と複数の株式を有していますから、ある一人の株主に属する議決権も通常、何百個、何千個ということになるわけです。この場合、株主は議決権を統一的に行使することを要するのでしょうか、それとも、分割して行使することも許されるものでしょうか。

いくつもの議決権をもっている株主であっても、議決権行使はある議案についての意思を表示することですので、複数の議決権を不統一に行使するのはこの意思表示の一定性という性質に反するのではないかとみれないこともありません。しかし、中には他人のために株式を有している株主がいないとも限らず、その部分においては実質的な株主の意向にしたがった議決権の行使を認めることが妥当であるといえましょう。

そこで、議決権の不統一行使に関し、法はこれを原則として認めながら（会社法三一三条一項）、取締役会設置会社については、株主総会の会日より三日前までに、会社に対し、不統一行使の旨とその理由を通知しなければならないものとしました（同条二項）。そして、不統一行使をしようとする株主が、他人のために株式を有する者でない場合は、会社は、不統一行使を拒むことができるものとし（同条三項）、無用な不統一行使を排除できることにしています。

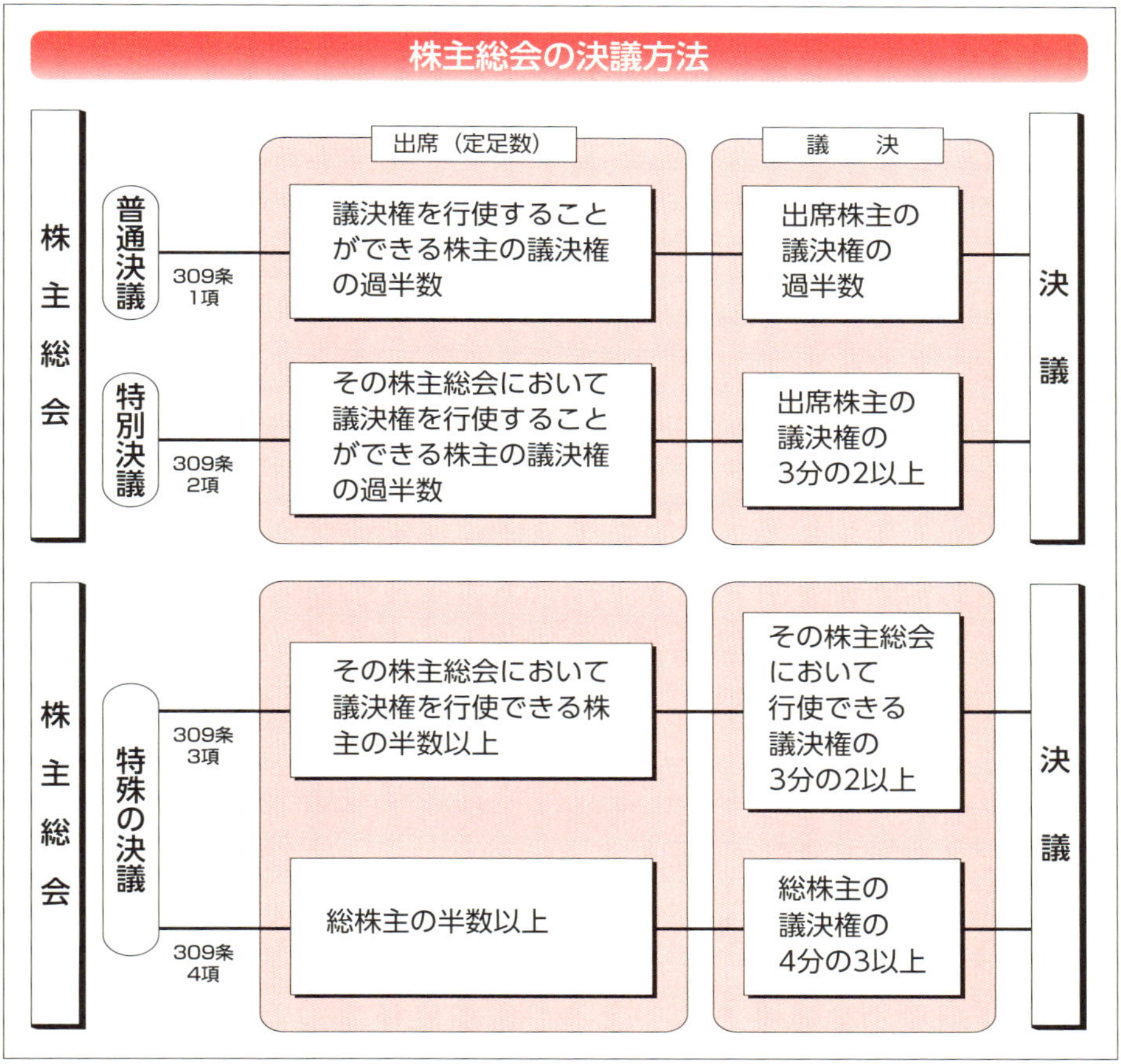


## 株主総会の決議は決議事項により多数決の要件が違う

株主総会の決議は、このように一株一議決権の原則により、多数決で行われます。ただし、その多数決の要件は、決議事項がなんであるかによって、一様ではなく、次の三種があります。

### ① 普通決議

その会社の議決権を行使できる株主がもつ議決権の過半数を有する株主が出席し、出席株主の議決権の過半数をもってなす決議のことです（会社法三〇九条一項）。特に、法律または定款で特別の要件が定められていない場合の株主総会の決議は、この普通決議によることになります。

定足数や決議要件は定款に別段の定めがあれば原則として、それによることになりますが、実際にも多くの会社が普通決議の定足数を完全に排除し、「当社の株主総会における普通決議は出席株主の議決権の過半数をもって決するものとする」などと定款できめています。

ただし、役員（取締役、会計参与、監査役）と会計監査人の選任、解任決議（監査役および累積投票で選任された取締役の解任は特別決議事項なので除く）については、定款で議決権を行使することができる株主の議決権の三分の一以上の割合と定める限度で定足数を減らすことができますが、このような定款の定めがない場合は、右のような定足数を完全に排除する定款の定めがあったとしても、この定款の定めの適用はなく、原則どおり議決権を行使できる株主の過半数が定足数となります（会社法三四一条）。役員等の選任、解任は、会社の経営に重大な影響を与える事項ですから、最低でも三分の一以上の株主の関与によるべきと考えられたのです。

普通決議によるべき事項としては、右の役員等の選任、解任（会社法三二九条一項、三三九条一項）のほか、役員の報酬の決定（会社法三六一条一項、三七九条一項、三八七条一項）、清算人の選任、解任（会社法四七八条一項三号、四七九条一項）、計算書類等の承認（会社法四三八条二項）などが会社法上規定されています。

## ② 特別決議

議決権を行使できる株主の議決権の過半数を有する株主が出席し、出席株主の議決権の三分の二以上の多数で行う決議のことを特別決議といいます（会社法三〇九条二項）。

定足数は普通決議と同じですが、定款によっても定足数を議決権を行使できる株主の議決権の三分の一未満に下げることはできません。他方、定款で、例えば出席株主の議決権の四分の三以上のように決議要件を加重することは可能ですし、一定数以上の株主（頭数）の賛成を要する等の要件を付け加えることも可能です。

特別決議事項は会社法三〇九条二項に列挙されていますが、これらは株主の権利に重大な影響を与えるものや会社の基本方針を決めるものであるため、要件が加重されたものです。

具体的には、特定の株主から自己株式を取得する旨およびその条件の決定（会社法一四〇条二項、一五六条一項、一七一条一項等）、株式併合の内容の決定（会社法一八〇条二項）、非公開会社（有利発行の場合は公開会社も含む）における募集株式または新株予約権の募集事項の決定（会社法一九九条二項、二三八条二項）等、累積投票で選任された取締役（監査等委員であるものを除く）または監査等委員である取締役もしくは監査役の解任、善意無重過失の役員等の会社に対する責任の一部免除（会社法四二五条一項）、資本減少の内容の決定（会社法四四七条一項）、株主に金銭分配請求権を与えない場合の現物配当（会社法四五四条四項）、定款変更（会社法四六六条）、事業譲渡等の契約の承認（会社法四六七条）、解散決議（会社法四七一条三号）、合併契約等の承認（七八三条一項、七九五条一項、八〇四条一項）です。

## ③ 特殊の決議

右の特別決議は、「過半数」の定足数を、定款で、「三分の一以上」まで下げることが許されましたが、定足数の最低限を、議決権を行使できる株主の半数以上とする（定款でさらに株主数を増加できます）、より厳しい要件を課す株主総会の決議事項があります（会社法三〇九条三項）。「株主の半数以上」であり、「株主の議決権の半数以上」ではないことに注意してください。

具体的には、会社の全部の株式について譲渡制限をする旨の定款変更決議、合併により消滅する会社が公開会社である場合で、合併等により株主に交付される金銭等の全部又は一部が譲渡制限株式等である場合の合併契約の承認等ですが、これらは、それまで認められていた自由な株式譲渡による投資回収を制限するという株主に非常に大きな影響を与える決議ですから、このような厳格な定足数の要件を課したものです。もちろん、この決議には、特別決議の場合と同様、出席株主の三分の二以上の多数の賛成が必要です（この要件も定款で厳しくすることができます）。

さらに、非公開会社においては、配当や議決権行使について、株主ごとに異なる取扱いを定款で定めることができますが（会社法一〇九条二項）、そのような取扱いを定める定款変更決議については、総株主の半数以上（定款で厳しくできます）で、総株主の議決権の四分の三（これも定款で厳しくできます）以上の多数による賛成が要求されています（会社法三〇九条四項）。株主平等という大原則（会社法一〇九条一項）の例外を定めるものだからです。

## 反対株主の株式買取請求権

以上であきらかなように、株式会社の基本方針・運営はまず、株主多数派の意のおもむくところにしたがって行われます。株主総会で多数の株式を有する株主をおさえ、リードしうる力が株式会社では最も絶大な権力といえましょう。

多数派でないかぎり、株主総会の決議にはなんともならないというところがあります。会社法はこの弊害を思い、基本的には多数決主義を承認しながらも、第二段において、その修正のために**株式買取請求権**とか**累積投票**などの制度をおいています。ここでは株式買取請求権について一言しておきましょう（累積投票の制度については一一八頁を参照）。

例えば、

①　全部の株式について、株式譲渡の制限を定める定款変更決議がなされた場合（会社法一一六条一項一号）

②　ある種類の株式について、譲渡制限株式または全部取得条項付株式への定款変更がなされた場合（会社法一一六条一項二号）

③　会社が、事業の全部または重要な一部の譲渡等を決議した場合（会社法四六九条）

④　合併契約等の承認決議がなされた場合（会社法七八五条、七九七条、八〇六条）

には、原則として、これらの決議に反対した株主に株式買取請求権が認められます。

株式の買取請求が認められるためには、株主総会に先だって、株主から会社に対し、その決議事項に反対する旨を通知し、かつ、総会において決議事項に反対する必要があります（会社法一一六条二項一号イ、四六九条二項一号イ、七八五条二項一号イ等）。なお、株式買取請求権行使の機会を株主に確保させるために、会社は、その行為が効力を生じる二〇日前までに、株式買取請求の対象となる株式の株主に対し、その行為をする旨を通知することが義務づけられています（会社法一一六条三項、四六九条三項、七八五条三項等）。

こうして、株主が決議事項に反対したけれども、株主総会で事業の譲渡とか会社の合併などが決議された場合に、反対株主は決議の効力発生日の二〇日前から前日までの間に、買い取りを求める株式の数（種類株式においては種類と種類ごとの数）を明らかにして、会社に対して株式の買取請求権を行使することができるのです（会社法一一六条五項、四六九条五項、七八五条五項等）。

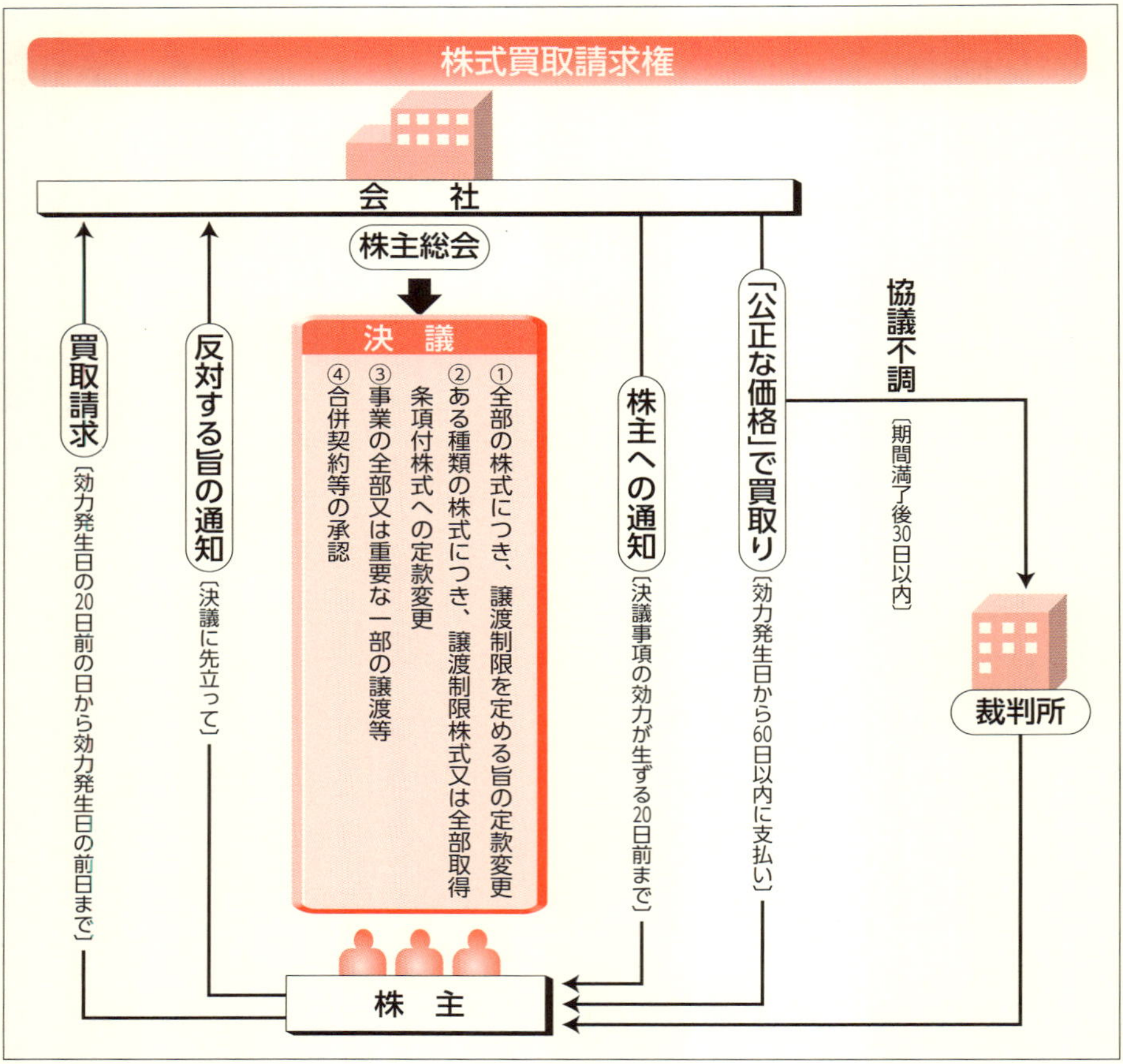


なお、右の通知や株式買取請求権の行使について、法文上は書面で行うことは要求されていませんが、後日の紛争を避けるために書面で行うべきでしょう。

これらの買取請求がありますと、会社は当然にその株式を公正な価格で買い取らねばならなくなります。旧商法においては「決議ナカリセバ其ノ有スベカリシ公正ナル価格」と規定されていましたが、会社法では単に「公正な価格」と規定されています。

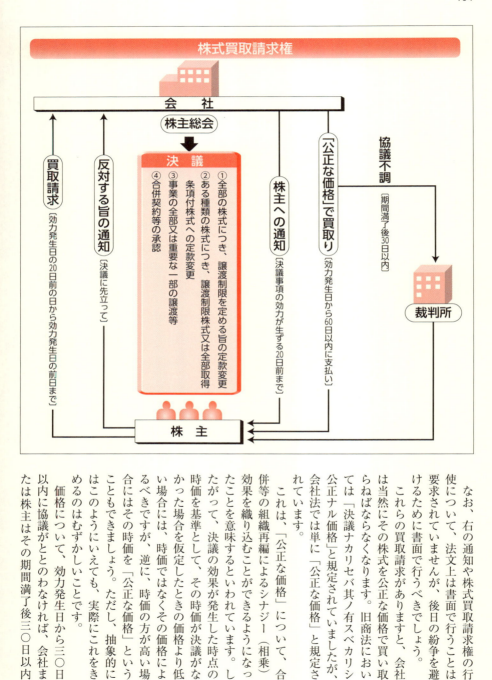

これは、「公正な価格」について、合併等の組織再編によるシナジー（相乗）効果を織り込むことができるようになったことを意味するといわれています。したがって、決議の効果が発生した時点の時価を基準として、その時価が決議がなかった場合を仮定したときの価格より低い場合には、時価ではなくその価格によるべきですが、逆に、時価の方が高い場合にはその時価を「公正な価格」ということもできましょう。ただし、抽象的にはこのようにいえても、実際にこれをきめるのはむずかしいことです。

価格について、効力発生日から三〇日以内に協議がととのわなければ、会社または株主はその期間満了後三〇日以内に、裁判所に対し、価格決定の申立てをすることができます（会社法一一七条二項、四七〇条二項、七八六条二項等）。

なお、株式買取の効力発生時については、従来、代金支払時とされていましたが、株主であることをやめようとしている者に対して、価格が決まらないからといって、議決権や配当を受領する権利を認める必要はないといえます。

そこで、平成二六年改正法は、株式買取の効力発生時を、代金支払時から定款変更や事業譲渡等の「効力発生日」に改めました（会社法一一七条六項、四七〇条六項、七八六条六項等）。

株式買取請求権をいったん行使すると、右のように会社が株式を当然に買い取らなければならなくなりますが、これを会社が利益と考えることもありますから、会社の承諾のない限り、株主側から撤回することはできないこととしています（会社法一一六条七項、四六九条七項、七八五条七項等）。ただし、価格について協議がととのわないにもかかわらず、会社も株主も効力発生時から六〇日以内に裁判所に価格決定の申立てをしない場合は、このような考慮は不要となりますので、株主はいつでも株式買取請求権を撤回することができます（会社法一一七条三項、四七〇条三項、七八六条三項等）。

これに対し、会社は、定款変更等の行為をやめなければ、株式買取請求の効力を失わせることはできません（会社法一一六条八項、四六九条八項、七八五条八項等）。

ところで、右のように会社の承諾なしには株式買取請求権を撤回できないとしていても、その株式を市場で売買したり、事実上、撤回できてしまうことが問題となっていました。そこで、平成二六年改正法は、いわゆる振替株式（第３章ＰＡＲＴ⑩参照）について、その会社が開設した買取口座を振替先口座とする振替の申請をしなければならないこととし（振替法一五五条一項、三項）、市場で自由に売却できないようにしています。

また、振替株式でない場合でも、第三者に譲渡することによって事実上の撤回ができますので、株券が発行されている場合には、原則として、会社に株券を提出することとし（会社法一一六条六項、四六九条六項、七八五条六項等）、さらに、株券の発行の有無を問わず、買取請求をしている株式については、株主名簿の書換請求（会社法一三三条）をできないこととしました（会社法一一六条九項、四六九条九項、七八五条九項等）。

なお、新株予約権について、その目的である株式の内容を変更する旨の定款変更がなされた場合には、新株予約権を行使した場合に取得できる株式の内容が変わることになりますので、株式買取請求と同様の新株予約権買取請求が認められています（会社法一一八条）。買取請求の撤回についても、株式買取請求の場合と同様です。

**参照条文**　**会社法一一八条**　次の各号に掲げる定款の変更をする場合には、当該各号に定める新株予約権の新株予約権者は、株式会社に対し、自己の有する新株予約権を公正な価格で買い取ることを請求することができる。

一　その発行する全部の株式の内容として第一〇七条第一項第一号に掲げる事項についての定めを設ける定款の変更　全部の新株予約権

二　ある種類の株式の内容として第一〇八条第一項第四号又は第七号に掲げる事項についての定款の定めを設ける定款の変更　当該種類の株式を目的とする新株予約権

PART 5

# 株主総会の決議の瑕疵

▼瑕疵は手続きの面にあることもあり、内容面に存することもある

## 総会決議の瑕疵

株主総会の決議が有効であるためには、その招集、運営、決議といった手続きが適法に行なわれていることが必要ですし、また、決議の内容が法令や定款に違反していないことも必要です。手続きの面なり、決議の内容面なりに問題がありますと、株主総会の決議は瑕疵をおびることになってしまいます。

会社法が定める、決議の瑕疵に対応した各種の訴えとして、以下の制度があります。

## 決議取消しの訴え

①株主総会等（会社法八三〇条一項参照）の招集手続き、または決議の方法が法令や定款に違反していたり、いちじるしく不公正なとき、②決議の内容が定款に違反するとき、③決議についての特別利害関係人の議決権行使によりいちじるしく不当な決議がなされたときには、その決議につき、決議の日から三か月以内に、株主や取締役等は、会社を被告として、決議取消しの訴えを提起することができます（会社法八三一条一項、八三四条一七号）。

このような決議の取消しはかならず訴えによらなければなりません。

他の株主に対しての総会招集通知もれがある場合、自分自身は会社からその招集通知を受けた株主であっても、取消しの訴えを起こすことができます（最判昭和四二年九月二八日民集二一・七・一九七〇）。

提訴資格を株主や取締役等に限定し、かつ、提訴期間を三か月に限定した理由は、違法の程度が比較的軽いものについては会社関係における法的安定性をより重視しようとする趣旨によるものです。

このような趣旨から、三か月以内に提訴したとしても、三か月経過後に新たな取消し事由を追加することは許されません（最判昭和五一年一二月二四日民集三〇・一一・一〇七六）。

なお、決議の取消しにより取締役等になる者も、提訴権者として挙げられていましたが、従来は、決議の取消しにより株主となる者は挙げられていませんでした。しかし、このような者も、決議取消しにより取締役等になる者と同様に原告適格を認めるべきですから、平成二六年改正法において、この点が付け加えられています（会社法八三一条一項）。

株主総会等の決議取消し訴訟が提起された場合であっても、その取消し事由が招集手続きまたは決議方法の法令または定款違反であるときは、裁判所は、その違反事実が重大でなく、かつ、決議に影響を及ぼさないものであると認めるときは、請求を棄却することが可能です（会社法八三一条二項）。これを**裁量棄却**といいます。

裁判所により決議取消しを認容する判決が出され、それが確定しますと、その判決は、当事者以外の第三者に対しても効力をおよぼします（会社法八三八条）。

このように対象となった株主総会決議が判決の確定によって取り消されますと、その決議は当初から無効となります（民法一二一条本文。なお、会社法八三九条参照）。

## 決議の不存在または無効の確認の訴え

株主への招集通知もれが非常に多く、法律的にはとうてい株主総会の招集手続きがあったとはみることができない場合とか、一部の株主だけが集まって行った決議、さらには、議事録には決議が存在したように記載されてはいるものの、実際は株主総会が開かれていない場合などは、株主総会の決議は存在しないとみなければなりません。

また、株主平等の原則に違反する決議だとか、株主有限責任の原則に違反する決議、配当可能の利益が出ていないのに利益配当をする決議など、決議の内容が法令に違反する場合は、それが定款に違反する場合や決議の方法が法令、定款に違反する場合に比べ、重大な瑕疵といえます。

このような決議自体が不存在とみられる場合や決議の瑕疵が重大であるといえる場合は、その確認を求める利益があるかぎり、だれでも、また、いつでも、決議の不存在または決議の無効の確認を求める訴えを提起することができます（会社法八三〇条）。

この決議不存在確認・無効確認の判決が確定した場合も、当事者以外の第三者に対して、その判決の効力がおよびます（会社法八三八条）。

## 決議不存在確認の訴えは多い

実際に裁判所に係属する、いわゆる会社訴訟事件の中では、従来から、この決議不存在に関する事件がたいへん多いといわれてきました。

これは、わが国で特に戦後、実質上の個人企業がいわゆる法人成りをし、形式上、株式会社形態をとるようになったこと、そして、そのような会社のかなりの数が法律で定める手続きにしたがって株主総会の招集や決議を行っていないことから、会社の中心的勢力と争う相手方は、この点に非難を浴びせることによるのでしょう。

## 瑕疵ある決議に基づいて行われた行為の運命は？

決議取消しや決議無効確認、決議不存在確認の判決が確定したときは、その判決の効力は、当事者におよぶのはもとよりのことですが、そのほか、当事者以外の第三者に対しても効力をおよぼすことはすでに述べました。また、これらの判決が確定したときは、問題となった決議の時にさかのぼって無効となったり、はじめから不存在とか無効と確認されたりすることとなります。

それでは、問題となったその決議に基づいて行われた行為の効力は、いったい、どうなるのでしょうか。

このような決議に基づいて行われた行為のうちでも、もともと総会の決議を有効要件としていない行為、たとえば物の売買などは決議が無効とされてもその影響を受けません。これに対し、総会の決議をその有効要件としている行為、たとえば利益の配当だとか、定款変更、取締役の選任などはやはり、さかのぼって無効ということにならざるを得ません。

しかし、これでは、決議が有効であると信頼して行動した第三者が不利益を受け、取引の安全という観点からは妥当でない結果となるおそれがあります。そこで、株主総会決議が無効または不存在であっても、そのことを知らない第三者が、会社と取引をした場合には、表見代理の規定（民法一〇九条、一一〇条、一一二条）や、不実登記の信頼者保護の規定（会社法九〇八条二項）などを適用または類推適用することにより、できるだけ相手方の保護をはかるべきでしょう。

## 株主等からの訴えの種類

| | 要件 | 原告 | 被告 | 提訴期間 | 効果 |
|---|---|---|---|---|---|
| 決議取消しの訴え | ①招集手続き・決議方法の法令定款違反・著しい不公正<br>②決議内容の定款違反<br>③特別利害関係人の議決権行使による著しく不当な決議 | 株主、取締役、執行役、監査役、清算人 | 会社 | 株主総会決議の日から3か月以内 | 決議が取り消されて無効になる |
| 無効確認の訴え | 決議内容の法令違反 | 限定なし | 会社 | 限定なし | 決議の無効が確認される |
| 不存在確認の訴え | 決議が存在したと法的に評価できない場合 | 限定なし | 会社 | 限定なし | 決議の不存在が確認される |

PART 6

# 転ばぬ先の杖

## ——株主総会の無難な進め方

▼裁判例からみる総会運営の指針

### 株主総会の議事運営

株主総会の決議方法が法令、定款に違反し、又は著しく不公正な場合、その決議は取消し訴訟の対象となります（会社法八三一条一項一号）。

株主総会の決議方法（議事運営）について争われた過去の裁判例をみながら、総会運営の指針というものをさぐっていきましょう。

### 議決権行使書面の内容

書面投票制度についてはすでに説明しましたが、この場合、取締役は、その招集通知に際して、株主に対し、「参考書類」（議決権の行使について参考となる事項を記した書類）と「議決権行使書面」（株主が議決権を行使するための書面）を交付しなければなりません（会社法三〇一条一項）。

このうち議決権行使書面の記載内容について、各議案に対しての賛否のみで「保留・棄権」欄がなく、また、賛否の欄に記載がないまま返送された議決権行使書面すなわち白票について保留・棄権と取り扱わずに、会社提案については賛成、株主提案については反対と取り扱ったことが問題となった裁判例があります（大阪地判平成一三年二月二八日金商一一一四・二一）。

このような議決権行使書面の記載内容については、現在、会社法施行規則で決められています。それによれば、各議案についての賛否を記載する欄を設けなければならないことになっていますが、棄権の欄は設けても設けなくてもよいことになっています（規則六六条一項一号）。また、株主が右の賛否を記載する欄に何も書かかないまま議決権行使書面を会社に返送した場合（白票）に、それを賛成、反対、棄権のいずれとして取り扱うかを議決権行使書面に記載すべきとされています（規則六六条一項二号）。

議決権行使書面を返送しなければ棄権となるのですから、会社に棄権欄の記載を強制する必要はないといえますし、いわゆる白票を会社においてどのように取り扱うかを議決権行使書面に記載した場合は、会社の取扱いに従うということで株主が賛否を記載せず返送したとみることがむしろ合理的といえます。

先の裁判の事例では、株主に送った参考書類において、会社が株主提案に反対するとの意見が記載され、また、議決権行使書面に、賛否の表示がない場合（白票）には、会社提案については賛成、株主提案については反対と取り扱うことが記載されていましたので、議決権行使書面に「棄権・保留」欄がないこと、白票を「棄権・保留」と取り扱わず、会社提案について賛成、株主提案について反対と取り扱ったことは、むしろ、書面決議を選択した株主の意思に合うものといえます。

裁判所も右のようにしても決議の方法が著しく不公正とはいえないと判断しています。

いずれにせよ書面投票に関しては、株主の賛否の意思が誤りなく株主総会の決議に反映されるようにすべきです。

## 説明義務をつくすとは？

取締役等には、株主総会における株主の質問に対する説明義務のあることは、すでに説明したところですが、この説明義務について、裁判所がどのように考えているか、以下にみてみましょう。

まず、説明義務に関する一般論についてですが、説明義務は、株主が会議の目的たる事項の合理的な理解および判断をするために客観的に必要と認められる事項に限定され、そのような理解および判断を行いうる状況にあったかどうかを判断するにあたっては、原則として、平均的な株主を基準とすべきである、とする裁判例があります（東京地判平成一六年五月一三日金商一一九八・一八）。

この裁判例は、右のような一般論を前提として、取締役選任決議に関し、株主から候補者の適格性について質問があった場合、取締役は、取締役の選任に関する議案について参考書類に記載すべきとされている事項（会社法施行規則七四条）を敷衍《ふえん》し、候補者の業績、従来の職務執行などを付加的に説明すべきとしています。

また、退任取締役への退職慰労金の贈呈を取締役会に一任するとの決議に関し、退任取締役の業務遂行の状況等について質問があった場合、従来の職務執行の状況などを付加的に明らかにすべきとしています。

このような具体的な場面において、平均的株主が合理的理解および判断をするために必要な程度の説明を行ったか否かを判断することは、なかなか難しい面もありますが、この点は常識に照らして判断するというほかないでしょう。

なお、右の裁判例は、実際に質問をした株主が平均的な株主よりも多くの知識ないし判断資料を有していると認められるときには、そのことを前提として、説明義務の内容を判断することも許されるとしていますが、このような質疑応答が他の株主の判断に影響を及ぼすこともあるのですから、あくまで、他の平均的株主にもわかる程度の説明が必要というべきではないでしょうか。

次に、あらかじめ複数の質問状の提出があった場合に、質問状の質問者を明らかにすることなく一括回答をしたことが問題とされたことがありました。この事例で、裁判所は、要は株主が会議の目的事項を合理的に判断するのに客観的に必要な範囲の説明をすれば足りるのであるから一括説明が直ちに違法となるものではない、個々の質問者において自己の質問状に対し説明があったかどうか判然としない場合は改めて質問すれば足りるとして、説明義務違反を認めませんでした（東京高判昭和六一年二月一九日判タ五八八・九六）。

ここでも、問題は、説明内容が、株主が合理的な判断をするために必要な範囲、程度か否かであり、その説明の方法と説明義務違反が直結するものではないことがわかります。

それでは、株主総会において多数の株主が質問の意思表示をしているにもかかわらず、議長がこれらの株主を指名することなく質問の受付を打ち切った場合、説明義務違反となるでしょうか。

この点が問題となった事案で、裁判所は、説明義務が議題に対する株主の合理的な判断のために必要とされるものであることから、議案の合理的な判断のために必要な質問が出尽くすなどして、それ以上必要な質問が提出される可能性がないと客観的に判断されるときには、質疑応答を打ち切ることができ、このような議長の措置については説明義務違反の問題は生じない、と判断しています（東京地判平成四年一二月二四日判タ八三三・二五〇）。

具体的に、どのようにして、「それ以上必要な質問が提出される可能性がないと客観的に判断」するかは問題ですが、その議題あるいは議案に関して、一般に想定できる質問に必要な説明をしたにもかかわらず、さらに質問の意思表示が複数の株主からなされるというような状況であれば、そのように判断してよいと思います。

なお、このような質問の打ち切りを不公正であると判断しながらも、質問者が議案について十分な知識・情報を有しており、その事前質問状に一応の回答をしていること等を理由に決議を取り消すほどの「著しい」不公正とまではいえない、とした裁判例（東京地判平成一六年五月一三日金商一一九八・一八）もありますので、質問を打ち切ると、即、決議が取り消されるというわけではないことに注意してください。

## 修正動議の無視は認められない

水俣病という公害病を知っているでしょうか。この水俣病の原因企業であるチッソの昭和四五年一一月二八日開催の株主総会において、会社側が修正動議を無視したことが、その決議方法において著しく不公正といえるか否かが問題となりました。

株主には議案提出権が認められていますが（会社法三〇四条）、従来から、解釈上、会社提出の議案について修正提案をすることも認められており、「修正動議」と呼ばれています。

右の株主総会は、水俣病の問題があり最初から騒然としていましたが、会社側は形式的に議事を進行し、四分前後で閉会するというものでした。その中で、株主の一人が、修正動議がある旨叫びながら、その動議を記載したビラを右手に持ち、舞台上からも見えるように大きく振りかざしたにもかかわらず、議長はこれを無視し、議事を進行させました。なお、動議の内容は、剰余金と利益の一部を水保病補償積立金等として積み立てるという内容で、議題である計算書類の承認に関係するものでした。

会社側は、修正動議の発言を否認しましたが、裁判所は、動議提出の事実を認定したうえで、議長を含む被告会社側の者においてそれを認識することが可能であった以上は、認識の有無にかかわらず、それに対する何らの措置も講じないでした本件決議は、その方法において著しく不公正である、と判断しました（大阪地判昭和四九年三月二八日判時七三六・二〇）。

## 総会会場は余裕をもって

右のチッソの株主総会においては、水俣病を告発する「一株運動の会」の一株運動の対象とされていたため、約一〇〇〇名の株主の出席を予想して会場を準備したのですが、実際にはそれ以上の株主が集まり、約三〇〇名の株主が入場制限を受けて会場に入ることができなかった点も決議の瑕疵として問題になりました。

裁判所は、入場制限を受けた株主が質問、動議の提出その他により議案の審議に参加し、議決権を行使できなかったことは明らかであり、会社としては、これらの株主に対し、何らかの方法で議決権行使の機会を与えるべきであるとしました。そして、かりに本件総会当日、総会場の物理的状況等によりそれが不可能であったとすれば、総会の期日を変更し、延期しまたは続行することにより、株主のためにその機会を確保しなければならない、と判断しました。

控訴審においても、右の判示について、総会期日の変更のほかに、入場できない株主のあることを明らかにして総会にはかり、その株主の発言の取次についての対策をするという方法を付け加えた以外は、右の判断を支持しています（大阪高判昭和五四年九月二七日判時九四五・二三）。

次も、会社の不祥事が問題となった後の株主総会において総会会場を複数準備したという事案ですが、こちらの会社は、第一会場の両隣の部屋を第二会場、第三会場とし（結果的には第三会場は使用しませんでした）、第二会場には大型テレビを配置して、第一会場の議事進行を見ることができるようにするとともに、質問者がいる場合には係員が第一会場に誘導し、議長席の背後の事務局席に直接電話で連絡するよう手配していました。

そして、議長は各議案ごとに質問を促してはいないものの、議案の審議に先立ち、全議案について一括して質問を受け付けることを議場を区別することなく示し、暫時株主からの質問を待ち、議案の審議に入った後も株主からの質問を受け付ける態勢をとり、現に第二会場の株主にも質問の機会を与えたことから、裁判所は、会社が株主の質問権に対する配慮を怠っていたとはいえず、株主の質問権を侵害したと認めがたい、と判断しました（大阪地判平成一〇年三月一八日判時一六五八・一八〇）。

最初の事例のように、総会の会場に株主が入れなかったというのはもってのほかですが、会場を準備したとしても、さらに株主の質問権が物理的な理由から制限されないよう配慮すべき義務が会社に求められているといえます。

## 株主総会（臨時）招集通知のサンプル

株主各位

住所○○○○

株式会社○○

代表取締役　○○○○

臨時株主総会招集ご通知

拝啓　時下ますますご清栄のこととお喜び申し上げます。

さて、当杜臨時株主総会を下記のとおり開催いたしますので、ご出席下さいますようご通知申し上げます。

なお、当日ご出席願えない場合は、お手数ながら後記参考書類をご検討いただき、同封の議決権行使書に議案に対する賛否をご表示いただき、ご捺印の上、折り返しご送付下さいますようお願い申し上げます。

敬　具

記

1. 日　時　　令和 19 年□月□日（□曜日）午前○時
2. 場　所　　○○ホテル会議室
3. 会議の目的

決議事項　議案　第三者割当による募集株式発行の件

(1) 募集株式の種類および数　　普通株式　○○株

(2) 募集株式の払込金額の下限　金○○円

(3) その他の事項　その他の募集事項の決定は取締役会に委任する。

以　上

PART 7

# 利益供与は罰せられる

▼「会社のため」のつもりでも、会社のためにはならない

## 昭和五六年改正法施行ののちも

　新聞の報ずるところでは、いわゆる総会屋（会社荒らし）の締め出しをねらった旧商法の昭和五六年改正後にも、利益供与罪の適用を受けて、有罪となったり、捜査を受けたりした企業が出ています。

　とりわけ、平成九年には、野村證券が一人の総会屋の関連企業に利益供与をしていたことが発覚し、これが第一勧業銀行（当時）による同一総会屋に対する巨額融資、利益供与の実態をも暴き出すきっかけとなりました。

　その後、この事件はどんどんと広がりを見せ、当時の山一証券、日興証券、大和証券も同じくその総会屋に利益供与していたことが明らかになりました。この間、会社幹部は次々と辞任したり、逮捕されたりしていったのでした。

　また、平成九年は、この総会屋に対する直接の利益供与とは別に、「海の家」の利用料の名目で、三菱自動車、三菱電機など数社が利益供与を続けていたことも明らかになるなど、総会屋への利益供与が次々と白日のもとにさらされた年でした。

## 浜のまさごはつくるとも…

　社会には多くのさまざまな人間、多くの企業がひしめいているのですから、そこに犯罪が発生するのを完全に防止することは、およそ不可能に近いことだとは思います。そのような意味では正に〝石川や浜のまさごはつくるとも、世にぬす人のたねはたえせじ〟の感があります。

　しかし、それにしても、株主総会における総会屋の締め出しをねらって、昭和五六年改正法が制定され、社会全体で総会屋への利益供与はけしからぬとの認識が強く形成されているにもかかわらず、上場会社、しかも超一流企業の関係者が、こうして利益供与事件で起訴されたり、逮捕されたりするのでは、まことに困ったものと言わざるを得ません。

## 株主総会と総会屋

　それでは、総会屋とはいったいどういう職業（？）で、なにゆえこれを生業とできるのでしょうか。この背景には、株主総会について、会社が事無かれ主義を望むことに原因がありそうです。

　先にみましたとおり、会社は定時株主総会を毎年一回開かねばなりません（会社法二九六条一項）。この時とばかり、株主は、会議の目的たる事項について、取締役、監査役に質問をすることができますし、取締役、監査役はこの株主の質問事項につき説明をしなければなりません（会社法三一四条）。したがって、会社の事実上の失敗やトラブル、さらには代表取締役、取締役、監査役のスキャンダルまでもが追及されないとも限らないわけです。

　そうすると、これらの役員本人はもとより、株主総会の事務方を演じる総務担当者としては、できるだけ穏便に、短時

間で株主総会を切り抜けたいと思うのは当然でしょう。

かつての多くの株主総会では、まず議長（社長が勤めるのが普通です）が挨拶をし、続いて監査役の監査報告が行われ、議長が一年間の営業報告を読み上げ、しかる後に利益処分案の承認、役員の選任等が諮《はか》られます。そして、これらの審議事項については、あらかじめ会場の前付近に陣取った従業員株主が、大声で、「異議なし！」「議事進行！」を連発し、社長の議事進行を援護するのです。

このように株主総会はセレモニー化し、せいぜい二〇分ないし三〇分で終了していました。

多くの株主総会の現状がこのようなものでしたから、会社関係者としては、自社でもこのように平穏無事に株主総会を終えたいと思うのは無理からぬところです。しかし、そこに総会屋のつけいるスキが生まれるのです。

総会屋は、株式を取得して実際に株主総会に出席し、その場で経営者に嫌がらせ発言をしたり、株主総会に出席してこのような発言をするようにほのめかしてきます。

また、中には与党総会屋といって、このような総会屋の発言を封じて、「賛成！」「議事進行！」を連発し、議事を速やかに進行させる役目をかってでる者もいます。もちろん、タダというわけにはいかず、発言をしない見返り、議事進行に協力する見返りとして、総会屋は利益の提供を求めてくるわけです（直接、金品を求めるのではなく、新聞等の購読料、広告料、融資、損失補填、「海の家」使用料などの名目で、利益を求めてきており、手口が巧妙化してきています）。

そして、会社としては、株主総会を円滑に終わらせるため、しぶしぶながらも総会屋に利益を与えてしまうところが出てくるわけです。

## 昭和五六年・平成九年・平成一二年の改正

旧商法四九四条は以前から、創立総会、株主総会、社債権者集会などにおける発言または議決権の行使、その他同条の一項に定める権利の行使に関し、不正の請託を受けて財産上の利益を収受したり、これを要求、約束した者や、そのような利益を供与し、またはその申込もしくは約束をした者を一年以下の懲役または五〇万円以下の罰金に処することにしていました（**会社荒らし等に関する贈収賄罪**）。

しかし、同条では「不正の請託」が要件とされているので、会社側に協力する総会屋が株主総会において会社の議案が円滑に可決されるよう議事進行をはかっても、それは不正の請託にはあたらないのではないか、というような問題がありました。

そこで、旧商法の昭和五六年改正法は、会社は何人に対しても株主の権利の行使に関し財産上の利益を供与することを禁止する（旧商法二九四条の二第一項、一八〇頁参照）とともに、その実効性を担保するために株主の権利行使に関する利益供与の罪の規定（旧商法四九七条一項）を設け、取締役、監査役等またはその他の使用人が株主の権利の行使に関し、財産上の利益を人に供与したときは、六月以下の懲役または三〇万円以下の罰金に処することにしました（**利益供与罪**）。

情を知って利益の供与を受け、または第三者にこれを供与せしめた者も同様に扱われます（同条二項、**利益受供与罪**）。

以上の法改正がなされたにもかかわらず、総会屋の利益供与が廃絶されなかったことは、すでにみたとおりです。そこで、平成九年改正法では、罰則の強化により、総会屋の根絶が図られました。

まず、利益供与罪と受供与罪については、法定刑＝六月以下の懲役または三〇万円以下の罰金が、三年以下の懲役または三〇〇万円以下の罰金にそれぞれ引き上げられました。

また、これまでは恐喝罪や脅迫罪に当たらない限り、利益供与を要求しただけでは犯罪が成立することはありませんでしたが、右の改正では、恐喝行為や脅迫行為がなくとも、利益供与を要求しただけで処罰の対象となる**利益供与要求罪**が新設されました（法定刑は改正後の利益供与罪と同様です。旧商法四九七条三項）。

さらに、利益受供与罪、利益供与要求罪の実行に威迫が加わったときは、刑を加重して、五年以下の懲役または五〇〇万円以下の罰金に処するとの規定が新設されました（同条四項）。利益供与を要求したり利益を受けた者に関するこれらの刑罰について、従前は懲役と罰金の双方を併科することはできませんでしたが、右の改正で情状により併科も可能となりました（同条五項）。

さらに、平成一二年改正では、親会社の取締役が子会社の取締役と通謀して、子会社に資金を出させて総会屋に利益供与するケースに対処するため、親会社の株主の権利の行使に関して、子会社の計算において利益を供与することが追加して禁止され（旧商法第二九四条の二第一項）、その違反については三年以下の懲役または三〇〇万円以下の罰金に処する旨定められました（旧商法四九七条一項ないし四項）。

このような総会屋対策の規定は、会社法においても引き継がれています（会社法一二〇条、九七〇条）。

その内容については、第5章ＰＡＲＴ⑫で述べます。

## 改正法の精神を生かそう

警察庁の報告によると、ひところは六五〇〇人近くいた総会屋が、昭和五六年改正で行き場を失い、一〇〇〇人程度に減ったといわれていました。しかし、平成九年の一連の事件では、小物の総会屋は減っても、大物の総会屋は、社会の暗部で厳然とその威力を誇示し続けていたことが明らかになりました。

現在では総会屋の数はさらに減っているものと思われますが、依然、総会屋との関係を断ち切れない一部の会社があることは否定できません。

このように総会屋が生き続けられるのは、カネを出す会社、総会屋を利用しようとする会社があるからであり、会社側が総会屋との関係を一切断ち切る姿勢を示さない限り、決して総会屋はなくならないでしょう。

会社が総会屋の利用を止めると、ひょっとすると株主総会で質問が多発したり、時間がかかったりすることが出てくるかもしれません。

しかし、それは合議機関としての株主総会が、本来の機能を取り戻したというべきであって、むしろ歓迎すべきことではないでしょうか。最近では、企業間における株式持ち合いの解消、外国の機関投資家や個人投資家の増加などの理由により、株主への説明責任を怠ることは許されなくなっているといえましょう。

逆に、事なかれ主義で総会屋への利益供与を続ける限り、いつかはそのツケが回り、会社の信用の喪失、取締役の損害賠償責任、株主代表訴訟への発展、刑事事件への発展等、大きなリスクが現実化してしまうことを肝に銘じるべきです。

●取引法こぼれ話

## 合理的な契約感覚をもとう

### ▼欧米では

〝所変われば品変わる〟といいますが、所変われば人々の意識や観念も違います。欧米では契約を結び、契約書を作るときは、一つ一つの条項についてツメが行われます。おおざっぱな契約観念の日本とはまったく異っています。

欧米では契約交渉が一つ一つツメのうえで行われていき、その結果、契約書が調印されるのですから、契約書に書いていない事項については契約がとりかわされていないと考えます。

わが国では「契約書に一応、こう書いてはありますが、これは形式上のことで、実際はこの条項どおりにウチも請求しようと思ってはいません。そのへんのところはまた先にいきまして、いろいろとお話合いで処理していきたいと思っております。ハイ。」などということばがよく聞かれ、契約をめぐる訴訟の場でも、契約書にはそう記載してあるが、実際は口頭でそれと異なるしかじかの約定ができていたなどという強力な反対主張が出たりもします。欧米人にはこのようなことは奇異にうつるようです。無理もありません。欧米では極言すれば正義は文書にのみ存するのですから。

### ▼合理的な契約感覚

日本人の契約感覚と欧米人の契約感覚は根本的に違うようです。すくなくとも近年まではそうでした。法律の眼からみた場合は、いうまでもなく欧米の契約感覚・契約意識のほうがはるかに合理的です。日本のビジネスの世界はもちろんのこと、私たち市民の契約感覚もこれからはもっともっと鋭く、合理的なものにする必要がありましょう。

ビジネスの世界に関するかぎり、近年は日本企業の契約意識も進んできています。ビジネスの社会はなんといっても契約がもとです。取引の背景や根拠は全て契約が土俵になっています。

このごろは日本の企業も国際取引の場に大いに進出しています。そのような場で、わが国の企業もトレーニングさせられるのでしょう。徐々に欧米なみの契約感覚を身につけてきているといえます。

国内取引だって、ほんらいは同じ感覚のもとに取引や契約をすべきものです。進んだ企業は国内取引についても国際取引と同じ契約感覚で対処するようになってきています。

近年はわが国の企業も社内で取引や契約について法律的に検討、分析、チェックをしながら仕事を進めています。それだけ日本企業の法律感覚も合理的になってきているといえましょう。

また、すこし複雑な取引の契約にあたっては弁護士に契約書の作成を依頼する企業の数もふえてきています。一般にはわが国では弁護士に契約書の作成を依頼するならわしは、まだないようにいわれていますが、筆者の実感ではそうではありません。

こうして日本の企業もだんだんと合理的な契約意識をもつようになってきているように思われます。しかし、全体としてみた場合には、残念ながら、まだまだです。今後はわが国の企業も私たちも、こと契約にあたっては、もっともっと契約書主義に徹する必要がありましょう。

会社法の基礎知識

第5章

# 取締役と監査役

PART 1

# 取締役とその選任・終任

▼取締役はこうして選任される

## 取締役と取締役会

一般に、株式会社では、そのオーナーたる株主は数も多く、また企業の経営にあたる意思も能力ももっていないのが常態ですから、これら株主は、株主総会を通じ、会社の運営に関する基本的事項のみを決し、これを前提にした日常の業務執行については、他の機関に委ねる必要があります。

そこで会社法は、取締役会を置いていない場合は**取締役**（会社法三四八条一項）、取締役会を置いている場合は**代表取締役**または**業務執行取締役**（会社法三六三条一項）を業務執行機関として用意しています。

旧商法の株式会社において、取締役は、取締役会の構成員として業務執行に関する意思を決定し、また代表取締役の業務執行を監督する機関であり、実際に業務執行を行う機関として代表取締役を置いていました。しかし、株式会社であっても、全部の株式について譲渡制限を設けている**非公開会社**では、実際上、右のような機関設計にしたがった会社運営が行われているとはいえない状況でしたし、わざわざ取締役を三名以上とし、取締役会の設置を強制することが必要か疑問でした。

そこで、会社法は、最低限必要な機関として株主総会と取締役を置けばよいこととし、それぞれの会社の規模に応じて必要な機関を追加・選択することができるようにしたのです（これを**機関設計**といいます）。

以上のことは、業務執行だけでなく、取締役等の監督業務を行う監査役等の機関についてもいえることですが、ここでは、まず、株主総会と並び最低限必要とされている取締役について学んでいきましょう。

## 取締役の資格

取締役の資格について、会社法は、

① 法人

② 会社法もしくは一般社団法人及び一般財団法人に関する法律の規定に違反し、または金融商品取引法、民事再生法、外国倒産手続の承認援助に関する法律、会社更生法もしくは破産法の所定の罪を犯し、刑に処せられ、その執行を終わりまたは執行を受けることがなくなった日から二年を経過しない者

③ 右の②に定める法令以外の法令に違反し、禁錮以上の刑に処せられ、その執行を終わるまで、またはその執行を受けることがなくなるまでの者（執行猶予中の者を除く）を欠格者としています（会社法三三一条一項）。

旧商法では、法人を欠格事由と定めていなかったため、法人が取締役となりうるか否か学説上争いがありました。会社法ではこの点明文化して、取締役は自然人に限るとしたのです。

逆に、旧商法では、破産者で復権していないことを欠格事由としていましたが、会社法では欠格事由からはずされて

います。取締役として稼働させることが破産者の経済的更生に資する場合もあると考えられますし、そのような者を取締役に選任するかどうかは、その株式会社の株主の判断に任せればよいと考えられるからです。

ただし、会社と取締役の関係は民法の委任の規定の適用があり（会社法三三〇条）、受任者の破産は委任の終了事由ですから（民法六五三条二号）、取締役が破産手続開始決定を受けた時にその地位を失うことになります。したがって、その後、改めて取締役として選任することが必要です。

また、成年被後見人、被保佐人についても欠格事由としていましたが、令和元年の改正により削除されました。

したがって、成年被後見人については成年後見人が本人の承諾を得た上で就任の承諾を行い、被保佐人は保佐人の同意を得て取締役に就任できることになりました（会社法三三一条の二第一項、第二項）。

以上のような法定欠格事由以外に会社が定款をもって取締役の資格を制限することが問題となりますが、それが合理的なものであるかぎり許されると考えられています。

ただし、定款で「取締役は株主であることを要する」旨規定することは、原則として許されていません（会社法三三一条二項本文）。これは、経営については株主に限らず経営の専門家に任せるという建前が一般的に株主の利益に資すると考えられるからでしょう。

このような観点からは、例えば同族会社のように、取締役の資格を株主に限るとすることが株主の利益になる場合もありますので、非公開会社においては、定款で「取締役は株主であることを要する」旨を定めることができることになっています（同項ただし書）。

この点に関し、以前、「取締役は日本国籍を有する者にかぎる」とする定款の定めの効力が争われたことがありました。裁判所は、これについて、株式会社の取締役、監査役の資格を日本国籍を有する者にかぎることは、原始定款によるものであれ定款変更手続きによるものであれ、株式会社自治の原則を逸脱した不合理な外国人に対する差別的取扱いであるとはいえないと判断しています（名古屋地判昭和四六年四月三〇日判時六二九・二八）。

## 取締役の選任

株式会社の取締役の数は、旧商法では「三人以上」とされていましたが、会社法では、取締役会設置会社以外では、取締役の数に制限はありません。つまり、一人でも問題ないわけです。

これに対し、取締役会設置会社では、取締役会を構成する必要から、従来どおり「三人以上」でなければならないとされています（会社法三三一条五項）。

取締役の数の上限は法律で規制されてはいませんが、会社の定款で「当会社の取締役は三名以上八名以内、監査役は三名以内とする」というように定めることは許されますし、一般的といえます。

なお、取締役が会社の総務部長とか、工場長など、従業員の地位を兼ねることはもとよりさしつかえありませんが、会計参与や監査役と兼任することはできません（会社法三三三条三項一号、三三五条二項）。これらは、会社の業務執行からの独立性を期待される者ですから、兼任できないのは当然です。

取締役の任期の原則は、選任後二年以内に終了する事業年度のうち最終のものに関する定時株主総会の終結の時までです（会社法三三二条一項本文）。ただし、定款または株主総会の決議によって右の任期を短縮することは可能です（同項ただし書）。ここで、任期の始期が「就任の時」ではなく、株主総会での「選任の時」であることに注意してください。「就任の時」は取締役に選任された者がその就任を承諾した時ですから、承諾の時期がずれ込むとそれまで取締役不在の空白期間が生じることとなり、不都合が生じるからです。

　また、非公開会社においては、定款で、選任後一〇年以内に終了する事業年度のうち最終のものに関する定時株主総会の終結の時まで伸ばすことができます（同条二項）。これは会社法で改正された部分ですが、非公開会社においては、一般に株主と取締役の人的関係が密接であり、そのような会社においては二年ごとに取締役の選任手続きを強制することは無意味なことが多いといえますし、問題があれば株主総会の解任決議（会社法三四一条）という手がありますので、取締役の任期を一〇年を限度に自由に決めることができることとしたものです。

　これも非公開会社の実情に沿った改正といえます。

　ところで、取締役は、任期の満了または辞任によってその権利義務を失うのが原則ですが、それによって取締役が一人もいなくなったり、取締役会設置会社において取締役の人数が三人未満になったような場合には、業務執行に支障をきたすことになります。

　そこで、このように取締役に欠員が生じた場合、退任した者は、後任の者が就任するまで、取締役としての権利義務を有することとしました（会社法三四六条）。会社の継続的な業務執行のためには必要な措置ですが、辞任した取締役にとっては、新たに取締役が選任されないかぎりその責任を免れることができなくなるという困ったことになってしまいます。このような危険を予測できるような場合には、辞任にあたり、あらかじめ新たな取締役を選任する手はずを整えておく必要があるでしょう。

　なお、取締役の欠員に備えて、株主総会における取締役選任の際、補欠の取締役を選任することも認められています（会社法三二九条三項、会社法施行規則九六条二項）。

　さて、取締役は株主総会の決議によって選任されますが（会社法三二九条一項）、その決議には、議決権を行使できる株主の議決権の過半数（三分の一以上の割合を定款で定めた場合、その割合以上）を有する株主が出席し、出席株主の議決権の過半数（これを上回る割合を定款で定めた場合、その割合以上）の賛成が必要となります（会社法三四一条）。

　普通決議（会社法三〇九条一項）においては、定款で定足数を減らしたり、完全に排除することができますが、取締役の選任については、前述のとおり、定足数の削減に限度を設けているわけです。

　これはどういうことかというと、だれが取締役になるかということは、株主の利害にも大いに関連のあることですから、できるだけ多くの株主の意思を反映させるべきと考えたのです。

　このような株主総会の決議で取締役に選任された者は、その就任を承諾することによって、取締役に就任することとなります（会社法三三〇条、民法六四三条）。

## 累積投票の制度

　ところで、株主総会において、二人以上の取締役を同一の機会に選任するのであれば、本来はその一人ひとりについて、各別に選任の決議をするのが手続きとしては一般でしょう。

しかし、そうしますと、選任されてくる取締役は、全部、株主の多数派から推される者になる可能性が大きいことになります。〝一党独裁〟になる可能性が高いわけです。

株主の中には、いろいろな考えの人もいるでしょう。いくつかの派閥があることもあります。ですから、少数派にもその持ち株数に応じて取締役を選出できる可能性を制度的に保障してやることが必要です。そこで、会社法は、**累積**《るいせき》**投票**という方法を取締役の選任手続きの特則として認めました（会社法三四二条）。

これは、同一の株主総会で二人以上の取締役を選任する場合に、選任されるべき取締役全員を一まとめにして選任することとし、それに応じ、各株主には一株につき、選任される取締役数と同じ数の議決権をあたえます。これをある取締役候補一人に集中して投票するか、あるいは適当に分散して投票するかは株主の自由とする制度が累積投票の制度です（同条三項）。

この結果、投票の最多数を得た者から順次、取締役に選任された当選者とするわけです（同条四項）。

この方法によれば、三人の取締役を同時に選任するときは、各株主に、一株につき三票があたえられることになりますから、株主の少数派も一株についてのその三票を特定の取締役候補Aに集中して投票すれば、Aを当選させられる可能性が大いにあるわけです。

株主が、この累積投票によって取締役

## 累積投票の例

選出取締役数　3名
候補者
　甲乙丙（以上多数派代表）
　丁戊已（以上少数派代表）
総株主の議決権　10,000
　多数派株主　6,000
　少数派株主　4,000

（普通の場合）
（一人目）○甲6,000票（当）
　　丁4,000票
（二人目）○乙6,000票（当）
　　戊4,000票
（三人目）○丙6,000票（当）
　　已4,000票
→ 多数派代表の全員当選

（累積投票の場合）
多数派の票6,000×3＝18,000票
少数派の票4,000×3＝12,000票
（少数派は全部丁に集中
多数派は甲と乙に分散投票）
○丁　12,000票
○甲　9,000票
○乙　9,000票
→ 多数派から2名　少数派から1名　当選

の選任をしたいと考えるときは、その株主総会の日の五日前までに、会社に対し、累積投票の請求をすることが必要です（同条一、二項）。

累積投票の制度は昭和二五年の改正商法がアメリカの法律にならってとりいれた制度です。少数派の尊重という理念に基づくもので、理念としては疑義をいれる余地のないものなのですが、株式会社経営の現場ではあまり歓迎されていないようです。たしかに会社の経営・業務執行に少数株主の意思を反映させる制度ではあるのですが、しかし、とかく株主の間の派閥の対立を取締役会にもちこむ結果となりやすいのです。そのために会社の円滑な業務執行にブレーキをかけかねないという心配があります。

そのようなことからでしょう。わが国の多くの会社は、定款に定めをおいて、この累積投票を排除しているのが実情です（同条一項）。

## 種類株主総会による取締役の選任

複数の企業が出資して、ベンチャー企業を立ち上げるような場合、それぞれの母体企業から取締役を送り込みたいという場合があります。

会社成立時の株主だけであれば、株主間の合意でそのような結果を得ることもできるでしょうが、会社が成長して株主が増加した場合は、当初の株主間の合意どおりに取締役を選任することは難しくなります。右に述べた累積投票制度を使っても意図した結果を出せるとはかぎりません。

このような場合、取締役の選任に関して内容の異なる種類の株式を発行することを認められていますので（会社法一〇八条一項九号）、これを使うことが考えられます。例えば、二つの企業のジョイント・ベンチャーにおいて、それぞれの企業（株主）から一名の取締役を送り込むことにしたい場合、各企業にそれぞれ一名の取締役を選任できる権利を付した株式を取得させればよいわけです。

このように取締役の選任について異なる内容の**種類株式**を発行する場合は、定款に、その種類株主で構成する**種類株主総会**において取締役を選任すること及び選任する取締役の数などの必要事項を定める必要があります（同条二項九号、会社法施行規則一九条）。その種類株主総会において、その定款に定めた内容で、取締役が選任されることになります（会社法三四七条一項）。

ただし、右のような取締役の選任権を種類株主に付与する内容の定款の定めについては、会社法または定款で定められた取締役の必要人数に不足が生じた場合で、その定款の定めを維持したままでは欠員補充ができないときには、それが廃止されたものとみなされることになっています（会社法一一二条一項）。

## 取締役の終任事由

取締役の終任事由としては、まず、民法上の委任の終了事由である取締役の死亡、取締役が後見開始の審判を受けたこと、取締役または会社のいずれかが破産手続開始決定を受けたこと（会社法三三〇条、民法六五三条）が挙げられます。また、被保佐人については欠格事由とされていますので（会社法三三一条一項二号）、保佐開始の審判を受けることも、取締役の終任事由となります。さらに、辞任（会社法三三〇条、民法六五一条）、任期満了、解任などがあります。

ここでは、右のうち解任について説明しておきましょう。

会社は、いつでも、株主総会の決議によって取締役を解任することができます（会社法三三九条一項）。解任の理由の有無や正当性は要件とされていませんので、理由を問わず解任決議ができることになります。そうすると株主総会において解任の理由の説明は不要ということになりそうですが、それでは、決議をする株主が困りますので、実務的には、株主総会において取締役解任の議案を提出した取締役がその解任の理由を株主に説明することになるでしょう。

なお、書面投票を認める場合などには事前に株主参考書類を株主に交付することになっていますが（会社法三〇一条、三〇二条）、その参考書類には解任の理由を記載することになっています（施行規則七八条二号）。

ところで、旧商法において株式会社の取締役の解任決議は特別決議事項とされていましたが、会社法では普通決議とされました。これにより取締役に対する株主の監督権限を強化したということがいえます。

ただし、普通決議といっても取締役の選任決議と同様に定足数の削減には歯止めがかけられていますし（会社法三四一条）、定款で出席株主の三分の二以上の賛成を要するというように決議要件を加重することが可能です（会社法三〇九条一項）。

また、累積投票により選任された取締役の解任決議は特別決議事項とされています（会社法三〇九条二項七号）。さらに、取締役の解任につき、その解任の許諾権を付された種類株式が発行されている場合は（会社法一〇八条一項八号）、株主総会の解任決議に加えて種類株主総会の解任決議がなければ解任はできません（会社法三二三条）。

右にみたように取締役の解任は正当理由の有無にかかわらず可能なわけですが、解任された者は、その解任に正当な理由がある場合を除き、会社に対し、その解任によって生じた損害の賠償を請求できることになっています（会社法三三九条二項）。

そこで、どのような場合に正当理由が認められるか問題となりますが、取締役が病気で業務を執行できなくなったような場合には、その解任には正当理由ありとされるでしょう（最判昭和五七年一月二一日判時一〇三七・一二九参照）。それでは、取締役が経営判断を誤ったことを解任理由とする場合にはどうでしょうか。この点は争いのあるところですが、取締役の経営判断はある程度尊重すべきと思いますので、正当理由にはあたらないという考えを支持したいと思います。

さて、取締役解任決議のハードルが低くなったとはいえ、多数決であることに変わりはありませんから、過半数を握る勢力から選ばれた取締役については解任決議が否決されることも十分に考えられるところです。また、種類株主総会が解任に関する許諾権を有する場合に、その種類株主総会が解任を否決した場合も解任はできないことになります。

このように取締役解任決議が否決された場合でも、その取締役の職務執行に関し、不正の行為や法令、定款に違反する重大な事実があるときは、**少数株主**（※）は、その株主総会（または種類株主総会）の日から三〇日以内に、裁判所に対し取締役解任の訴えを提起することができます（会社法八五四条）。

この解任の訴えは、その会社と解任決議の対象となった取締役の双方を被告として、その会社の本店所在地を管轄する地方裁判所に提起しなければなりません（会社法八五五条、八五六条）。なお、解任の訴えは解任決議が否決されたことを要件としていますので、解任決議を経ずに少数株主権の行使としていきなり解任の訴えを提起することはできません。

取締役解任の効果は判決の確定をまたなければなりませんが、その取締役に職務を継続させると会社が回復しがたい損害を被るおそれがあるといえる場合には、裁判所に対し、その取締役の職務執行停止と職務代行者を選任することの仮処分を求めることができます（民事保全法二三条二項、五六条）。

裁判所の仮処分により選任された職務代行者は、仮処分命令において特に認められた行為や株式会社の常務（日常行われる通常業務）に属する行為を行うことができますが、それ以外の行為については、裁判所の許可が必要です（会社法三五二条一項）。職務代行者が裁判所の許可なく行った行為は無効ですが、その無効は、善意の第三者に対抗することはできません（同条二項）。

※解任の訴えを提起できる「少数株主」には、次の二つのものがあります。

① 総株主の議決権の一〇〇分の三以上の議決権を六か月前から引き続き有する株主。ただし、「総株主」には、取締役解任決議について議決権を行使できない株主および解任決議の対象となる取締役である株主を含みません。また、「一〇〇分の三以上」および「六か月前」については、定款でこれらを下回る要件にすることが可能ですが、加重することはできません。

② 発行済株式の一〇〇分の三以上の数の株式を六か月前から引き続き有する株主。ただし、「発行済株式」には、その株式会社の有する自己株式および解任決議の対象となる取締役である株主の有する株式を含みません。また、「一〇〇分の三以上」および「六か月前」の要件については、前記と同様です。

### ★成年被後見人と被保佐人

精神の障害によって認識力や判断力に欠けたり不十分であったりして、単独では有効な法律行為のできない者として、民法に「制限行為能力者」が定められています。①成年被後見人、②被保佐人、③被補助人、④未成年者の4者です。それぞれの補助者として後見人（①）や保佐人（②）、補助人（③）、法定代理人（④）をつけ、一定の場合には本人や法定代理人に契約の取消し権を認めるなどして、競争社会の中で食い物にされないよう、保護する制度です（民法五条以下）。

右の①と②はこれまで取締役の欠格事由とされていましたが、令和元年の改正により削除され、①は成年後見人が本人の承諾、②は保佐人の同意を得れば取締役に就任できます。③と④についても、会社法の規定上、取締役になれます。

制限行為能力者制度は、平成一二年四月一日・改正民法の施行以前の無能力者制度（禁治産者・準禁治産者・未成年者）を引き継いだものです。認知症の老人など成年者を対象とした「成年後見」の実施が改正の主眼でしたが、「無能力」というきつい表現が未成年者も含めて「制限行為能力」へと、穏当なものに改まりました。

また、制限行為能力者のうち前述の③=被補助人は制度の改正で新設されたもので、後見や保佐の必要まではないが、判断力が不十分な者にも一定の「補助」を与えようというものです。後見や保佐と異なり、補助の開始には本人の同意が不可欠であり、制限の内容も緩やかです。

PART❷

# 取締役会

▼取締役会で業務の執行は決定される

## はじめに

旧商法においては、株式会社には三名以上の取締役が必要で、その取締役により構成される取締役会も必須の機関でした。しかし、会社法においては、原則として、株主総会と取締役一名を最低限必要な機関とし、それぞれの株式会社の選択に従って、定款の定めによって、取締役会、監査役等の機関を置くことができるものとしています（会社法三二六条）。

ただし、現在の株式会社の多くは旧商法下で設立されたものですから、現状では取締役会を設置している株式会社がほとんどであると思われます。そこで、以下においては、会社法上の取締役会設置会社における取締役会について説明したいと思います。

なお、会社法に基づき設立される株式会社については、取締役会の設置について定款の規定（会社法三二六条二項）および登記（会社法九一一条三項一五号）が必要ですが、会社法施行日に存在する旧商法上の株式会社については、取締役会を設置する旨の定款の定めがあるものとみなされ（整備法七六条二項）、かつ、その旨の登記がされたものとみなされますので（整備法一一三条二項）、改めて定款変更手続きをとったり、登記をする必要はありません。

## 取締役会は少なくとも三か月に一度は開く

株式会社は、一人または二人以上の取締役を置かなければならないとされていますが（会社法三二六条一項）、取締役会設置会社においては三人以上でなければならないとされ（会社法三三一条五項）、取締役会はその取締役全員によって構成されることになります（会社法三六二条一項）。

その取締役会で、会社の業務執行を決定し、あわせて取締役の職務の執行を監督し、代表取締役の選定及び解職を行います（会社法三六二条二項）。

取締役会で選定された代表取締役（業務執行取締役）は、三か月に一回以上、自己の職務執行の状況を取締役会に報告しなければならないとされていますから（会社法三六三条二項）、取締役会も、少なくとも三か月に一回は開かねばなりません。

会議体の機関ですから、取締役会は招集によって開催されるのが原則で、定款または取締役会で招集権者を決めなければ、各取締役に招集権があります（会社法三六六条一項）。

招集権者を決めた場合はその者が招集することが原則ですが、招集権を有しない取締役も、取締役会の目的たる事項を示して（書面による必要はありません）、招集権者に対し取締役会の招集を請求することができ、請求の日から五日以内に、請求の日から二週間以内の日を会日とする取締役会の招集通知が発せられないときは、請求をした取締役が取締役会を招集することができます（同条二項、三項）。

招集通知は、会日の一週間前（定款で

この期間は短縮できます）までに各取締役（監査役設置会社にあっては各取締役と各監査役）に対して発します（会社法三六八条一項）。

また、取締役（監査役設置会社にあっては各取締役と各監査役）全員が同意すれば、招集手続きを省略して取締役会を開催することもできます（同条二項）。取締役会は、場合によっては緊急に開く必要があるからです。

なお、取締役の職務執行について問題があるときは、監査役は取締役会に出席して意見を述べる必要がありますが、監査役の請求にもかかわらず、招集権者が取締役会を招集しない場合には、監査役に、取締役会の招集を認めることとしています（会社法三八三条二項、三項）。

また、会社法上は、取締役会設置会社でも監査役を置かない場合もあるため、そのような場合には株主に取締役会の招集権を与えることとしています。

すなわち、取締役が会社の目的の範囲外の行為その他法令もしくは定款に違反する行為をしたり、これらの行為をするおそれがある場合、株主は、取締役会の招集権者に対し、その目的事項を示して取締役会の招集を請求することができ（会社法三六七条一項、二項）、それにもかかわらず、請求の日から五日以内に、請求の日から二週間以内の日を会日とする取締役会の招集通知が発せられないときは、請求した株主が取締役会を招集することができ（同条三項）、株主は、その取締役会に出席して意見を述べることができるのです。

## 取締役会も持ち回りで決議することは許されない

このように取締役会は会社の業務執行を決し、取締役の職務の執行を監督するたいせつな機関で、法はこれを出席取締役たちの真剣なディスカッションによる会議体として予定しているのですから、取締役会を開くことなく、取締役や監査役の自宅を順次まわって、ある決議事項につき賛否を問い、持ちまわり決議をすることによって取締役会を開いたことにするなどということは許されません。最判昭和四四年一一月二七日民集二三・一一・二三〇一も持ちまわりの方式でなされた取締役らの承認は有効な取締役会の決議とは認められないとしています。

ただし、例外的に、取締役の提案について取締役の全員が書面または電磁的記録により同意の意思表示をしたとき（かつ監査役設置会社にあっては監査役の異議のないとき）は、その提案を可決する旨の取締役会の決議があったとみなすことを定款で定めることができます（会社法三七〇条）。これによって、通常異論の出ないような取締役提案については、迅速な意思決定が可能になるでしょう。

このような取締役会決議の省略を認めても、代表取締役等の職務執行の状況報告をするために、三か月に一回以上は取締役会を開催しなければなりませんので、直ちに取締役会が形骸化するものとはいえません。

なお、右の職務執行の状況報告以外の取締役会の報告事項については、報告者（取締役、会計参与、監査役または会計監査人）が取締役（監査役設置会社においては取締役と監査役）全員に対して通知したときは、別途取締役会に報告することは必要ありません（会社法三七二条）。

それでは、電話会議やテレビ会議、インターネットによるチャットを利用した会議は、適式な取締役会として認められるでしょうか。

持ち回り決議が認められないのは、一

堂に会して討論し業務執行の意思決定をしたといえないからですから、取締役が別々の場所にいたとしても、右の各方法による会議において実質的に出席取締役が一堂に会するのと同等の相互に十分な議論を行うことができると認められるときは、適式な取締役会として認めるべきです。既に、登記実務では、電話会議方式について後記（※…一二六ページ）のような取締役会議事録を添付した登記申請を受理すべきものとされています（平成一四年一二月一八日、民商三〇四四号民事局商事課長回答）。

なお、株主総会では議決権の代理行使が認められていましたが、取締役は個人的信任を得て株主総会で選任されるものですから、取締役会に出席して自ら議決権を行使すべきです。したがって、議決権行使を他人に代理させることはできません。

取締役会の決議は、議決に加わることのできる取締役の過半数が出席し、出席取締役の過半数によって決せられるのが原則ですが、定款で、これらの要件を加重することができます（会社法三六九条一項）。

また、決議事項について特別の利害関係を有する取締役は、取締役会の決議に参加することができないことになっています（同条二項）。

このような取締役は「議決に加わることのできる取締役」に含まれませんので、取締役会の定足数を計算するときの数にも入れないことになります。

## 議事録の記載事項

取締役会の議事については、法務省令で定めるところにより議事録を作成し、これに出席した取締役と監査役が署名または記名押印することになっています（会社法三六九条三項）。また、議事録は電磁的記録として作成することもできますが、この場合には署名等に代えて電子署名を行わなければなりません（同条四項、施行規則二二五条）。

法務省令で議事録に記載すべきとされている事項は次のようなものです（施行規則一〇一条三項）。

① 取締役会が開催された日時と場所（その場所にいない取締役等が電話会議等で取締役会に出席した場合はその出席の方法）

② 特別取締役による取締役会であるときは、その旨

③ 招集権者である取締役以外の者の請求により開催された取締役会やそれらの者が招集した取締役会であるときは、その旨

④ 取締役会の議事の経過の要領とその結果

⑤ 特別の利害関係を有する取締役がいるときは、その氏名

⑥ 会社法三六五条二項等により取締役会において述べられた意見や発言があるときは、その内容の概要

⑦ 取締役会に出席した執行役、会計参与、会計監査人または株主の氏名または名称

⑧ 取締役会の議長がいるときは、議長の氏名

また、定款に基づいて取締役全員の同意により取締役会決議を省略した場合（会社法三七〇条）、その議事録には次のような事項を記載しなければなりません（施行規則一〇一条四項）。

① 取締役会の決議があったものとみなされた事項の内容

② 右事項の提案をした取締役の氏名

③ 取締役会の決議があったものとみなされた日

## 取締役会議事録のサンプル（※）

### 取締役会議事録

令和19年12月２日午前９時30分から、当社本店会議室及び当社大阪支店会議室において、電話回線及び電話会議用装置からなる電話会議システムを用いて、取締役会を開催した。

開催場所

　　東京都○○区○○１—１—１　　当社本店会議室
　　大阪府大阪市○○区○○２—２—２　当社大阪支店会議室

出席取締役及び監査役

　　当社本店会議室　　取締役Ａ、Ｂ及び監査役Ｄ
　　当社大阪支店会議室　取締役Ｃ

上記のとおり、本店会議室及び大阪支店会議室における全取締役及び監査役の出席が確認され、代表取締役Ａが議長となって、本取締役会は電話会議システムを用いて開催する旨宣言した。

電話会議システムにより、出席者の音声が即時に他の出席者に伝わり、出席者が一堂に会するのと同等に適時的確な意見表明が互いにできる状態となっていることが確認されて、議案の審議に入った。

（中略）

本日の電話会議システムを用いた取締役会は、終始異状なく議題の審議を終了したので、議長は午前11時10分閉会を宣言した。

この議事の経過の要領及び結果を明確にするため、本議事録を作成し、出席取締役及び監査役はこれに記名捺印する。

令和19年12月３日

議長　代表取締役社長　Ａ　㊞
取締役　Ｂ　㊞
取締役　Ｃ　㊞
取締役　Ｄ　㊞

④　議事録の作成を行った取締役の氏名

さらに、取締役会に報告すべき事項を取締役等の全員に対し通知することにより、取締役会への報告が不要とされる場合には（会社法三七二条一項）、議事録には次の事項を記載しなければなりません。

①　取締役会への報告を要しないものとされた事項の内容
②　取締役会への報告を要しないものとされた日
③　議事録の作成を行った取締役の氏名

右のようにして作成された議事録を、会社は、その取締役会の日から一〇年間、本店に備え置かなければなりません（会社法三七一条一項）。これは、取締役会の議事内容の記録を保存し、利害関係者に開示するための措置です。

ただし、取締役会議事録には、機密事項等、それが開示されると会社に損害が生じるおそれのある事項が含まれることがあるため、その開示は、必要最小限に留める必要があります。そこで、取締役会のみ設置されている会社においては、その権利行使に必要ということであれば、株主に取締役会議事録の閲覧・謄写請求権を認めていますが（同条二項）、監査役等がいる場合には、取締役の業務執行の監督はそれらの者に任せることが原則となりますので、株主の閲覧・謄写請求権は裁判所の許可があった場合に制限されています（同条三項）。

また、会社債権者が取締役等の責任追及のために必要があるとき（同条四項）や親会社社員がその権利行使のために必要があるとき（同条五項）も、取締役会議事録の閲覧・謄写請求権が認められていますが、やはり裁判所の許可が条件とされています。

さらに、閲覧・謄写請求権を認めるとその会社または親会社もしくは子会社に著しい損害を及ぼすおそれがあると認めるときは、裁判所は許可をすることができないこととされています（同条六項）。

なお、議事録の記載の効果として、取締役会に参加しながら議事録に異議をとどめていない場合は、その決議に賛成したものと推定されることになっています（会社法三六九条五項）。したがって、その決議によって会社が損害を被ったような場合は、その取締役は実際にはその決議に反対していたとしても、右のような議事録の推定力で、その事実を議事録以外の手段で証明しなければならなくなります。そして、そのような証明ができなければ会社に対し損害賠償責任を負う危険があるのです。

## 取締役会の法定決議事項

取締役会が設置されている場合には、重要な業務執行の決定は、取締役会が行うべきですから、それを個別の取締役に委任することは禁止されています（会社法三六二条四項）。重要な業務執行として、会社法に規定されている主なものは以下のとおりですが、これに限らず、重要な業務執行に関するといえる事項は取締役会の専決事項と考えるべきです。

①　重要な財産の処分および譲り受け（同項一号）
②　多額の借財（同項二号）
③　支配人その他の重要な使用人の選任および解任（同項三号）
④　支店その他の重要な組織の設置、変更および廃止（同項四号）
⑤　募集社債の総額（同法六七六条一号）その他の社債引受人の募集に関する重要事項として法務省令で定め

る事項（同法三六二条四項五号、規則九九条）

⑥ 取締役の職務執行等の株式会社の業務の適正を確保するために必要とされる法務省令で定める体制の整備（同項六号、規則一〇〇条）

「その他重要な業務執行」として、会社法上、取締役会の専決事項とされているものは次のようなものです。

⑦ 譲渡制限株式の譲渡承認、買取人の指定（会社法一三九条一項、一四〇条五項）

⑧ 自己株式、新株予約権の取得、消却に関する事項（同法一五七条二項、一六三条、一六五条二項、一七八条二項、一九七条四項、二七三条一項、二七四条二項、二七六条二項）

⑨ 株式の分割に関する事項（同法一八三条二項）

⑩ 株式、新株予約権の無償割当てに関する事項（同法一八六条三項、二七八条三項）

⑪ 単元株式数を減少する旨の定款変更または単元株式数についての定款の定めの廃止（同法一九五条一項）

⑫ 株式の募集事項（同法二〇〇条一項、二〇一条一項）、譲渡制限株式である場合の募集株式の割当てに関する事項（同法二〇四条二項）

⑬ 端株の買取に関する事項（同法二三四条五項）

⑭ 新株予約権の募集事項（同法二三九条一項、二四〇条一項）、その割当てを受ける権利を株主に与える場合に定める事項（同法二四一条三項二号、三号）、その割当てに関する事項（同法二四三条二項）

⑮ 譲渡制限新株予約権の譲渡承認（同法二六五条一項）

⑯ 株主総会の招集事項（同法二九八条四項）

⑰ 代表取締役の選定と解職（同法三六二条二項三号）

⑱ 業務執行取締役、取締役と会社との間の訴えにおける会社の代表の選定（同法三六三条一項二号、三六四条）

⑲ 競業取引、利益相反取引の承認（同法三六五条一項）

⑳ 取締役会の招集権者の選定（同法三六六条一項）

㉑ 特別取締役による議決の定め（同法三七三条一項）

㉒ 計算書類および事業報告並びにこれらの附属明細書の承認（同法四三六条三項）、臨時計算書類の承認（同法四四一条三項）、会計監査人設置会社における連結計算書類の承認（同法四四四条五項）

㉓ 新株発行と同時にする場合でその金額が維持される場合の資本金または準備金の額の減少に関する事項（同法四四七条三項、四四八条三項）

㉔ 中間配当に関する事項（同法四五四条五項）

㉕ 定款により委任された場合の配当に関する事項（同法四五九条一項）

## 特別取締役による取締役会決議

大規模会社の中には、取締役の数が多いため、取締役会で業務執行を決定するのに時間を要するという会社が少なくありません。

そこで、旧商法特例法の平成一四年改正では、大会社またはみなし大会社であって、取締役の数が一〇人以上であり、かつ取締役のうち一人以上が社外取締役であるものは、取締役会の決議により、重要財産委員会を置くことができるものとしました。

取締役会がこの重要財産委員会に対し重要財産の処分・譲受および多額の借財の決定を委任すれば、いちいち取締役会を開くことなく、機動的に会社の意思決定ができるというわけです。

会社法においても、このような趣旨を引き継ぎ、**特別取締役**という制度を創設しました。

取締役会設置会社（指名委員会等設置会社を除く）で、取締役の数が六人以上かつそのうち一人以上が社外取締役である場合、あらかじめ三人以上の特別取締役を選定し、重要な財産の処分・譲受および多額の借財等について、議決権を行使できる特別取締役の過半数（取締役会決議で割合を加重できる）が出席する取締役会においてその過半数（取締役会決議で割合を加重できる）の賛成で決議できることを、取締役会は定めることができます（会社法三七三条一項）。

社外取締役の存在を要件としたのは、会社にとって重要な経営判断を一部の取締役のみに委ねることになるため、社外取締役により取締役会の監督体制が強化されていることが必要と考えられたためです。

したがって、社外取締役が欠員となっている状態で特別取締役による取締役会決議はできません。ただし、特別取締役の中に社外取締役を含めることまでは要求されていません。

この特別取締役による取締役会には、それ以外の取締役は出席する必要はありません（同条二項）。出席しても構いませんが、定足数の計算には関係ありませんし、決議には加われないのです。

監査役設置会社において監査役は取締役会への出席義務がありますが（会社法三八三条一項本文）、監査役が複数いる場合は、その互選により、特別取締役による取締役会に出席すべき者を定めることができます（同項ただし書）。この場合、他の監査役は出席義務を負わないことになりますが、自ら出席することはでき、意見を述べることもできます。

このような特別取締役による取締役会は、各特別取締役が招集でき、通常の取締役会の招集手続きに準じた手続きにより招集されることになります（三七三条二項、三六六条一項本文、三六八条）。ただし、招集手続きの対象となるのは特別取締役ですから、それ以外の取締役に招集通知をする必要はありませんし、特別取締役全員の同意があるときは招集手続きの省略が認められることになります。

もっとも、監査役設置会社における監査役に対しては、全監査役に対し招集通知を発することが必要で、招集手続きの省略のためにも全監査役の同意が必要です。このことは、右に述べた監査役の出席義務者を定めた場合でも同様ですので、注意を要します。

このように取締役の一部が取締役会に出席しないことが前提とされていることから、特別取締役の互選によって定められた者は、遅滞なく、特別取締役において決議した内容を、それ以外の取締役に報告することが義務づけられています（会社法三七三条三項）。取締役会による特別取締役の監督の機会を与えるためです。報告を受けた取締役が問題があると考えたときは、通常の取締役会の招集を求め、その決議により是正することができます。

なお、特別取締役が決議する案件は重要なものであり、選ばれた特別取締役によって十分な討議が行われた上で意思決定されるべきものですから、取締役会の決議の省略（会社法三七〇条）は認められていません（会社法三七三条四項）。

## 特別取締役制度のしくみ

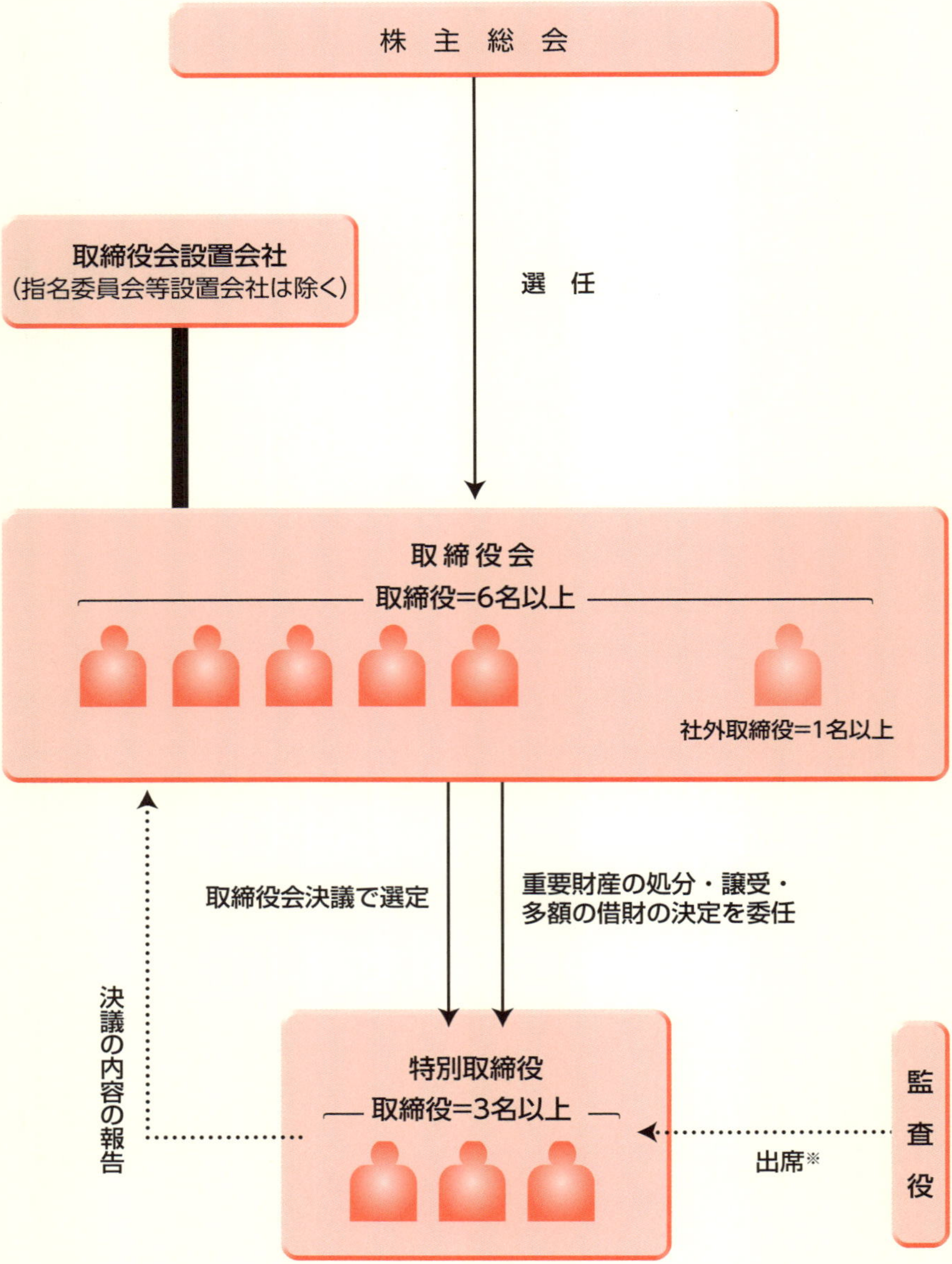


※互選により、出席する監査役を選定できる(383条1項)

PART③

# 代表取締役

▼代表取締役の権限は広大である

## 社長

会社には社長というものがいて、その社長が会社の中では一番えらいのだということは、小学生でも知っています。実際、社長はどこの企業でもトップに位置しています。

それでは、この「社長」について会社法が明確に定めているかといいますと、そう明確に直接規定してはおりません。でも、会社法は、「代表取締役」については定めています。そして、「代表取締役」がいる場合には、その者が会社を代表して、会社の業務に関するいっさいの裁判上または裁判外の行為をする権限を有することも規定しています（会社法三四九条一項ただし書、同条四項）。

会社法のうえでの規定のしかたはともかくとして、実際上は、どこの会社でも、社長は会社法上の代表取締役であるのが普通です。しかし、〝逆もまた真なり〟だからなどといって、代表取締役はみんな社長だなどと考えてはいけません。会長だとか、専務、常務取締役などが代表取締役になっている例はいくらでもあります。

## 会社法における代表取締役

旧商法においては、株式会社には必ず取締役会が存在しており、その取締役会において代表取締役を選ぶことになっていました。

しかし、会社法における株式会社においては、会社の経営にあたる機関をどのようなものにするについてバリエーションが増え、原則として取締役会を置くことは強制されていません。そして、取締役会を置かない場合には、代表取締役の選定も任意となりました（会社法三四九条三項）。

そうはいっても、大半の株式会社は会社法施行前から存在するものですから、取締役会を置く株式会社が多数ということはいえます。

そこで、ここでは主に取締役会設置会社における代表取締役について説明することにしましょう。

## 代表取締役の地位

いわゆる取締役会設置会社において、その業務執行に関する意思の決定を取締役会が行うことは、既に学んだところです。この取締役会において決定された意思・方針に基づき、その業務を執行し、対外的に会社を代表するのが代表取締役です（会社法三六三条一項一号、三四九条一項ただし書）。

代表取締役といえば、まず、だれもが社長を頭に浮かべますが、しかし、代表取締役はなにも社長だけとはかぎりません。さっきも述べましたように、副社長とか専務取締役、常務取締役などが代表権をもち、代表取締役であることも多いものです。

会社の規模が大きくなってきますと、取引の範囲も広くなってきますし、内部の業務執行のシステムも複雑になってきます。そこで、社長のほかにも、専務取締役や常務取締役などを置き、これに代表権をあたえて、業務を的確に、スピーディに処理できる体制をとる必要が生じてくるのです。

さて、代表取締役は、取締役会の決議により、取締役の中から選定されます（会社法三六二条二項三号）。このように代表取締役は取締役であることを前提としていますから、取締役会のメンバーを兼ね、これによって業務執行の意思決定と執行そのものが連繋されることになるわけです。

代表取締役の員数は一人でも数人でもかまいません。ある程度の規模の会社ですと、定款をもって、社長とか副社長、専務、常務などの取締役を置き、これらを代表取締役としているのが通例です。

なお、代表取締役の住所、氏名は登記事項になっていますので（会社法九一一条三項一四号）、会社の登記簿をみれば、代表権をもっているのが誰かわかります。

代表取締役の任期については会社法上明文の制限はありませんが、先に述べましたように、代表取締役は取締役であることを前提としていますから、取締役としての任期満了が代表取締役の任期満了ということになります（ただし、代表取締役の終任によって欠員となる場合または定款所定の員数がかけた場合は、その退任者は、後任の者が就任するまでは引き続き、代表取締役の権利義務をもつことになっています——会社法三五一条一項）。

また、取締役会は代表取締役を解職する権限も有しますので（会社法三六二条二項三号）、取締役会の決議により解職されたときも、代表取締役はその地位を失うことになります。

このように代表取締役は取締役の地位を失えば、当然に代表取締役の地位をも失うこととなりますが、これと反対に、代表取締役をやめたからといって、当然には取締役の資格をも失うものではありません。取締役の地位にとどまりながら、代表取締役だけを辞任することもできるのです。

代表取締役は、その職務執行について取締役会の監督に服するものですから（会社法三六二条二項二号）、自己の職務の執行の状況を、三か月に一回以上、取締役会に報告すべき義務を負っています（会社法三六三条二項）。

## 代表取締役は このような権限をもつ

代表取締役は業務の執行にあたる機関として、会社の内・外部に関する業務執行を行います。対外的な業務執行のために会社を代表する権限も有します。

もともと、会社の業務執行というのは会社の目的とする事業に関するいろいろな業務を行うことをいうのですから、その中には対外的な業務執行ももちろんふくまれます。このような業務執行で対外的な関係をともなう場合は、これを別の観点からみれば、すなわち会社代表となるわけです。ですから、会社の代表という行為は対外的な業務執行という意味をも有しているのです。

代表取締役の代表権は会社の営業に関するいっさいの裁判上または裁判外の行為におよび、会社がこれに制限を加えたとしても、それを知らない善意の第三者には対抗することができません（会社法三四九条四項、五項）。きわめて包括的な権限であるといえましょう。

ただ、例外として、会社と取締役（取締役であった者を含む）との間の訴訟については代表取締役も会社の代表権をもたず、監査役が置かれている場合は、監査役が代表権を有することになります（会社法三八六条）。これに対し、取締役会設置会社で監査役を置いていない場合は、取締役会が定めた者（株主総会が定めた者がいる場合はその者）が会社を代表することになります（会社法三六四条、三五三条）。

代表取締役が数人いる場合、代表取締役は各々、単独で会社を代表することができます。旧商法においては、代表取締役の代表権の濫用をチェックするために「共同代表」という制度を認めていましたが、あまり利用されておらず、濫用防止の効果もそれほどないと考えられることから、会社法では廃止されました。

もちろん、会社の内部的な統制手段として、複数の代表取締役が共同で代表行為をするよう決めることはできますが、そのような代表権に加えた制限は、前述のとおり善意の第三者に対抗することはできません。

ところで、社長、専務取締役、常務取締役など、会社に数人の代表取締役がいる場合、これらの各代表取締役の権限が右に述べたような包括的なものであるとしますと、会社の統一ある業務執行に支障をきたさないものでしょうか。

たしかに、これらの代表取締役は対外的にみれば包括的権限を有しているわけですが、実際にはだいたい、定款または内部のとりきめで、代表取締役の間の業務の分担をきめていたり、あるいは統一ある業務執行を期して、社長をヘッドとし、専務や常務をその補佐役とするなどしていますので、代表取締役が複数いても内部的に統率がとれないようなことはないのです。

## 代表取締役が株主総会や取締役会の決議によらずに行った行為

よく問題となるのは、代表取締役が株主総会や取締役会の決議によらずに行なった行為の効力はどうなるかということです。第三者はその行為が会社の代表者によって行われていますと、これを信頼するのが通常ですし、この場合は、この第三者の信頼を保護してやることも考えなければなりません。

その行為が会社の内部関係について行われた場合、たとえば総会の招集などは取引の安全を配慮する必要がないのですから、その効力を否定すべきでしょう。

しかし、会社の外部関係について行われた場合は、第三者の信頼の保護や取引の安全ということを考え、会社の利益をある程度犠牲にしても、その行為を有効と考えるべきでしょう。一般の取引行為や社債の発行などはこれです。もちろん、取引の相手方がこのような事情について悪意であるときは、会社もそれを主張してかまいません。

判例も、定款で取締役会の決議を要すると定めてある取引について、代表取締役が取締役会の決議を経ることなく行ったケースについて、取引の相手方が右の決議を経ていないことを知り、または知ることができたときにかぎり、その譲渡は無効になるとしています（最判昭和四〇年九月二二日民集一九・六・一六五六）。

## ある法律相談

こんな相談を受けたことがあります。A株式会社は学習机のメーカーでした。同社には、特に年度がわりの三月ごろに注文が殺到し、毎年、その時期になると、営業部門も大騒ぎでした。

同社の代表取締役は社長の甲野太郎と専務取締役の甲野小太郎でしたが、同社に長年勤め、現在は取締役の末席につらなっている乙野次郎もヒラ取でしたけれども、会社ではみんな、彼のことを常務、常務とよんでいました。会社としても、乙野の長年の勤続と年功をたたえる意味で、彼に「A株式会社常務取締役」という肩書がついた名刺を対外的に使用することを許していました。

その乙野がある年の三月上旬、A株式会社の常務取締役と名乗って、いままで、一、二度取引があっただけのB株式会社と学習机二〇〇本をA社が納めるという契約を結んだのです。代金は七〇〇万円ととりきめ、うち、三〇〇万円は契約と同時に支払いを受け、彼はこれをふところに入れたっきり、以後、会社には出てこなくなったのでした。

納期が過ぎても学習机が入らないB株式会社からの抗議で、この事情を知ったA株式会社はあわてました。乙野は、A株式会社の代表権をもつ取締役ではなかったのだし、猫の手も借りたい繁忙シーズンに新たに二〇〇本の学習机をすぐ納めるなどということは、とうていできない相談だから、A株式会社としてはB株式会社に対し、それは代表権限のない乙野が勝手に行った取引で、当社としては関係がないとつっぱねたいが、このようなことは法律上許されるでしょうかという相談でした。

ここでひとつ、みなさんといっしょに考えてみることにしましょう。

## 表見代表取締役とは

A株式会社の代表取締役は社長の甲野太郎と専務取締役の甲野小太郎であるということです。長年、同社に勤務してきた乙野取締役は取締役会のメンバーではあるのですが、代表取締役にはなっていません。いわゆるヒラ取の一人です。ただ、長年勤めあげた功労の意味もあってか、会社では乙野を「常務」とよんでいるということですし、会社も、乙野に常務取締役という肩書のついた名刺の使用を許してきているということでした。

この乙野がB株式会社と学習机を二〇〇本納めるという取引をしてきたというのですが、この取引はおそらく彼がA株式会社の常務取締役として、A株式会社を代表して行ったのでしょう。

A株式会社としては、代表権限のない乙野が勝手に行った取引であるから、当社としてはそのような取引はあずかり知らぬといいたいようでした。

本来は代表権のない取締役が行った対外的な行為については、会社としても、その責を負わなくてよいのですが、社長という名称をはじめ、専務取締役とか常務取締役という肩書をもった取締役の行為は、その者がたとえ代表取締役でなくても、外部の者がそのような行為をする権限をもっていると考え、取引を行ってしまうことは十分にあることです。このような外観を信頼した者は保護にあたいしましょう。

会社法は「株式会社は、社長、副社長その他株式会社を代表する権限を有するものと認められる名称を付した場合には、当該取締役がした行為について、善意の第三者に対してその責任を負う」(会社法三五四条)と規定しています。このような一見、代表取締役と認められるべき名称をつけられた、実は代表権のない取締役のことを「**表見代表取締役**」といいます。

この「表見代表取締役」について、旧商法二六二条では「社長、副社長、専務取締役、常務取締役その他」と規定されていましたが、会社法では「専務取締役、常務取締役」が削除されています。立法担当者の解説によると、これらは一般に代表権を有すると認められる名称ではなく、表見代表取締役の例示として不適切だからとされています。

しかし、「専務取締役、常務取締役」に代表権を与えている株式会社もあるわけですから、一般に与えていない会社が多いからという理由で、そのような肩書の者と取引した外部の者（第三者）の信頼は保護にあたいしないということはできないと思います。

A株式会社も、「常務取締役」という名称を付することを乙野に許してきたのですから、B社が乙野にそのような取引をする権限がないことを知らなかった以上、彼の行った学習机の取引について、当社はあずかり知らぬとの主張をさせることは妥当とは思われません。

## 取引の相手方が善意ではあったが過失があったときは

それではすこし、問題をつっこんで、表見代表取締役の行った行為を信頼した第三者が善意ではあったけれども、そう信頼することについて過失があったときはどうでしょうか。この場合も第三者の信頼は保護され、会社は会社法三五四条により、その第三者に対して責任を負わなければならないのでしょうか。

会社法三五四条は民法の表見代理の規定と親類で、いわば表見代理の規定を商事の世界において特殊化したものであるということができます。表見代理は、代理権のない代理人（無権代理人）が行った行為であっても、特に本人とその無権代理人との間に法律の定める一定の緊密な関係がある場合には、相手方、本人間に無権代理人に真正の代理権があったと同じ効果を発生させる制度です（民法一〇九条、一一〇条、一一二条）。この民法一〇九条などの表見代理が適用されるためには、第三者は善意無過失であることを要すると一般に説かれているものですからやっかいです。

判例は、この点につき、「（旧）商法二六二条（現行の会社法では三五四条）に基づく会社の責任は、善意の第三者に対するものであって、その第三者が善意である限り、たとえ過失がある場合においても、会社は同条の責を免れ得ないものと解するのを相当とする。けだし、同条は会社を代表する権限を有するものと認むべき名称を付したことに基づく責任をば、特に重からしめるための規定であるからである」（最判昭和四一年一一月一〇日民集二〇・九・一七七一）と説いています。

ただ判例も、代表権がないことを知らないことにつき第三者に重大な過失がある場合は、これを悪意と同視し、会社はそのような第三者に対しては表見代表取締役の行為につき責任をまぬがれると判示しています（最判昭和五二年一〇月一四日民集三一・六・八二五）。

つまり、判例の考えは、代表権がないことを知らないことにつき、第三者に過失があっても保護されるが、重過失があった場合には悪意と同視できるとして保護を否定するというものです。

**参照条文**

**民法一〇九条（代理権授与の表示による表権代理）**　第三者に対して他人に代理権を与えた旨を表示した者は、その代理権の範囲内においてその他人が第三者との間でした行為について、その責任を負う。ただし、第三者が、その他人が代理権を与えられていないことを知り、又は過失によって知らなかったときは、この限りでない。

## 代表取締役の地位と役割

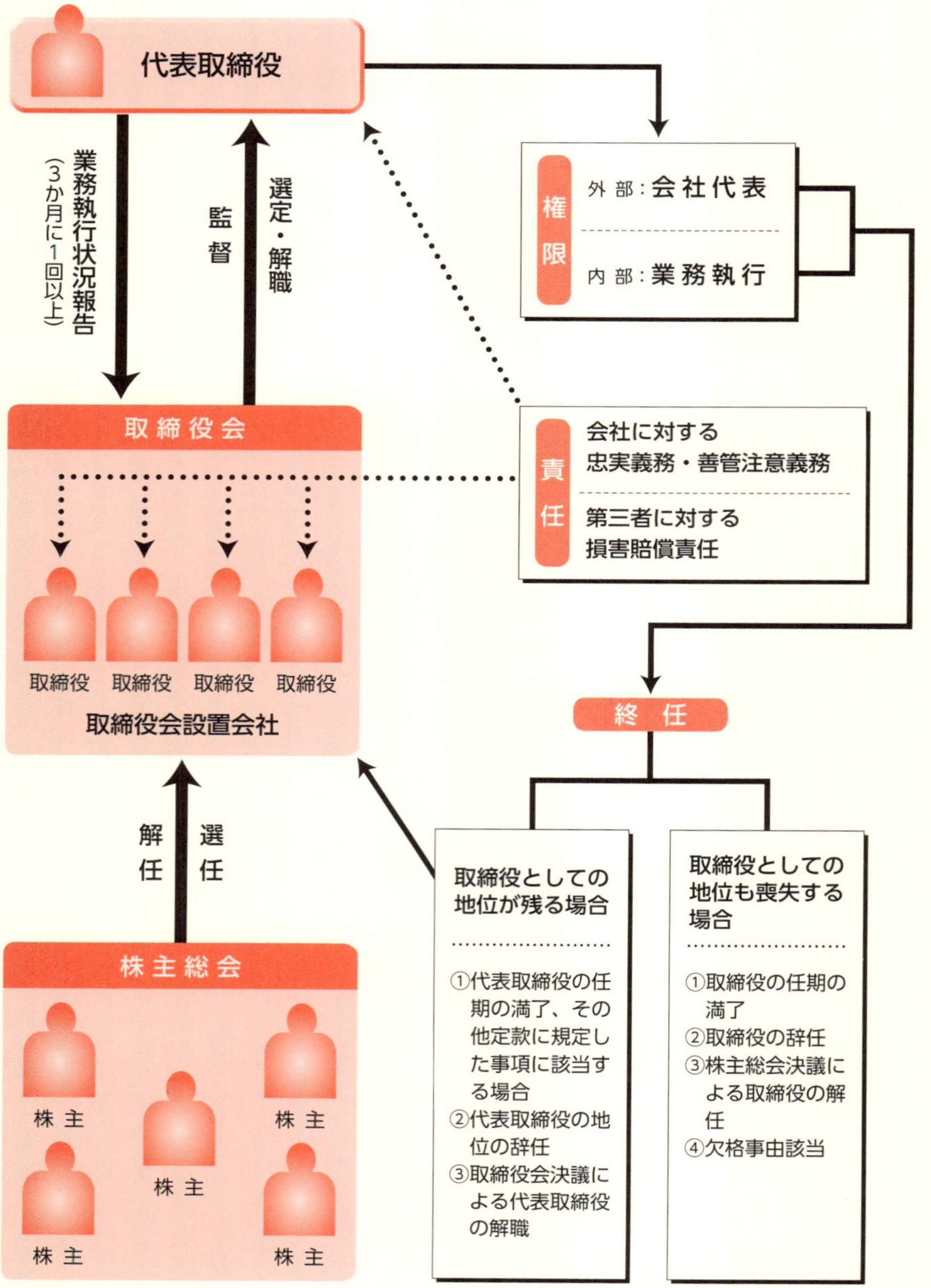

PART 4

# 使用人と表見代表

▼従業員に「常務取締役」の肩書を使わせていた会社

## ことの経緯

さして大きくない甲社という会社にBという使用人がいました。

Bは甲社の取締役ではなかったのですが、代表取締役・社長のAはなにかにつけて、この男を用いていたようです。特に甲社が他から金の借り入れをするに際しての交渉ごとについては、平素から、社長AがBに委任し、Bがこれにあたっていました。借金の交渉にあたっては、Bは社長Aの了解のもとに、外部に対し、「甲会社常務取締役」という肩書のある名刺を使用、社長Aの印鑑もあずかって契約を結んでいました。

この件でも、Bは、いつもと同様、甲会社の常務取締役の肩書で、CやDに会い、甲社の社印および社長Aの印鑑を用いて作成した約束手形を使って、三〇万円の金銭借入れを頼みこみました。

借入れの方法は、Bが甲社の社印と社長Aの印鑑を使って作成した約束手形を交付し、その約束手形を使って手形貸付を受けるというかたちをとりました。関係者も多く、その過程はちょっと複雑でしたが、そのへんのところはここでは省略しましょう。要するに、Bはそうやって、Dから借入れをしたのです。ただ、Bが本件借り入れの交渉をするについては、Bも社長Aからの委任をとりつけてはいませんでした。また、こうして借り入れた金は、Bにも一部しか渡らなかったものの、甲社にもまったく入金されませんでした。

この借入金について、弁済期がきましたが、Bは借入金を返済できませんでした。困ったBは返済の猶予を得るため、またまた、甲社の社印および社長Aの印鑑を使って、白紙委任状を作成、これを貸主Dに渡しました。そこで、Dは、元利金四三万円の返済を約する旨の公正証書を、Cに委嘱して作成させました。

甲社はのちにこのことを知り、金四三万円の借金について作成されたこの公正証書は、同社の使用人Bの無権代理によって作成されたことなどを根拠に、請求異議の訴えを起こしたのです。

## 甲社の主張

一審裁判所の判決は、結論としては甲社の責任を認め、上級審もこれを支持したのですが、まずは問題点の一つである、会社の使用人が同社常務取締役の名称を使用してなした行為につき、会社は責任を負うかということについて、甲社のいい分をみてみましょう。

甲社は上告理由で、この点について、大要、次のように主張しました。

（旧）商法二六二条は、会社を代表する権限を有するものと認むべき名称を付した取締役が、その取締役たる名称のもとに、自己の名をもってなした行為につき、会社が責任を負うべき旨を規定したものと解すべきなのだから、本件のように、Bが代表取締役Aの署名捺印を偽造して、その代表取締役の名において手形を振り出し、もって金員を借り受けた場合には、同条の適用はなく、もとより類推適用の余地なんかもないのだと。

## 表見代表取締役の制度と使用人

株式会社を外に対して代表するのは代表取締役です。しかし、社長とか副社長など、代表権があるかのような名称の肩書をもった取締役の行為は、その者がたとえ代表取締役でなくとも、外部の者は、これを代表取締役の行為と誤認してもやむを得ないといえるから、そのような肩書、名称をつけた取締役の行為については「表見代表取締役」の行為として、会社も善意の第三者に対しては責に任じなさいと定めているのでした。

それでは、取締役でもなんでもない、会社の使用人が、会社の代表権限があるような名称の使用を許されて行なった行為については、どうなるのでしょうか。

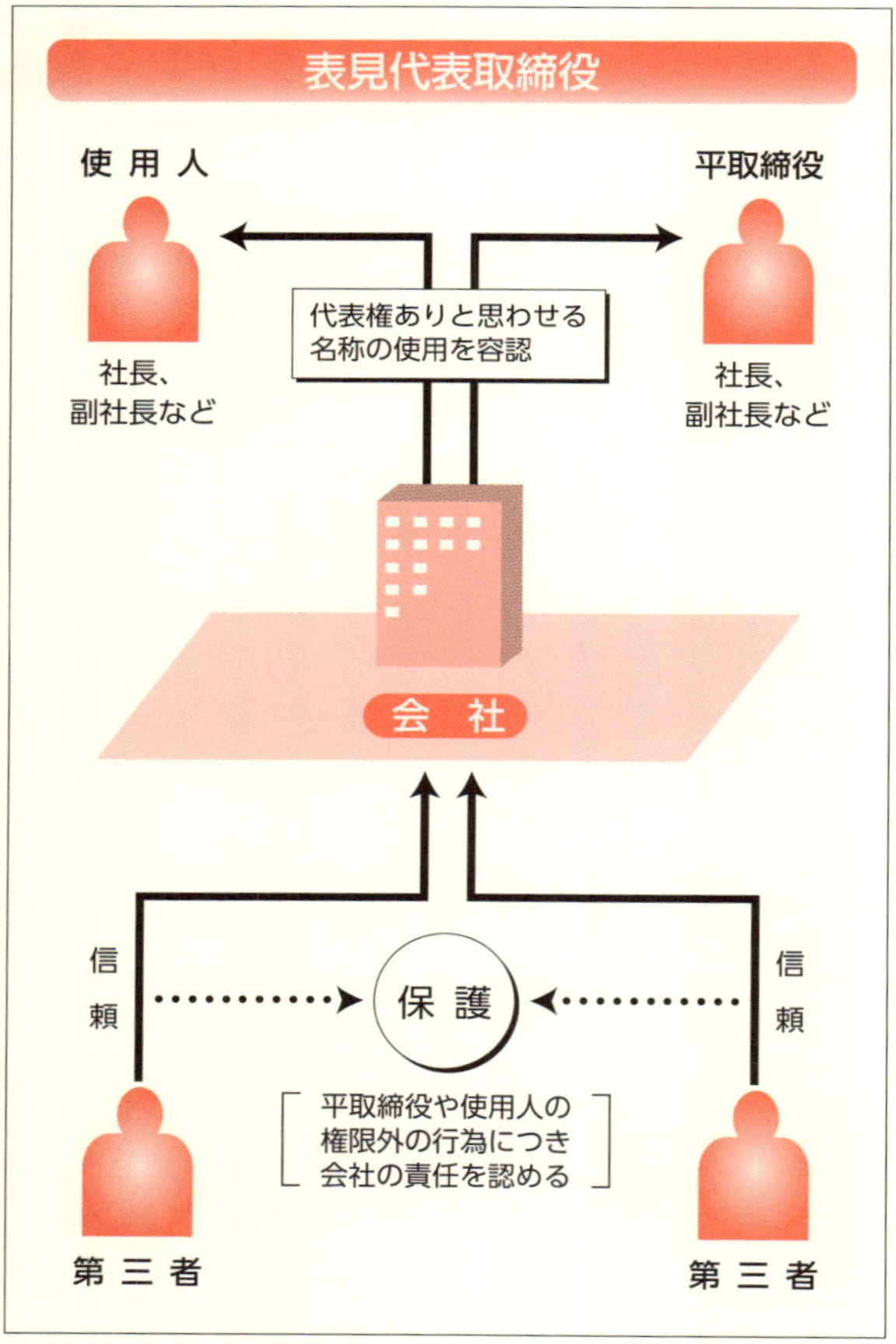


もともと、表見代表取締役の制度は、会社が会社の代表権限があることを推測させるような名称をつけ、行為者に代表権があるような外観をつくり出していた場合に、その外観を信頼した第三者を保護し、そうすることによって、取引の安全をはかろうとしたものです。この趣旨からすれば、取締役が、「常務取締役」などの名称を付与された場合と、使用人がそのような名称を付与された場合とを別に扱う理由もないといえます。

## 判決はこう説いた

一審の判決はこの点については、Bは従前、甲社の代表取締役Aの委任を受けて、他からの金銭の借り入れに従事し、その際は、Aの了解のもとに、甲社常務取締役の名称を使用していたが、本件借り入れにあたっても、右名称を使用し、甲社を代表して消費貸借を結んだと認定したうえ、本件については、Bを取締役と認め得ないから、右（旧）商法の規定を直接適用すべきではなく、取締役に選任されていないのに、事実上、代表権のある取締役であるかのような名称を使用して、取引に従事したBの行為については、これを類推適用し、会社の表見的責任を認めるのが相当である、としました。

そして、控訴審は甲社の控訴を棄却し、最高裁判所は、かくのごとき場合においては、（旧）商法二六二条の規定の類推解釈により、使用人Bが、会社のためにした金銭の借り入れ行為について、会社は善意の第三者に対してその責を負うものと解するのが相当だと判示したのです（最判昭和三五年一〇月一四日民集一四・一二・二四九九）。

この判例は、旧商法二六二条に関するものですが、会社法三五四条も趣旨は同じですから、現在このような事件が起きれば、同条の類推適用を論じることになります。

## 取引の安全は強く要請される

この問題は、取締役ではない会社の従業員に会社の代表権の存在を推測させる名称の使用を許していた会社と、その外観を信頼した善意の第三者のいずれが保護されるべきなのか、（旧）商法二六二条の立法趣旨や取引の安全ということを考えれば、おのずと答が出ようというものです。

外観だけでも常務取締役などという肩書をつければ、外に対してはその使用人も将となりましょう。先人は〝将、外に在りては君命も受けざるところあり〟と教えています。将が戦地にいるときは、ときに独断専行もやむを得ないということです。

便利な使用人であっても、彼に専務や常務などという名刺を使わせて会社の対外活動をさせるべきではありません。

### ▼「取締役営業部長」と契約しても大丈夫か？

会社間の取引においては契約書を作成することが多いですが、そのような契約当事者は会社ですから、代表権を有する者が契約を締結すべきです。

ところが、なかには「取締役営業部長○○」や「営業部長」などの肩書で調印された契約書もみられます。このような契約は有効といえるのでしょうか。

もちろん、会社間の契約ですから、調印する者に代表権があることを確認すべきですが、その者に代表権がないからといって調印できないわけではありません。要は、右のような者に調印できる権限が付与されているかどうかであり、代表取締役からその契約締結権限の委任（代理権）を受けていれば、その契約の効力は会社に及ぶことになります。

それでは、そのような権限があると誤認して契約をしてしまった場合、その契約の効力はどうなるでしょうか。

右のような名称は、一見して代表権を有すると認められる名称といえませんので、表見代表取締役の規定（会社法三五四条）の類推適用によって保護されることは難しいと思われます。しかし、契約の相手方が代理権のないことにつき善意無過失であれば、民法上の表見代理の規定（民法一〇九条、一一〇条、一一二条）により、契約の有効を主張できる余地があります。また、契約が有効と認められない場合は、会社に対し、その使用人の不法行為によって損害を被ったとして、いわゆる使用者責任（民法七一五条）を追及することも可能でしょう。

PART 5

# 取締役の義務と責任

▼取締役には重大な義務と責任が課せられている

## 1 取締役と会社との関係

### 取締役の会社に対する義務

取締役と会社との関係には民法の委任に関する規定が適用され（会社法三三〇条）、取締役は、受任者として、委任の本旨にしたがい、その職務を善良な管理者の注意義務（その人が属している地位、職業等において社会の一般人として取引上要求される程度の注意のこと）のもとに遂行していかなければなりません（民法六四四条）。

会社法は、取締役のこの善良な管理者としての注意義務（**善管注意義務**）をさらに具体的、注意的に「取締役は、法令及び定款並びに株主総会の決議を遵守し、株式会社のため忠実にその職務を行わなければならない」と規定しています（会社法三五五条）。これを取締役の「**忠実義務**」といいます。

右のような忠実義務に従って取締役はその職務を行うべきですが、それに反して会社に損害を与えた場合には、その任務を怠ったものとして取締役は会社に対し損害賠償責任を負うことになります（会社法四二三条一項）。このように取締役に損害賠償責任を負わせて会社の損害を回復しようというわけですが、未然にこのような損害の発生を防げれば、その方が望ましいといえましょう。そこで、会社法は、会社に損害を与えるおそれが大きいと考えられる取引を類型化して、その取引を制限しています。

### 取締役の競業取引・利益相反取引は制限されている

取締役が会社と同じような事業を他の会社で行うような場合（自己または第三者のために行う会社の事業の部類に属する取引【**競業取引**】）、その取締役は会社のノウハウや顧客情報などを使うことができますので、会社の営業機会や顧客を奪うなどして会社に損害を与えるおそれがあります。

また、取締役が会社からお金を借りたり、他の会社の代表取締役や代理人として会社と取引をする場合（自己または第三者のために会社との間で行う取引【**直接的な利益相反取引**】）は、自己の利益や他の会社の利益を優先してその取引を行い、その結果として会社が損害を被ることも十分に考えられるところです。

さらに、会社が取締役の債務を保証するような場合は、会社と債権者との間の取引であって会社と取締役が直接取引するわけではありませんが、結果的には会社の負担によって取締役が利益を得るという構図になりますから、このような取引会社とその取締役との利益が相反する取締役以外の第三者と会社との間で行う取引【**間接的な利益相反取引**】）の場合も取締役が自己の利を図って会社に損害を与えるおそれが大きいといえます。

そこで、会社法は、取締役が以上のような取引をしようとするときは、その取締役は、取締役会（取締役会を設置していない会社においては株主総会）におい

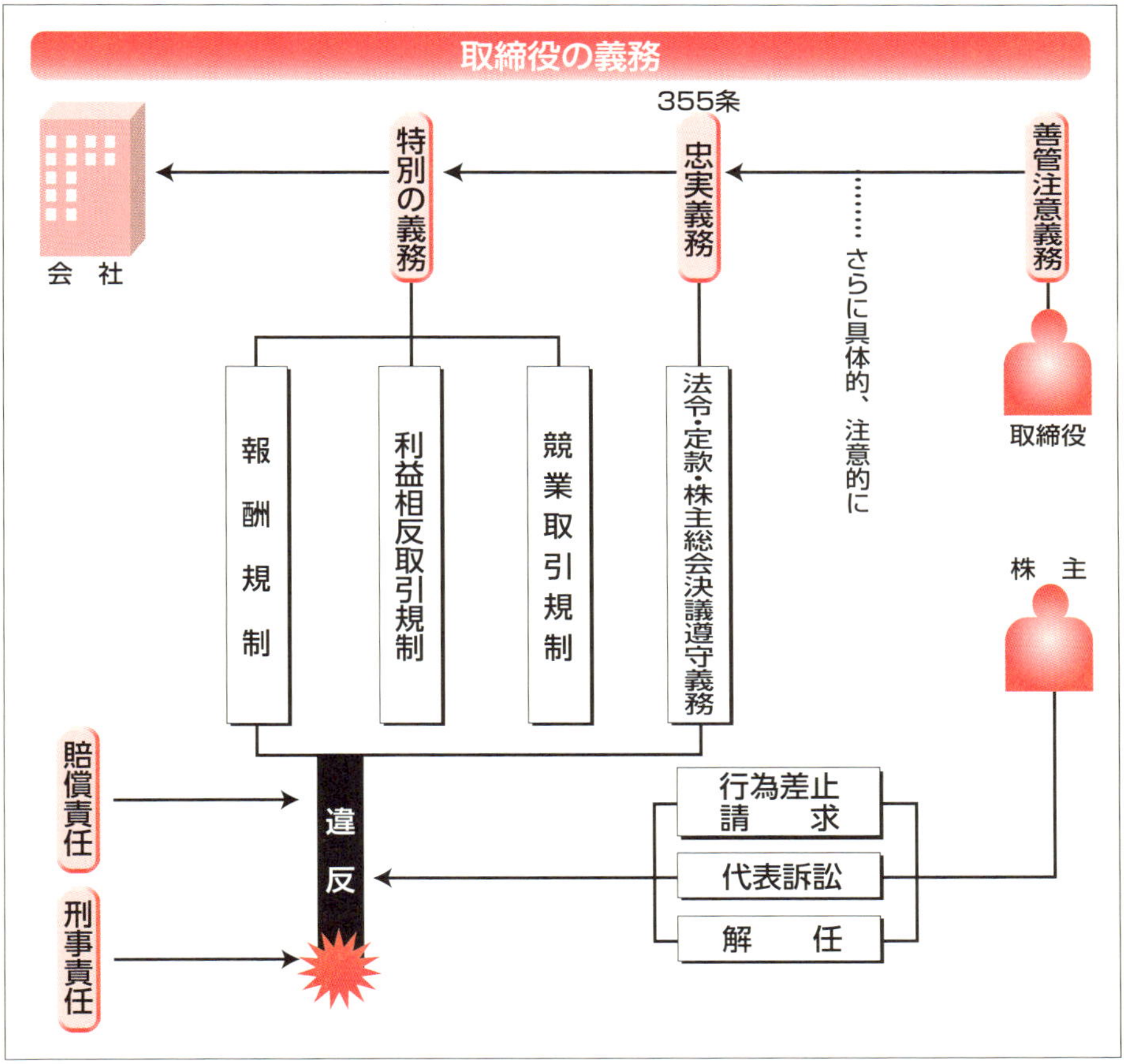


て、その取引に関する重要な事実を開示して、その承認を受けなければならないものとしました（会社法三五六条一項各号、三六五条一項）。

これは、取締役が自己または第三者の利益を図って会社に損害を与えることを防止するための規制ですから、右のような取引をしようとする取締役は、その取引が会社に損害を与えるようなものではないことを他の取締役（株主）に理解させるに十分な事実を開示すべきです。

また、取締役会設置会社においては、右のような取引を行った取締役は、その取引後遅滞なく、その取引についての重要な事実を取締役会に報告すべきとされています（会社法三六五条二項）。これは右のような取引に関して、事後的に、取締役会が適切な措置をとれるようにするためです。したがって、この報告義務は、承認の有無に関係なく、取引をした取締役に課されるものです。

なお、民法一〇八条は、同一の法律行為について、相手方の代理人となり（自己契約）、または当事者双方の代理人となること（**双方代理**）を原則として禁止しており、右の直接的な利益相反取引はまさしくこれらに該当しますが、取締役会（株主総会）の承認を得た取引については その適用を排除することとしているのです（会社法三五六条二項）。

ところで、会社法が取締役と会社との利益相反取引を制限したのは、もっぱらそのような取引によって会社が犠牲になることを心配したためです。したがって、ここでいう取締役会の承認を要する取引というのは取締役の利益のために会社が損をし、犠牲になる取引のことです。取締役が自分の財産を会社に贈与したり、無利息で金を会社に貸し付けたりするような場合は取締役会の承認を要しません。行為の性質上、会社と取締役との利害衝突のおそれがないからです。

## 承認を得ない取引の効果

まず、いずれの取引についても、取締役会等の承認がない場合は会社法に違反するものですから、取締役がその任務を怠ったことは明白です。そして、それらの取引によって会社が損害を受けた場合には、その取締役は会社に対し損害賠償責任を負うことになります（会社法四二三条一項）。この損害賠償責任については後で詳しく説明します。

それでは、競業取引を差し止めることは可能でしょうか。

競業取引に関して会社の営業秘密を不正に取得したような事情があるときは、不正競争行為としてその差止め請求権が認められることになります（不正競争防止法三条一項）。また、不正競争行為といえない場合でも、その競業取引によって会社に著しい損害が生ずるおそれがある場合には、監査役等による差止め請求権が認められています（会社法三八五条一項、四〇七条一項）。

なお、取締役が自己のために競業取引をした場合について、旧商法では、その取引を会社のために行った取引とみなすことができるという「介入権」が認められていましたが、会社法ではこの制度は廃止されました。

次に、取締役会等の承認のない利益相反行為は有効でしょうか、それとも無効なのでしょうか。

その行為を行った取締役と会社との間においては会社の損害を回避するために無効とすべきでしょう。しかし、その取引について第三者が関与している場合には、その者の取引の安全を守る必要がありますので、その第三者との関係においては原則として有効とすべきです。ただ、その第三者が、その取引が利益相反取引であること及びそれに関して取締役会等の承認のないことを知っているのであれば、そのような者の取引の安全を守ってやる必要はありませんから、会社は取引の無効を主張できるというべきでしょう。

要するに会社は、取締役に対しては利益相反取引の無効を主張できますが、善意の第三者に対しては無効を主張できないと考えるのです。このような考え方を「相対的無効」といい、判例も同様の考え方を採用しています（最判昭和四三年一二月二五日民集二二・一三・三五一一）。

## 取締役の報酬は定款の定めか株主総会できめる

取締役の報酬を取締役自身や取締役会が決定することは、ときに、お手盛りとなって、会社や株主の利益を害するおそれがあります。そこで会社法は、会社が、取締役に対し、報酬、賞与その他職務執行の対価である財産上の利益（「報酬等」といいます）を支給するためには、その報酬等の種類によって次の事項を定款または株主総会の決議で決めることを要求しています（会社法三六一条一項）。

① 額が確定しているものについては、その額

② 額が確定していないものについては、その具体的な算定方法

③ 会社の募集株式、募集新株予約権については、それらの数の上限等

④ 会社の募集株式や募集新株予約権の払込に充てるための金銭については、株式等の数の上限等

⑤ 金銭でないもの（募集株式等を除く。）については、その具体的な内容

右のように規制される取締役の報酬等は、「職務執行の対価として株式会社から受ける財産上の利益」ですから、名目の如何を問わず「職務執行の対価」であれば全て含まれますし、「財産上の利益」ですから金銭以外の現物（新株予約権や社債など）も含まれることに注意してください。

右のような事項の決定を株主総会が取締役や取締役会に一任することは許されませんが、この規制の目的はお手盛り防止ですから、取締役全体の報酬等の総額（または最高限度額）を株主総会で決定し、個々の取締役に対する配分については取締役会等に委ねるという取扱いは許されます。

この個人別の配分について取締役会決議により代表取締役に一任するということもできますが、その場合、取締役が代表取締役の顔色を見て、代表取締役の職務の監督に手心を加えるようなことがあってはなりません。そこで、取締役会による適切な監督がより必要とされる上場会社等においては、取締役会で取締役の個人別の報酬等の内容についての決定に関する方針（内容は法務省令で定められています。）を決定し（会社法三百六十一条七項）、その概要を事業報告で開示しなければならないこととしています。このような規制は上場会社等に限られていますが、通常の会社においても取締役の監督が十分になされることが望まれますので、報酬の配分についてはあらかじめ取締役会において客観的な基準や具体的な方針を決めておくべきといえましょう。

報酬等について定款の定めまたは株主総会の決議がなければ、取締役は会社に対し、具体的な報酬請求権はありません（最判平成十五年二月二一日金判一一八〇・二九）。したがって、代表取締役が勝手に自分の報酬額はいくらが相当であると決めて、会社の預金を引き出すようなことをすれば、業務上横領罪といわれても仕方がないでしょう。

逆に、右のような定款の定めや株主総会の決議がある場合には、取締役に具体的な報酬請求権が発生しますので、その後、株主総会が特定の取締役について無報酬に変更すると決めたとしても、その取締役の同意がなければ無報酬とすることはできません（最判平成四年一二月一八日民集四六・九・三〇〇六）。

どうしても報酬を支払いたくないのであれば取締役を株主総会で解任する必要がありますが、解任について正当な理由がない場合、損害賠償を請求される場合があります（会社法三三九条二項）。

なお、従来、賞与の支給は取締役報酬ではなく利益処分とされていましたが、会社法においては「報酬等」であることが明記されました（会社法三六一条一項）。税務上の取扱いが変わりますので、この点、注意が必要です。

## 退任取締役の退職慰労金は取締役報酬か

従来、退職慰労金につき、株主総会が

具体的な額を定めないで、金額などの決定を取締役会や代表取締役に一任する旨決議することがありました。しかし、退任取締役とはいえ、それまで同僚や部下であった他の取締役にその金額の決定を一任することはお手盛りの危険があるといえます。

そこで、このような退職慰労金も取締役報酬に含まれるとして規制すべきではないかということが論ぜられてきましたが、判例は、退職慰労金も在職中の職務執行の対価として支給されるものであるかぎり、報酬に含まれるとの見解でした（最判昭和三九年一二月一一日民集一八・一〇・二一四三）。

この点については、既に述べたとおり、会社法三六一条一項は「職務執行の対価として株式会社から受ける財産上の利益」と規定していますので、退職慰労金が職務執行の対価として支給される以上、その適用があることに問題はありません。

したがって、株主総会が最高限度額も決めずに取締役会や代表取締役に退職慰労金の支給について一任するのは右条項に反するものとして認められないというべきでしょう。

もっとも、前出の最高裁判決は、右のような決議であっても、会社の業績、勤続年数、担当業務、功績の軽重等から割り出した一定の基準によって退職慰労金を決定する慣例になっており、この慣例にしたがうことを黙示的に認めて決議したときは有効だとしています。

会社法制定後もこの判例の結論が維持されるか問題はありますが、右のような一定の基準が確立しており、その基準により金額または最高限度額が確定できる場合には、株主総会において黙示的に「その額」が定められたものとして有効と解される余地はありそうです。このような問題点のあることを理解して、退職慰労金を取締役会等に一任する株主総会決議をする場合には、その支給基準を株主に明らかにした上で行った方が無難といえましょう。

## 2 取締役の責任

### 取締役は会社に対して どのような責任を負うか

前に述べたように取締役には善管注意義務、忠実義務が課せられており、これらの義務にしたがって職務を行うことが要求されています。そのような任務を怠り、それによって会社に損害を与えたときは、その損害を賠償する義務を負うことになります（会社法四二三条一項）。この責任は、会社の損害を回復して株主および会社債権者を保護するために認められたものです。

会社が取締役に対し、この損害賠償責任を追及する場合には、会社において取締役がその任務を怠った事実を立証する必要があります。

この点、利益相反取引（会社法三五六条一項二号、三号）においては、その取引が取締役会等で承認された場合であっても、損害が生じた場合には、その利益相反取引をした取締役、会社がその取引

※ 取締役会に参加した取締役は議事録に異議をとどめないとその決議に賛成したものと推定されます（会社法三六九条五項）。したがって、利益相反取引の承認決議を行った取締役会の議事録において異議をとどめていない者は全てその決議に賛成したものと推定され、さらに会社法四二三条三項によりその任務を怠ったものと推定されることになります。

をすることを決定した取締役、その取引を承認する取締役会決議に賛成した取締役は、任務を怠ったものと推定されます（会社法四二三条三項…※）。

これによって、これらの取締役の方で任務を怠っていなかった事実を立証できなければ任務を怠ったということになりますから、会社側の立証の負担が軽減されることになるわけです。

さて、会社側で取締役が任務を怠ったことを立証できても、さらに、その任務懈怠によって会社に損害が発生したことと損害額を立証しなければ、取締役の損害賠償責任を問うことはできません。

しかし、取締役会等の承認を得ていない競業取引（会社法三五六条一項一号）については、その取引を行った取締役や第三者が得た利益の額をもって損害の額と推定することになっています（会社法四二三条二項）。これも会社側の立証の負担を軽減するもので、会社において取引を行った取締役等が得た利益の額がわかるのであれば、会社が受けた実際の損害を立証せずとも、その利益の額を損害額として取締役の責任を追及できるわけです。

利益相反取引や競業取引は、会社に損害を与えるおそれが大きい取引として、前にみたように規制されているのですが、その取引による損害賠償責任についても右のような推定規定をおいて取締役の責任を追及しやすくし、そのような取引をする取締役を牽制しているのです。

なお、取締役が自己のために（第三者のためにしたときは含まない）会社との間で取引したときは（会社法三五六条一項二号）、その任務を怠ったことがその取締役の責に帰することができない事由によるものであることを立証しても、損害賠償責任を免れることはできません（会社法四二八条一項）。いわゆる無過失責任を取締役に負わせるものです。

これを逆に考えますと、右以外の任務懈怠による損害賠償請求に対しては、取締役において、その任務懈怠が自己の責に帰することができない事由によるものであること、つまり無過失を立証すれば、その責任を免れることができることになります。すなわち、任務懈怠による取締役の損害賠償責任は原則として過失責任なのです。

さて、以上にみたような一般的な損害賠償責任のほか、個別に取締役の責任として定められているものがありますので、以下にみていきましょう。

①　会社が、株主に対し、分配可能額を超えて自己株式取得の対価を支払ったり、剰余金の配当をしたりすることは禁止されています（会社法四六一条一項、二項）。この禁止に違反して、株主に金銭等を支払った場合、それらの行為に関する職務を行った取締役や株主総会または取締役会においてその議案を提案するなどした取締役は、連帯して、会社外に流出した金銭等に相当する金銭を支払う義務を負います（会社法四六二条一項、会社計算規則一六〇条）。

会社は、その金銭等の支払を受けた株主に対して返還を請求することもできますが、多数の株主に返還させることは実際上難しいので、そのような職務を行った取締役等に連帯責任を負わせたものです。なお、この連帯責任を履行した取締役は、分配可能額を超えることについて善意の株主に対してその利益の返還を請求（求償）することはできません（会社法四六三条一項）。

右の取締役の責任は過失責任ですが、取締役がその職務を行うについて注意を怠らなかったことを証明すればその責任を負わないとして、過失の立証責任を取締役側に負わせています（会社法四六二条二項）。

なお、右のような無過失の証明ができない場合は、総株主の同意があってもその全部の責任を免除することはできませんが、総株主の同意があれば、その責任の範囲を分配可能額を限度とすることが可能です（同条三項）。

②　株式譲渡制限をする旨の定款変更等に対して、反対株主は、会社に株式買取請求をすることができますが（会社法一一六条）、この買取請求に対して株主に支払った金銭が右の分配可能額を超えるときは、その職務を行った取締役は、会社に対し、連帯して、その超過額を支払う義務を負います（会社法四六四条一項本文）。

右にみた違法配当等の場合の責任と比べると、その範囲が分配可能額の超過部分に限られているところが違います。また、無過失を証明すればその責任を負わないところ（同項ただし書）は右と同様ですが、総株主の同意があればその責任を免除できるところ（同条二項）は、右の責任より軽減されているといえます。

③　右に述べたような分配可能額の規制を守っていた場合であっても、自己株式の買取りや剰余金の中間配当等により、その事業年度末において分配可能額がマイナスになる場合があります。このような状態を「欠損」といいますが、このような欠損が生じた場合、その欠損の原因を作った取締役は、会社に対し、連帯して、欠損額を穴埋めする責任（欠損てん補責任）を負わせられています（会社法四六五条一項）。

ただし、欠損の原因となった行為によって株主に交付した金銭等の帳簿価額の総額が欠損額より小さい場合は帳簿価額の総額を支払えば足ります。また、右の「剰余金の配当」については、定時株主総会における剰余金の配当、資本金または準備金の減少を定めるための株主総会における剰余金の配当（配当財産の帳簿価額の総額が減少する資本金額または準備金額を超えない場合で、準備金組入れまたは資本金組入れを定めない場合に限る）は除かれています。これらは、事業年度末における欠損の原因とはなりえないからです。

右のような欠損が生じた以上、取締役の側で、その欠損の原因となった職務執行について注意を怠らなかったことを証明できなければ、その取締役は責任を負わなければなりません（会社法四六五条一項ただし書）。ただし、総株主の同意があれば、欠損てん補責任を全部免除することができます(会社法四六五条二項)。

④　すでに述べましたように、昭和五六年改正法は、総会屋の絶滅を目的として、会社は何人に対しても、株主の権利の行使に関し、財産上の利益を供与することができないものとしました。会社法もこれを引き継いでいます（会社法一二〇条一項）。

これに違反して利益供与がなされたときは、その供与に関与した取締役は、会社に対し、連帯して、供与した利益の価額を弁済する責任を負います。利益供与をした取締役は無過失責任ですが、それ以外の者は、その職務を行うにつき注意を怠らなかったことを証明すればその責任を免れます（同条四項）。

## 取締役の責任軽減…過酷な責任は経営を萎縮させる

会社は、国内の競業他社とはもちろんのこと、国外の会社と熾烈な競争を繰り広げているものも少なくありません。取締役としては、ときにはリスクを承知で大胆、果敢な経営方針を打ち出さなければならない場面も出てくるでしょう。

しかし、人は神ではありません。当時はよかれと思っていたものの、後で何らかの落ち度があるとわかり、会社に損害を与えてしまうことだってないわけではありません。

このような場合、落ち度のあった取締役は、会社に対して、任務懈怠による損害賠償責任を負うことになりますが（会社法四二三条一項）、この責任は、総株主の同意がなければ、免除することはできないと定められています（会社法四二四条）。

逆にいうと、総株主の同意があれば責任を免除できることになるわけですが、株主が多数になる上場企業等では、総株主の同意を得るなどおよそ不可能なことです。

そうなると、将来の高額な賠償責任を恐れて、経営が萎縮したり、あるいは取締役のなり手がいなくなったりするかもしれません。

そこで、会社法は、もう少しゆるやかな要件により（といっても、かなりハードルは高いですが）、取締役の責任を一部免除する制度を設けました。

まず、職務執行につき善意かつ無重過失の取締役については、株主総会決議によって、その賠償責任額から「最低責任限度額」を控除した額を限度として免除することができます（会社法四二五条一項）。

右の「最低責任限度額」とは、その取締役が在職中に会社から受領する報酬等一年分（会社法施行規則一一三条）を基準として、代表取締役であれば六倍、それ以外の業務執行取締役であれば四倍、さらにそれ以外の取締役（※）（以下「**非業務執行取締役**」といいます。）であれば二倍の金額をいいます。また、職務執行の対価としてではなく（職務執行の対価として付与されたものは右の「報酬等」に含まれます）、新株予約権を有利な条件で付与されている場合はその新株予約権の評価額がこれにプラスされます。

右の責任免除の議案を株主総会に提出する場合には、株主に対する情報開示として、その責任の原因事実および賠償責任額、免除できる額の限度およびその算定根拠、責任を免除すべき理由および免除額を開示しなければなりません（会社法四二五条二項）。

さらに、監査役設置会社、監査等委員会設置会社または指名委員会等設置会社においては、取締役が、右の責任免除の議案を株主総会に提出するときは、各監査役、各監査等委員または各監査委員（以下「各監査役等」といいます。）の同意を得ることとして（同条三項）、監査機関による監査を通すこととしています。

次に、監査役設置会社、監査等委員会設置会社または指名委員会等設置会社においては、職務執行につき善意かつ無重過失（つまり単なる過失の場合）の取締役の賠償責任について、責任の原因となった事実の内容、その取締役の職務執行の状況その他の事情を勘案して特に必要と認めるときは、右の最低責任限度額を限度として、その他の取締役の過半数の同意（取締役会設置会社においては取締役会決議）によって免除することができる旨を定款で定めることができます（会社法四二六条一項）。これらの会社には、それぞれ監査役、監査等委員会および監査委員会という取締役の業務を監査する機関があるため、株主総会において、取締役の責任の一部免除を取締役（取締役会）に委ねることができることとしたのです。

そのため、①右の定款の定めを設けるための定款変更の議案を株主総会に提出する際には、各監査役等の同意を要することとされ、②その定めに基づき責任の一部免除について取締役の同意を得る場合または③取締役会に責任の一部免除の議案を提出する場合にも、各監査役等の同意を要することとしています（同条二項）。

さらに、取締役の責任の一部免除をした場合、取締役は、遅滞なく、責任免除に関する事項および責任免除に異議があるときは一定期間（一か月以上）内に異議を述べるべき旨を公告し、または株主に通知しなければならず（公開会社ではない会社においては株主への通知）、これに対して総株主の議決権の一〇〇分の三（定款で下げること可）以上の議決権を有する株主が右期間内に異議を述べたときは、免除は許されないことになっています（同条三項ないし七項）。

このように定款の定めによる責任の一部免除も、かなりハードルの高いものといえます。

なお、右の定款の定めは登記事項とされています（会社法九一一条三項二四号）。このような責任免除は会社債権者の利害にかかわることだからです。

最後に、社外取締役を含む非業務執行取締役については、定款に定めることにより、会社との間で責任限定契約を締結することができます（会社法四二七条一項）。責任限定契約の内容は、非業務執行取締役がその職務執行につき善意かつ重過失のないときは、定款で定めた額の範囲内で、あらかじめ会社が定めた額と最低責任限度額とのいずれか高い額を限度として責任を免除するというものになります。

右の責任限定契約は非業務執行取締役であるからこそ認められるものですから、契約締結後、その会社の業務執行取締役となったときは、将来に向かってその契約の効力は消滅します（同条二項）。将来に向かって失効するわけですから、非業務執行取締役であった期間中の損害賠償責任については責任限定契約の効力が及ぶことになります。

監査役設置会社、監査等委員会設置会社または指名委員会等設置会社において、右の責任限定契約に関する定款変更の議案を株主総会に提出するために、各監査役等の同意が必要である点は右に述べたことと同様です（同条三項）。

なお、会社において、責任限定契約を締結した非業務執行取締役の任務懈怠により損害を受けたことを知ったときは、その後最初に招集される株主総会において、次の事項を開示しなければなりません（同条四項）。

① 責任の原因事実および賠償責任額、免除できる額の限度およびその算定根拠

② 責任限定契約の内容および契約締結の理由

③ その非業務取締役の損害賠償責任の免除額

※平成二六年改正前は「社外取締役」とされていましたが、社外取締役以外でも業務執行に関与しない取締役については、社外取締役と同様に、業務執行取締役に比し、その責任を軽くすることが相当であるため、このように改正されたものです。

## 取締役は第三者に対して どのような責任を負うか

取締役が任務を怠ったことによる責任は、本来、会社に対する関係で問題となるものですが、会社法はそのことから株主や会社債権者等の第三者も損害をこう

むることがあることを考え、取締役がその職務を行うについて悪意または重大な過失があった場合には、第三者に対しても、その損害を賠償すべきものとしました（会社法四二九条一項）。

もちろん、取締役は会社の機関としてその職務を行うものですから、その職務執行に違法性があり、それによって損害を受けた第三者は、会社に対して、民法七〇九条の不法行為責任を追及できますが、会社に資力がない場合は、その損害を回復することはできません。このような場合、第三者としては任務を怠った取締役個人に損害賠償請求できれば、より保護されることになります。

そこで、法は、取締役がその職務を行うについて悪意または重過失がある場合には、その第三者に損害を与えることについて故意または過失がない場合であっても、特別にその取締役が第三者に直接損害賠償責任を負うことにしたのです。

なお、この取締役の第三者責任は、その取締役の任務懈怠によって直接第三者が損害をこうむった場合であると、会社が損害をこうむることによって間接的に第三者が損害をこうむった場合であると問わず、その任務懈怠について悪意または重過失があれば認められるものです（最高裁昭和四四年一一月二六日民集二三・一一・二一五〇）。

また、次のような行為を行った取締役については、原則として、その行為により損害をこうむった第三者に対し損害賠償責任を負うものとしています（会社法四二九条二項一号）。

①　株式、新株予約権等を募集する際に通知すべき事項について虚偽の通知をした場合またはその募集のためのその会社の事業その他の事項に関する説明に用いた資料について虚偽の記載（記録）をした場合

②　計算書類および事業報告、これらの附属明細書、臨時計算書類に記載（記録）すべき重要事項について虚偽の記載（記録）をした場合

③　虚偽の登記をした場合

④　虚偽の公告をした場合

右の各行為を取締役が行ったときは、原則として、任務懈怠があったものとして損害賠償責任を負わなければなりませんが、その取締役において、その行為について注意を怠らなかったこと（無過失）を証明できれば、その責任を免れることができます（同項ただし書）。

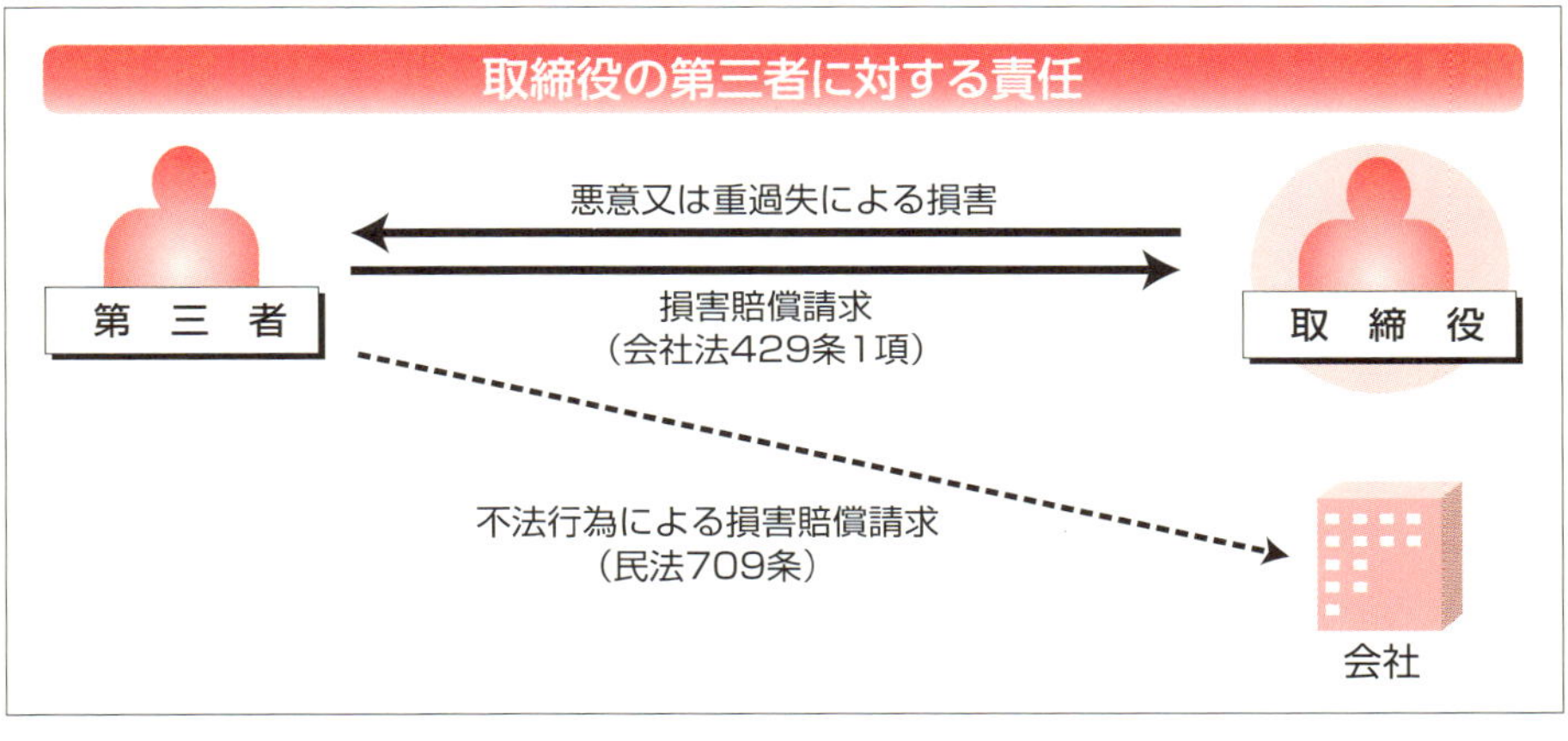

PART 6

# 自己取引手形と取引の安全

▼手形行為についての取締役会の承認

## 取締役の便宜をはかってやった会社

乙株式会社は、同社の取締役Aに、Aのための融通手形として、約束手形一通（以下(イ)の手形といいましょう）を振り出し、交付しました。Aはこの手形を甲に割引きしてもらい、その代金をもらいました。

また、乙社は、そのころ、受取人白地の別の約束手形一通（以下(ロ)の手形といいます）を振り出しましたが、こちらの手形は、以前に(イ)の手形と同様の事情で取締役Aに振り出した融通手形の書替手形だったのです。書替前の手形は甲が裏書取得して所持していましたので、書替のため甲に直接交付し、甲がAに受取人欄を補充させたり、白地裏書をさせたものでした。ただ、(イ)、(ロ)の手形とも、その振出については、乙社の取締役会の承認を得ていませんでした。

甲は(イ)、(ロ)の手形所持人として、満期に呈示をしましたが、手形金の支払いを拒絶されたので、乙社に対し、手形金請求の訴えを起こしたのでした。

一、二審とも、原告甲の勝訴。乙社は上告しました。

乙社の主張は多岐にわたりましたが、最も重要な主張は、かいつまんでいえば、この手形(イ)、(ロ)の振出は旧商法二六五条（会社法三五六条一項二号、三六五条一項）の会社、取締役間の取引であり、取締役会の承認を要するところ、その承認がなかったから、手形振出は無効であり、乙社は手形債務を負わないということでした。

## 自己取引の規制と手形行為

前のパートでみましたように、取締役が自己または第三者のために会社と取引をなすには、取締役会の承認を受けなければなりません（会社法三五六条一項二号、三六五条一項）。取締役と会社との取引を自由にしておくと、取締役が会社の犠牲において、自分自身の利益をはかるおそれがあるからです。人間はとかく、自分のサイフをふくらませることばかり考えたがるものですので、法はそういう弱点ももつ人間（取締役）をあまり信用せず、こう規制したわけです。

この件での、乙社と同社取締役Aとの間の手形振出のような手形行為についても、多くの学説は、取締役会の承認が必要と解しています。手形行為も自己取引にあたり、会社、取締役間の手形行為は当然、取締役会の承認を受けなければならないと考えるわけです。

みなさんは、手形面や手形の付箋に「取締役会承認済」と記載された手形を見かけたことがあるかもしれません。あれは、この自己取引手形について、取締役会の承認があったという事実を表示しているのです。

もっとも、そのような記載があるからといって取締役会の承認があったといえるわけではありません。偽装であればどうにもなりません。実際に取締役会の承認があったか否かが問題なのです。

## 最高裁判所の判断

さて、さっきのケースで、最高裁判所はどう判断したでしょうか。

まず、手形行為も取締役会の承認を経ることを要する取引にあたるか、という点についてみますと、約束手形の振出は、取引の決済手段としてのみ行われるものではなく、信用授受の手段としても行われ、振出人はこれにより原因関係におけるとは別の新しい債務を負い、それは原因関係上の債務よりも、いっそう厳格な支払義務であるから、会社がその取締役にあてて約束手形を振り出す行為は、原則として（旧）商法二六五条にいう取引にあたり、取締役会の承認を受けることを要するといって、積極に解しました。

ただ、つづいて、判決は、手形が本来、不特定多数人の間を転々流通する性質を有するものであることを考えれば、取引の安全の見地より、善意の第三者を保護する必要があるといっています。すなわち、会社は当の取締役に対しては、取締役会の承認を受けなかったことを理由に、その手形振出の無効を主張しうるけれども、一旦、その手形が第三者に裏書譲渡されたときは、第三者に対しては、手形振出につき取締役会の承認を受けなかったことのほか、その手形は会社からその取締役にあてて振り出されたものなので、振出については、取締役会の承認がなかったことにつき、第三者が悪意であったことを主張、立証するのでなければ、振出の無効を主張して手形上の責任をまぬがれ得ない、と説いたのです（最判昭和四六年一〇月一三日民集二五・七・九〇〇）。

この問題については、実は判例も古くからこういってきたのではありません。古い判例は、自己取引手形と（旧）商法二六五条について、同条は手形取引にも適用があるとしましたが、同条の承認を経ない自己取引は無効であり、この無効は第三者にも対抗できるのだ（ただし、追認によって有効となりうる）という態度をとってきました。

そう解すれば、取締役と会社との間の手形行為につき、取締役会が承認をしていない会社の利益にはなりますけれども、反面、何も知らない第三者は、不測の損害をこうむることとなります。これでは、手形取引の安全を害することになります。

この件についての最高裁判所の判決は、この点を考え、従前からの態度を変更したのでしょう。

だいたい、たとえば、甲株式会社が同社の取締役Aに対し、手形を振り出すについて、取締役会の承認を経ることを要するというのはいいとして、この承認を得ないで手形を振り出したら、会社は、その手形振出は無効だと、取締役Aに対して主張できるだけでなく、取締役Aから裏書譲渡を受けた、なんにも事情を知らない甲や、同様の後者に対しても主張できるというのでは、いかにも善意の第三者の立場を無視しています。

手形の記載からは、目の前にある手形が、自己取引によったのかどうか、知ることができない場合もすくなくないでしょう。また、自己取引手形についての取締役会の承認の有無を知ることは、会社外の人間にはむずかしいことです。取締役会の承認などというのは、たいがい、会社の奥まった役員室や会議室の中で行なわれます。

あれこれ考えれば、この件での最高裁判決の結論は、妥当といわなければなりません。

PART 7

# 代表取締役の業務執行を監視する義務

▼取締役は安閑としてはいられない

## 取締役は目を光らせていなければならない

　株式会社の現代取引社会における特徴の一つは、取締役や代表取締役の権限の強大化にあると説かれています。事実、そのとおりだと思いますが、しかし、同時に取締役にはその強大な権限に対応して重い責任が負わされています。また、近年はわが国でも、取締役に対する責任の追及がきびしくなってきてもいます。アメリカなどでは、取締役責任の追及がきびしいことから、そのための責任保険が普及しているということです。

　くりかえし述べてきましたように、代表取締役の業務執行を監督する重要な機関の一つは取締役会ですが、そのメンバーである取締役一人ひとりも、ただ取締役会にあらわれた事項についてだけ、受動的に審議していればそれでよい、というわけにはいきません。

　取締役、特にヒラ取締役のこの監視義務については、判例もはじめは監視義務の範囲を取締役会にあらわれた事実にかぎるとするものが多かったのですが、最判昭和四八年五月二二日民集二七・五・六五五は次のように判示しました。

「株式会社の取締役会は会社の業務執行につき監査する地位にあるから、取締役会を構成する取締役は、会社に対し、取締役会に上程された事柄についてだけ監視するにとどまらず、代表取締役の業務執行一般につき、これを監視し、必要があれば、取締役会を自ら招集し、あるいは招集することを求め、取締役会を通じて業務執行が適正に行われるようにする職務を有するものと解すべきである」。

　取締役会設置会社において、代表取締役の会社業務に対する監督権は、取締役会という合議体で行使されるべきものではありますが（会社法三六二条二項二号）、取締役会のこの監督の機能を有効かつ適切に発揮せしめるためには、各取締役は、ただ単に取締役会の会議に上程される議案についてだけ、受け身の態度で協議し、判断するだけでは不十分です。

　取締役は会社に対してそれぞれ善管注意義務、忠実義務を負っていますし（会社法三三〇条、民法六四四条、会社法三五五条）、業務執行についての監督機関である取締役会の構成メンバーです。そして、そこでは代表取締役の選定、解職も行うことが可能なのです。取締役はまた、取締役会を招集し、あるいは招集することを求めることもできます。以上のようなことを考えるときは、取締役に、取締役会を通じて代表取締役の業務執行について監督をすべき職責がある、と考えるのは妥当というべきでしょう。

　この判決は私たちに、取締役も取締役会の構成員として、代表取締役の業務執行の過程を監視していくべき義務があり、この任務を怠ると、そのことを理由に、会社や第三者に対して損害賠償責任を負わせられることがあることを教えてくれたのです。

## 会社法は取締役に監視義務を負わせている

　このように、代表権をもっていないただの取締役であっても、取締役たる者は、代表取締役の業務執行を監視していかなくてはなりません。そして、代表取締役が法令や定款に違反する行為をしたり、たとえば危険な融通手形を濫発したりするなど、乱脈な経営を行なっているときは、場合により取締役会を招集するなどし、取締役会を通じて、代表取締役の業務執行が適正に行なわれるようにすべき職責を負っているのです。

　もとより、そのためには、常日頃、会社の経営内容、営業の状態を的確に把握していなければなりません。そういう任務を会社法は取締役に課していると考えるべきでしょう。

　会社法は、全ての会社に取締役会の設置を強制しているわけではありませんので（会社法三二七条一項）、取締役会のない会社もあります。そのような会社でも、取締役が複数いる場合は、同様に各取締役がそれぞれ他の取締役の業務執行を監視する義務があるというべきでしょう。この点は、取締役会設置会社の取締役と異なる考えをとる必要はありません。会社によっては、代表取締役が幾人かいる場合もあります。このような場合も、代表取締役Aが、他の代表取締役Bの不正な行為によって、会社に損害が生ずるのをチェックしようとせずに、これを漫然、放置していれば、やはり任務を怠ったことになりましょう。

　判例も、代表取締役が他の代表取締役その他の者に会社の業務のいっさいをまかせきりとし、それらの者の不正行為ないし任務懈怠を看過するに至るような場合は、みずからもまた、悪意または重大な過失により、任務を怠ったものと解するのが相当だといっていいます（最判昭和四四年一一月二六日民集二三・一二・二一五〇）。

## 名義だけの取締役であっても

　小さな会社には、よく、名義だけの取締役がいます。代表取締役の社長が、一人でみんな会社をとりしきり、全ての業務執行はその社長が独断、専行しており、他の取締役は業務の運営、執行にはまったく関与していないというような会社も世の中にはけっこうあります。こういう会社は、社長の一存で全て、ことが運ばれるものですから、取締役会など開かれないことも多いものです。

　名義だけの取締役というのは、だいたいが代表取締役の友人、知人とか身内の者などで、その中には、「私は単に社長にたのまれて名前を貸しただけだ」という程度の認識しかもっていない人もすくなくないようです。

　しかし、名義だけの取締役でも、取締役選任の手続きをとっている以上は、法律のうえではりっぱな取締役です。その会社の登記簿にはちゃんと「取締役甲野太郎」と記載されてもいるでしょう。こういう名義だけの取締役であっても、法律上は取締役なのですから、取締役としての任務を怠り、代表取締役の放漫な経営を放任していたりすると、それによって第三者から損害賠償請求を受けた場合（会社法四二九条一項）、故意または重大な過失により取締役としての職務を怠ったものとされかねません。

　とにかく、会社の取締役たる者は、みずからのこういうたいせつな義務を怠ると、その責任を追及されることになるのです。しかも、そのような責任追及の場では、えてして、賠償額も大きくなりがちだということも肝に銘じておく必要があります。

PART 8

# 株主代表訴訟

▼役員同士のなれ合いは許されぬ

## 株主代表訴訟とは

取締役、会計参与、監査役、執行役又は会計監査人（以上まとめて「役員等」）が、その任務を怠り、それによって会社に損害を与えたときは、会社に対し、損害賠償責任を負い（会社法四二三条一項）、会社としても当然その責任追及をすべきといえます。

しかし、会社が責任追及をするといっても、実際に動くのは他の取締役や監査役ですから、役員同士の馴れ合いで責任追及がなされず、結果として会社、ひいては株主の利益が害される危険があります。

このように、会社自身がその責任追及を怠っている場合、会社に代わって、個々の株主が役員等の責任を追及するために民事訴訟を提起できるという制度が認められています。これが、いわゆる**株主代表訴訟**です。このほか、発起人、設立時取締役又は設立時監査役、清算人の損害賠償責任の追及に関しても株主代表訴訟が認められています。さらに、不公正な払込み金額で募集株式を引き受けた払込み人等や利益供与を受けた株主、払込みを仮想した払込人等についても、株主代表訴訟が認められています。

以上のような株主代表訴訟について、会社法では、「株主による責任追及等の訴え」と総称し、会社法八四七条で規定されています。

なお、株主代表訴訟により追及できる責任には、不動産所有権の真正な登記名義の回復義務（大阪高判昭和五四年一〇月三〇日判時九五四・八九）、取締役就任以前から会社に対し負担していた債務（大阪地判平成一一年九月二二日判タ一〇四六・二一六）も含まれるとした裁判例があります。

ところで、株主代表訴訟の係属中に、原告たる株主が株式譲渡等によって、株主たる資格を失ったときは、原則として、原告適格を失うことになります。つまり、株主代表訴訟が係属する全期間において右の株主資格が必要なのです。しかし、その株主たる資格を失った理由が株式交換や株式移転あるいは合併したことにある場合は、その株主が自ら株式を手放したわけではありません。そして、このような株主が右の株式交換等によりその会社の完全親会社の株式を取得したときには、なお、その完全子会社の役員等に対する訴訟を継続させる利益があるといえます。そこで、このような場合には、株主たる資格を失った者でも訴訟を追行できることにしています（会社法八五一条一項）。

同様に、株主代表訴訟提起前に、右のような事由で株主たる資格を失ったが、それを失う前に役員等の責任が発生している場合にも、右と同様に、株主代表訴訟を認めるべきといえます。そこで、平成二六年改正法は、右のような場合に限定してですが、旧株主に対し、役員等の責任追及等の訴えを申し立てることを認めました（会社法八四七条の二）。これを**「旧株主による責任追及の訴え」**といいます。

　ところで、企業グループにおいては、子会社の企業価値が、親会社の企業価値に大きな影響を与えることがありますが、このような子会社の取締役等の任務懈怠によって子会社が損害を被ったのに、その子会社が取締役等の責任追及をしなければ、親会社自身の企業価値が損なわれることになります。そこで、平成二六年改正法は、このような親会社の株主を保護するためにいわゆる「**多重代表訴訟制度**」を創設し、企業グループの最上位にいる完全親会社等（これを「**最終完全親会社等**」といいます。）の株主に、その完全子会社の取締役等の責任を追及する訴えを提起できることとしました（会社法八四七条の三）。ただし、通常の株主代表訴訟では認められている仮想払込人や利益供与を受けた株主に対する責任追及については認められていません。また、その責任追及の対象を、一定の重要な子会社の役員等に制限しています。具体的には、その責任が生じた日において最終完全親会社等およびその完全子会社等における対象会社の株式の帳簿価額が最終完全親会社等の総資産額の五分の一を超える場合に限定して、多重株主代表訴訟を認めているのです。このような重要な完全子会社の役員等の責任を「**特定責任**」といいます（会社法八四七条の三第四項）。

　以上、平成二六年改正法で増えた株主代表訴訟のバリエーションをみてきましたが、以下では、通常の株主代表訴訟の手続きについてみていきましょう。旧株主による責任追及等の訴えや多重株主代表訴訟の手続きも、大部分は基本的な手続きに準じたものとなっています。

### ①　持株要件

　株主代表訴訟を提起できるのは、公開会社においては、六か月（定款で短縮可）前から引き続き株式を有する株主（定款で権利行使不可とされた単元未満株主を除く）ですが（会社法八四七条一項）、公開会社以外の会社においては、株主であれば足り、株式を有する期間は要件とされていません（同条二項）。なお、通常の株主代表訴訟は、一株でも提起できますが、多重株主代表訴訟に関しては、総株主の議決権の一〇〇分の一以上または発行済株式の一〇〇分の一以上を有することが要件とされています（会社法八四七条の三第一項）。

### ②　提訴手続き

　株主は、まず会社に対して、書面その他の法務省令で定める方法により、役員等の責任を追及する訴えの提起を請求しなければなりません（会社法八四七条一項本文）。ただし、株主代表訴訟が、その株主や第三者の不正な利益を図ったり、会社に損害を加えることを目的とする場合には、その株主には右のような請求権をそもそも認めないことになっています（同条一項ただし書）。

　会社において、右の請求のあったときから六〇日以内に訴えを提起しないときは、その請求をした株主は会社のために訴えを提起することができます（同条三項）。

　会社において、株主が主張するような損害賠償責任がその役員等にあるとはいえないと判断した場合、損害賠償責任は認められるが相手方に資力がないため訴訟を行っても費用倒れになると判断した場合、あるいは右のような株主の不正な目的に基づく請求であると判断した場合などには、提訴しないことになるでしょう。

　このように提訴しない場合には、提訴請求をした株主または相手方である役員等から請求があったときには、会社は、

## 株主代表訴訟のしくみ

＊会社法では「責任追及等の訴え」という…847条

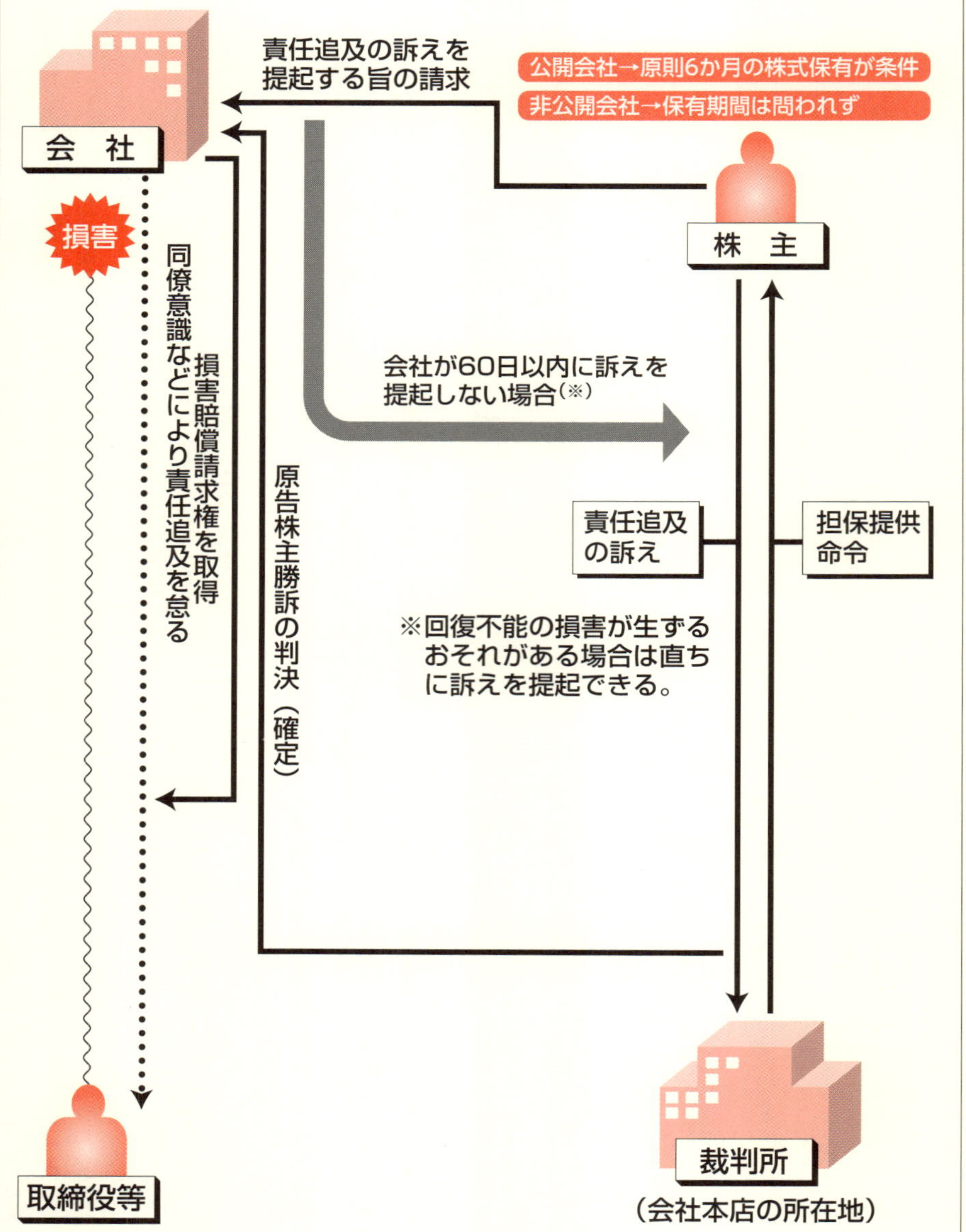

提訴しない理由をその株主等に書面その他の法務省令で定める方法により通知しなければなりません（同条四項）。

なお、右の六〇日という期間の経過を待っていては、会社に回復することができない損害が生ずるおそれがある場合には、株主は、直ちに、株主代表訴訟を提起することができます（同条五項）。

### ③ 訴額

株主代表訴訟における請求額は相当な高額になることが多いといえますが、訴えを提起する場合に裁判所に納める手数料額は、通常、請求金額に比例して多額となりますから、もし、一般の民事訴訟と同様の手数料を納めなければならないとすると、資力のない株主は株主代表訴訟を提起することが事実上できないこととなります。

そこで、株主代表訴訟における訴訟の目的の価額の算定については、財産権上の請求でない請求に係る訴えとみなすことになっており（会社法八四七条の四第一項）、平成一五年の民訴費用法改正後は一律一万三〇〇〇円となっています。

### ④ 管轄・担保

株主代表訴訟は、被告となる会社の本店所在地を管轄する地方裁判所に提起しなければなりません（会社法八四八条）。これと違う裁判所に提起した場合は、管轄違いとして、正しい管轄裁判所に移送されることになります（民訴法一六条一項）。

右の手続きを経て株主代表訴訟が提起された場合、裁判所は、被告の申立てにより、株主に対して、相当の担保を立てるように命令することができます（会社法八四七条の四第二項）。濫訴防止の目的で認められたものであり、被告は、右の申立てをするためには、株主代表訴訟がその株主の悪意によるものであることを疎明しなければなりません（同第三項）。

どのような場合に「悪意によるもの」といえるかが問題となりますが、旧商法下の裁判例に、株主たる地位に名を借りて不当な個人的利益を追求したり、取締役に対する私怨を晴らすことを目的とするなど、株主としての正当な権利・利益を擁護し確保することを目的とするものではない場合、あるいは株主の主張が十分な事実的、法律的根拠を有しないため、取締役の責任が認められる可能性が低く、これを株主が知りながら、または通常人であれば容易にそのことを知り得たのに提訴した場合とするものがあります（名古屋高決平成七年三月八日判時一五三一・一三四）。

これに対し、通常の過失による不当訴訟の場合にまで担保提供を命ずることは「悪意」の文言にそわず適当でないとする裁判例もあります（大阪高決平成九年一一月一八日判時一六二八・一三三）。

濫訴防止という趣旨からは、重過失の場合も「悪意」に含めようとすることは理解できますが、役員等の責任が認められるか否かは株主代表訴訟の中で判断されるべきものですから、誰が見ても責任が認められる可能性が低いとわかるような場合でなければ、担保提供を命ずるべきではないと思われます。

### ⑤ 訴訟参加

株主代表訴訟が提起された場合または会社が責任追及等の訴えを提起した場合、株主や会社は、その当事者（共同訴訟人）として、または当事者の一方を補助するため（補助参加人）、その訴訟に参加することができます（会社法八四九条一項本文）。会社が訴訟に参加することで審理の充実が図れますし、株主や会社の参加により、訴訟当事者の馴れ合いによる不当な結果を防止することが期待できます。

## 多重代表訴訟のしくみ

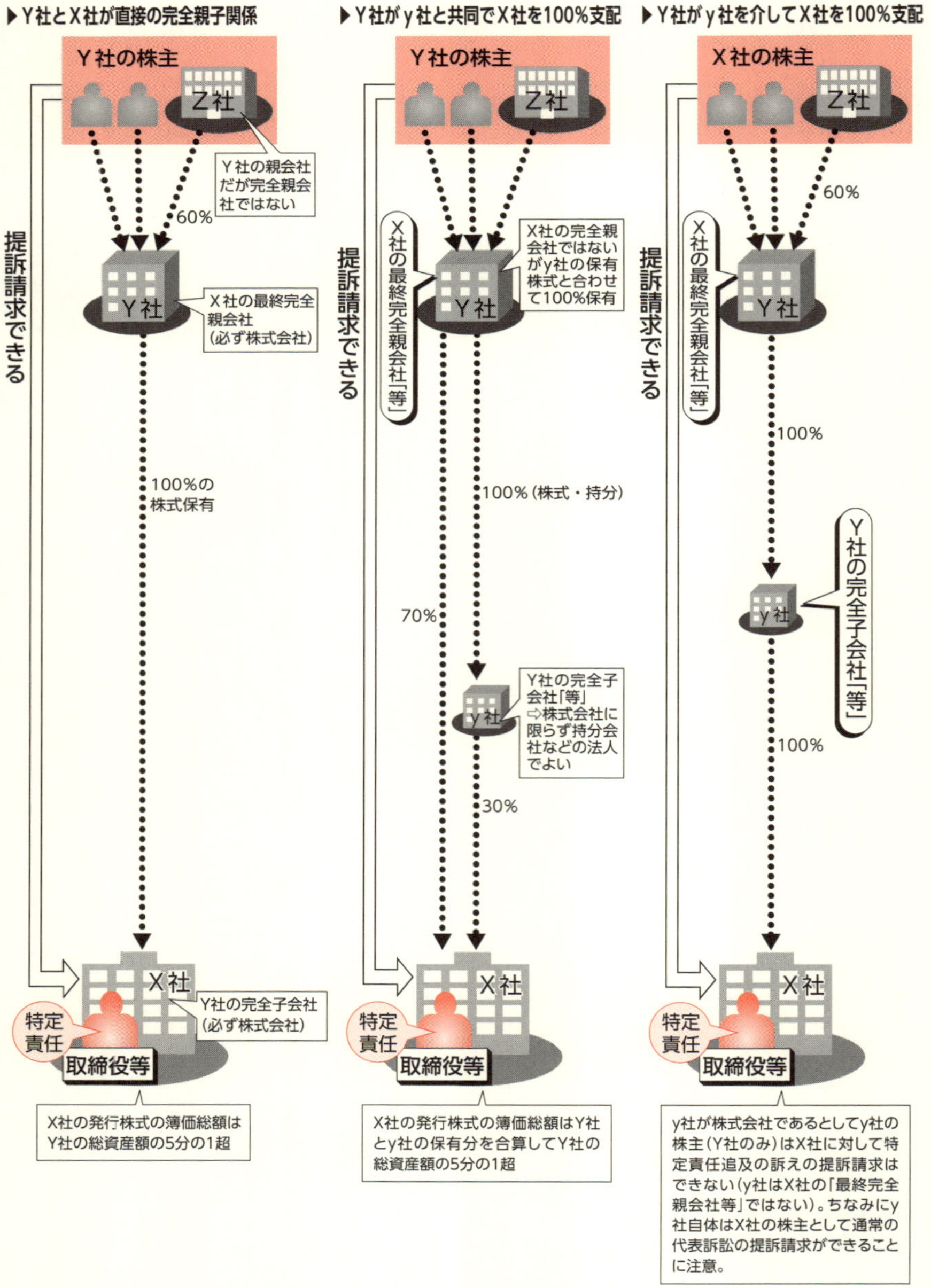
▶Y社とX社が直接の完全親子関係
Y社の株主
Z社
Y社の親会社だが完全親会社ではない
60%
提訴請求できる
Y社
X社の最終完全親会社（必ず株式会社）
100%の株式保有
X社
Y社の完全子会社（必ず株式会社）
特定責任
取締役等
X社の発行株式の簿価総額はY社の総資産額の5分の1超
▶Y社がy社と共同でX社を100%支配
Y社の株主
Z社
X社の最終完全親会社「等」
提訴請求できる
Y社
X社の完全親会社ではないがy社の保有株式と合わせて100%保有
100%（株式・持分）
70%
y社
Y社の完全子会社「等」⇨株式会社に限らず持分会社などの法人でよい
30%
X社
特定責任
取締役等
X社の発行株式の簿価総額はY社とy社の保有分を合算してY社の総資産額の5分の1超
▶Y社がy社を介してX社を100%支配
X社の株主
Z社
60%
X社の最終完全親会社「等」
提訴請求できる
Y社
100%
y社
Y社の完全子会社「等」
100%
X社
特定責任
取締役等
y社が株式会社であるとしてy社の株主（Y社のみ）はX社に対して特定責任追及の訴えの提訴請求はできない（y社はX社の「最終完全親会社等」ではない）。ちなみにy社自体はX社の株主として通常の代表訴訟の提訴請求ができることに注意。

ただし、不当に訴訟手続きを遅延させる場合や裁判所に過大な事務負担を及ぼす場合には、裁判所はその参加の申出を却下することができます（同項ただし書）。

なお、会社が取締役（監査等委員および監査委員を除く）、執行役及び清算人（これらであった者を含む）を補助するために右の訴訟参加をする場合には、監査役設置会社においては監査役（複数の場合は各監査役）の、監査等委員会設置会社においては各監査等委員の、指名委員会等設置会社においては各監査委員の同意を得なければなりません。この場合、会社は、役員等の責任を否定するための訴訟活動を行うことになるからです。

右のような訴訟参加の機会を与えるために、株主等が株主代表訴訟を提起したときは、遅滞なく、会社に対し訴訟告知（民訴法五三条）をしなければなりません（会社法八四九条四項）。また、会社が自ら責任追及等の訴えを提起したときや右の訴訟告知を受けた場合には、会社は遅滞なく、その旨を公告するか、全株主に通知しなければなりません（同条五項）。ただし、公開会社以外の会社については、公告ではなく、必ず全株主に通知しなければなりません（同条九項）。

### ⑥　和解

株主代表訴訟においても裁判上の和解は可能ですが、会社が当事者でない場合、その和解調書に確定判決と同一の効力を認めてしまいますと（民訴法二六七条）、会社の利益が不当に害されるおそれがあります。そこで、株主代表訴訟における裁判上の和解については、原則として和解調書に確定判決と同一の効力を認めないこととし、会社の承認がある場合にのみ、これを認めることとしました（会社法八五〇条一項）。

そうすると、会社の承認がない以上、会社に対して和解内容を主張できないため、裁判上の和解をすることは困難となりますが、せっかく訴訟手続きを行ったのですから、なるべくその成果を上げるようにすべきです。そこで、株主代表訴訟において和解をしようとする場合には、裁判所は、会社に対し、和解の内容を通知し、かつ、その和解に異議のあるときは二週間以内に異議を述べるよう催告しなければならないものとしました（同条二項）。そして会社がその期間内に異議を述べなかったときは、右の通知の内容で和解をすることにつき承認したものとみなすことにしました（同条三項）。

なお、裁判上の和解の内容として、通常は、被告である役員等の責任を減免することになると考えられますが、この場合には、役員等の責任の減免に関する会社法の規定を適用しないものとしています（同条四項）。

### ⑦　判決の効力

株主代表訴訟の判決が確定したときには、その判決の効力は原告株主と被告取締役だけでなく、会社にも効力が及びます（民訴法一一五条一項二号）。その結果、他の株主が同一内容の株主代表訴訟をすることはできなくなります。

このように株主代表訴訟について会社が訴訟参加していない場合といえども、右のように確定判決の効力を受けるわけですが、例えば、役員の損害賠償責任を免れさせるために、原告たる株主と役員等が結託して、その損害賠償責任を否定する判決を取得することがないとはいえません。馴れ合いの裁判で、わざと原告の株主側が負けるよう、きちんとした主張や、証拠提出をしないわけです。そのような「やらせ」の裁判でも、確定しておしまいということになれば、他の株主は役員の責任追及の手段を失ってしまいます。

そこで、そのような場合には、会社や株主は、確定判決に対し、再審の訴えによって不服申立てをすることが認められています（会社法八五三条一項）。

**⑧ 費用負担**

株主代表訴訟において勝訴（一部勝訴を含む）しても、その損害賠償請求権は会社に帰属するのですから、提訴した株主が利益を受けるわけではありません。しかし、このような場合には株主の負担した費用相当額を会社が利得するものといえますから、株主が訴訟に必要な費用（訴訟費用を除く）や弁護士（弁護士法人）に対する報酬を支払う場合は、それらの範囲内で相当と認められる額の支払を、株主は会社に請求することができます（会社法八五二条一項）。

また、株主代表訴訟において敗訴し、それによって会社が損害を被ったといえる場合でも、原則として株主は損害賠償義務を負わないことになっています（同条二項）。

そのような損害賠償を認めると株主が萎縮して、株主代表訴訟を制度化した意味がなくなるからです。

しかし、馴れ合い訴訟によって本来請求できる損害賠償請求権を失う結果となったり、役員等に対する嫌がらせ目的による訴訟で会社が被告側に参加して弁護士費用等を支払わなければならない場合などには、むしろ濫訴防止の要請の方に比重が移りますから、そのような悪意の株主に対しては会社の損害賠償請求が認められることになります（同条二項）。

なお、以上の規定は、株主代表訴訟に訴訟参加した株主にも準用されます（同条三項）。

## 役員の損害賠償責任に対する補償制度が新設された

株主代表訴訟の増加を受けて、役員等損害賠償責任保険（いわゆるD&O保険）が普及してきましたが、役員等において保険契約をし、その保険料を支払うことは何の問題もありません。

しかし、会社が保険契約をし、その保険料を会社が支払うことについては問題があるといえます。その役員について損害賠償責任が生じても、保険でカバーされる範囲では、その役員の腹は痛むことはなく、実質的には責任を減免していることと同じといえるからです。

他方、役員賠償責任保険をかけていれば、会社の損害はてん補されるわけですから、その意味では、会社において保険をかけておく意味はあるわけです。

そこで、会社において役員賠償責任保険をかけることを認めるべきといえますが、会社と役員との利益相反取引の側面がありますので、令和元年の改正法において、その契約締結には、取締役会又は株主総会の決議が必要とされることになりました（会社法四百三十条の三第一項）。

さらに、取締役の人材確保のため、あるいは過度にリスク回避をすることにより適切な経営判断ができなくならないようにするため、職務執行に関して発生した損害賠償請求、刑事訴追に関する争訟費用、損害賠償金の全部又は一部を会社が負担することを内容とする「補償契約」を会社と役員との間で締結できることになりました。

この契約も利益相反取引に該当しますので、取締役会又は株主総会の決議によることとされ（会社法四百三十条の二第一項）、それによって補償されない費用（同条第二項）や自己または第三者の不正の利益を図ったような場合にはその補償の返還を請求できること（同条第三項）などについても定められました。

PART 9

# 監査役

▼強大な権限ときびしい責任を負う監督機関

## 監査役とは

監査役とは、取締役の職務執行を監査する職務を行うものです（会社法三八一条一項）。

旧商法における株式会社においては、取締役および取締役会による業務執行を監査する機関として監査役は必須の機関でしたが、会社法においては、定款による機関設計の自由を認めることになったため、原則として、監査役を置くかどうかは任意となりました（会社法三二六条二項）。

しかし、会社法においても、取締役会設置会社については、従来どおりその職務執行を監査するため、会計監査人設置会社においては、会計監査人に対する取締役の影響を排除するため、それぞれ監査役を置くこととされています（会社法三二七条二項、三項）。ただし、公開会社でない取締役会設置会社においては、業務執行の監査を株主が担うことも可能であるとして、会計参与を置けば、監査役は置かなくともよいこととされています（同条二項ただし書）。

これに対し、指名委員会等設置会社においては監査委員会が、平成二六年改正法で導入された監査等委員会設置会社においては監査等委員会が、それぞれ業務執行の監査をしますので、これらと重複する監査役を置くことはできないものとされています（同条四項）。

なお、監査役と会計参与をともに置くことは可能ですが、監査役を置いた場合には会計参与の業務執行も監査役の監査の対象となります（会社法三八一条一項）。

ここでは、監査役について説明し、会計監査に特化した会計参与と会計監査人については次のパートで、指名委員会等設置会社における監査委員会と監査等委員会設置会社における監査等委員会については、その次のパートで説明することにします。

## 監査役の選任、解任

監査役の選任と解任は、取締役と同様、株主総会において行われます（会社法三二九条一項、三三九条一項）。また、その解任について正当な理由がある場合を除き、解任された監査役は会社に対し解任によって生じた損害の賠償を請求することができます（会社法三三九条二項）。この点も取締役と同じです。

取締役が、監査役選任の議案を提出するには、監査役（二人以上の場合はその過半数）の同意が必要です（会社法三四三条一項）。取締役に都合のよいだけの人選を防ぐ目的です。また、監査体制の維持・拡充のイニシアティブを監査役に持たせるために、監査役の選任を株主総会の目的とすることまたは監査役の選任に関する議案を株主総会に提出することを取締役に請求する権利を監査役に認めています（同条二項）。

その選任決議は、議決権を行使することができる株主の議決権の過半数（定款で三分の一以上の割合まで減らすことができます）を有する株主が出席し、出席株主の議決権の過半数（定款でこれ以上の割合にすることもできます）をもってします。この要件は取締役と一緒です。

他方、解任については、定足数は右と同様ですが、出席株主の議決権の三分の二（定款でこれ以上の割合にすることもできます）以上の特別決議が必要です（会社法三〇九条二項七号）。なお、その職務執行について不正行為があるなどしたにもかかわらず、監査役の解任決議が否決されたときに、株主が解任の訴えを提起できることも取締役と同様です（会社法八五四条）。

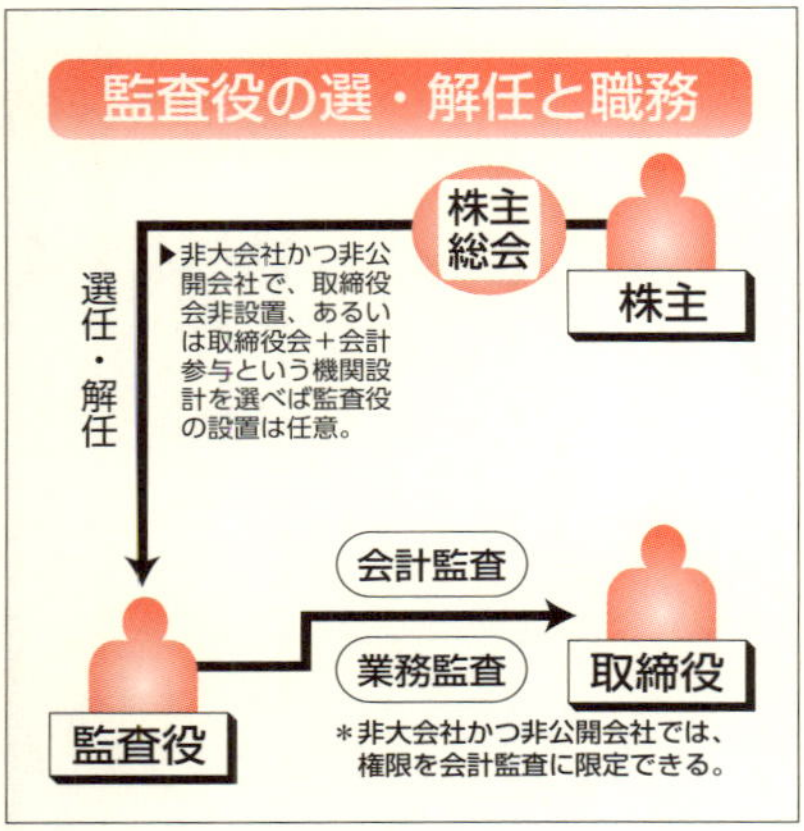


監査役の選任、解任または辞任については、監査役は株主総会で意見を述べることができますし（会社法三四五条一項、四項）、監査役を辞任した者は、辞任後最初に招集される株主総会に出席して、辞任した旨およびその理由を述べることができます（同条二項、四項）。これらは、監査役の選任、解任および辞任について、取締役の都合による不当なものでないかどうかを株主がチェックできるようにするためです。

監査役の欠格事由は取締役のそれと同様であり、法人、成年被後見人など、会社法三三一条一項に定められている者は監査役に就任することができません（会社法三三五条一項）。また、非公開会社においては定款で監査役の資格を株主に限定することができますが、公開会社ではそれができない点も取締役と同様です（会社法三三五条一項、同法三三一条二項）。

監査役は、その会社や子会社の取締役、支配人その他の使用人または子会社の会計参与、執行役を兼務することはできません（会社法三三五条二項）。このような兼任を認めると監査役の職務の適正さを確保できないと考えられるからです。

監査役の任期は選任後四年以内に終了する事業年度のうち最終のものに関する定時株主総会の終結の時までとされており（会社法三三六条一項）、取締役のように定款や株主総会の決議で短縮することは認められていません。監査役の独立性を担保するためです。

逆に、公開会社以外の会社においては、監査役の任期を、定款で、選任後一〇年以内に終了する事業年度の最終のものに関する定時総会終結の時までに伸ばすことができます（同条二項）。この点も取締役と同様です。

ところで、監査役と会社との関係は、民法の委任の規定にしたがうことになりますので（会社法三三〇条）、監査役に選任した人がその就任を承諾してはじめて監査役に就任したことになりますし（民法六四三条）、その任務を善良な管理者としての注意義務をもって遂行することが要求されます（民法六四四条）。

これらの点は取締役と会社との関係と同様ですが、監査役は業務執行には直接タッチしませんから、取締役が会社との間で制限されていた競業取引・利益相反取引の制限などの制度は監査役には設けられていません。

## 監査役の職務の移り変わり

監査役の職務権限の範囲については、旧商法においていろいろと紆余曲折を経て、現在の会社法に至っています。この点をまず見てみましょう。

旧商法ははじめ、監査役は取締役の業務執行全般を監督する権限をもつものとしたのですが、それは実際上、法が期待するような成果をおさめませんでした。そこで、昭和二五年改正法は取締役会が業務を担当する取締役の業務行為を監督することを期待し、監査役の任務をすっきりと会計監査だけにしました。

しかしながら、法の期待した取締役の業務執行に対する取締役会の抑制監督は十分な成果をあげず、また、監査役の会計監査もこれまた十分に行われていたとはいえませんでした。

山陽特殊鋼の倒産事件――実際は赤字なのに決算書類上は利益が生じたように扱われ、かなりの期間、配当がつづけられていたという事件――などをきっかけに、監査役の任務という問題が再び議論をよぶようになりました。そこで、昭和四九年、再び、監査制度は改正されることとなったわけです。

昭和四九年改正法は、監査役は取締役の業務執行の監査を行うべきものとし、それには、①業務監査と、②会計監査とをふくむものとしました。そして、監査役にいくつかの強力な権限をあたえたのです。

一方、その改正に際しては、「株式会社の監査等に関する商法の特例に関する法律」（**旧商法特例法**）を制定し、同法によって資本金五億円以上の会社に対しては監査役による監査のほかに、**会計監査人**による監査を受けるべきことを義務づけ、会計面の監査については二重にチェックを受けるよう制度化しました。

そして、昭和五六年改正商法特例法は、さらに資本の額が五億円未満の会社であっても、負債の合計金額が二〇〇億円以上の株式会社は同じく会計監査人の監査を受けなければならないものとしたのでした。

他方、わが国には小規模の会社がたいへん多く存在しています。この小規模の会社にまで以上のようなきびしい監査制度をとり入れ、適用するとなると弊害もあるということで、旧商法特例法は資本金が一億円以下の会社（負債額二〇〇億円以上の会社は除く）については、監査役の権限を従来どおり会計監査のみにとどめる特例を設けました。

しかし、会社法においては、右のような旧商法特例法による区分は引き継がず、原則として、監査役は、取締役の職務執行（会計参与がいる場合はその職務執行も含む）を監査するものとされています（会社法三八一条一項、なお、四三六条一項）。つまり、会社の規模にかかわらず、原則として業務監査も行うものとしたのです。

これは、中小規模の会社においても、企業統治（コーポレート・ガバナンス）の見地から、監査権限を強化すべきとの考えによるものです。

ところで、監査役が取締役の職務執行を監査するといっても、会社の経営判断に関しては取締役に裁量が認められるべきですから、この点は監査の対象に含まれません。ただし、一般人の目から見て、取締役の経営判断がそのような裁量を逸脱し、「著しく不当」といえるような場合には監査の対象となると考えるべきでしょう。

なお、非公開会社（監査役会設置会社および会計監査人設置会社を除く）については、定款の定めで、監査役の監査の範囲を会計監査に限定することを可能としています（会社法三八九条一項）。このような会社も「監査役設置会社」である旨および監査役の氏名が登記されますが、会社法三八一条から三八六条までに定める本来の監査役の権限や義務を有していません（同条七項）。

そこで、平成二六年改正法で、右のように定款で会計監査に限定している場合には、その旨を登記することとしました（会社法九一一条三項一七号イ）。

監査役が取締役会に出席して意見を述べる必要があると考えた場合、取締役会の招集を請求することができ、その招集請求の日から五日以内に、同じく請求日から二週間以内の日を会日とする招集通知が発せられない場合には、みずから取締役会を招集することもできます（三八三条二項、三項）。

## 監査役にはこんな権限があたえられている

監査役には監査という本来の職務を効果的に行えるよう、次のような権限と責務があたえられています。

**① 報告要求と調査**　監査役はいつでも、取締役および会計参与並びに支配人その他の使用人に対して事業の報告を求め、また、会社の業務および財産の状況を調査することができます（会社法三八一条二項）。

取締役の側にも、会社に著しい損害をおよぼすおそれのある事実を発見した場合には、ただちにそれを監査役に報告すべき義務を負わせています（会社法三五七条一項）。

**② 子会社に対する調査**　親会社の監査役は、その職務を行うため必要があるときは、子会社に対し、事業の報告を求め、または子会社の業務、財産の状況を調査することができます（会社法三八一条三項）。

ただし、子会社は正当な理由があれば、この報告または調査を拒むことができます（同条四項）。

**③ 取締役への報告義務**　監査役は、取締役が、不正の行為をしたり、そのような行為をするおそれがあると認めるときや、法令、定款違反の事実や著しく不当な事実があると認めるときは、遅滞なく、これを取締役（取締役会がある場合は取締役会）に報告しなければなりません（会社法三八二条）。他の取締役や取締役会の監督権の発動を促すためです。

**④ 取締役会に対する出席義務と取締役会招集請求権**　監査役は取締役会に出席しなければならず、必要があるときは、意見を述べなければなりません（会社法三八三条一項本文）。

なお、**特別取締役**による議決の定めのある場合（三七三条一項）には、監査役の互選によってその取締役会に出席する監査役を定めることができます。この場合には、その監査役のみに取締役会への出席義務があることになります（会社法三八三条一項ただし書）。

ただし、特別取締役による取締役会（会社法三七三条一項）については、監査役の招集請求は認められていません（会社法三八三条四項）。

**⑤ 株主総会に提出する議案・書類の調査、意見報告**　監査役は取締役が株主総会に提出しようとする議案、書類、電磁的記録その他の資料を調査しなければなりません（会社法三八四条、施行規則一〇六条）。そして、その調査により、法令、定款違反又は著しく不当な事項があると認める場合には、その調査結果を株主総会に報告しなければなりません（会社法三八四条）。

### ⑥ 取締役の違法行為の差止め

取締役が会社の目的の範囲外の行為その他法令もしくは定款に違反する行為をし、又はこれらの行為をするおそれがある場合において、これにより会社に著しい損害を生ずるおそれがある場合は、監査役は取締役に対し、その行為をやめることを請求することができます（会社法三八五条一項）。

本来、そのような行為は取締役自身または他の取締役においてやめさせるべきものですが、取締役間の馴れ合いで制止できない場合が考えられますので、著しい損害が生じるおそれがある場合に限定して監査役にも差止め請求権を認めたものです。

この差止め請求権は、訴訟外で行使することはもちろん、訴訟によって行使することもできますが、そのような訴訟によると判決が出るまでに時間がかかり、その間に会社に著しい損害が生じてしまうおそれがありますので、その保全措置として、取締役の行為を仮に差し止める内容の仮処分を裁判所に求めることができます。

このような仮処分決定を裁判所が出す場合には、申立人に担保を立てさせることが通常ですが、この監査役の差止め請求権に関しては、申立てをしやすくするために、担保を立てさせないものとされています（同条二項）。

### ⑦ 訴訟の場合の会社代表

会社が第三者を訴え又は第三者から訴えられた場合は、代表取締役が会社を代表しますが（会社法三四九条四項）、会社が取締役（取締役であった者を含む。以下同じ）を訴え又は取締役から訴えられた場合は、監査役設置会社においては、監査役が会社を代表するものとなります（会社法三八六条一項一号）。

なお、大会社でなくかつ公開会社でない会社については、監査役を置かない場合がありますが、この場合には、取締役会設置会社においては取締役会、それ以外の会社では株主総会が、会社と取締役間の訴訟において会社を代表する者を選任することになります（会社法三六四条、三五三条）。

また、株主の請求により取締役に対する責任追及の訴え（会社法八四七条一項）を提起する場合にも、代表取締役ではなく監査役が、監査役設置会社を代表することになっています（会社法三八六条二項一号）。

ところで、右に述べたような取締役に対する責任追及の訴えを会社が提起しないときは、それを請求した株主がいわゆる株主代表訴訟を提起することができます（八四七条三項）。この場合、株主は、その提起後遅滞なく、会社に対し、訴訟に参加するよう訴訟告知をしなければなりませんが（会社法八四九条四項）、この訴訟告知に基づいて会社が当事者の一方を補助するために訴訟に参加する場合、監査役設置会社においては、監査役が会社を代表することになっています（会社法三八六条二項二号）。

また、取締役の責任追及の訴えにおいて和解をするときには、裁判所は会社に対し、和解の内容を通知し、この和解に異議があるときは二週間以内に異議を述べるべき旨を催告しなければなりませんが（会社法八五〇条二項）、この通知・催告の相手方も監査役設置会社においては監査役とされています（会社法三八六条二項二号）。

## 監査費用と監査役の報酬等

監査役がその職務を行うには費用が必要となります。監査役と会社間の関係は委任なので、もともと監査役は会社に職務執行に関する費用の前払や償還等を請求できると決まっていますが（民法六四九条、六五〇条）、さらに、このような監査役の請求に対しては、会社はそれらが監査役の職務の執行に必要でないことを証明するのでなければ請求をこばむことができないことにしています（会社法三八八条）。これは、監査役の職務の独立性を守るためです。

監査役の報酬等についても、その職務の独立性を確保するために、定款の定め又は株主総会の決議によってその額を定めるものとし（会社法三八七条一項）、監査役が複数のときの各人の額も定款の定め又は株主総会の決議のない場合は、右のようにして定められた報酬等の額の範囲内において監査役の協議によって定めるものとしています（会社法三八七条二項）。

株主総会の決議で監査役の報酬等を決める場合、取締役のそれとは区別する必要がありますし、複数の監査役について報酬等の最高限度額を定める場合に、その具体的な配分を取締役に一任するという決議はできないのです。

なお、監査役は、株主総会において、監査役の報酬等について意見を述べることができるものとされています（会社法三八七条三項）。

## 監査役も重い責任を負う

監査役がその任務を怠ったときは、監査役は会社に対し、損害賠償責任を負わなければなりません（会社法四二三条一項）。監査役の任務懈怠について、他の監査役や取締役等の他の役員も責任を負う場合には、各監査役又はこれら他の役員は連帯して責任を負わなければなりません（会社法四三〇条）。

この監査役の責任免除については、取締役の責任免除に関して説明したところと同じです（会社法四二四条ないし四二七条）。

また、監査役の職務執行について悪意または重大な過失があったときに、その監査役は第三者に対して損害賠償責任を負う点も取締役と同様です（会社法四二九条一項）。

監査役が監査報告に記載または記録すべき重要な事項につき虚偽の記載または記録をしたときは、その監査役はそれによって損害を被った第三者に対し損害賠償責任を負わなければなりません（同条二項三号）。ただし、監査役がその記載または記録をするについて注意を怠らなかったことを証明したときはこのかぎりではありません（同条二項ただし書）。

## 「監査役会」という機関がある

最終事業年度の貸借対照表における資本金額が五億円以上または負債が二〇〇億円以上の株式会社を「大会社」と呼んでいますが（会社法二条六号）、公開会社である大会社は、監査等委員会設置会社および指名委員会等設置会社を除き、監査役会を置かねばなりません（会社法三二八条一項）。

もちろん、公開会社である大会社以外でも、任意に監査役会を設置することは可能ですが（会社法三二六条二項）、監査役会を設置する場合には、監査役を三人以上選任しなければならず、その半数以上（過半数ではない）を社外監査役とすることが必要ですから（会社法三三五条三項）、中小規模の会社では、なかなか難しいでしょう。

なお、右のように社外監査役を半数以上とするのは、監査役会に会社と関係のない者を入れて、その監査業務の妥当性を担保しようというものですから、社外監査役の要件も厳格なものが必要とされます。そのため、平成二六年改正法において、社外監査役の要件が次のように定められました（会社法二条一六号）。

① 就任前の十年間、その会社または子会社の取締役、会計参与、執行役、支配人その他の使用人でなかったこと。

② 就任前の十年間のいずれかの時において、会社またはその子会社の監査役であったことがある場合、その監査役の就任前の十年間、①で挙げる取締役等でなかったこと。

③ 会社の経営を支配している者（自然人）または会社の親会社等の取締役、監査役、執行役、支配人その他の使用人でないこと。

④ 会社の取締役もしくは支配人その他の重要な使用人または会社の経営を支配している者（自然人）の配偶者または二親等内の親族でないこと。

「監査役会」とは、右のような社外監査役を含む監査役全員で構成される機関で（会社法三九〇条一項）、次のような権限を有しています（同条二項）。

① 監査報告の作成

② 常勤監査役の選定および解職

③ 監査の方針、監査役会設置会社の業務および財産状況の調査の方法その他の監査役の職務執行に関する事項の決定

監査役会は、監査役の中から常勤の監査役を選定して（同条三項）、取締役会へ出席させるなど日常業務を行わせ、必要があれば、その職務を執行している監査役に報告を求めることができます（同条四項）。

このように監査役会は、常勤監査役の職務執行に関する事項を決定し、かつ、常勤監査役を監督して、より適正な監査がはかれるようにとの目的で設置されているものです。公開会社である大会社では株主、債権者等の利害関係人が多いですから、それらの者を害さないように、より間違いのない業務執行体制を確保しようということです。

監査役会は、各監査役が招集するものとされ（会社法三九一条）、招集する監査役は、その会日の一週間（定款でこれを下回る期間を定めることができる）前までに、各監査役に対し、招集通知を発しなければなりません（会社法三九二条一項）。

また、監査役全員の同意があるときは招集手続きを経ることなく監査役会を開催することができます（同条二項）。

監査役会の職務執行に関する事項は監査役の過半数をもって決定されることになりますが（会社法三九三条一項）、監査役会の多数意見によって個々の監査役の意見が押さえつけられるようでは本末転倒ですから、監査役会の権限のうち、上の③（監査方針等の決定）については、監査役会の決定で各監査役の権限行使を妨げることはできません（会社法三九〇条二項ただし書）。

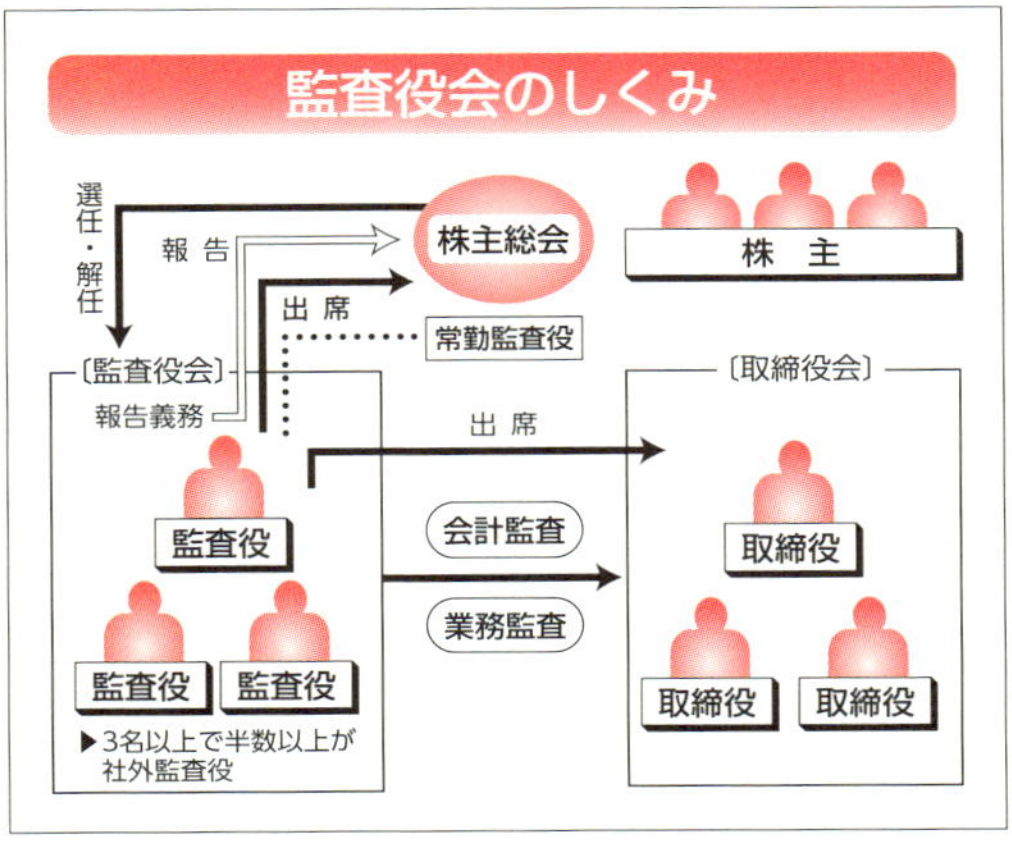

PART 10

# 会計参与と会計監査人

▼取締役と監査役の補完機関

## 「会計参与」の新設

**会計参与**は、取締役と共同して、計算書類等を作成する者で（会社法三七四条一項）、その資格は、公認会計士、監査法人、税理士、税理士法人に限られています（会社法三三三条一項）。また、独立性を確保する趣旨から、会社または子会社の取締役、監査役もしくは執行役または支配人その他の使用人は会計参与になることはできません（会社法三三三条三項一号）。

取締役は、各事業年度に係る計算書類（貸借対照表、損益計算書等）、これらの附属明細書を作成し（会社法四三五条二項）、定時株主総会にその書類を提出して、承認を受けなければなりませんが（会社法四三八条一項、二項）、取締役は必ずしも計算書類等の作成のプロではありませんから、専門知識を有する会計参与と共同して作成した方がより適正なものができるといえますし、会計参与の設置は登記事項で外部に明らかとなりますから、金融機関や取引先に対する信用力を高めるメリットがあるといえるでしょう。

会計参与の設置を義務づける規定はなく、株式の公開・非公開、会社の規模、機関構成を問わずに、定款の定めによって設置することができますが（会社法三二六条二項）、基本的には、中小企業の会計の適正化をはかるために、会社法の制定と同時に導入されたものですから、中小企業において導入されることが期待されているといえます。公開会社ではない取締役会設置会社においては、会計参与をおけば、監査役をおかなくてもよいこととされていますが（会社法三二七条二項ただし書）、これも中小企業に導入しやすくするための措置といえます。

実際に、金融機関や取引先に対する信用力を高めたいという理由などから、会計参与を導入している中小企業もあるようですが（会社法施行の一年後において約一千社といわれている。）、その導入割合は多いとはいえないようです。

会計参与の任期は、取締役と同様、選任後二年以内に終了する事業年度のうち最終のものに関する定時株主総会の終結のときまで（定款で短縮可）ですが（会社法三三四条一項）、株主総会で会計参与を設置する旨の定款の定めを廃止した場合は、その定款変更の効力が発生した時に満了となります（同条二項）。なお、選任すべき人数については特に制限はありません。

## 会計参与の職務上の権利・義務

会計参与が、取締役と共同して作成する書類は、計算書類、その附属明細書、臨時計算書類、その附属明細書、連結計算書類（以下「計算書類等」といいます）であり、そのような計算書類等を作成した場合、会計参与は、法務省令で定めるところにより会計参与報告を作成しなければなりません（会社法三七四条一項、施行規則一〇二条）。

会計参与が、計算書類等の作成をするには、その基礎資料が必要となりますので、会計参与には、会計帳簿およびこれに関する資料の閲覧・謄写請求権、取締役および支配人その他の使用人に対する会計に関する報告請求権（会社法三七四条二項）、子会社に対する会計に関する報告請求権、会社および子会社の業務および財産の状況の調査権が認められています（同条三項）。なお、子会社は、正当な理由があれば会計参与の報告請求または調査を拒むことができます（同条四項）。

会計参与は、計算書類等を取締役と共同して作成する者ですが、取締役会設置会社においては、これらの書類は取締役会の承認を受けることが必要です（会社法四三六条三項、四四一条三項、四四四条五項）。そのような承認をするために取締役会において会計参与の意見を聞く必要がある場合もありますので、計算書類等を承認する取締役会に会計参与は必ず出席しなければならず、必要があれば意見を述べなければなりません（会社法三七六条一項）。このような会計参与の出席を確保するために、取締役会を招集する者は、その会日の一週間（定款により短縮可）前までに各会計参与に招集通知を発する必要があります（同条二項）。ただし、会計参与全員の同意があれば招集手続きを省略できます。

ところで、「取締役と共同して」とは、取締役と会計参与が対等な地位であることを意味しますので、双方の意見が一致しないと有効な計算書類等を作成できないことになります。どうしても意見が一致しない場合には、取締役または会計参与を交代させて、意見の一致を図るほかありません。取締役と意見を異にするにもかかわらず、取締役に迎合して計算書類等を作成してしまうと、後述するように会社または第三者に対し、損害賠償責任を負わなければならなくなるおそれがありますので、取締役を説得できない場合には会計参与としては辞任した方が無難といえましょう。

なお、このように会計参与が計算書類等の作成に関する事項について取締役と意見を異にするときは、会計参与は株主総会で意見を述べることができます（会社法三七七条一項）。

会計参与の業務は計算書類等および会計参与報告の作成が主なものですが、会計参与は、その計算書類等を定時株主総会の日の一週間（取締役会設置会社では二週間）前の日（株主総会決議が省略される会社法三一九条一項＝株主全員の同意のある場合は総会の目的たる事項の提案があった日・臨時計算書類および会計参与報告についてはその作成日）から五年間、会計参与が定めた場所に備え置く義務があります（会社法三七八条一項）。

これらは、取締役および会計参与の計算書類等の作成に関する職務執行が適正になされたことを担保し、また、これに疑義のある株主や会社債権者においてその職務執行の内容を確認できるようにするための措置です。

そこで、株主及び債権者は、原則として会社の営業時間内はいつでも、会計参与に対し、定められた費用を支払って、計算書類等の閲覧・謄写等の請求をすることができます（同条二項）。

さらに、親会社社員（親会社の株主その他の社員）にも、その権利を行使するために必要があるときは、裁判所の許可を得た上で、会計参与に対し、右と同様の閲覧・謄写等の請求権が認められています（同条三項）。

また、会計参与がその職務執行に際し、取締役等の職務執行に関する不正行為または法令・定款違反の重大な事実を発見したときは、遅滞なく、株主（監査役、監査役会、監査等委員会、監査委員会）に報告すべき義務も会計参与に課されています（会社法三七五条）。

## 会計参与の報酬等と費用等の請求

会計参与の報酬等の額は、定款の定めがあればそれにより、定めがなければ株主総会の決議で定められます（会社法三七九条一項）。また、会計参与が二人以上いる場合に定款や株主総会で個別に額が定められていればそれによりますが、定められていなければ全体の報酬等の額の範囲内で会計参与の協議によって定めることになります（同条二項）。取締役が分配額を決めることはできません。さらに、会計参与は株主総会においてその報酬等について意見を述べることもできます（同条三項）。

会計参与が、会社に対し、その職務執行に関して、①費用の前払請求、②支出した費用および支出日以降の利息の償還請求、③負担した債務の債権者に対する弁済（弁済期前は相当な担保提供）の請求をした場合、会社の側でその費用等が会計参与の職務の執行に必要でないことを証明した場合を除き、これに応じなければなりません（会社法三八〇条）。

以上は監査役と同様であり、会計参与についても独立性を確保しようという法の態度がみてとれます。

## 会計参与も重い責任を負う

会計参与も、取締役や監査役と同じく、その任務を怠ったときは、会社に対し、損害賠償責任を負うとされています（会社法四二三条一項）。

また、その職務を行うについて悪意または重大な過失があったときは、これによって第三者に生じた損害の賠償責任を負う点でも取締役や監査役と同様です（会社法四二九条一項）。

さらに、会計参与が作成した計算書類等および会計参与報告に記載または記録をすべき重要な事項について虚偽の記載または記録をしたときも、それについて注意を怠らなかったことを立証しない限り、第三者に対する損害賠償責任を負うことになります（同条二項二号）。

会計参与は、公認会計士や税理士の専門的知識を使って、より正確な計算書類等を作成できるようにしようというもので、会社法により新設された機関ですが、すでに述べたとおり、取締役の職務執行の監督の一部を担ったり、計算書類等について取締役と意見を異にするときは株主総会に出席して意見を述べる権利がある反面、取締役等と同様に会社や第三者に対し損害賠償責任を負う地位にもあるのです。

したがって、会計参与に就任する以上は、顧問税理士的感覚では困るわけで、右のような権利義務のあることを十分に理解した上で、積極的に職務を遂行する必要があります。

なお、右の会社に対する損害賠償責任については、取締役の場合と同様に、総株主の同意があれば免除できますし（会社法四二四条）、株主総会決議、定款の定めまたは責任限定契約により、最低責任限度額まで損害賠償責任を一部免除することもできます（会社法四二五条、四二六条、四二七条）。

## 「会計監査人」とは

**会計監査人**とは、その名のとおり、会社の会計に特化して監査を行うものです。すなわち、会計監査人は、会社法の定めに従って、会社の計算書類およびその附属明細書、臨時計算書類並びに連結計算書類を監査し、これらに関して法務省令の定めるところにより会計監査報告を作成しなければなりません（会社法三九六条、施行規則一一〇条）。

従来は、旧商法特例法により、資本の額が五億円以上または負債の合計金額が二〇〇億円以上の大会社について会計監査人による会計監査が要求され、資本の額が一億円を超える会社で大会社と同様の特例を受けることを定款で定めたものについては会計監査人を置くことができるとされていました。

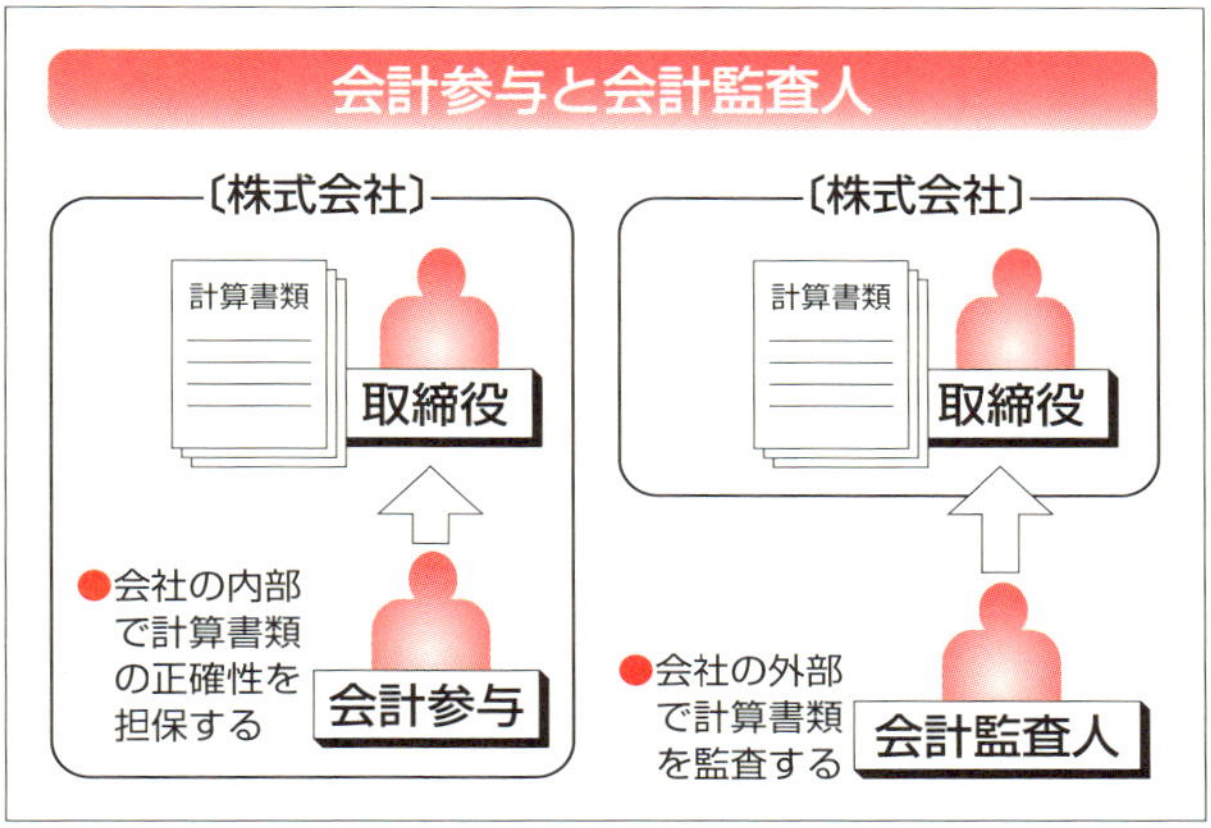


会社法においては、右の大会社（株式の公開、非公開を問わない）、監査等委員会設置会社および指名委員会等設置会社について会計監査人の設置が義務づけられ（会社法三二八条、会社法三二七条五項）、さらに、それ以外の会社でも定款の定めにより会計監査人を置くことができるようになりました（会社法三二六条二項）。会社の計算関係が法令に従って適正に行われることは、株主や会社債権者にとり非常に重要なことであり、この観点から会社法は広く会計監査人を置くことができるようにしたのです。

なお、会計監査人設置会社では、必ず監査役を置かなければなりませんが、それが監査等委員会設置会社や指名委員会等設置会社の場合には監査役を置くことはできません（会社法三二七条三項ないし五項）。後者の場合は、監査等委員会または監査委員会が監査役の役目を果たすことになるからです。

以下の説明においては、会社の機関設計によって、監査役（監査役会）、監査等委員会および監査委員会が同じ役割をする場合には、便宜的にこれらを「監査役等」と称することにします。

会計監査人の資格は公認会計士または監査法人に限定されています（会社法三三七条一項）。そして、その独立性を確保するために、欠格事由が法定されています（同条三項）。

その任期は、選任後一年以内に終了する事業年度のうち最終のものに関する定時株主総会終結の時までとされており（会社法三三八条一項）、毎年、任期が満了することになりますが、定時株主総会において別段の決議がされなかったときは、その株主総会において再任されたものとみなすことになっていますので（同条二項）、会計監査人を再任しない場合はそのための議案を提出する必要があります。

なお、会計監査人設置会社が会計監査人を置く旨の定款の定めを廃止した場合は、その定款変更の効力が生じた時に会計監査人の任期は満了することになります（同条三項）。

会計監査人は株主総会の普通決議によ

り選任され（会社法三二九条一項）、株主総会はいつでも会計監査人を解任することができます（会社法三三九条一項）。その解任について正当な理由がある場合を除き、会計監査人は会社に対し解任によって生じた損害の賠償を請求することができます（同条二項）。さらに、会計監査人に職務懈怠等の行為があった場合は、監査役等は、会計監査人を解任することができます（会社法三四〇条一項、二項、四項ないし六項）。監査役等がこの解任権を行使したときは、解任したことおよびその理由を解任後最初の株主総会で報告しなければなりません（同条三項）。

## 会計監査人の権限、報酬等

会計監査人は、計算書類等の監査を行うため、次のような権限を付与されています。

① 会計帳簿またはこれらに関する資料の閲覧・謄写権（会社法三九六条二項）

② 取締役、会計参与、支配人その他の使用人に対する会計に関する報告請求権（同項）

③ 子会社に対する会計に関する報告請求権（同条三項）

④ 会社または子会社の業務および財産状況の調査権（同項）

右の①、②の権限については、会計監査人はいつでも行使できます。また、子会社に対する報告請求権、調査権に対しては、正当な理由があれば、子会社はこれらを拒絶できることになっています。

会計監査人は、その職務を行うに際し、取締役の職務執行に関し不正の行為又は法令もしくは定款に違反する重大な事実があることを発見したときは、遅滞なく、監査役等に報告しなければなりません（会社法三九七条一項、三項ないし五項）。監査役（監査委員会が選定した委員）の方からも、その職務上必要があるときは、会計監査人に対し、その監査に関する報告を求めることができます（同条二項）。

会計監査人の監査の対象である計算書類等については、監査役（監査役会・監査委員会）の監査の対象でもあるため（会社法四三六条二項一号、二号）、計算書類等が法令または定款に適合するかどうかについて意見を異にすることがあり得ます。そのような場合、会計監査人は、定時株主総会に出席して意見を述べることができます（会社法三九八条一項）。

このように総会において会計監査人の任意ですが、定時株主総会に会計監査人の出席を求める決議があったときは、会計監査人は総会に出席して意見を述べなければなりません（同条二項ないし五項）。

会計監査人の業務執行の対価である報酬等については、会社と会計監査人との間の契約により決められることになります。しかし、会計監査人には右のように取締役の不正行為等を監視する役目もありますので、取締役からの独立性を確保しなければなりません。

そこで、取締役が会計監査人の報酬等を定める場合には、監査役等の同意を得なければならないとされています（会社法三九九条一項）。

同様に会計監査人の独立性を確保するため、株主総会に提出する会計監査人の選任、解任または再任しないことに関する議案の内容は、監査役等が決定するものとされています（会社法三四四条一項ないし三項、三九九条の二第三項二号、四〇四条二項二号）。このように決定された議案については、取締役は、そのままの内容を株主総会に提出しなければなりません。

## 会計監査人の責任

会計監査人も、他の役員と同様に、その任務を怠ったときには、会社に対し損害賠償責任を負います（会社法四二三条一項）。

また、その職務を行うについて悪意または重大な過失があったときは、第三者に対し損害賠償責任を負うことも他の役員と同様です（会社法四二九条一項）。

さらに、会計監査報告に記載（記録）すべき重要な事項について虚偽の記載（記録）をしたときも、会計監査人は第三者に対し損害賠償責任を負わなければなりません。ただし、会計監査人において、その虚偽記載（記録）をするについて注意を怠らなかったことを証明できた場合には、その責任を免れることができます。

なお、右の会社に対する損害賠償責任について、総株主の同意があれば免除できる点（会社法四二四条）、株主総会決議、定款の定めまたは責任限定契約により、最低責任限度額まで損害賠償責任を一部免除できる点（会社法四二五条、四二六条、四二七条）も、他の役員と同様です。

## 会計監査人を置くメリット

会計監査人を置くことにより、計算書類等の適法性が期待できるわけですが、それを前提として、会社法は会計監査人設置会社に次のような特則を認めています。

① 取締役会において承認を受けた計算書類が、法令および定款に従い会社の財産および損益の状況を正しく表示しているものとして、法務省令（計算規則一三三条）で定める要件（会計監査報告の内容に無限定適正意見が含まれていることなど）に該当する場合には、その計算書類について定時株主総会の承認を受ける必要はなく、取締役において、その計算書類の内容を総会に報告することで足ります（会社法四三九条一項）。

② 会計監査人と監査役会を置き、取締役の任期の末日が選任後一年以内に終了する事業年度のうち最終のものに関する定時株主総会終結の日までである会社は、定款で定めることにより、本来は株主総会において決定すべき剰余金の処分に関する次の各事項を取締役会においても決定できるようになります。

(1) 会社が株主との合意により自社株式を取得する場合（特定の株主を対象とする場合を除く）の取得株式数、株式と引換えに交付する金銭等の内容及びその額、取得可能期間

(2) 準備金の額を減少させる場合の減少額および減少の効力発生日（ただし、準備金の減少額が定時株主総会の日における欠損額を超えない場合に限る）

(3) 損失処理や任意積立金の積立等財産処分以外の剰余金の処分をする場合の処分額その他法務省令で定める事項

(4) 剰余金を配当する場合の配当財産の種類および帳簿価額の総額、株主に対する配当財産の割当てに関する事項、効力発生日等（ただし、配当財産が金銭以外の財産であり、かつ、株主に金銭分配請求権を与えない場合を除く）

ただし、このような定款の定めは、取締役の作成する計算書類の適法性が担保されていることを前提とするものですから、そのような場合として法務省令（計算規則一五五条）で定める要件に該当する場合に限り、その効力を有するものとされています（同条二項）。（会社法四五九条一項）。

PART 11

# 監査等委員会設置会社と指名委員会等設置会社

▼大規模会社向けの機関設計の選択肢が増えました

## 新しい機関設計の追加

旧商法特例法の平成一四年改正では、委員会等設置会社という新しいタイプの機関設計が認められることになりました。これは大会社またはみなし大会社が、定款において委員会等設置会社に関する特例の適用を受ける旨を定めた場合をいい、迅速で機動的な会社業務の執行を可能にする目的で新設された制度です。たとえば、大規模会社の場合、役員が数十人という大所帯になることがあり、それだと取締役が丁々発止の議論をして会社の意思決定を行うのは事実上困難です。そこで、取締役会の業務執行の意思決定権限を基本的な事項に絞り、執行役という機関を新設して、これに大幅な権限を委譲し、業務執行についてもこの執行役に任せることにしたものです。したがって、取締役会は主として他の機関を監督するものとなります。そして、この監督機能を実効あらしめるため、社外取締役が過半数を占める指名委員会、報酬委員会および監査委員会の三委員会を置き、これらに強い権限を与えました。

会社法も、名称を「**委員会設置会社**」と変更し、右の委員会等設置会社の制度を基本的に引き継ぎましたが、委員会を置くことができる会社を大会社に限定せず、定款の定めによって選択できるものとしました（会社法三二六条二項）。

この委員会設置会社は、業務執行者に権限を集中させることにより経営の効率化を図るとともに、そのような業務執行者に対する強力な監督システムを構築するという**コーポレート・ガバナンス**（**企業統治**）の考えに基づくものです。そして、このようなコーポレート・ガバナンスが特に要請されるのは、株主や債権者等の利害関係人が多数にのぼる大会社かつ公開会社といえるでしょう。このような大会社かつ公開会社の機関設計としては、従来、監査役会設置会社（会社法三二八条）と右の委員会設置会社の二つがありましたが、上場会社の九八％が監査役会設置会社を選択しており、委員会設置会社は二％にとどまるといわれています。このように委員会設置会社が採用されない理由としては、経営者の側に、過半数が社外取締役である指名委員会と報酬委員会に人事と報酬の問題を委ねることに抵抗感があることが挙げられています。

そこで、社外取締役による業務執行の監督という要素を入れながら、右のような人事と報酬に直接タッチしない機関設計として、平成二六年改正法により、新たに認められたのが**監査等委員会設置会社**です。そして、このように監査等委員会を設置できるとした関係で、従来の「委員会設置会社」は、「**指名委員会等設置会社**」と名称が変更されました。

右の監査等委員会設置会社と指名委員会等設置会社は、取締役会とは別に、過半数の社外取締役を含む取締役で構成される監査等委員会または三委員会（指名委員会、監査委員会、報酬委員会）を置いて、取締役の業務執行に対する監督機能を強化したものです。

以下では、監査等委員会設置会社と指名委員会等設置会社について、経営の効率化（執行と監督の分離）の側面と監督の強化の側面をそれぞれみていきましょう。

## 監査等委員会設置会社の場合

監査等委員会設置会社は、監査等委員である取締役が業務執行の監査を行うというものですから、監査等委員の独立性の確保が必要不可欠となります。

そのため、監査等委員である取締役は、三人以上で、その過半数が社外取締役でなければならないとし（会社法三三一条六項）、その会社または子会社の業務執行取締役、支配人その他の使用人、会計参与、執行役を兼務することはできないものとしました（会社法三三一条三項）。

また、株主総会では、監査等委員である取締役とそれ以外の取締役とを区別して選任することとし（会社法三二九条二項）、監査等委員である取締役の選任に関する議案を株主総会に提出するには、監査等委員会の同意を要することとして（会社法三四四条の二第一項）、取締役が恣意的な人選をすることを防いでいます。さらに、監査等委員である取締役の解任については特別決議を要するものとし（会社法三四四条の二、三四一条、三〇九条二項七号）、監査等委員である取締役は、株主総会において、監査等委員である取締役の選任、解任または辞任について意見を述べることができることとしています（会社法三四二条の二第一項）。

任期については、選任後二年以内に終了する事業年度のうち最終のものに関する定時株主総会の終結の時までとされ（会社法三三二条一項）、かつ、その任期を定款や株主総会決議で短縮することはできない（同条四項）のに対し、監査等委員ではない取締役については、右の二年を一年に短縮しています（同条三項）。代表取締役や業務執行取締役の権限が強化されていることから、毎年、株主総会でその人選の適否を判断することとしたものです。

報酬等についても、定款または株主総会で定めるにあたっては、監査等委員である取締役とそれ以外の取締役とを区別することとされ（会社法三六一条二項）、監査等委員である各取締役の個別の報酬等について定款の定めまたは株主総会決議がないときは、監査等委員である取締役の協議によって定めることとしています（同条三項）。

ところで、指名委員会等設置会社の問題点として、社外取締役が過半数を占める指名委員会等に人事と報酬を握られることへの抵抗感を挙げましたが、監査等委員会設置会社においては、監査等委員ではない取締役の人事、報酬等に関する株主総会の議案の内容は取締役会で決定されますので、代表取締役が主導することが可能です。ただし、監査等委員会が選定した監査等委員は、監査等委員以外の取締役の選任、解任等または報酬等について、株主総会に出席して意見を述べる権限を有していますので（会社法三九九条の二第三項三号、三四二条の二第四項、三六一条六項）、そのような権限を背景として、監査等委員が、取締役会に出席して、監査等委員以外の取締役に関する人事、報酬等に関する決定が適切になされるよう影響力を行使することが期待できます。

さて、監査等委員会設置会社においても、業務執行の決定は取締役会が行うことが原則です。しかし、業務執行の効率化からすれば、常務の範囲に属する業務

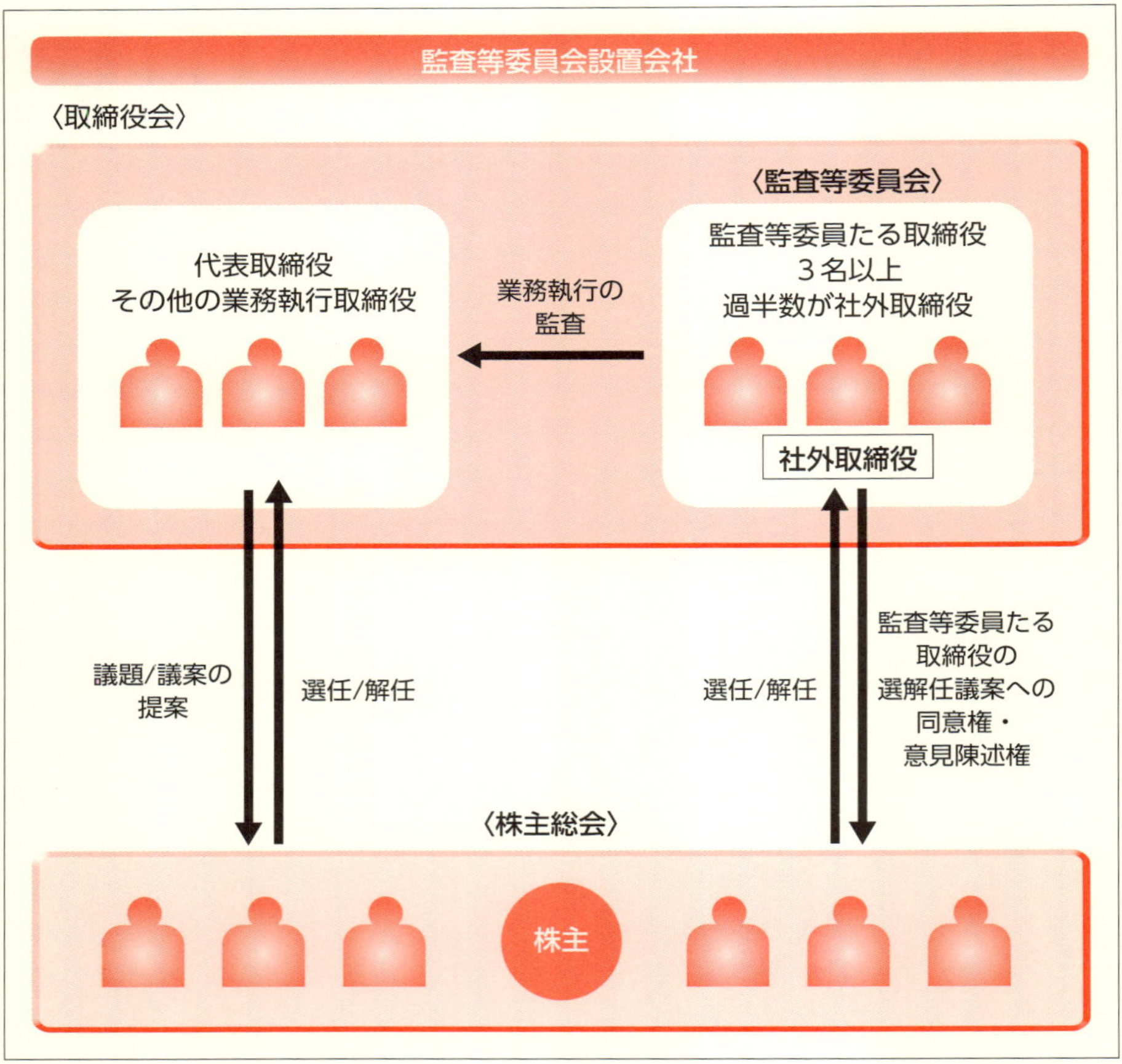


執行については、その決定権限を代表取締役や業務執行取締役に委任すべきといえます。そして、右のように過半数が社外取締役で構成されるなど制度的に独立性が確保されており、かつ、監査等委員以外の取締役の人事と報酬について意見陳述権を有している監査等委員が、業務執行の監査を行うことを前提とすると、取締役会については業務執行の監査に重きを置く組織とし、原則として禁止されている重要な業務執行の決定についても（会社法三九九条の一三第四項）、代表取締役や業務執行取締役に委任することを認めるべきといえます。

そこで、監査等委員会設置会社においては、取締役の過半数が社外取締役である場合または定款の定めがある場合は、例外的に、重要な業務執行（会社法三九九条の一三第五項各号の事項を除く。）の決定を取締役に委任できるものとしています（会社法会社法三九九条の一三第五項、第六項）。

このように会社法上は例外として書かれていますが、監査等委員会を新設した趣旨は、社外取締役を取り入れて、取締役会を業務執行の監督に重点を置いた機関にしようというものですから、監査等委員会設置会社を採用する場合には、むしろ、右のようにできるだけ代表取締役や業務執行取締役に業務執行の決定権限を委譲して、取締役会は、その業務執行の監督に専念するという形（モニタリング・モデル）を原則とすべきように思われます。

なお、取締役との利益相反取引（会社法三五六条一項二号、三号）について、会社に損害が生じたときは、その取引を行った取締役は、その任務を怠ったものと推定されることになっていますが（会社法四二三条三項）、その取締役が取引につき監査等委員会の承認を受けたときには、任務懈怠の推定はされません（同条四項）。したがって、損害賠償責任を追及するためには、取締役の任務懈怠を立証する必要が出てきます。これも、社外取締役を中心とする監査等委員会のスクリーニングを経た取引であることを根拠とするものです。また、このような特例があるためか、監査等委員会設置会社の数は徐々に増えてきています。

## 指名委員会等設置会社の場合

指名委員会等設置会社には、指名委員会、監査委員会及び報酬委員会の三つの委員会が設置され、各委員会は、それぞれ三人以上の委員で組織されます（会社法四〇〇条一項）。各委員会の委員は、取締役の中から取締役会の決議で選定され、解職されます（会社法四〇〇条二項、四〇一条一項）。各委員会の委員の過半数は社外取締役でなければなりませんが（会社法四〇〇条三項）、各委員会の委員は兼任できますので、社外取締役は最低二名必要ということになります。指名委員会等設置会社の取締役は、その会社の支配人その他の使用人を兼ねることができず（会社法三三一条四項）、監査委員は、さらに、その会社又は子会社の執行役、業務執行取締役、子会社の会計参与又は支配人その他の使用人を兼ねることができません（会社法四〇〇条四項）。取締役の任期は、選任後一年以内に終了する事業年度のうち最終のものに関する定時株主総会の終結の時までです（会社法三三二条六項）。通常の会社より取締役の権限が強化されているので、毎年、株主総会の信任を得ることとしたのです。

指名委員会等設置会社の業務執行は、取締役会の決議によって選任される一人または二人以上の執行役（会社法四〇二条一項、二項）が専ら担当し（会社法四一八条）、取締役（執行役を兼ねる場合を除く）は、法令に別段の定めがある場合を除き、業務を執行することはできません（会社法四一五条）。

取締役会は、執行役の中から代表執行役を選定し（執行役が一人のときは、その者が代表執行役となります。）、解職することができます（会社法四二〇条一項、二項）。代表執行役は、代表取締役と同じく、会社の業務に関する一切の裁判上または裁判外の行為をする権限を有し、その権限に加えた制限は、善意の第三者に対抗することができません（会社法四二〇条三項、三四九条四項、五項）。また、代表執行役以外の執行役に社長、副社長その他代表権を有するかのような名称を付した場合には、その執行役がした行為について、善意の第三者に対しその責任を負うものとしています（会社法四二一条）。

会社の業務執行の決定は、取締役会が行いますが、その決議によって、一部を除き、業務執行の決定権限を執行役に委任することができます（会社法四一六条）。

指名委員会等設置会社も、監査等委員会設置会社と同じく、取締役会（各委員会）による業務執行の監督の強化を前提とした業務執行の効率化を目的とするものですから、業務執行の決定権限を執行役に委任することが本来の形態といえるでしょう。

それでは、次に各委員会の権限をみていきましょう。

**指名委員会**は、株主総会に提出する取締役の選任、解任に関する議案の内容を決定します（会社法四〇四条一項）。株主総会に提出する議案の内容を決定するのは取締役会ですが（会社法四一六条四項五号）、指名委員会等設置会社における取締役会の重要な職務は執行役等の職務執行の監督ですから（同条一項二号）、その構成員たる取締役の選任、解任に関する議案についてはより中立的な指名委員会に決定させることとしたのです。

**監査委員会**は、執行役、取締役（会計参与）の職務執行の監査と監査報告の作成を行い、株主総会に提出する会計監査人の選任、解任および再任しないことに関する議案の内容を決定します（会社法四〇四条二項）。コーポレート・ガバナンスの観点からすれば、監査委員会の職務が重要となりますが、この点については、監査等委員会と一緒に後で述べることにします。

**報酬委員会**は、執行役、取締役の個人別の報酬等の内容を決定します（会社法四〇四条三項）。通常の会社では、取締役等の報酬等は、定款または株主総会決議によって決定されますが（会社法三六一条一項）、指名委員会等設置会社では、定款や株主総会ではなく、報酬委員会で決定されるのです。

また、執行役が、支配人その他の使用人を兼務しているときは、その使用人の報酬等の内容についても決定することになります（同項）。執行役に自己の使用人分の報酬等を決定させるとお手盛りの弊害が生じるからです。なお、報酬委員会は、その内容の決定に関する方針を事前に定め（会社法四〇九条一項）、その方針に従って個人別の報酬等の内容を決定しなければなりません（会社法四〇九条二項）。

## 監査等委員会と監査委員会の職務

監査等委員会の職務は、第一に、取締役の職務執行の監査です（会社法三九九条の二第三項一号）。この点は、監査役の職務（会社法三八一条）と同じであり、取締役や支配人その他の使用人に対し業務報告を求め、会社の業務や財産の状況を調査できること（会社法三九九条の三）、取締役の不正行為等を認めるときは、その旨を取締役会に報告すべきこと（会社三九九条の四）、取締役が株主総会に提出しようとする議案等について法令違反等を認めるときは、その旨を株主総会に報告すべきことも同様です（会社法三九九条の五）。また、取締役の不正行為等により会社に著しい損害が生じるおそれがあるときは、取締役に対し、そのような行為をやめることを請求できること（会社法三九九条の六第一項）、会社と取締役との間の訴訟については、原則として、監査等委員会が選定した監査等委員が会社を代表することも（会社法三九九条の七）、監査役の場合と同様です。

第二に、監査等委員会設置会社には、会計監査人を置かなければなりませんが（会社法三二七条五項）、その独立性を確保するために、株主総会に提出する会計監査人の選任、解任及び再任しないことに関する議案の内容は、取締役会ではなく監査等委員会が決定すべきものとしています（会社法三九九の二第三項二号）。指名委員会等設置会社における監査委員会の職務も、右に述べた監査等委員会と同様です。すなわち、監査委員会は、執行役等の職務執行の監査を行い（会社法四〇四条二項一号）、そのために執行役、支配人その他の使用人に対し、業務報告を求め、会社の業務および財産の状況を調査することができます（会社法四〇五条一項）。また、執行役等の不正行為等を認めるときは、その旨を取締役会に報告し（会社法四〇六条）、その不正行為等により会社に著しい損害が生じるおそれがあるときは、その差止めを請求できること（会社法四〇七条一項）、会社と取締役間の訴訟について、原則として、監査委員会が選定する監査委員が会社を代表することも同様です（会社法四〇八条）。また、指名委員会等設置会社も会計監査人を置かねばなりませんが、その独立性を確保するために、株主総会に提出する会計監査人の選任、解任及び再任しないことに関する議案の内容の決定を監査委員会の職務としている点も同様です。

ただし、指名委員会等設置会社には、前述したとおり指名委員会と報酬委員会があり、前者においては、株主総会に提出する取締役の選任及び解任に関する議案の内容を決定し、後者においては、執行役等の個人別の報酬等の内容を決定することとされていますので、監査委員会には、監査等委員会のように株主総会への提出議案について法令違反があるような場合に株主総会に報告する権限は認められていません。

## 社外取締役とは

監査等委員会設置会社における監査等委員会および指名委員会等設置会社における三委員会（指名委員会、監査委員会、報酬委員会）については、それぞれ委員三人以上で構成され、各委員の過半数は、社外取締役でなければならないとされていることをみてきました。

会社法が、このような社外取締役の採用を前提とした機関設計を認めたのは、社外の人間を取締役会に入れることにより、取締役会による業務執行の監督を実効性のあるものにしようという意図に基づくものです。平成二六年改正法では、この社外取締役の要件が変更されていますので、この点をみていきましょう。

まず、社外取締役の就任時およびその就任前の一〇年間、会社または子会社の業務執行取締役（会社法三六三条一項）、執行役、支配人その他の使用人（以下「業務執行取締役等」といいます。）でないことが必要です。また、その就任前の一〇年の間に会社または子会社の取締役（右の業務執行取締役を除く。）、会計参与、監査役であった場合は、その就任前の一〇年間、会社または子会社の業務執行取締役等でないことが必要です。右の業務執行取締役等は、原則として、業務執行者に対する中立公正な監督を期待できないと考えられますが、一〇年間、業務執行取締役等でなければ、社外取締役就任の時点における代表取締役等との関係は希薄になっているだろうということです。

次に、会社の親会社等（自然人に限る）でないこと、親会社の取締役、執行役、支配人その他の使用人でないこと、その親会社等の子会社等の業務執行取締役等でないことが必要です。「親会社等」とは、親会社（会社法二条四号）のほか、自然人として会社の経営を支配している者（以下「個人経営者」といいます。）を含む概念ですが（会社法二条四号の二）、そのような個人経営者が社外取締役としての中立公正性を持ちえないことは当然

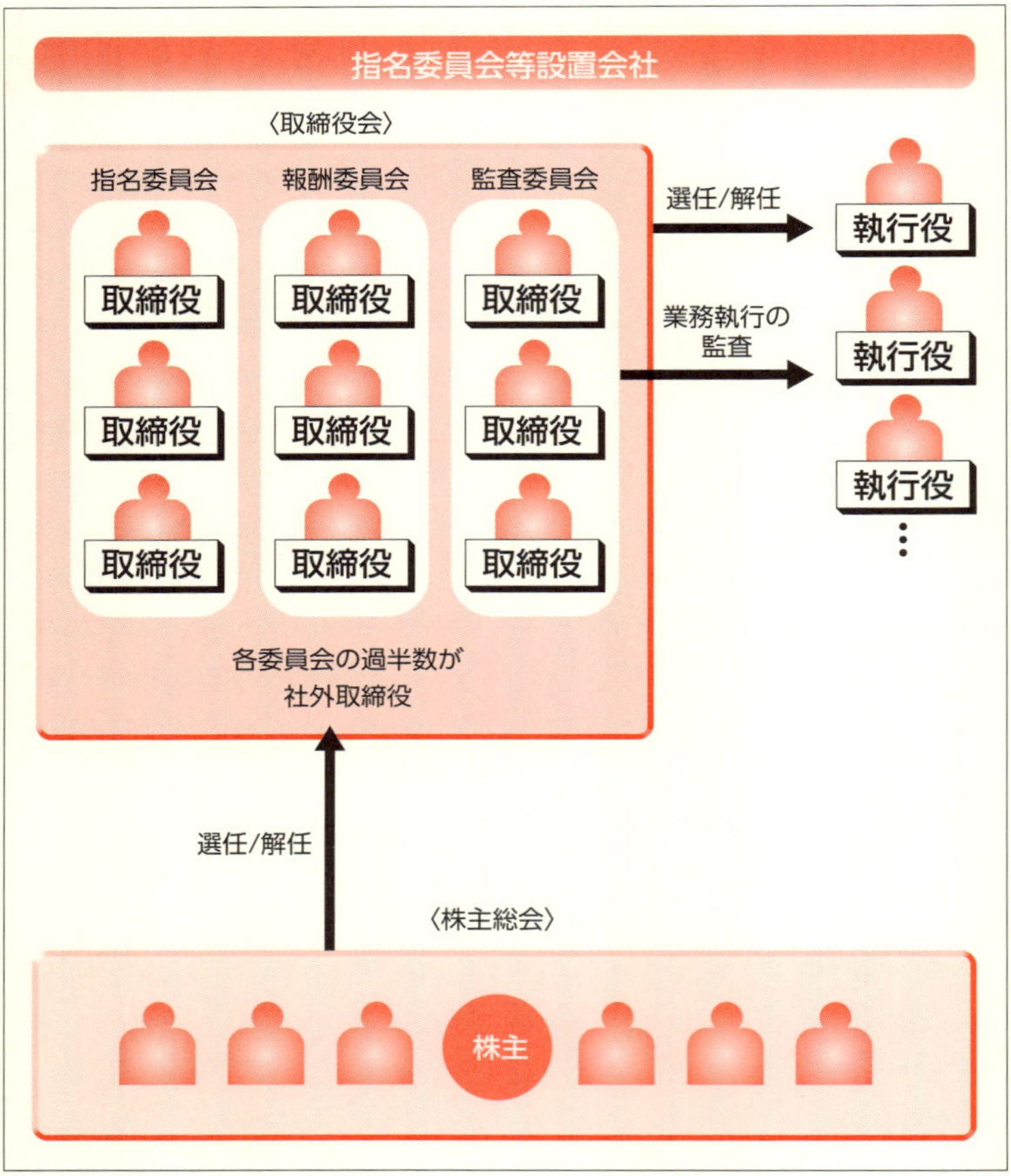


でしょう。「子会社等」とは、子会社（会社法二条三号）のほか、個人経営者が支配している法人として法務省令で定めるものを含む概念で、いわゆる兄弟会社を指すものです。このような兄弟会社の業務執行取締役等（業務執行を担当しない取締役は含みません。）についても中立公正な監督を期待できるとはいえないでしょう。

さらに、会社の取締役（業務執行取締役だけではありません。）、執行役、支配人その他の重要な使用人または個人経営者の配偶者、二親等内の親族でないことも必要です。このような近親者も類型的に中立公正な監督を期待できないと考えられたものです。

右のような要件をそなえた社外取締役を採用すれば、取締役会等を通じて、業務執行を適正に監督することが期待されます。また、社外監査役は、取締役会のメンバーではないので、取締役会を十分に監督することは期待できないのではないかとの指摘もあり、平成二六年改正に際しては、社外取締役を義務化することも検討されましたが、見送られました。

しかし、令和元年の改正により、監査役設置会社（公開会社かつ大会社であるものに限る。）であって金融商品取引法によって有価証券報告書の提出が義務づけられているものについては、社外取締役の選任が義務づけられることになりました。これは取締役会における監督機能の発揮を期待してのことです。

取締役会における独立社外取締役の占める割合は、近時、上場会社（プライム市場）の九割を超えるようになりました。

PART⑫

# 会社の経営をめぐる犯罪

▼会社のためと思ってやったことでも、犯罪は犯罪

## 会社法上の罰則

会社法は第八編「罰則」において、会社に関する犯罪となる事実を定め、これらの犯罪行為を行った者に対する刑事罰を定めています（会社法九六〇条～九七五条）。

このような刑事罰は、会社法上の義務違反行為を抑止する目的で定められたもので、会社運営の健全性を保護しようとするものです。

また、会社法上の義務違反行為のうち、右の刑事罰の対象とするほどの違法性がないがその義務の履行を担保すべきと考えられるものに対しては、行政罰である過料の制裁を科すことにしています（会社法九七六条～九七九条）。

## 特別背任罪

特別背任罪とは、会社において特別の地位にある者が、自己や第三者の利益を図り（図利目的）、または会社に損害を加える目的（加害目的）で、その任務に背く行為をして、会社に損害を与える罪をいい、一〇年以下の拘禁刑又は一千万円以下の罰金に処し、またはこれを併科する（両方科することができるという意味）ことになっています（会社法九六〇条）。

刑法二四七条は、他人のためにその事務を処理する者が、右の図利・加害目的又は加害目的で、本人に損害を与えた場合を背任罪とし、五年以下の拘禁刑または五〇万円以下の罰金刑を定めていますが（併科はしない）、会社法は、会社において特に責任のある地位にある者については、その任務違反行為を特に厳しく取り締まるべきと考え、右のように拘禁刑、罰金刑とも法定刑の最高限度を上げ、併科できるとしたのです。

右のような特別背任罪に問われる地位について、会社法は、株式会社について同法九六〇条一項一号ないし八号で、清算株式会社について同条二項一号ないし六号で定めています。

これを見ますと、取締役、監査役等の株式会社の役員が入れられているのは当然ですが、使用人でも、支配人や事業に関するある種類または特定の委任を受けた者については、その委任の趣旨に違反して会社に損害を与えれば特別背任罪に該当することになりますので、注意が必要です。

また、社債権者集会における代表社債権者又は決議執行者についても、図利・加害目的で、その任務に背く行為をし、社債権者に損害を与えたときは、特別背任罪として処罰されます（会社法九六一条）。ただし、その法定刑は、五年以下の拘禁刑または五〇〇万円以下の罰金（併科できる）と、役員等に対する特別背任罪より軽くなっています。

右にみてきた特別背任罪は、株式会社等に損害が発生することが犯罪成立要件となりますので、任務違反行為を行っても損害が発生しなければ「既遂」とはなりません。しかし、右のような特別な地

位にある者が、図利・加害目的で、任務違反行為を行うことは抑止すべきですから、会社法は、損害が発生しない場合でも「未遂」として処罰することにしています（会社法九六二条、なお、刑法四三条参照）。

## 特別背任罪
## ――具体的ケース

特別背任罪の具体的な事例としては、金融機関の取締役が、融資先の利益を図るために、回収困難とわかっていながら、十分な担保を取らずに金員を貸し付け、そのため会社に不良債権をつくったケースや、粉飾決算をして、利益がないのに役員に賞与を支給したケース、振出権限がある取締役が、自己又は第三者の支払のために、会社の手形・小切手を振り出したケースなどがあります。

特別背任罪は会社法に規定された特別の地位（これを「身分」といいます。）にある者が犯罪主体となるものですが（このような犯罪を「身分犯」といいます）、このような身分のない者でも、特別背任行為を共同して行ったと認められる場合には、**共同正犯**（刑法六〇条）として、身分ある者と同様に処罰されることになります。

例えば、被害会社の絵画購入担当者が不当な高値で絵画を購入した行為が特別背任に該当する場合に、その絵画を売却した会社を実質的に支配していた者が、その価格が不当な高値であり、その絵画取引で被害会社に損害が生じることを認識、認容していた場合には、その者にも共同正犯として特別背任罪が成立します（最判平成一七年一〇月七日判時一九一四・一五七）。また、百貨店の代表者が第三者に転売利益を得させるために、その第三者が経営する会社を経由してアクセサリー等を仕入れた事例でも、その代表者と第三者は共同正犯として特別背任罪にあたるとされました（最判平成九年一〇月二八日判時一六一七・一四五）。

ところで、特別背任罪は、右に述べたように図利・加害目的が要件となっていますが（このような犯罪を「目的犯」といいます）、この図利・加害目的については、行為者が自己や第三者の利益を図ったり、会社に損害を与えることを意欲したり、積極的に認容することまでは必要ないとされます（最判昭和六三年一一月二一日判時一二九七・一四一）。また、主として不法に融資して自己の利益を図る目的がある以上、たとえ従として右融資により会社のため事故金を回収してその補填を図る目的があったとしても背任目的がないとはいえないとされています（最決昭和三五年八月一二日刑集一四・一〇・一三六〇）。

## 会社財産を危うくする罪

会社財産の基礎を築くためには、発起人や募集株式引受人の出資が履行されることが非常に重要になりますが、出資の履行がされていなかったり、現物出資した財産の評価額が不相当に低いなどすると、会社財産の基礎が実質的に形成されない危険性があります。それは株主にも会社債権者にも、非常に不利益なことといえます。

そこで、会社法は、次のような類型の行為について、五年以下の拘禁刑又は五〇〇万円以下の罰金（併科できる）の刑事罰を定めています。なお、これらの犯罪も特別背任罪と同様に身分犯ですが、図利・加害目的や会社の損害は犯罪成立要件ではありません。

① 発起人、設立時取締役等（会社法

九六〇条一項一号、二号）が、会社設立に係る出資の履行又は現物出資等に関して、裁判所、創立総会（種類創立総会）に対し、虚偽の申述を行い、または事実を隠ぺいしたとき（会社法九六三条一項）。

②　取締役、監査役等（会社法九六〇条三号〜五号）が、募集株式や新株予約権の発行における現物出資の場合の財産の内容と額について、裁判所、株主総会（種類株主総会）に対し、虚偽の申述を行い、または事実を隠ぺいしたとき（会社法九六三条二項）。

③　検査役が、会社設立に係る現物出資等または募集株式や新株予約権の発行における現物出資の場合の財産の内容と額について、裁判所、株主総会（種類株主総会）に対し、虚偽の申述を行い、または事実を隠ぺいしたとき（同条三項）。

④　設立時取締役等に代わって現物出資財産等の調査をする者が、その調査に関し、創立総会に対し、虚偽の申述を行い、または事実を隠ぺいしたとき（同条四項）。

また、取締役等（会社法九六〇条一項三号〜七号）が、次のような行為をしたときも、会社の財産を流出させ、会社財産の基礎を危うくするものといえますので、右と同様の刑罰が定められています。

①　名義の如何を問わず、会社の計算で不正にその株式を取得したとき（会社法九六三条五項一号）。

これは、法律の規定に基づく正当な方法によらない自己株式の取得を禁ずるものです。

②　法令又は定款に違反して、剰余金の配当をしたとき（同項二号）。

いわゆる違法配当（蛸《たこ》配当）行為ですが、取締役が自己の配当利益を増やそうとして違法配当を行うような場合には、自己の利益を図って会社に損害を与えるわけですから、前述した特別背任罪が成立し、違法配当罪はこれに吸収されます。また、違法配当の場合、粉飾決算がつきものですが、これに基づいて本来は支給できない役員賞与を支給したような場合には、この部分について特別背任罪が成立します。

③　会社の目的の範囲外において、投機取引のために会社の財産を処分したとき（同項三号）。

化粧品、雑貨等の卸売り並びにこれに付帯する業務を目的とする資本金二〇〇万円の会社において、その目的とする業務の継続運営によってはとうてい回復困難な営業上の損失を生じたことから、穀物等の商品取引を行い、会社財産から一九九九万余円を委託証拠金として支払ったケースについて、社会通念に照らし「会社の目的の範囲外」にあたると判断されるべきとして右の罪の成立を認めた判例があります（最判昭和四六年一二月一〇日判時六五〇・九九）。

## 虚偽文書行使等の罪

株式、新株予約権、社債、新株予約権付社債を募集するにあたり、会社の事業その他の事項に関する説明を記載した資料や募集広告等の募集に関する文書や電磁的記録に虚偽の内容が含まれていると、それらを引き受ける者に不測の損害を与える危険があります。

そこで、会社法は、右のような募集事務を行う者が、右のような文書（電磁的記録）で重要な事項に虚偽の記載（記録）があるものを、その募集に関して使用した場合は、五年以下の拘禁刑又は五〇〇万円以下の罰金（併科できる）に処すものとしました（会社法九六四条一項）。

右の犯罪主体となりうる者として、

株式会社の発起人や取締役等（会社法九六〇条一項一号〜七号）、持分会社の業務執行社員、その職務代行者、募集事務の委託を受けた者が挙げられています（身分犯）。また、右の株式等については、証券会社等が売出しを行うことになりますが、そのように売出しを行う者が、その売出しに関する文書（電磁的記録）の重要な事項に虚偽の記載（記録）をしたものを使用した場合にも、右と同様の刑事罰を科すこととしています（会社法九六四条二項）。

「虚偽」は「重要な事項」に存在することが必要ですが、「重要な事項」か否かは、その事項の記載が虚偽であったことが募集当時に判明していれば、その株式等を引き受けなかったであろうと一般人の観点からいえるかどうかで判断することになります。

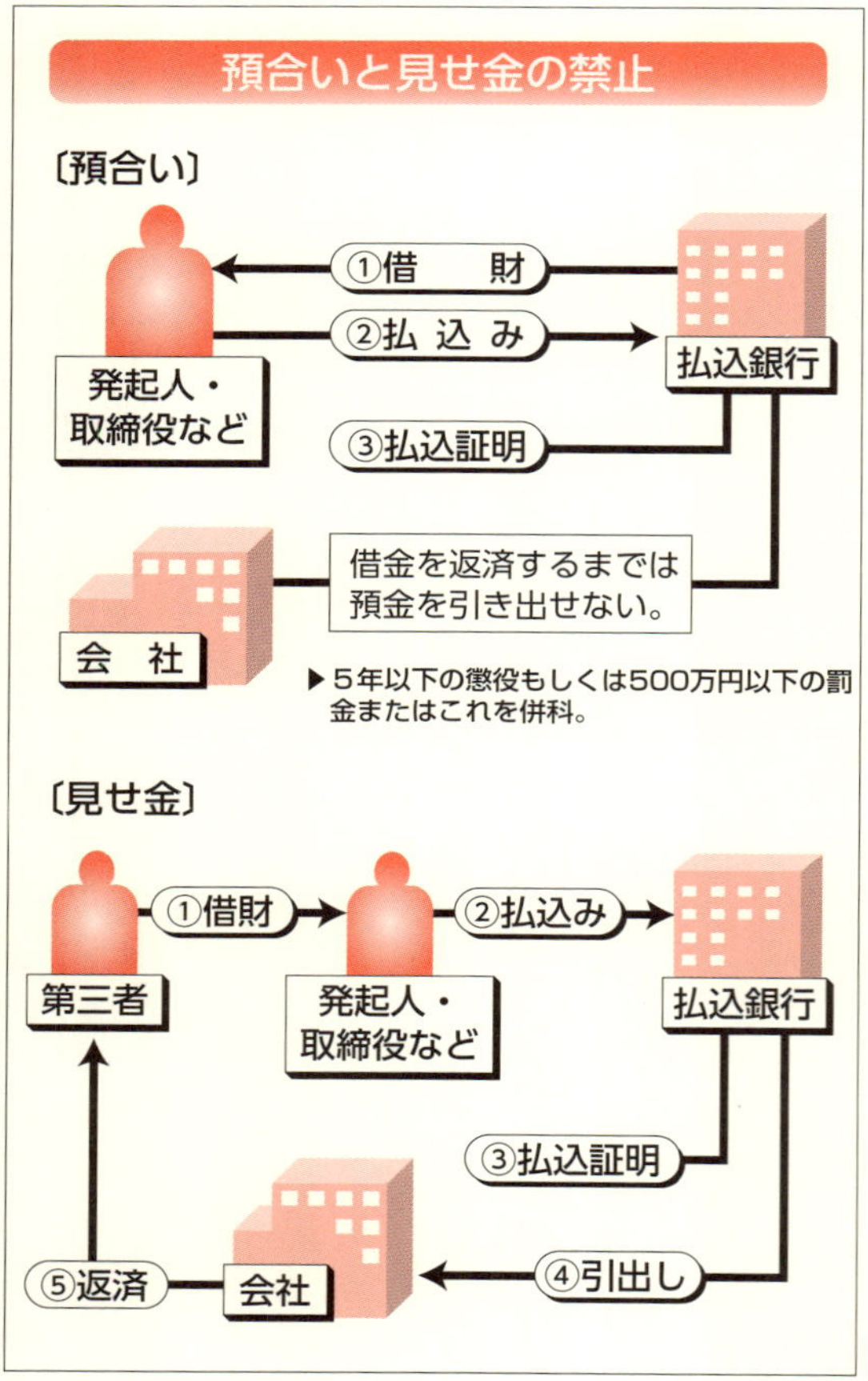


## 預合いの罪

株式会社の発起人や取締役等（会社法九六〇条一項一号〜七号）が、株式の発行にかかる払込みを仮装するため**預合い**《あずけあ》を行ったときは、五年以下の拘禁刑又は五〇〇万円以下の罰金（併科できる）に処せられます（会社法九六五条前段）。

「預合い」については会社法に明確な定義があるわけではありませんが、一般に、右の地位にある者が、株式の発行に際し、払込み取扱機関である金融機関（会社法三四条二項）の役職員と共謀して、その株式の払込みを仮装する行為と考えられています。発起人等が払込み取扱い機関である金融機関から借入れをして、その借入金を払込み金として会社の預金口座に振替えるが、借入金を返済するまでは引出さないことを約するという形態が多いといわれています。

なお、右のように預合いに応じた金融機関の役職員も同様に処罰されることになります（会社法九六五条後段）。

「預合い」と同様に払込みを仮装するものとして「**見せ金**」があります。「見せ金」とは、第三者からの借入金を払込みに充て、会社成立後直ちに払込み金を払い戻して借入先に返還することをいいます。払込み取扱機関である金融機関からの借入金で払込みを仮装した場合には、その金融機関の役職員との通謀があれば「預合い」、通謀がなければ「見せ金」となります。

「預合い」も「見せ金」も株式の払込みを仮装する行為ですから、その払込み行為は無効というほかありませんが、右の刑事罰の対象となるのは「預合い」のみであることに注意してください。ただし、「見せ金」の場合も払込み自体は無効ですから、「見せ金」であることを知りながら、発行済株式総数が増加した旨の登記申請をした取締役については、**公正証書原本不実記載罪**（刑法一五七条一項）が成立することになります。

## 株式超過発行の罪

会社の設立にあたって、発行可能株式総数を定款で定めることが要求され（会社法三七条）、かつ登記事項とされています（会社法九一一条三項六号）。これを**授権資本制度**といい、その限度内での株式の発行は、公開会社では取締役会の権限とされており、また、それ以外の会社でも取締役又は取締役会の権限とされています。このような権限を濫用されないように発行可能株式総数を超える株式の発行は抑止しなければなりません。

そこで、会社法は、発起人や取締役等、株式を発行することができる者が、この発行可能株式総数を超えて株式を発行したときは、五年以下の拘禁刑又は五〇〇万円以下の罰金に処するとしているのです（会社法九六六条）。

## 会社法上の贈収賄罪

取締役等は、当然、与えられた職務を公正に行うべき義務があるといえます。会社以外の誰かの利益を考えて、その職務行為に関する判断を曲げ、不正な行為をするようなことがあってはならないのです。

そこで、会社法は、すでに説明した特別背任罪の対象となる地位にある者や会計監査人について、その職務に関し、不正の請託を受けて、財産上の利益を収受したり、要求したり、約束したときは、五年以下の拘禁刑又は五〇〇万円以下の罰金に処するものとしました（会社法九六七条一項）。

ここで「不正の請託を受けて」とは、不正の行為をし、または当然すべき行為をしないことの依頼を受諾することをいいます。

右の者に対し、財産上の利益を供与したり、申込みをしたり、約束したりした者については、三年以下の拘禁刑又は三〇〇万円以下の罰金に処するものとしました（会社法九六七条二項）。

次に、取締役等に限らず誰でも、次の事項に関して、不正の請託を受けて、財産上の利益を収受したり、要求したり、約束したときは、五年以下の拘禁刑又は五〇〇万円以下の罰金に処するとされ（会社法九六八条一項）、その財産上の利益を供与したり、申込みをしたり、約束したりした者についても同様とされています（同条二項）。

① 株主総会や社債権者集会などにおける発言や議決権の行使
② 会社法上認められている株主や債権者の権利行使
③ 社債総額の一〇分の一以上を有する社債権者の権利行使、会社の組織に関する訴えや責任追及等の訴え等の提起
④ 責任追及等の訴えに関する訴訟参加

右の①に関して、会社役員等が経営上の不正や失策の追及を免れるため、株主

総会における公正な発言または公正な議決権の行使を妨げることを株主に依頼してこれに財産上の利益を供与することは、「不正の請託」に該当するとした判例があります（最決昭和四四年一〇月一六日判時五七二・三）。

なお、右の各収賄罪において、犯人の収受した財産上の利益は没収され、その全部または一部を没収できないときは、その価額を追徴されることになっています（会社法九六九条）。

## 総会屋に対する利益供与罪

総会屋とは、株主の権利の行使または不行使を条件に、会社に対し、金銭等を要求する者をいい、「会社荒らし」とも呼ばれています。

このような総会屋対策としては、右のような株主の権利行使に関する贈収賄罪が設けられていますが、これは「不正の請託」を受けることを要件としているため、実際の適用が難しいという問題がありました。

そこで、総会屋対策を主な目的として、昭和五六年の旧商法の改正により新設されたのが「利益供与罪」です。

会社法もこれを引き継ぎ、取締役等の会社役員や支配人その他の使用人が、株主の権利の行使に関し、その会社や子会社の計算において財産上の利益を供与したときは、三年以下の拘禁刑又は三〇〇万円以下の罰金に処することとし（会社法九七〇条一項）、株主の権利の行使に関し供与されるものであることを知って、その利益の供与を受けたり、第三者に供与させたりした者も同様に処罰するものとしました（同条二項）。

また、株主の権利の行使に関し、会社または子会社の計算において財産上の利益を供与することを、会社役員や使用人に要求した者も同様に処罰されます（同条三項）。贈収賄罪と異なり、「不正の請託を受け」ることは必要ではなく、株主の権利の行使に関して利益が収受されることを知っていれば足りますので、捜査機関としては立件しやすいわけです。

さらに、右の利益供与を受けた又は要求した者が、その犯罪行為について、会社役員や使用人に対し、威迫行為をしたときは、五年以下の拘禁刑又は五〇〇万円以下の罰金と加重された刑罰が科されることになっています（同条四項）。このような行為を伴う場合は違法性がより高く、抑止すべき要請が強いといえるからです。なお、右の各犯罪については、情状により拘禁刑と罰金刑を併科することができます（同条五項）。

また、会社役員や使用人が利益供与罪を犯した場合に、自首をすれば、その刑を減免できることとしました（同条六項）。これは会社法において新設された規定で、会社側の者に自主申告を促して、総会屋の摘発につなげようとの趣旨です。

## 国外犯と法人における罰則の適用

近年、経済活動は国際化しているため、右に説明してきた犯罪における抑止効果を十分なものにするためには国外犯を処罰することが必要といえます。

そこで、会社法は、特別背任罪とその未遂罪（同法九六〇条〜九六二条）、会社財産を危うくする罪（同法九六三条）、預合いの罪（同法九六五条）、株式超過発行の罪（同法九六六条）、収賄罪（同法九六七条一項、九六八条一項）、利益供与罪（同法九七〇条一項）について、日本国外においてこれらの罪を犯した者にも適用するとしました（同法九七一条一項）。また、贈賄罪（同法九六七条二項、九六八条二項）、利益受供与罪等（同法九七〇条二項〜四項）については、日本国外においてこれらの罪を犯した全ての者に適用するとされています（同法九七一条二項、刑法二条）。

その他、これまで述べてきた特別背任罪等について、その身分（例えば発起人）を有する者が法人であるときは、その犯罪行為をした取締役、執行役その他業務執行役員または支配人に対してそれぞれ処罰の対象とすることにしています（会社法九七二条）。

## 過料に処すべき行為

会社法は、取締役等の会社役員、会計監査人、清算人、代表社債権者などに対し、さまざまな手続きをとるべき義務を課しています。このような会社法上の手続きをとるべき義務を果たさせることが会社の健全運営につながりますので、その義務懈怠に対し、会社法は、一〇〇万円以下の過料の制裁を定めています（会社法九七六条本文）。

ただし、過料の対象となる行為については刑事罰の対象となるものも含まれているため、その行為について刑事罰を科すときは、過料の制裁は行わないものとしています（同条ただし書）。

なお、過料事件の手続については、非訟事件手続法一六一条以下に規定されています。以下に、代表的なものをあげてみましょう。

① 会社法の規定による登記をすることを怠ったとき（会社法九七六条一号）。役員が退任したり、任期満了となった場合、新たな役員を選任して、役員の変更登記をすべきですが、新たな役員が決まらないような場合、登記がそのままになっていることが結構あります。このような変更登記は変更が生じたときから二週間以内にしなければならないとされていますので（会社法九一五条一項）、この期間を超えると取締役等は過料の対象となります。

なお、就任前にすでに登記事項が生じているときは、代表取締役はその就任後二週間以内に登記することを要するとする裁判例があります。

② 会社法の規定に違反して、正当な理由がないのに、書類等の閲覧・謄写等を拒んだとき（九七六条四号）。

会社法においては、株主や会社債権者に、株主名簿、株主総会議事録、取締役会議事録（その権利行使のために必要があるとき）、計算書類等の閲覧・謄写等の請求権が認められています。このような請求権が認められる場合であるにもかかわらず、それを拒んだ者は過料に処せられることになります。

また、これらの書類等に虚偽の記載等をしたとき（同条七号）やこれらの書類等を備え置かなかったとき（同条八号）にも過料の対象となります。

③ 正当な理由がないのに、株主総会等において、株主等の求めた事項について説明をしなかったとき（同条九号）。

取締役等には、株主総会において、いわゆる説明義務がありますが、これを正当な理由がないのに怠った場合は過料の対象となります。

以上のほか、その商号中に他の種類の会社であると誤認されるおそれのある文字を用いた者、会社でないのに会社であると誤認されるおそれのある文字をその名称又は商号中に使用した者、不正の目的をもって他の会社であると誤認されるおそれのある名称又は商号を使用した者についても、一〇〇万円以下の過料の制裁があります。

●取引法こぼれ話

# 株券や手形と借用証書

## ▼株券や手形、小切手は有価証券という証券

株券とか手形、小切手は有価証券の一種です。有価証券という証券をどうとらえるべきかということに関しては学者の考えがわかれていますが、通説は、有価証券とは財産的価値を有する私権を表章する証券で、権利の発生、移転、行使の全部または一部が証券によってなされることを要するものをいうのだととらえています。この有価証券にはいろいろなものがあります。株券とか社債券、貨物引換証、船荷証券、みんな有価証券です。手形や小切手ももちろんそうです。

有価証券では権利と証券との結びつきがたいへん強くなっています。なにぶんにも、有価証券では、証券にあらわされる権利の発生、移転または行使はその証券によって行われることを要するのですから、証券によるときはこれらの効力が生じますが、証券によらなければこれらの効力は生じません。

約束手形を例に考えてみましょう。

まず、手形上の権利の発生は証券によってなされることを要します。約束手形の作成によって権利が生まれるのです。次に、この手形金請求権を他に譲渡または移転する場合は、かならず約束手形を譲受人に交付しなければなりません。最後に権利の行使ですが、権利の行使も証券によって行なわれることを要します。手形上の権利の権利者は、その手形金の支払いを請求するにはかならず約束手形を債務者に呈示しなければなりません。手形債務者である振出人にむかって、「あなたの振り出した約束手形は、私の家の金庫においてきたけれども、私が手形権利者であり、きょうが満期になっているから、手形金を支払ってくれ」などといって、手形金の支払いを求めても、権利の行使とは認められず、手形債務者である振出人もこういう請求に応ずる必要はないのです。

## ▼借用証書はどのような証券か

それでは、人が借金をして、借り主が貸し主に対して差し入れる借用証書、これはどのような性質のものでしょうか。借用証書も有価証券なのでしょうか。借用証書は有価証券ではありません。借用証書は領収証、受取証書などと同じく証拠証券なのです。

あれは、借り主が貸し主から、いくらのお金を、返済期限いつ（さらに利息はいつ、どのくらいの率で支払うかなどをきめる場合が多いようです）ということで借り受けたかを証明するための書面なのです。こういう借用証書は、事実もしくは法律関係の存否を証明する書面です。金を借り受けたという事実や法律関係の存否は、借用証書がなくても、ほかの方法・手段によって、これを証明することができれば、その存在は認められることになります。金の貸し主が借り主側からとった借用証書をなくしてしまっていても、貸し主において、証人などほかの証拠によって貸金の事実を証明できればよいのです。

こういう紙片ももとよりたいせつな書類です。しかし、それはあることを証明するための証拠として重要だという意味にとどまります。権利とその証券とが結びついているわけではありません。

# 第6章

# 株式会社の会計

PART 1

# 計算書類の承認手続き

▼会社の決算はこうして行われる

## 決算の意味

例年六月下旬の新聞には、**貸借対照表**や**損益計算書**の決算公告が多く掲載されていることにお気づきでしょうか。

株式会社は、営利を目的とする社団法人であり、構成員である株主に利益の配当を行うことを第一の目的としています。そのための手続きとして、毎事業年度の終わりに決算を行い、貸借対照表、損益計算書等の**計算書類**、**事業報告**及びこれらの**附属明細書**を作成し（会社法四三五条二項、三項）、右の計算書類と事業報告を定時株主総会に提出した上、原則として、計算書類について定時株主総会の承認を受けなければなりません（会社法四三八条一項、二項）。

会社法は、機関設計の自由を認めていますので、どのような機関を設置しているかにより右の計算書類等に関する手続きの内容は異なってきます。

以下において、これを詳しく見ていきましょう。

## 計算書類等の作成および監査

右に述べたように、株式会社は、法務省令で定めるところにより、各事業年度に係る計算書類及び事業報告並びにこれらの附属明細書を作成しなければなりません（会社法四三五条二項）。

右の「計算書類」とは、「貸借対照表、損益計算書その他株式会社の財産及び損益の状況を示すために必要かつ適当なものとして法務省令で定めるものをいう」と定義されています。

ここで「**貸借対照表**」とは、その事業年度の末日における会社の財産状態を表示するものであり、「**損益計算書**」とは、その事業年度の期間中における会社の損益（「**期間損益**」といいます）の状況を表示するものです（二〇三頁参照）。

また、「**株主資本等変動計算書**」と「**個別注記表**」が、右の法務省令で定める計算書類とされています（計算規則五九条一項）。

前者は、剰余金の配当、自己株式の処分による資本剰余金の増減など、会社の営業活動における損益取引に含まれず（よって、損益計算書に含ませるのは妥当ではない）、資本の部の金額を変動させるものについて、従来、損益計算書の末尾に付加されていたものを別個独立の計算書類としたものであり、後者も、従来、貸借対照表や損益計算書の末尾に注記されていたものを別個独立の計算書類としたものです。

最後に、「事業報告」とは、その事業年度における会社の状況に関する重要な事項等を記載することにより会社の経営状態を明らかにしようとするものです。

右の計算書類とその附属明細書の作成は、業務執行の一環と考えられますから、代表取締役等の業務執行機関が行うことになりますが、会計参与設置会社においては、会計参与が、取締役（指名委員会等設置会社においては執行役）と共同で作成しなければなりません（会社法三七四条一項、六項）。

右のようにして作成された計算書類等については、会社の機関構成により、次のように取り扱われることになります。

① 監査役設置会社（会計監査人設置会社を除く）においては、計算書類等は、監査役の監査を受けなければなりません（会社法四三六条一項）。

② 会計監査人設置会社においては、計算書類とその附属明細書は、監査役（監査等委員会設置会社においては監査等委員会、指名委員会等設置会社においては監査委員会）に加えて会計監査人の監査を受けなければなりませんが、事業報告とその附属明細書については監査役（監査等委員会、監査委員会）の監査のみとなります（同条二項）。

③ 取締役会設置会社においては、計算書類等について、取締役会の承認をえなければならず、それが監査役設置会社または会計監査人設置会社であるときは、右に述べた監査を受けた計算書類等について取締役会の承認が必要です（同条三項）。

## 計算書類等の株主に対する提供と開示

取締役会設置会社においては、取締役会は、定時株主総会の招集通知に際して、株主に対し、右に説明した取締役会の承認を受けた計算書類と事業報告（監査役等の監査を受けた場合には、監査報告又は会計監査報告を含みます）を提供しなければなりません（会社法四三七条、計算規則一三三条）。

取締役会設置会社以外の会社については、招集通知を書面でする必要はありませんので（会社法二九九条二項参照）、右のような計算書類等の提供は義務づけられていません。

ただし、計算書類、事業報告およびこれらの附属明細書（監査報告又は会計監査報告のある場合はこれらを含みます）について、本店においては、その原本を定時株主総会の日の一週間（取締役会設置会社では二週間）前の日から五年間、支店においては、その写しを同じく三年間、それぞれ備え置くこととし（会社法四四二条一項一号）、株主がそれらの書類の閲覧・謄写を会社に対し請求することを認めています（同条三項）。

計算書類等を定時株主総会の前に備え置くこととして、株主に対し、計算書類等を確認する機会を与えているわけです。

## 計算書類等の提出（提供）と承認

取締役は、その会社の機関構成によって、それぞれ以下のような計算書類と事業報告を、定時株主総会に提出または提供（個々の株主に事前提供されていない場合）しなければなりません（会社法四三八条一項）。

① 監査役設置会社（会計監査人設置会社と取締役会設置会社を除く）においては、監査役の監査を受けた計算書類と事業報告。

② 会計監査人設置会社（取締役会設置会社を除く）においては、監査役（監査等委員会・監査委員会）と会計監査人の監査を受けた計算書類および監査役（監査等委員会・監査委員会）の監査を受けた事業報告。

③ 取締役会設置会社においては、右の①または②の監査を受けた計算書類と事業報告について、さらに取締役会の承認を受けたもの。

④ 右以外の会社（監査役、会計監査人、取締役会を置いていないもの）については、会社が作成した計算書類と事業報告

前述のように提出（提供）された計算書類は定時株主総会の承認を受けなければならず（同条二項）、事業報告の方は、取締役が、定時株主総会においてその内容を報告する必要があります（同条三項）。

右のような定時株主総会の承認によって計算書類の内容が確定されるのです。

なお、会計監査人設置会社で、取締役会の承認を受けた計算書類が法令・定款に従い会社の財産と損益の状況を正しく表示しているものとして法務省令で定める要件に該当する場合には、計算書類について定時株主総会の承認手続きを要さず、取締役が計算書類の内容を定時株主総会で報告すれば足ります（会社法四三九条）。

右の法務省令（計算規則一三五条）に定める要件ですが、①会計監査人の会計監査報告の内容に「**無限定適正意見**」（監査の対象となった計算関係書類が一般に公正妥当と認められる企業会計の慣行に準拠して、当該計算関係書類に係る期間の財産及び損益の状況を全ての重要な点において適正に表示していると認められる旨の意見＝計算規則一二六条一項二号イ）が含まれており、②右会計監査報告に係る監査役、監査役会、監査等委員会または監査委員会の監査報告の内容として会計監査人の監査の方法又は結果を相当でないと認める意見がないこと、③監査役または監査委員の意見が監査役会または監査委員会と異なる場合に報告に付記された内容が右の内容の意見ではないこと、④計算規則一三二条三項により監査を受けたものとみなされた場合でないこと、⑤取締役会を設置していることの五つです。

会計監査人による監査は、その専門性ゆえに正確かつ妥当なものと考えられますが、そのような専門家の監査によって右のような「無限定適正意見」が付されるような場合には、原則として、株主の承認を待つまでもなく、計算書類の内容を確定させてよいと考えられたのです。

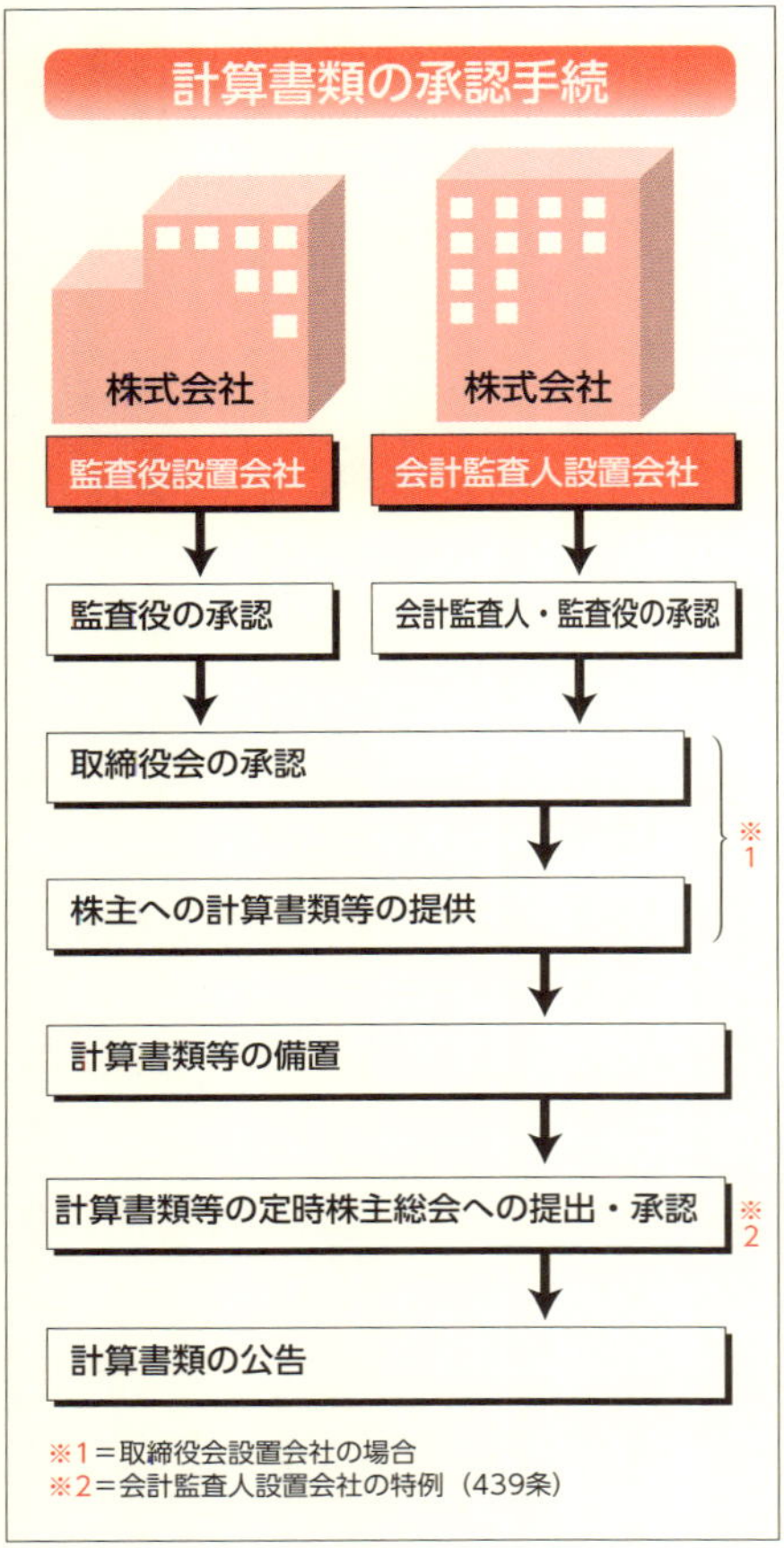


## 計算書類の公告

会社は、法務省令で定めるところにより、右のように定時株主総会で承認を受けた計算書類のうち貸借対照表を、定時株主総会の終結後遅滞なく、公告しなければなりません（会社法四四〇条一項、計算規則一三六条）。ただし、大会社においては貸借対照表と損益計算書が公告の対象となります。これはその会社と取引をしている者やこれからしようとする者（会社債権者）に対する情報開示としての意味があります。

公告方法については、①官報に掲載する方法、②時事に関する事項を掲載する日刊新聞紙に掲載する方法、③電子公告のいずれかを定款で定めることができ（会社法九三九条一項）、このような定款の定めがない場合は①の官報公告をしなければなりませんが（同条四項）、公告を右の①か②の方法による会社については、貸借対照表（大会社では損益計算書も）の要旨を公告すればよいことになっています（会社法四四〇条二項、計算規則一三七条～一四八条）。右のような方法はスペースにより費用額が決まりますので、その費用の節約を認めようというものです。

さらに、右の二つの公告方法を定款で定めている会社であっても、法務省令で定めるところにより、定時株主総会の終結後遅滞なく、同総会の終結の日から五年を経過する日までの間、貸借対照表（大会社では損益計算書も）の内容である情報をインターネット上のホームページ等に掲載する方法によって、継続して不特定多数の者がその情報の提供を受けることができる状態に置く措置をとることができます（会社法四四〇条三項、計算規則一四七条）。この場合には、貸借対照表の要旨ではなく、その内容の全ての情報を提供することが必要ですが、右の措置をとった場合には、先に述べた公告をする必要はありません。

また、右の③の電子公告（会社法二条三四号）の方法をとる会社については、定時株主総会終結後、遅滞なく、貸借対照表（大会社では損益計算書も）の内容の全ての情報を提供することが必要となり、かつ、その公告期間については、定時株主総会の終結の日から五年を経過する日までの間とされていますので（会社法九四〇条一項二号）、結果的に、右に述べた措置をとった場合と同様となります。

最後に、金融商品取引法二四条一項の規定により**有価証券報告書**を内閣総理大臣に提出する必要のある会社については、より詳しい財務内容の開示が義務づけられていますので、右に説明した会社法における貸借対照表の公告の規定は適用されません（会社法四四〇条四項）。

## 臨時決算制度

通常の決算は、毎決算期末に行われるものですが、会社法においては、期中（最終の事業年度の直後の事業年度）に属する一定の日を**臨時決算日**として、その時点での会社の財産状況を把握するため、計算書類（**臨時計算書類**といいます）を作成できるものとしました（会社法四四一条一項）。

これは、株主や会社債権者に対し、適時な情報開示が重要であるとして、そのための方法を整備したものですが、この臨時計算書類が株主総会の承認を受け、その内容が確定すれば、その期中の損益を剰余金配当等の原資となる分配可能額に反映できるという効果もあります（会社法四六一条二項二号、五号）。また、会社法において、剰余金の配当時期、回数に関する制限はなくなりましたので、臨時決算を行うことにより、株主に対する適時の利益分配が可能となります。

臨時決算において作成できる臨時計算書類は、臨時決算日における貸借対照表と臨時決算日の属する事業年度の初日から臨時決算日までの期間に係る損益計算書です（会社法四四一条一項、計算規則六〇条）。

右の臨時計算書類については、通常の決算における計算書類と同様に、監査役設置会社等においては、監査役等の監査を受けなければなりませんし（会社法四四一条二項）、取締役会設置会社においては、取締役会の承認も受けなければなりません（同条三項）。

さらに、臨時株主総会の承認も受けなければなりません（同条四項本文）。この場合も会計監査人設置会社においては「無限定適正意見」があり、これに対する監査役の異議がなければ、株主総会の承認を省略することができます（同項ただし書）。

ただし、通常の決算における計算書類とは違い、臨時計算書類を公告する必要はありません。

## 連結計算書類

親子会社からなる企業集団においては、その間における取引により利益が増加するなど、各個別の計算書類を作成するだけでは、その会社の経営状況を正確に把握できない場合があります。そのような場合に、その企業集団全体の財産と損益の状況を表示する**連結計算書類**を作成することが、株主、会社債権者に対する情報開示の観点から非常に有益です。逆に、連結計算書類が不正確な場合には、かえって株主等の判断を誤らせることになり不利益を与えかねません。

この点、従来は、大会社についてのみ連結計算書類を作成できるものとしていましたが、会社法においては会社の規模ではなく、会計監査人設置会社に作成を認めることとしました（会社法四四四条一項）。その道のプロである会計監査人の監査を受けることにより、連結計算書類の正確性が担保されると考えられるからです。

会計監査人を置くかどうかは会社の任意ですから（会社法三二六条二項）、大会社以外の例えば、取締役、監査役、会計監査人という機関構成の会社でも、連結計算書類を作成することができることになります。

ただし、事業年度の末日において大会社であって金融商品取引法二四条一項の規定により有価証券報告書を内閣総理大臣に提出しなければならない会社については、連結計算書類の作成が義務づけられています（会社法四四四条三項）。このような会社では株主や債権者が多数存在するので、これらの者に対する情報開示を徹底する必要がありますし、上場会社においては投資家保護の必要性もあるからです。

連結計算書類についても、電磁的記録をもって作成することができますし（同条二項）、監査役等と会計監査人の監査を受けなければなりません（同条四項）。また、取締役会設置会社の場合には、右の監査を受けた書類について、取締役会の承認（同条五項）を受ける必要があります。

取締役会設置会社においては、定時株主総会の招集通知に際して、株主に対し、取締役会の承認を受けた連結計算書類を提供しなければならず（同条六項）、定時株主総会において、取締役は、右の提供した連結計算書類を提出して、その内容と監査結果を報告しなければなりません（同条七項一号）。

取締役会を設置していない会社においては、監査役と会計監査人の監査を受けた連結計算書類を定時株主総会に提出して、その内容と監査結果を報告することになります（同項二号）。

PART❷

# 計算書類の作成方法

▼会社法、会社計算規則のポイントを概観しておこう

## 計算書類の作成における基本原則

株式会社の会計は、一般に公正妥当と認められる企業会計の慣行に従わなければなりません（会社法四三一条）。

この「一般に公正妥当と認められる企業会計の慣行」については、「企業会計原則」がこれにあたるといわれますが、これに限られるわけではありません。

「**企業会計原則**」とは、企業会計の実務の中に慣習として発達したもののなかから、一般に公正妥当と認められたところを要約したものであって、必ずしも法令によって強制されないまでも、全ての企業がその会計を処理するに当って従わなければならない基準であり、現在では、金融庁の企業会計審議会において策定されています。

このほかにも、平成一三年七月に民間団体である財団法人財務会計基準機構が設立され、そこに設置された企業会計基準委員会において様々な企業会計基準等が策定されており、これも「一般に公正妥当と認められる企業会計の慣行」に該当するものといえます。

さて、株式会社は、法務省令の定めるところによって、適時に、正確な会計帳簿を作成しなければなりませんが（会社法四三二条一項、計算規則四条～五六条）、法令の定め以外の部分においては、前述したように「一般に公正妥当と認められる企業会計の慣行」に従う必要があります。

このような法令と企業会計の慣行に基づいて作成されることにより、会計帳簿に適時性、正確性が付与されるのです。ここで「適時性」とは、会計帳簿に記帳すべき事象が発生したときにその都度または適切な集計時期に記帳されるべきことをいい、「正確性」とは、その記帳内容が事実に従ったものであることをいうものと考えられます。

このようにして作成された会計帳簿に基づき、前のパートでみた計算書類が作成されることになりますが、適時かつ正確な会計帳簿に基づくからこそ、計算書類の正確性が担保されるのです。

## 会計帳簿とは

「**会計帳簿**」とは、一定期間における会社の財産の内容、その価額、取引その他会社財産に影響を与える事項を付す帳簿のことで、具体的には、**仕訳帳**、**総勘定元帳**、**補助元帳**などがあります。会計帳簿は、書面または電磁的記録をもって作成しなければなりません（計算規則四条二項）。

この会計帳簿の内容が計算書類の正確性を基礎づけるものになりますから、後日、その正確性を検証できるようにするために、会社は、会計帳簿の閉鎖のときから一〇年間、その会計帳簿とその事業に関する重要な資料を保存しなければなりません（会社法四三二条二項）。

そして、総株主（議決権を行使できないものを除く）の議決権の一〇〇分の三（定款で低減可）以上の議決権を有する

株主や、発行済株式（自己株式を除く）の一〇〇分の三（定款で低減可）以上の数の株式を有する株主が、右のように保存されている会計帳簿や資料の閲覧・謄写を請求した場合には、原則として、その請求を拒むことができないことになっています（会社法四三三条一項、二項）。

ただし、株主は、その請求理由を明らかにしなければ、閲覧・謄写請求をすることはできませんし（同条一項）、会社の側でも、次のような事情が認められる場合には、株主の請求を拒絶することができます（同条二項）。

① 請求者がその権利の確保や行使に関する調査以外の目的で請求をしたとき。

② 請求者が会社の業務の遂行を妨げ、株主の共同の利益を害する目的で請求をしたとき。

③ 請求者が会社と競争関係にある事業を営むか、これに従事する者であるとき。

④ 請求者が閲覧等によって知り得た事実を利益を得て第三者に通報するために請求したとき。

⑤ 請求者が、過去二年以内において、右のように利益を得て第三者に通報したことがあるものであるとき。

右の①からすれば、請求する株主は、会社に対し、その権利の確保や行使に関する調査目的であることを明らかにして、会計帳簿等の閲覧・謄写請求をすることになります。

株主の請求理由は具体的でなければならず、閲覧等の対象も具体的に特定する必要があるとされていますが（高松高判昭和六一年九月二九日、判時一二二一・一二六）、その請求理由を基礎づける事実が客観的に存在することを立証する必要はないとされています（最判平成一六年七月一日民集五八・五・一二一四）。

なお、会社法では、旧商法と異なり、閲覧等の請求を書面で行うことは求められていないことに注意してください。

さらに、会社の親会社社員（株主等）も、その権利を行使するため必要があるときは、裁判所の許可を得て、会計帳簿等の閲覧・謄写請求をすることができますが、その請求に際しても請求理由を明らかにする必要があります（同条三項）。また、その親会社社員について、右の①から⑤までの事情があるときは、裁判所は右の許可をすることができません（同条四項）。この場合は閲覧・謄写請求の拒絶事由を裁判所が判断することになり、裁判所がその請求を認めた場合、会社においてその請求を拒むことはできません。

この閲覧・謄写請求権との関係で、法人税確定申告書は会計帳簿に該当しないとの判例があります（東京地決平成元年六月二二日判時一三一五・三）。

## 貸借対照表と損益計算書

**貸借対照表**（バランスシート。「B／S」と略される）とは、会社の一定の時点における財政状態を示すものです。貸借対照表の借方（左側）には、**資産の部**、すなわち会社の有する資産を記載し、貸方（右側）には、**負債の部**と**純資産の部**を記載し、これで会社の財政状態の健全性をみることができます。

従来は、資産、負債、〝資本〟に区分されていましたが、会社法においては、「資本」は「純資産」と変更されており、その表示内容も変わっています。「純資産」とは、資産の額と負債の額の差額を意味するにすぎません。

次に**損益計算書**（「P／L」と略される）とは、会社の継続性（ゴーイングコンサーン）を前提に、人為的に区切った期間（事業年度）における会社の損益の状況を示すもので、**営業損益**、**経常損益**、**営業外損益**、**特別損益**を表示し、主として経常損益により会社の収益力をみることができます。

以下において、株式会社の個別計算書類である貸借対照表と損益計算書の表示内容をみてみましょう。

## ①　貸借対照表

貸借対照表は、資産、負債、純資産の各部に区分され、資産及び負債の部の各項目はそれらを示す適当な名称を付さなければなりません（計算規則七三条一項、二項）。

以下、各部について説明しましょう。

「資産の部」は、**流動資産**、**固定資産**、**繰延資産**の各項目に区分され、流動資産、繰延資産については適当な項目に細分しなければなりません（計算規則七四条一項）。

また、「固定資産」は、**有形固定資産**、**無形固定資産**、**投資その他の資産**の各項目に区分され、各項目は適当な項目に細分しなければなりません（同条二項）。

「流動資産」には、現金、預金（一年内に期限の到来しない預金を除く）、売掛金（通常の取引に基づいて発生した事実上の未収金で、破産債権等で一年内に弁済を受けることができないことが明らかなものを除く）、商品（販売目的で所有する土地、建物その他不動産を含む）などが入ります（同条三項一号）。

なお、右の「一年以内」とは、事業年度に係る貸借対照表の場合は、事業年度の末日の翌日から起算されます（同条四項）。

「固定資産」は、流動資産以外の資産であり、建物及び附属設備、構築物、機械・装置及び附属設備、運搬具、工具・器具・備品、土地（以上は事業の用に供するものに限る）、建設仮勘定（右の固定資産を建設した場合における支出及び建設に充当した材料）等の「有形固定資産」、特許権、借地権、商標権、ソフトウェア、〝のれん〟等の「無形固定資産」、関係会社の株式その他流動資産に属しない有価証券、出資金、長期貸付金等の「投資その他の資産」と「繰延資産」に分かれます（同条三項）。「繰延資産」とは、費用の支払は完了したが、それに対応する役務の効果が将来にも及ぶため、その効果の及ぶ期間に分けて徐々に費用計上するために、資産項目とされているものです。

なお、流動資産に関し取立不能のおそれがあるなどの場合には、マイナス項目である「**引当金**」を表示しなければなりません（計算規則七八条）。

また、固定資産の「**減価償却累計額**」および「**減損損失累計額**」についても、マイナス項目として表示しなければなりません（計算書類規則七九条、八〇条）。会社債権者保護の要請から、資産の価額については保守的に評価しようとするものです。

「負債の部」は、**流動負債**及び**固定負債**の各項目に区分され、各項目は適当な項目に細分しなければなりません（計算規則七五条一項）。

「流動負債」には、通常の取引に基づく支払手形と買掛金、前受金、引当金（資産の控除項目および一年内に使用されないと認められるものを除く）、一年以内に支払又は返済されると認められるもの（例えば短期借入金）などが含まれます（同条二項一号）。

「固定負債」には、社債、長期借入金、引当金（資産の控除項目及び一年内に使用されると認められるものを除く）、〝のれん〟などで、流動負債以外のものは全て含まれます（同条二項二号）。

なお、〝のれん〟については、無形固定資産項目、固定負債項目として出てきていますが、吸収合併の場合等、適正な額を、資産又は負債として計上することができるものとされています（計算規則一一条）。

さて、問題の「純資産の部」ですが、**株主資本**、**評価・換算差額等**、**新株予約権**の各項目に区分されます（計算規則七六条一項一号）。

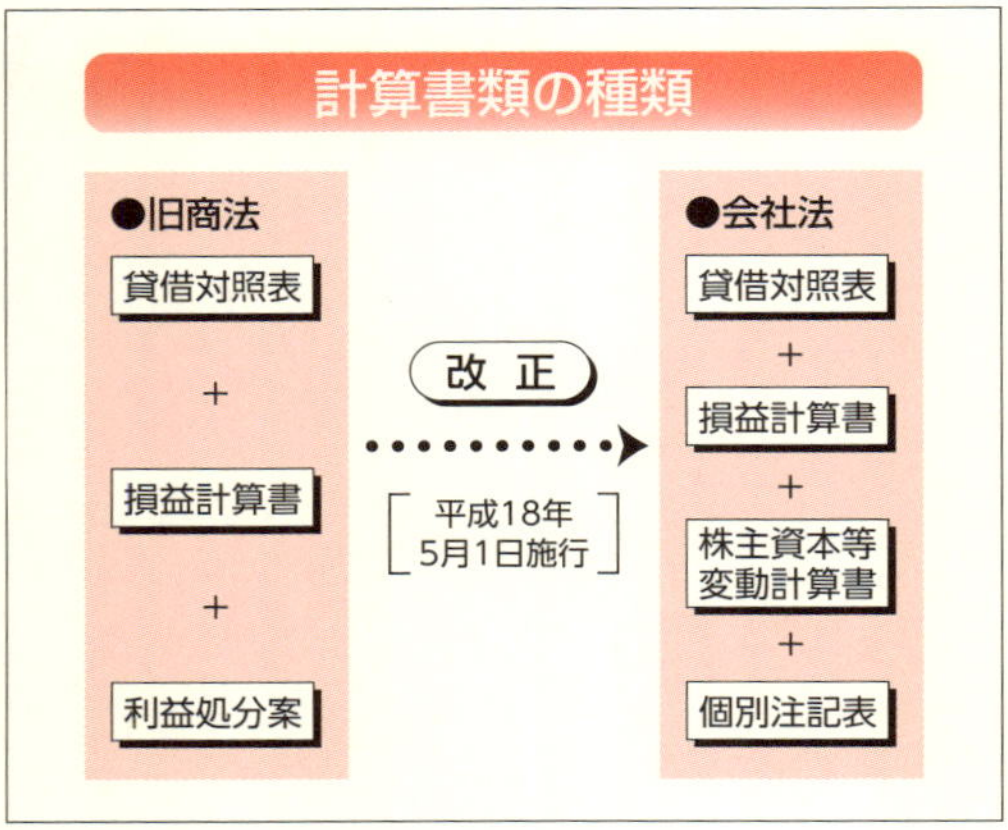


「株主資本」は、その名のとおり、株主の出資に関するものであり、資本金、新株申込証拠金、資本剰余金、利益剰余金、自己株式（控除項目）、自己株式申込証拠金の各項目に区分され、さらに、資本剰余金は資本準備金とその他資本剰余金、利益剰余金は利益準備金とその他利益剰余金に区分されます（同条二項、四項、五項）。

「評価・換算差額等」というのは、評価損益の生じる資産について、その評価損益が確定するまでの間、純資産勘定に入れておくものです。この項目は、その他有価証券評価差額金、繰延ヘッジ損益、土地再評価差額金、為替換算調整勘定その他適当な名称を付した項目に細分しなければならないとされています（同条七項）。

右のうち「繰延ヘッジ損益」とは、ヘッジ手段であるデリバティブ取引にかかる損益や評価差額を、ヘッジ対象である資産や負債にかかる損益が認識されるまで、繰り延べるものです。

### ②　損益計算書

損益計算書は、**売上高**、**売上原価**、**販売費**及び**一般管理費**、**営業外収益**、**営業外費用**、**特別利益**、**特別損失**に区分して表示しなければならず、各項目について適当な項目に細分することができ（計算規則八八条一項）、それぞれの項目に係る収益、費用、利益、損失を示す適当な名称を付さなければなりません（同条七項）。

右のうち特別利益、特別損失については、**固定資産売却損益**、**前期損益修正損益**その他の項目に細分しなければなりませんが（同条二項、三項）、金額が重要でないものは細分しないことができます（同条四項）。

売上高から売上原価を控除した額（**売上総損益金額**）がプラスの場合は売上総利益金額として、マイナスの場合は売上総損失金額として表示します（計算規則八九条）。

右の売上総損益金額から販売費及び一般管理費の合計額を控除した額（**営業損益金額**）がプラスの場合は営業利益金額として、マイナスの場合は営業損失金額として表示します（計算規則九〇条）。

右の営業損益金額に営業外収益を加算し、営業外費用を減じた額（**経常損益金額**）がプラスの場合は経常利益金額として、マイナスの場合は経常損失金額として表示します（計算規則九一条）。

右の経常損益金額に特別利益を加算し、特別損失を減じた額（**税引前当期純**

**損益金額**）がプラスの場合は税引前当期純利益金額、マイナスの場合は税引前当期純損失金額として表示します（計算規則九二条）。

右の税引前当期純損益金額の次に、その事業年度に係る法人税等、法人税等調整額等を表示し、これらを加減した結果（**当期純損益金額**）がプラスの場合は当期純利益金額として、マイナスの場合は当期純損失金額として表示します（計算規則九三条、九四条）。

従来の損益計算書には、右の当期純損益の次に前期繰越損益を加減した当期未処分損益項目が存在しましたが、前期繰越損益に関しては、株主資本の変動項目であるとして、損益計算書の表示項目からはずされています。また、当期未処分損益を前提にした利益（損失）処分案という概念もなくなりました。

## 株主資本等変動計算書と個別注記表

会社の各事業年度に係る計算書類としては、右に述べた貸借対照表、損益計算書のほか、「株式会社の財産及び損益の状況を示すために必要かつ適当なものとして法務省令で定めるもの」とされており、具体的には会社計算規則五九条一項において、**株主資本等変動計算書**及び**個別注記表**とされています。

「株主資本等変動計算書」というのは、貸借対照表の純資産区分の株主資本に関する事業年度における変動内容を表示するものであり、個別の株式会社における表示項目は、貸借対照表における株主資本におけると同様です。

株主資本の項目である資本金、資本剰余金、利益剰余金、自己株式に関しては、前期末残高、当期変動額、当期末残高をそれぞれ表示し、当期変動額については各変動事由ごとに当期変動額と変動事由を明らかにしなければなりません（計算規則九六条七項）。評価・換算差額等、新株予約権については、前期末残高、当期末残高とその差額を明らかにしなければなりません（同条八項）。

このような計算書が必要とされるのは、会社法の施行により、事業年度の期間中に剰余金の配当ができたり、自己株式の取得ができるようになったため、それによって生じる前期と当期における資本金、準備金、剰余金の金額の変動を表示して、その連続性を把握できるようにするためです。

当期純損益について、損益計算書に表示されなくなったことは前述しましたが、これは株主資本の変動事由の一つとして、株主資本等変動計算書に表示されます。

次に、「個別注記表」ですが、従来、貸借対照表等の脚注として表示されていたものを、計算書類の一つとして位置づけたものです。ただし、計算関係書類の作成について、貸借対照表、損益計算書その他計算関係書類を構成するものごとに、一つの書面その他の資料として作成しなければならないものと解してはなりません（計算規則五七条三項）。したがって、従来の脚注方式を違法ということはできません。

具体的な注記としては、将来にわたり事業を継続するとの前提に重要な疑義を抱かせる事象等が存在する場合における「継続企業の前提に関する注記」、計算書類の作成のために採用している会計処理の原則等に関する「重要な会計方針に係る事項に関する注記」などがあり（計算規則一〇〇条、一〇一条）、貸借対照表等の特定の項目に関連する注記については、その関連を明らかにしなければなりません（計算規則九九条）。

PART③

# 計算書類の内容

▼資産・負債の評価方法はどのように行うか

## 貸借対照表と資産・負債の評価方法

会社は、法務省令で定めるところにより、適時に、正確な会計帳簿を作成し（会社法四三二条一項）、これに基づいて各事業年度に係る**計算書類**を作成しなければなりません（会社法四三五条二項）。

ところで、右の計算書類のうち貸借対照表は会社の一定の時点における財政状態を示すものですが、これに記載する資産・負債の評価の仕方がいい加減なものであっては、会計帳簿は正確なものとはいえなくなり、それに基づき作成された貸借対照表も会社の財政状態を正確に表すものとはいえなくなって、株主や会社債権者の判断を誤らせる結果となるわけです。

ところで、資産・負債の評価方法については、最初から絶対的な基準があるわけではなく、株主等の利害関係者の判断を誤らせないような適正な財産状態の開示を行うという目的に沿って、公正妥当とみなされる会計基準が今日まで積み上げられてきたという経緯があります。旧商法においては、一定の資産について個別に評価基準を定めていましたが、会社法はこのような立場を捨て、その評価方法の原則のみを定め、個別の評価方法については一般に公正妥当と認められる企業会計の慣行に従うものとしています（会社法四三一条、四三二条一項、計算規則三条）。

以下において、会社計算規則に定められている資産・負債の評価方法をみていきましょう。

## 資産の評価

資産については、原則として、会計帳簿にその**取得価額**を付さなければなりません（計算規則五条一項）。これは実際の取引価額であり、客観的で信頼性が高いと考えられるからです。

また、使用や年数に従って価値が減少していくと考えられる**償却資産**については、原則として、事業年度の末日において、相当な償却をしなければなりません（同条二項）。このような償却資産としては、有形固定資産である建物や自動車など、無形固定資産である特許権やのれん（暖簾）など、繰延資産である研究費や開発費などがありますが、その取得原価から事業年度ごとに相当な償却をしていくわけです。このような償却により、各事業年度の末日における取得原価は徐々に減額していくことになります。

右のような評価方法を**原価主義**や**取得原価主義**などといいますが、これによれば、事業年度の末日における貸借対照表の資産の部には、原則として右のような取得原価が計上されることになります。

ところで、事業年度の末日における資産の時価が、その時の取得原価（償却資産においては償却後の取得原価）より著しく低く、その時価がその時の取得原価まで回復すると認められない場合には、会社の財政状態を正確に表すという観点からは、右の時価で表示した方がより実態にそうものといえます。そこで、このような場合には、時価をもって資産の評価額としなければならないこととしました（同条三項一号）。

同様に、事業年度の末日において予測できない減損が生じた資産や、減損損失を認識すべき資産については、その時の取得原価から相当の減額をした額をその評価額としなければなりません（同項二号）。

また、取立不能のおそれのある債権については、事業年度の末尾においてその時に取り立てることができないと見込まれる額を控除しなければなりません（同

## 貸借対照表と損益計算書のサンプル

### 貸借対照表の要旨（令和○○年○月○日現在）

（単位：百万円）

| 資産の部 | | 負債及び純資産の部 | |
|---|---|---|---|
| （資産の部） | | （負債の部） | |
| **流　動　資　産** | ×××××× | **流　動　負　債** | ×××××× |
| 現金及び預金 | ××××× | 支　払　手　形 | ×××××× |
| 受　取　手　形 | ××××× | 買　掛　金 | ×××××× |
| 売　掛　金 | ×××××× | 短期借入金 | ××××× |
| 有　価　証　券 | ×××××× | 未　払　金 | ××××× |
| たな卸資産 | ××××× | そ　の　他 | ×××××× |
| そ　の　他 | ××××× | **固　定　負　債** | ×××××× |
| 貸倒引当金 | △×××× | 長期借入金 | ×××××× |
| **固　定　資　産** | ×××××× | 社　債 | ××××× |
| **有形固定資産** | ×××××× | そ　の　他 | ××××× |
| 建　物 | ××××× | **負　債　合　計** | ×××××× |
| 土　地 | ××××× | （純資産の部） | |
| 機械及び装置 | ××××× | **株　主　資　本** | ×××××× |
| **無形固定資産** | ××××× | **資　本　金** | ×××××× |
| 借　地　権 | ××××× | **資本剰余金** | ×××××× |
| **投資その他の資産** | ×××××× | 資本準備金 | ×××××× |
| 投資有価証券 | ×××××× | **利益剰余金** | ×××××× |
| 関係会社株式 | ×××××× | 利益準備金 | ×××××× |
| そ　の　他 | ××××× | 繰越利益剰余金 | ×××××× |
| 貸倒引当金 | △×××× | **自己株式** | △×××× |
| **繰　延　資　産** | ××××× | **純　資　産　合　計** | ×××××× |
| 開　発　費 | ××××× | **負債・純資産合計** | ××××××× |
| **資　産　合　計** | ××××××× | | |

### 損益計算書の要旨（自　令和○○年○月○日／至　平成○○年○月○日）

（単位：百万円）

| 科　目 | 金　額 | 科　目 | 金　額 |
|---|---|---|---|
| **売　上　高** | ××××××× | **経常利益** | ××××× |
| **売上原価** | ××××××× | 特別利益 | ×××× |
| **売上総利益** | ×××××× | 特別損失 | ××××× |
| 販売費及び一般管理費 | ×××××× | **税金等調整前当期純利益** | ××××× |
| **営業利益** | ××××× | 法人税、住民税及び事業税 | ××××× |
| 営業外収益 | ××××× | 法人税等調整額 | ×××× |
| 営業外費用 | ×××× | **当期純利益** | ××××× |

●会社法の施行により、貸借対照表と損益計算書の書き方が施行前と変わりました。
たとえば、貸借対照表の（旧）「資本の部」が「純資産の部」と改められるなどの変更があります。

条四項）。

以上は、取得原価を修正することが義務づけられているものですが、次のものについては、取得原価と時価または適正な価格のいずれを評価額とするかについて、会社の任意とされています。

①　債権について、その取得価額が債権金額と異なる場合その他相当の理由がある場合には、適正な価格を付すことができます。例えば、いわゆる不良債権を債権金額（額面額）より低い金額で取得したような場合です。

②　事業年度の末尾における時価がその時の取得原価より低い資産については、取得原価によるほか時価評価もできます。

③　市場価格のある資産、例えば、上場株式などについても時価または適正な価格で評価することができます。ただし、子会社及び関連会社の株式や満期保有目的の債券は除かれます。前者は売却を前提としていませんし、後者は満期に額面額で売却できることが通常だからです。したがって、両者とも原則どおり取得価額を評価額とすることになります。

④　以上のほか、事業年度の末日においてその時の時価または適正な価格で評価することが適当な資産については、それらによることができます。この「適当」かどうかも、一般に公正妥当と認められる企業会計の基準その他の企業会計の慣行をしん酌して判断されることになります（計算規則三条）。

## 負債の評価

負債については、原則として、会計帳簿に債務額を付すものとされています（計算規則六条）。

ただし、次に掲げるものについては、債務額によることもできますが、事業年度の末日における時価または適正な価格を付すこともできます。

①　将来の費用または損失（収益の控除を含む。）の発生に備えて、その合理的な見積額のうち、その事業年度の負担に属する金額を費用または損失として繰り入れることにより計上すべき引当金。具体的には、**退職給付引当金**（退職後の使用人に支払うべき退職一時金や退職年金等の債務が事業年度の末日に残存している場合に計上する引当金）と**返品調整引当金**（常時、販売する棚卸資産について販売額による買戻特約を結んでいる場合に返品の可能性を見積もって計上する引当金）が挙げられています。

②　払込みを受けた金額が債務額と異なる社債

③　以上のほか、事業年度の末日においてその時の時価または適正な価格を付すことが適当な負債

## 組織変更等の際の資産・負債の評価

株式会社が持分会社（合名会社、合資会社、合同会社）に組織変更する場合やその逆の場合には、その組織変更を理由に資産・負債の帳簿価額を変更することはできません（計算規則七条）。

また、吸収型再編行為（吸収合併、吸収分割）において、存続会社等は、原則として、消滅会社等から引き継ぐ財産について、その吸収型再編行為の直前の帳簿価額を付さなければなりません（計算規則八条一項）。これは、新設型再編（新設合併、新設分割）においても同様です。

右のような組織変更や組織再編に際して、資産等の評価方法を変更する理由はありませんし、会計の継続性の観点からは、その変更を禁止することに合理性があるからです。

# PART 4 資本と準備金

▼資本金も準備金も計算上の数額である

## 株式会社の資本金とは

株式会社では、株主は会社に対し有限責任を負うに過ぎませんので（会社法一〇四条）、会社の財産しか会社債権者の引当てになるものはありません。会社財産は増えたり減ったりして不定ではあるものの、会社が少なくとも一定の金額にみあう財産だけはこれを保持しておくことが、会社債権者のために必要と考えられてきました。

そのため、かつては、最低資本金の額が法定されていたり（株式会社一〇〇〇万円、有限会社三〇〇万円）、資本に関する重要な原則として、資本充実・維持の原則、資本不変の原則、資本確定の原則があるといわれていました。

しかし、実際には資本金の額に相当する金銭が会社に留保されているということではなく、計算上の数額にすぎませんから、それだけで会社債権者の債権の引き当てとなるわけではありません。

また、旧商法下において、最低資本金制度がベンチャー企業の起業の妨げになっているとして、最低資本金規制特例制度が創設され、資本金一円でも会社を設立できるようになりましたが、会社法においては、さらに進んで、最低資本金規制自体を廃止するに至りました。つまり、資本金がゼロ円の会社の設立も可能となったのです。

それでは、会社法における資本金の意味は何でしょうか。

株式会社とは、その営業活動により利益を上げ、その利益を出資者である株主に配当することを目的とするものといえます。

しかし、営業活動をすることにより会社債権者が生まれることになりますが、この会社債権者からすれば、会社が得た利益を全て配当されることになると、会社の財産的基礎が脆弱となりますので、安心して取引を継続することができなくなります。そこで、配当規制が必要となり、資本金はこの配当規制において意味を持ってくるのです。

すなわち、配当の対象となるものを「**剰余金**」といいますが（会社法四五三条）、資本金の額はこの剰余金の額を計算する場合の控除項目とされており（会社法四四六条一号ニ）、それに相当する額の利益が社外に流出することの歯止めとなっているのです。

資本金の額を自由に減少させると配当可能な剰余金の額（「**分配可能額**」といいます。）が増え、会社債権者にとって不利益となりますので、その減少を原則として株主総会の特別決議事項としたほか（会社法四四七条一項、三〇九条二項九号）、会社債権者の異議制度を設けています（会社法四四九条）。

右のような会社財産流出の歯止めである資本金の額は、原則として、設立や株式の発行に際して株主となる者が払込みまたは給付した財産の額とされています（会社法四四五条一項）。

例外として、右の払込みまたは給付された財産の額の二分の一を超えない額を資本金として計上しないことができますが、その場合でもその計上しない額は**資本準備金**としなければなりません（同条二項、三項）。この「資本準備金」については次に述べますが、これも資本金と同様、「剰余金」を計算する際の控除項目であり、会社財産の流出の歯止めとなる概念です。

## 準備金とは

右に述べたように株主が払い込んだり給付した財産は、原則として、資本金に組み入れられることになりますが、さらに、その財産の二分の一を超えない額を資本金ではなく、資本準備金として計上することができます（会社法四四五条二項、三項）。

また、剰余金の配当をしようとする場合、その配当により減少する剰余金の額の一〇分の一の額は資本準備金か**利益準備金**として計上しなければなりません（同条四項）。

会社法においては資本準備金と利益準備金との扱いに違いはなく、いずれも「準備金」として、剰余金を計算する際の控除項目となり、会社財産流出の歯止めの意味があります。この点は資本金と同様の役割といえますが、準備金の額を減少させることの方が、資本金の額を減少させるより、やりやすいという違いがあります。

将来、その額を減少させ、配当に回す剰余金を増やしたい場合には、資本金より準備金とした方が、会社にとっては扱いやすいことになりますが、払込み資本のうち最低でも二分の一は資本金に組み入れることとして、会社債権者を保護しているのです。

なお、「株式会社の会計は、一般に公正妥当と認められる企業会計の慣行に従うものとする」とされ（会社法四三一条）、この企業会計の慣行の一つといえる企業会計原則においては、「資本取引と損益取引を明瞭に区分し、特に資本剰余金と利益剰余金とを混同してはならない」（明瞭性の原則）とされています。

この原則からすれば、資本取引（出資等）により準備金とされたものが資本準備金、損益取引により得た利益を内部留保したものが利益準備金ということになります。

ところで、本章のＰＡＲＴ②で説明したとおり、会社法が施行された後の貸借対照表においては、「資本の部」が「純資産の部」に変更され（計算規則七三条一項）、この「純資産の部」は「株主資本」等に区分され（計算規則七六条一項）、さらに「株主資本」は、「資本金」、「新株申込証拠金」、「資本剰余金」、「利益剰余金」、「自己株式」、「自己株式申込証拠金」に区分されることになりました（同条二項）。

右の「資本剰余金」は、「資本準備金」と「その他資本剰余金」に、「利益剰余金」は「利益準備金」と「その他利益剰余金」にそれぞれ区分すべきとされており（同条四項、五項）、ここにおいてようやく会社法に規定された「準備金」が顔を出します。

また、次に説明しますが、会社法における「剰余金」の中身の主たるものが、右にみた「その他資本剰余金」と「その他利益剰余金」です。

## 剰余金とは

剰余金とは、株主への配当の原資となるもので、次の①から④までの合計額から⑤から⑦までを減じた額とされています（会社法四四六条）。

かなりややこしいですが、②以下は、最終事業年度の末日後に発生した項目で配当原資に入れるべきではないと考えられるものですから、基本は①ということになりますが、①は結果的に「その他資本剰余金」と「その他利益剰余金」の合計額となります。

① 最終事業年度の末日におけるイとロの合計額からハからホまでの合計額を減じた額（同条一号）

イ 資産の額
ロ 自己株式の帳簿価額の合計額
ハ 負債の額
ニ 資本金と準備金の合計額
ホ 右のイとロの合計額から、ハ、ニ、その他資本剰余金の額及びその他利益剰余金の額の合計額を減じた額（計算規則一四九条）

② 最終事業年度の末日後に自己株式の処分をした場合、その自己株式の対価の額からその帳簿価額を控除した額

③ 最終事業年度の末日後に資本金の額の減少をした場合、その減少額（準備金とする額を除く）

④ 最終事業年度の末日後に準備金の額の減少をした場合、その減少額（資本金とする額を除く）

⑤ 最終事業年度の末日後に会社法一七八条一項により自己株式の消却をした場合、その自己株式の帳簿価額

⑥ 最終事業年度の末日後に剰余金の配当をした場合、イからハの合計額

イ 会社法四五四条一項一号の配当財産の帳簿価額の総額（同条四項一号の金銭分配請求権を行使した株主に割り当てた配当財産の帳簿価額を除く）
ロ 右の金銭分配請求権を行使した株主に交付した金銭の合計額
ハ 会社法四五六条の基準未満株式の株主に支払った金銭の合計額

⑦ ⑤と⑥に掲げるもののほか、法務省令で定める各勘定科目に計上した額の合計額（計算規則一五〇条）

なお、剰余金を全部配当できるわけではなく、実際に配当できるのは、会社法四六一条二項の規定に基づいて計算された「分配可能額」を限度とします。この点は、次のパートで説明します。

## 資本金等の額の減少

会社の業績が悪くなって、貸借対照表における資産の額から負債の額を控除した純資産の額が資本金の額より少なくなってしまった場合（これを「**資本の欠損**」といいます）には、もちろん剰余金はありませんから配当はできませんし、そのような会社が株式を発行して資金調達をしようとしてもその引き受け手がいないのが通常でしょう。

このような場合、会社は、資本金の額を減少させて、その欠損を填補することができます。

また、資本金や準備金として内部留保していた利益を配当に回すためには、資本金や準備金を剰余金に取り崩す必要がありますが、そのためにも資本金や準備金の額を減少させる手続きが必要です。

それでは、まず、資本金と準備金の額の減少の手続きを、それぞれみていきましょう。

資本金の額を減少するためには（以下「**減資**」といいます）、株主総会の特別決議によって、減資の額、減資の額の全部または一部を準備金とするときはその旨と準備金とする額、その効力発生日を定めなければなりません（会社法四四七条一項、三〇九条二項九号）。資本金の額の減少は会社の基礎に重大な影響を与えるもので、株主の権利にも重大な影響を与えるものですから、特別決議とされた

のです。

ただし、定時株主総会の開催日において、分配可能額（会社法四六一条二項）がマイナスの状態である「欠損」（施行規則六八条）が生じている場合に、その欠損の額を超えない範囲で減資をする場合には、普通決議で足るものとされています（会社法三〇九条二項九号）。右のような欠損が生じている状態は早期に解消すべきだからです。

なお、欠損の額を超えて減資をする場合は、特別決議事項となりますが、その超過部分である「減資差益」は資本準備金ではなく、剰余金（その他の資本剰余金）に組み入れられることになります。

また、会社が株式の発行と同時に減資をする場合に、減資後の資本金の額が、減資前の資本金の額を下回らないときは、株主総会決議も不要で、取締役の決定または取締役会の決議で減資をすることができます（会社法四四七条一項）。この場合、結果的には資本金の額の減少はないからです。

なお、減資の額は、減資が効力を発生する日における資本金の額を超えることはできませんが、（同条二項）減資手続きによって資本金をゼロにすることはできるわけです。

以上のような減資手続きに瑕疵がある場合には、減資行為は無効となるはずですが、この無効は、減資の効果が生じた日から六か月以内に、訴えをもってのみ主張することができるとされており（会社法八二八条一項五号）、その提訴権者も株主、取締役、監査役、清算人等に限定されています（同条二項五号）。つまり、減資手続きが所定の株主総会決議に基づかなかったり、後で述べる債権者異議手続きを経ていなかったりした場合でも、右の提訴権者が会社に対し、右の期間内にその無効確認訴訟を提起しない限り、減資行為は一応有効として、法的安定性を優先しているわけです。

このような法的安定性の観点から、この訴訟において無効判決が下され、それが確定した場合、その確定判決の効力は第三者にも及ぶことになっています（会

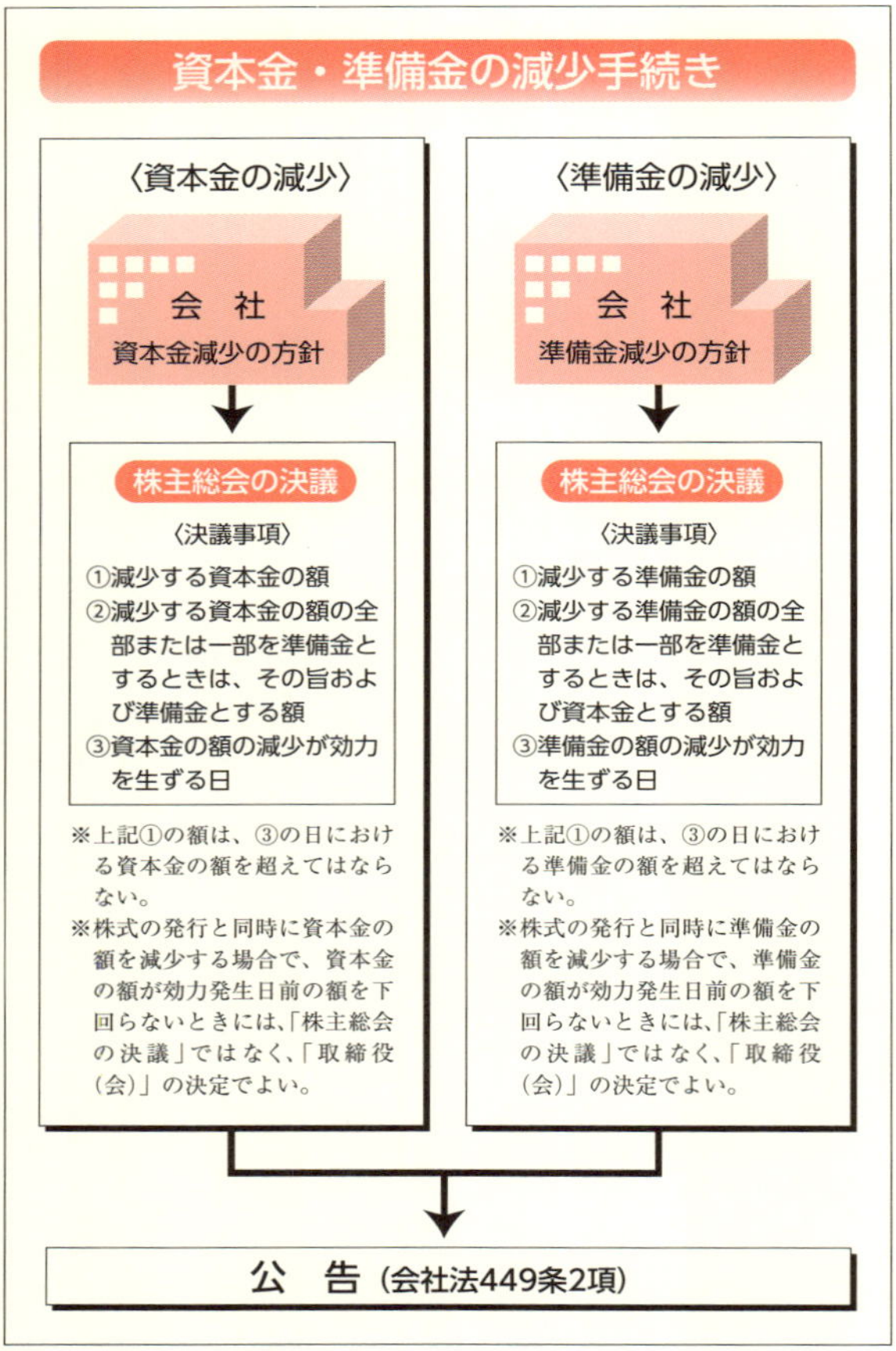
資本金・準備金の減少手続き
〈資本金の減少〉
会社
資本金減少の方針
株主総会の決議
〈決議事項〉
①減少する資本金の額
②減少する資本金の額の全部または一部を準備金とするときは、その旨および準備金とする額
③資本金の額の減少が効力を生ずる日
※上記①の額は、③の日における資本金の額を超えてはならない。
※株式の発行と同時に資本金の額を減少する場合で、資本金の額が効力発生日前の額を下回らないときには、「株主総会の決議」ではなく、「取締役（会）」の決定でよい。
〈準備金の減少〉
会社
準備金減少の方針
株主総会の決議
〈決議事項〉
①減少する準備金の額
②減少する準備金の額の全部または一部を準備金とするときは、その旨および資本金とする額
③準備金の額の減少が効力を生ずる日
※上記①の額は、③の日における準備金の額を超えてはならない。
※株式の発行と同時に準備金の額を減少する場合で、準備金の額が効力発生日前の額を下回らないときには、「株主総会の決議」ではなく、「取締役（会）」の決定でよい。
公告（会社法449条2項）

社法八三八条）。また、その無効の効力は判決確定の時から将来に向かって生じることになります（会社法八三九条）。これにより減資を前提として行われた剰余金の配当などが無効となることが回避されるのです。

次に、準備金の額を減少するためには、株主総会の普通決議によって、①減少する準備金の額、②その全部または一部を資本金とするときは、その旨と資本金とする額、③その効力発生日をそれぞれ定めなければなりません（会社法四四八条一項）。

事柄の性質上、当然ですが、準備金の減少額は、その効力発生日における準備金の額を超えることはできません（同条二項）。

また、会社が株式の発行と同時に準備金の額を減少する場合には、その効力発生日後の準備金の額が効力発生日前の準備金の額を下回らないときには、株主総会決議ではなく、取締役の決定または取締役会の決議によって準備金の額を減少することができます（同条三項）。これも、実質的には準備金の額が減少しないからです。

準備金の額の減少については、減資無効確認訴訟のようなものは規定されていませんので、その手続きに瑕疵があれば、一般原則に戻り遡及的に無効になると解されます。

## 会社債権者の異議手続き

右のように会社が資本金や準備金の額を減少させることは、会社の財産的基礎を減少させる結果となるわけですから、会社債権者にとっては不利益なことといえます。

そこで、会社債権者に対し、資本金等の額の減少に対する異議を述べる権利が認められています（会社法四四九条一項本文）。

ただし、準備金の額の減少分全部を資本金にする場合は会社債権者を害するおそれはありませんので、この場合には債権者の異議は認められていません（会社法四四九条一項本文括弧書）。

また、定時株主総会において準備金の額のみを減少させる場合で、その減少額がその開催日における分配可能額の欠損額を超えない場合には、その準備金の額の減少行為について債権者は異議を述べることはできません（同条一項二号、計算規則一五一条）。

この場合は準備金を取り崩しても分配可能額はゼロ以下ですから、配当はできず、会社財産が社外に流出する結果とはならないからです。

右のような例外的な場合以外は、次に述べる債権者異議手続きをとる必要があります。

**1**　会社は、①資本金等の額の減少の内容、②計算書類の内容として法務省令で定めるもの、③債権者が一定の期間（一か月以上）内に異議を述べることができる旨を、それぞれ官報に公告し、かつ、債権者であることがわかっている者（知れている債権者）には、各別に右の各事項を催告する必要があります（会社法四四九条二項、計算規則一五二条）。

なお、「**知れている債権者**」とは、「債権者ノ何人タルヤ又其ノ債権ハ如何ナル原因ニ基ク如何ナル請求権ナリヤノ大体カ会社ニ知レ居レル場合ノ債権者」であるとし、会社に対し訴訟を提起している債権者についても、事件の経過、訴訟資料その他種々の事情に基づき、知れている債権者に該当すると認定することもできるとする判例があります（大判昭和七年四月三〇日民集一一・七〇六）。

ところで、会社が、定款で、公告方法として、時事に関する事項を掲載する日刊新聞紙に掲載する方法または電子公告を定めている場合には（会社法九三九条一項）、右の①から③の内容を官報に加えて、右のいずれかの公告方法により公告すれば、知れている債権者に対する各別の催告を省略することができます（会社法四四九条三項）。

この場合には、右のように催告すべき「知れている債権者」が誰かを判断する必要がなくなる点で会社にとり便宜といえましょう。

**2** 債権者が、右の③の期間内に異議を述べなかったときは、その債権者は資本等の額の減少について承認したものとみなされます（同条四項）。

これに対し、右の期間内に異議を述べたときは、その債権者に対し、弁済するか相当の担保を提供するか、あるいはその債権者に弁済を受けさせることを目的として、信託会社等に相当の財産を信託するかしなければなりません（同条五項本文）。

ただし、資本金等の額の減少をしてもその債権者を害するおそれのないとき（例えば、債権者が十分な担保を有している場合など）は、右のような弁済等の措置をとる必要はありません。

ところで、資本金等の額の減少は、原則として株主総会決議等で決められた日にその効力が発生することになりますが（同条六項本文）、債権者異議手続きが終了していないときには、その終了時に効力が生ずることになります（同項ただし書）。

このような場合、会社は、右の決められた効力発生日前であれば、その効力発生日をいつでも変更することができます（同条七項）。

## 剰余金の処分

これまで資本金、準備金の額の減少の手続きについてみてきましたが、次に剰余金の処分についてみていきましょう。

剰余金の処分について最も重要なのは、剰余金の配当ですが、これは次のパートでまとめて説明したいと思います。

その他、剰余金の処分としては、剰余金を資本金や準備金に組み入れる資本金等の額の増加、損失処理や任意積立金として積み立てることなどがあります。

それでは、まず、**資本金等の額の増加**（逆にいえば剰余金の額の減少）の手続きについてみてみましょう。

会社によっては、剰余金を資本金や準備金に組み入れて、資本金や準備金を増額し、その財産的基礎を強化したい場合もあるでしょう。

このような場合、会社は、減少する剰余金の額と資本金や準備金の額の増加がその効力を生ずる日を株主総会の普通決議で決めなければなりません（会社法四五〇条一項、二項、四五一条一項、二項）。剰余金を減少させる点で株主の利益に影響を与えますが、会社の財産的基礎を強固にするものですから、普通決議事項としたものです。なお、当然のことながら、減少することができる剰余金の額は、資本金等の額の増加を決議した株主総会の日において存在する剰余金の額を超えることはできません（会社法四五〇条三項、四五一条三項）。

次に、その他の剰余金の処分として、損失処理や**任意積立金**として積み立てることなどができますが、増加又は減少する剰余金の項目とそれらの額を、原則として、株主総会の普通決議により定めることが必要です（会社法四五二条、計算規則一五三条一項）。

PART 5

# 剰余金の配当

▼株主にとっての重要な権利

## 剰余金の処分のひとつ

株式会社というものはもともと、会社の営業活動によって生ずる利益を株主に分配することを一つの目的としています。株主に対して利益の配当をすることは、株式会社の本質的要請だともいえましょう。株主の多くも、この利益配当を受けたいからこそ、会社に参画してきているのです。

したがって、**株主の利益配当請求権**は、株主の有する権利のうちでも、一番重要な権利（**株主の固有権**といわれます）と考えられています。

株主の利益配当請求権に対する、合理的な範囲を超えた制限は許されません。もちろん、利益配当請求権を株主から奪うことなどは、株主総会で議決しても、許されることではありません。

会社債権者に対してみずからが直接、責任を負う社員から構成されている人的会社とは違い、株式会社では会社債権者の債権の引き当てとなるものは会社財産しかありません。したがって、株式会社においては〝利益なければ配当なし〟という原則を鉄則として守ることが求められています。この点、会社法においては、「分配可能額」を超える配当を禁止するという形で、株主の上記権利と会社債権者の利益とを調整しています。

さらに、会社法では、配当原資を「利益」ではなく「**剰余金**」と定義し、配当をその「剰余金」の処分のひとつと位置づけています。そして、会社財産の社外流出を伴う剰余金の処分である自己株式の買取りや取得についても、配当と同じ規制を加えています。

これにより、右のような剰余金の処分行為について、会社債権者に配慮するとともに、この規制の範囲内であれば、いつでも、何度でも、これらの処分ができるようにしているのです。

以下においては、剰余金の配当について、その手続きをみていきましょう。

## 剰余金の配当に関する事項の決定

株式会社は、その株主に対し、剰余金の配当をすることができます（会社法四五三条）。ただし、自己株式については配当をすることはできません（同条括弧書）。また、純資産額が三〇〇万円を下回る会社は配当を行うことはできません（会社法四五八条）。

会社が剰余金の配当をしようとするときは、その都度、株主総会を開催し、その普通決議によって、①配当財産の種類（その会社の株式、社債、新株予約権を除く）と帳簿価額の総額、②株主に対する配当財産の割当てに関する事項、③配当が効力を発生する日を定めなければなりません（会社法四五四条一項、三〇九条一項）。

右の②の事項については、株主の有する株式数に応じて配当財産を割り当てる内容のものでなければなりません（会社法四五四条三項）。**株主平等の原則**（会社法一〇九条一項）に基づくものであり、株式数が配当財産の割当ての原則的な基準となるのです。

もちろん、配当優先株等の種類株式を発行している場合はその種類株式の株主間で平等であれば足り、他の種類株式の株主と別の取扱いをすることができます。その場合には、株主総会において、配当しないなどの他の種類の株主と違う取扱いをすることと、その取扱いの内容を、右の②の事項として定める必要があります（会社法四五四条二項）。

会社法においては、金銭配当だけでなく、金銭以外の財産の配当（**現物配当**）も認められていますが、現物配当をする場合には、株主総会の普通決議によって、①**金銭分配請求権**を与えるときは、その旨とその行使期間、②一定の数未満の数（基準株式数）の株式を有する株主に対して配当しないこととするときは、その旨とその数を定めなければなりません（同条四項）。

「金銭分配請求権」とは、現物配当に代えて金銭を交付することを会社に対して請求する権利のことをいいますが、現物配当に際し、金銭分配請求権を株主に与えるか否かは会社の任意です。

ただし、株主に金銭分配請求権を与えないで現物配当をする場合は、現物配当をする旨の株主総会決議は普通決議ではなく、特別決議となることに注意が必要です（会社法三〇九条二項一〇号）。あくまで金銭配当が原則なのです。

右の金銭分配請求権を株主に与えた場合、会社は、株主に対し、その請求権の行使期間の末日の二〇日前までに、金銭分配請求権を与えた旨とその行使期間を通知しなければなりません（会社法四五五条一項）。

株主が金銭分配請求権を行使した場合、会社は、現物配当の財産の価額に相当する金銭を株主に支払うことになりますが、その配当財産が市場価格のある財産の場合は、その市場価格として法務省令で定める方法により算定される額、市場価格のない財産の場合は、会社の申立てにより裁判所が定める額が、それぞれ支払われることになります（同条二項、計算規則一五四条）。

なお、後者の裁判所への申立ては、非訟事件として、非訟事件手続法、会社法八六八条以下によって取り扱われることになります。

また、現物配当において、基準株式数未満の株式の株主に対して配当しない場合には、会社は、その基準未満株式を有する株主に対して、右に述べた方法で算定された配当財産の額に基準未満株式数を乗じた額に相当する金銭を支払う必要があります。

## 株主総会以外による配当事項の決定

剰余金の配当は、株主総会決議がありさえすれば、一事業年度中に何度でも可能なのですが、取締役会設置会社においては、特例として、定款で、一事業年度の途中において一回に限り取締役会の決議によって剰余金の配当（金銭配当に限る）をすることができる旨を定めておけば、株主総会ではなく取締役会の決議によって中間配当をすることが許されています（会社法四五四条五項）。

また、会計監査人がいる場合、剰余金の配当の前提となる計算書類が会社の財産及び損益の状況を正確に反映していると考えられ、会社債権者の利益に反する違法配当が行われる可能性が低いことから、以下に述べるような一定の要件の下に、剰余金の配当（現物分割かつ金銭分配請求権を与えない場合を除く）に関する事項を、株主総会だけではなく、取締役会が定めることができる旨を定款で定めることができることになっています（会社法四五九条一項四号）。

この点、右のような定款を定めることができるのは、次のような機関構成の会社であることが必要とされています（同項本文）。

**1**　監査等委員会設置会社（会社法三二七条四項、五項、三三二条三項参照）

**2**　指名委員会等設置会社（会社法三二七条四項、五項、三三二条六項参照）

**3**　会計監査人と監査役会を置く会社で、取締役の任期の末日が選任後一年以内に終了する事業年度のうちの最終のものに関する定時株主総会の終結の日以前と定款または株主総会決議で定められたもの（会社法三三二条ただし書参照）

会計監査人を置いているだけでなく、右のように取締役の任期が短く、かつ、監査体制がしっかりしている会社に限って、取締役会決議に基づく配当を認めることにしたのです。

さらに、右のような定款規定の有効要件として、最終事業年度に係る計算書類が法令および定款に従い、会社の財産および損益の状況を正しく表示しているものとして法務省令で定める要件に該当することが必要です（会社法四五九条二項）。

ここで「法務省令で定める要件」とは、次のようなものです。

①　会計監査報告に、会計監査人による「**無限定適正意見**」（監査対象の計算関係書類が一般に公正妥当と認められる企業会計の慣行に準拠して、その期間の会社の財産及び損益の状況を全ての重要な点において適正に表示していると認められる旨の意見）が含まれていること

②　会計監査報告に対する監査役会、監査等委員会または監査委員会の監査報告の内容として、会計監査人の監査の方法または結果を相当でないと認める意見がないこと

③　個別の監査役、監査等委員または監査委員が、監査役会、監査等委員会または監査委員会と意見を異にする場合に監査報告に付記した内容が右の不相当意見ではないこと

④　監査報告の通知義務懈怠により監査を受けたとみなされる場合ではないこと（以上、計算規則一五五条）。

これらの有効要件を満たしていないにもかかわらず、定款の規定があるからといって、取締役会決議により剰余金の配当を行うと、違法配当となり、取締役等の責任問題となりますので、十分注意が必要です。

さらに、会社は、右のような定款規定がある場合、その定款により取締役会の決議によって定められるものとされた事項について、株主総会の決議事項としない旨を定款で定めることも可能です（会社法四六〇条一項）。ただし、この場合も右で説明した「法務省令で定める要件」を満たすことが、定款規定の有効要件となっています。

## 分配可能額による配当規制

剰余金の配当を行うと、会社財産が減少することになりますから、会社債権者の利益のためには、無限定に配当を行うことを許すことはできません。そこで、会社法は、剰余金の配当により株主に対し交付する金銭等の帳簿価額の総額は、その配当が効力を生じる日における分配可能額を超えてはならないとしています（会社法四六一条一項八号）。

右の「分配可能額」とは、次の①と②の合計額から③から⑥の合計額を差し引いた額をいいます（同条二項）。

①　剰余金の額（ＰＡＲＴ④で計算方

法を説明しています。）

② 所定の承認を受けた臨時計算書類（会社法四四一条）における臨時決算日の属する事業年度の初日から臨時決算日までの期間における利益の額として法務省令で定める各勘定科目に計上した額の合計額（計算規則一五六条）。

③ 自己株式の帳簿価額

④ 最終事業年度の末日後に自己株式を処分した場合におけるその対価の額

⑤ 右②の場合の期間の損失の額として法務省令で定める各勘定科目に計上した額の合計額（計算規則一五七条）。

⑥ 右③から⑤に掲げるもののほか、法務省令で定める各勘定科目に計上した額の合計額（計算規則一五八条）。

なお、このような分配可能額による規制は、剰余金の配当だけではなく、自己株式の買取や取得に関して株主に対して金銭等を交付する場合にも適用されることになっています（会社法四六一条一項一号ないし七号）。

## 配当に伴う剰余金の積立て

資本金と準備金のところで、すでに説明したところですが、剰余金の配当をする場合、会社は、法務省令で定めるところにより、その配当により減少する剰余金の額に一〇分の一を乗じた額を資本準備金または利益準備金として計上しなければなりません（会社法四四五条四項、計算規則二二条）。

これもまた、会社債権者を保護するためなのです。

## 配当の方法

剰余金の配当は、株主総会等で定められた日にその効力を生じることとなり、株主は、その日に、具体的な剰余金配当請求権を取得することになります。

ただし、会社は、基準日を定め、その基準日において株主名簿に記載され、または記録されている株主を右の配当請求権を行使できる者と定めることができますので（会社法一二四条一項）、その場合には、基準日における株主が右の配当請求権を取得することになります。

会社は、この配当請求権に応じた債務を負担することになりますが、その債務の履行方法として、株主名簿に記載し、または記録した株主（登録株式質権者を含む）の住所または株主が会社に通知した場所において、配当財産を交付すべきものとされています（会社法四五七条一項）。

会社が、右の住所等において、配当財産を提供したにもかかわらず、その住所等に株主がいないなどの事情で交付ができない場合は、会社は、配当財産を交付できないことによる履行遅滞の責を免れ（民法四九二条）、さらに、配当財産を供託することによってその債務を免れることができます（民法四九四条）。

また、会社が株主に対してする通知等が五年間以上継続して到達しない場合には、株主に対する会社の義務の履行場所は会社の住所地となりますので（会社法一九六条二項）、この場合は、株主の方で配当財産を受領しに行かなければならなくなります。

配当財産の交付に要する費用は原則として会社の負担となりますが、株主の責に帰すべき事由によって右の費用が増加したときは、その増加額は株主の負担となります（会社法四五七条二項）。

なお、日本に住所等を有しない株主に対する配当財産の交付については、右のような取扱いは行わないこととされています（同条三項）。

PART 6

# 違法配当

▼違法配当の責任は誰がとる？

## 違法配当とは

通常、「違法配当」という場合は、分配可能額を超えて剰余金の配当が行われることを意味します。もちろん、分配可能額の点では問題ないものの、株主総会決議を行わない場合やその手続きに瑕疵があって取り消された場合などの瑕疵ある配当手続きに基づく配当も「違法配当」ということができます。

前者の意味における「違法配当」に関しては、会社法も詳細な規定を置いていますので、ここでは、まず、前者の意味における「違法配当」について説明し、最後に後者の「違法配当」について考えてみたいと思います。

## 違法配当に関する責任

分解可能額を超える違法配当が行われた場合は、資本金や準備金の減少について債権者異議手続きを設け、会社債権者を保護しようとした会社法の規制が無意味となります。

そこで、その違法配当により金銭等の交付を受けた株主、その違法配当を行った業務執行者、配当事項を決定した株主総会または取締役会における議案提案取締役は、会社に対し、連帯して、配当された金銭等の帳簿価額に相当する金銭を支払う義務を負うことにしています（会社法四六二条一項）。

右の「業務執行者」とは、業務執行取締役（指名委員会等設置会社においては執行役）およびその業務執行に職務上関与した次の者です（計算規則一五九条八号）。

①　配当財産の交付に関する職務を行った取締役および執行役。

②　配当に関する事項を決定する株主総会において、その事項を説明した取締役および執行役。

③　配当に関する事項を決定する取締役会において、その配当に賛成した取締役。

④　分配可能額の計算に関する報告を監査役又は会計監査人が請求したときは、その請求に応じて報告をした取締役および執行役。

右の業務執行者（職務上の関与者を含む）や議案提案取締役が、その職務を行うについて注意を怠らなかったことを証明したときは、右の金銭支払義務を負いません。つまり、この責任は過失責任ですが、会社側において業務執行取締役等の過失を証明する必要はなく、この点の立証責任を業務執行取締役等に負わせているのです。

ただし、株主には、このような規定はありませんから、株主の責任は無過失責任であることになります。

なお、業務執行者等の金銭支払義務は、総株主の同意によっても原則として免除することはできませんが、配当の効力発生時における分配可能額を限度としてその義務を免除することについて総株主の同意がある場合には、その限度で免除することができます（会社法四六二条三項）。この金銭支払義務は、会社債権

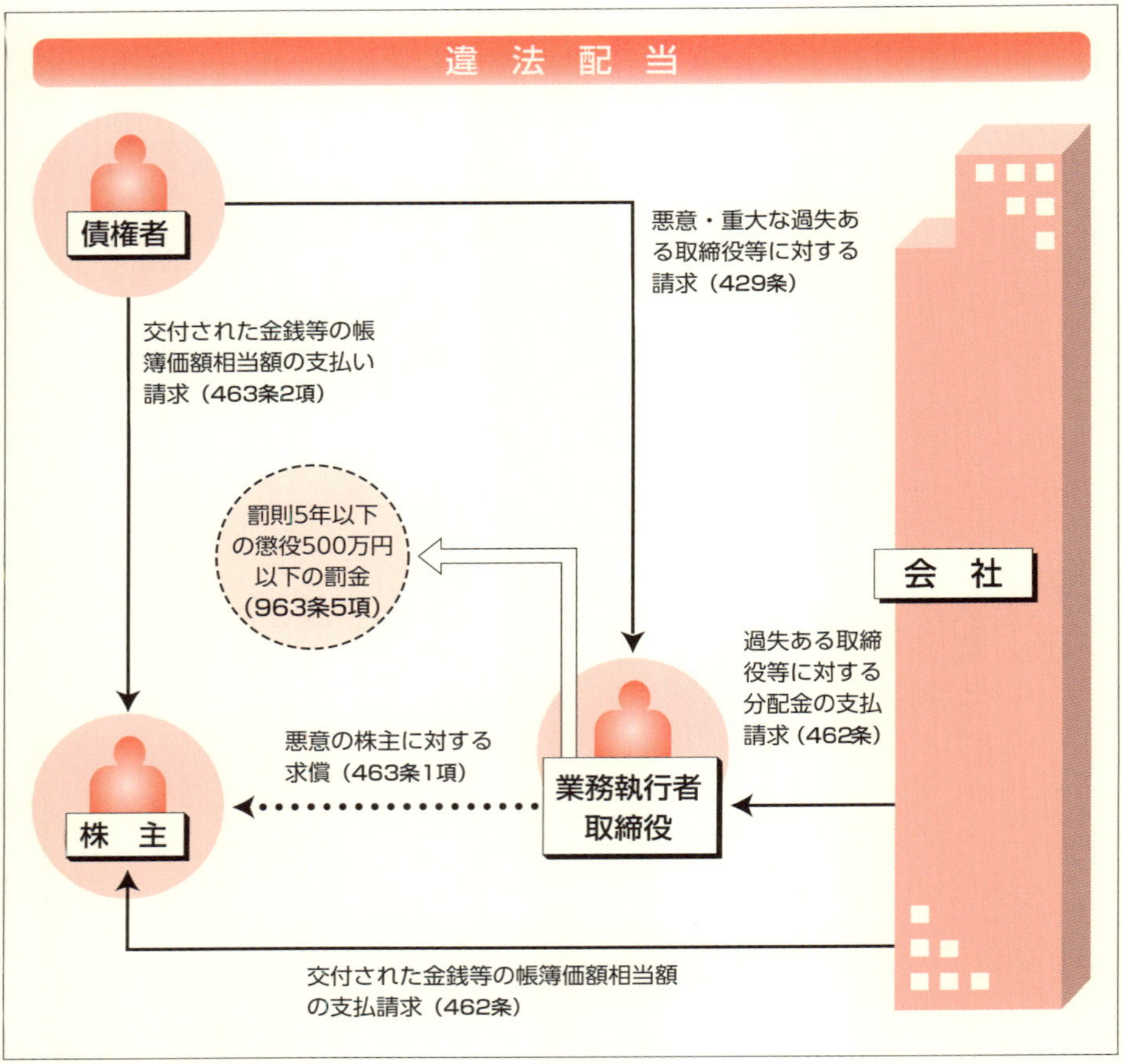


者保護の目的がありますから、総株主の同意があっても免除すべきではありませんが、分配可能額までは配当できたはずですから、その限度での免除を総株主の同意を要件として認めたものです。

違法配当における株主の金銭支払義務は、右に述べたとおり無過失責任ですから、会社の請求に対しては応じる義務がありますが、違法配当に関与した業務執行取締役等が金銭支払義務を履行した場合に、その支払額について株主に求償することを認めてよいかどうかは問題があるといえます。

この点、会社法は、分配可能額を超える配当であることについて善意の（事実を知らない）株主については、違法配当に関与した業務執行取締役等の求償に応じる義務を負わないものとしました（会社法四六三条一項）。

以上のほか、会社法は、会社債権者に対しても、会社と同様の金銭支払請求権を認めています（会社法四六三条二項）。

ただし、これは会社債権者の債権の引き当てを確保させる趣旨ですから、その債権額が配当財産の帳簿価額より小さいときは、支払を求めることができる金額は、その債権額に限定されます。

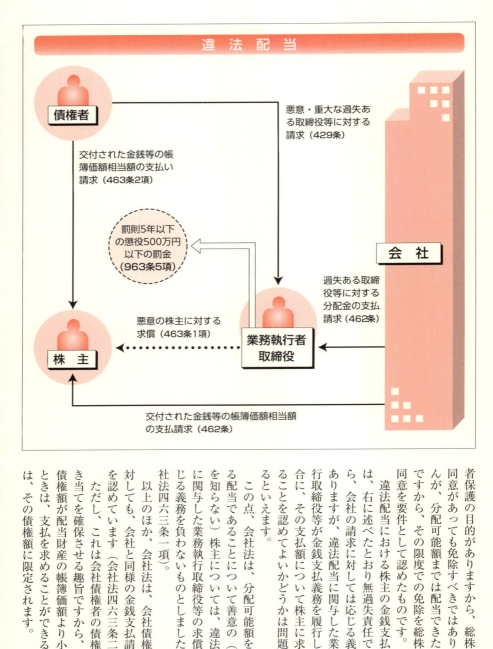

## 欠損てん補責任

以上は、分配可能額を超えた剰余金の配当に関する責任ですが、この分配可能額の規制を守って、自己株式の買取りや剰余金の配当等をした場合であっても、会社の業績によっては、事業年度末において、欠損が生じる場合もあります。

このような場合、会社債権者の立場からすれば、その事業年度の期間中に行われた自己株式の買取りや剰余金の配当は行われるべきではなかったということになります。

そこで、会社法は、これらの行為に関する職務を行った「業務執行者」に対し、連帯して、欠損額と処分した剰余金の額の低い方の金額を、連帯して、支払う義務を負わせました（会社法四六五条一項本文）。

この支払義務は過失責任であり、その業務執行者において、その職務を行うについて注意を怠らなかったことを証明した場合は、右の支払義務を負いません（同項ただし書）。

なお、定時株主総会において決議された剰余金の配当、資本金や準備金の減少額が配当財産の帳簿価額の総額より大きい場合でその減少額全てを剰余金とする場合の剰余金の配当の場合には、この欠損てん補責任は発生しません。

また、この責任は、総株主の同意で免除することができます（同条二項）。

## 広義の違法配当に関する責任

剰余金の配当手続きについては、前のパートで説明しましたが、その配当手続きに問題がある場合も、違法配当として、その配当の効力が問題となります。

配当財産を株主に交付する前に、違法行為に気づいた場合には、株主や監査役等は、取締役（執行役）に対し、配当手続きの差止めを請求することができます（会社法三六〇条、三八五条、四〇七条）。

配当が行われた後でも、配当事項を決定する株主総会決議が無効または不存在であるような場合には、その配当は無効というほかありません。

また、株主総会決議に取消し事由がある場合には、決議取消し訴訟により決議が取り消されるまでは有効ですが、決議取消しの判決が確定するとその決議は当初から無効とならざるを得ませんので、配当も無効となります。

このような場合には、株主が受領した配当は不当利得となりますので、会社に返還する必要があります（民法七〇三条、七〇四条）。

全ての株主から配当の返還を受けられれば、会社に損害は生じなかったことになりますが、多数の株主から返還を受けることは事実上困難な場合が多いでしょうし、株主の無資力等により返還を受けられない場合もあるでしょう。

そのような場合には、会社に損害が生じることになりますので、右のような違法配当につき任務を怠った取締役、会計参与、監査役、執行役、会計監査人は、会社に対し、連帯して、損害賠償義務を負うことになります（会社法四二三条一項、四三〇条）。

先に述べた分配可能額を超えた違法配当の場合に、業務執行取締役等が負う金銭支払義務については、総株主の同意があってもその全部の免除はできませんでしたが、右の任務懈怠による損害賠償義務については、総株主の同意があれば免除できます（会社法四二四条）。

## ●取引法こぼれ話　日本人の契約感覚

### ▼契約書など読んでいない

山本七平『日本資本主義の精神』にこんなことが書いてあります。


「前に、小室直樹氏とともに、経済専門のある出版社を訪れたことがあった。そしてそこの社長と雑談をしていると き、小室氏が半ば冗談のように言った。

『あなたの社にも社規・社則はあるんですか。』

『ありますとも。』と社長は答えた。〔中略〕

『それを読んだことありますか。』

『ウーム、あんなもの読むもんですか。』社長は笑いながら冗談のように言った。

小室氏は周囲を見まわして言った。

『だれか読んだ人いるのかなあ。』みなニヤニヤしている。

『では社員採用のとき、どうやって契約を結び、どのような業務内容に対して義務と責任を負わせるのですか。』

『そんなこと、入社したら編集部なり営業部なりに入れて、四、五カ月ガサガサやっていれば、自然に何もかも体得してしまいますよ。』

『じゃなぜ、社規社則が必要なんですか。』

『ウーム。』」（同書八四ページ）

ここでいう社規、社則の中にはおそらくその会社が従業員との間で労働契約を結ぶときの内容となる就業規則もふくまれているのでしょう。このような例はわが国ではめずらしくありません。私たちの社会では、契約とか規則とかいうものは、たいがい、まずこの程度に取り扱われています。すくなくとも近年まではそうだったといってよいでしょう。そこでは、契約は結ばれ、契約書は作られていても、当事者はそれを一度も読んだことがないなどということはまれではありません。

### ▼男と男の約束

このような契約意識が支配していた私たちの取引社会では、取引に際し、こまかい条項の入った契約書の作成、調印を求めたりしますと、とたんに「水くさい」と敬遠されたり、「うちの会社を信用できないのか」といわれ、取引そのものが不調に終わったりすることもないことではありません。一面においては、私たち日本人の生活にはまだまだ前近代的な要素があり、〝男と男の約束〟だから書面もいらないといったような意識や行動がややもすると美徳とさえみられる傾向もあるようです。

そこまで極端ではなく、かなり進んだ意識をもっている人たちでも、わが国では一般に契約を当事者間の権利義務の関係とつかまえようとはしません。契約を当事者同士の協同的な関係としてはあくしようとする傾向さえあります。

契約にのぞんで、契約書にあまりこまかい条項、特に義務の不履行をおもんぱかってのとりきめなどを求めることは、契約の相手方に対し、不信の念をあらわしたことになるからまずいと考えたりもします。当然に、契約段階では、その契約から発生するかもしれない紛争・トラブルなど、頭において契約をしていません。

いろいろと考えてみる必要がありそうです。

第7章

# 会社の資金調達

PART 1

# 新株発行（募集株式の発行）とその手続き

▼新株発行はこのように行われる

## 企業活動と資金

会社が事業活動を展開していくためには、多額の資金が必要です。この場合、それまでの事業活動によって得た利益を株主に配当せず、会社内部に留保しておき、これを新たな事業活動の資金に充てる方法があります（内部資金）。しかし、必要なときに必ず内部資金があるとは限りませんし、内部資金だけでは必要な資金を賄えないこともあります。このようなときは、会社の外部から資金を調達しなければなりません（外部資金）。

わが国の会社は、自己資本の比率が低く、外部、特に金融機関からの借入金にたよる傾向が強いといわれてきました。しかし、それではコストが高くつきがちですし、多数の者から広く資金を集め、巨額の資金調達を図るのには不向きです。そこで、大企業を中心に、株式や社債を発行して、事業資金を集めるようになってきています。

## 授権資本制度

株式会社は、定款に会社が発行することができる株式の総数（発行可能株式総数）をあげています（会社法三七条一項）。この発行可能株式総数は、なにも会社の設立にあたって、その全部が発行される必要はなく、設立に際しては、その一部が発行されればよいことになっています（同条三項）。つまり、会社の発行可能株式総数というのは、その会社が発行を予定している株式の総数のことなのです。

公開会社では、設立に際して、この発行可能株式総数のうち、設立に際して四分の一以上を発行し（同項）、残りは会社成立後、必要に応じて、取締役会の決議等により、随時発行していくことができます（**授権資本制度**）。授権資本制度は、一方で資金調達の機動性を高めながら、他方で新株の濫発により既存株主の持分比率が低下するのを防止する機能を果たしています。

これに対し、非公開会社では、株式発行が株主総会の特別決議で決められますので（会社法一九九条二項、三〇九条二項五号）、取締役会等への授権による弊害を考える必要がありません。そこで、非公開会社では、設立時発行株式数を発行可能株式総数の四分の一未満にしておくことも可能となっています。

## 募集事項の決定

株式会社は、その発行する株式または処分する自己株式を引き受ける者を募集しようとするときは、その都度、次のような募集事項を定めなければなりません（会社法一九九条一項各号）。

① 募集株式の数（種類株式発行会社では種類・数）
② 払込金額またはその算定方法
③ 金銭以外の財産を出資の目的とするときは（現物出資）、その旨並びに当該財産の内容及び価額
④ 募集株式と引換えにする金銭の払込み又は現物出資の給付の期日又は

その期間
⑤　株式を発行するときは、増加する資本金・資本準備金に関する事項
公開会社以外の会社では、募集事項の決定を行うのは、原則として株主総会の特別決議によりますが（同条二項、三〇九条二項五号）、割当日がその決議の日から一年以内の日である募集新株予約権に係る募集事項の決定については、株主総会の特別決議で、取締役（取締役会設置会社では、取締役会）に委任することができます（会社法二三九条一項、三項、三〇九条二項六号）。

また、株主割当ての方法で募集株式の発行等を行うときは、定款の定めにより、募集事項等の決定権限を取締役等に付与することができます（会社法二〇二条三項一号、二号）。

なお、譲渡制限株式の募集を行うときは、定款で特別の定めがない限り、種類株主による種類株主総会の決議が必要です（会社法一九九条四項、二〇〇条四項）。

以上に対し、公開会社では、募集事項の決定は取締役会で行います（会社法二〇一条一項）。ただ、右にあげた募集事項の②について、払込み金額が特に有利な金額であるときは、株主総会の特別決議を経る必要があります（同条一項、一九九条二項、三〇九条二項五号）。また、市場価格のある株式を募集するときは、②に代えて、公正な価額による払込みを実現するために適当な払込み金額の決定の方法を定めることが可能となっています（会社法二〇一条二項）。

なお、上場会社では、取締役に対するエクイティ報酬として募集株式を割り当てることがあり、この場合は、職務執行の対価として付与するのであり、取締役等に財産出資を求めることに合理性がありません。そこで、令和元年改正により、このようなケースでは、②④を定めず、募集株式と引換えにする金銭の払込みや現物出資の給付を要しないこととされました（会社法二〇二条の二第一項一号）。

## 株主割当て、公募、第三者割当て

募集株式等の割当てには、**株主割当て**、**公募**、**第三者割当て**の三種類があります。
**株主割当て**は、既存の株主に対して、その持株数に応じて新株の割当てを受ける権利を与えるもので、前述の①～⑤のほかに、株主に募集株式の割当てを受ける権利を与える旨および株式の引受申込期日を定めなければなりません（会社法二〇二条一項）。
この決定がなされると、株主に応募するか否かを判断させるため、会社は、引受申込み期日の二週間前までに、株主に対して募集事項等を通知することになります（同条四項）。また、基準日の株主名義人に募集株式が割り当てられるため、会社は、名義書換未了株主にその書換を促すべく、基準日の二週間前までに株主が行使することのできる権利の内容を公告しなければなりません（会社法一二四条三項）。
**公募**とは、不特定多数の者に対して広く募集株式の引受けを勧誘することをいいます。公募での発行価額は、通常、発行会社の株式の時価又はそれを少しだけ下回る価額を基準に定められるので、公募は、**公募時価発行**と言われることもあります。
**第三者割当て**とは、特定の者に募集株式を割り当てることをいいます。発行会社と引受人との間で業務提携をする、経営不振の会社がスポンサー、親会社の出資を仰ぐ、敵対的買収に対抗するなどといった特別の目的でなされるのが通例です。このような場合、払込み価額を時価

より低く設定することが多いのですが、そうなると既存の株主の利益が損なわれる可能性があるため、株主総会の特別決議が必要とされています（会社法二〇一条一項、一九九条三項）。通常、時価より一割程度低くても、有利な価格とはい

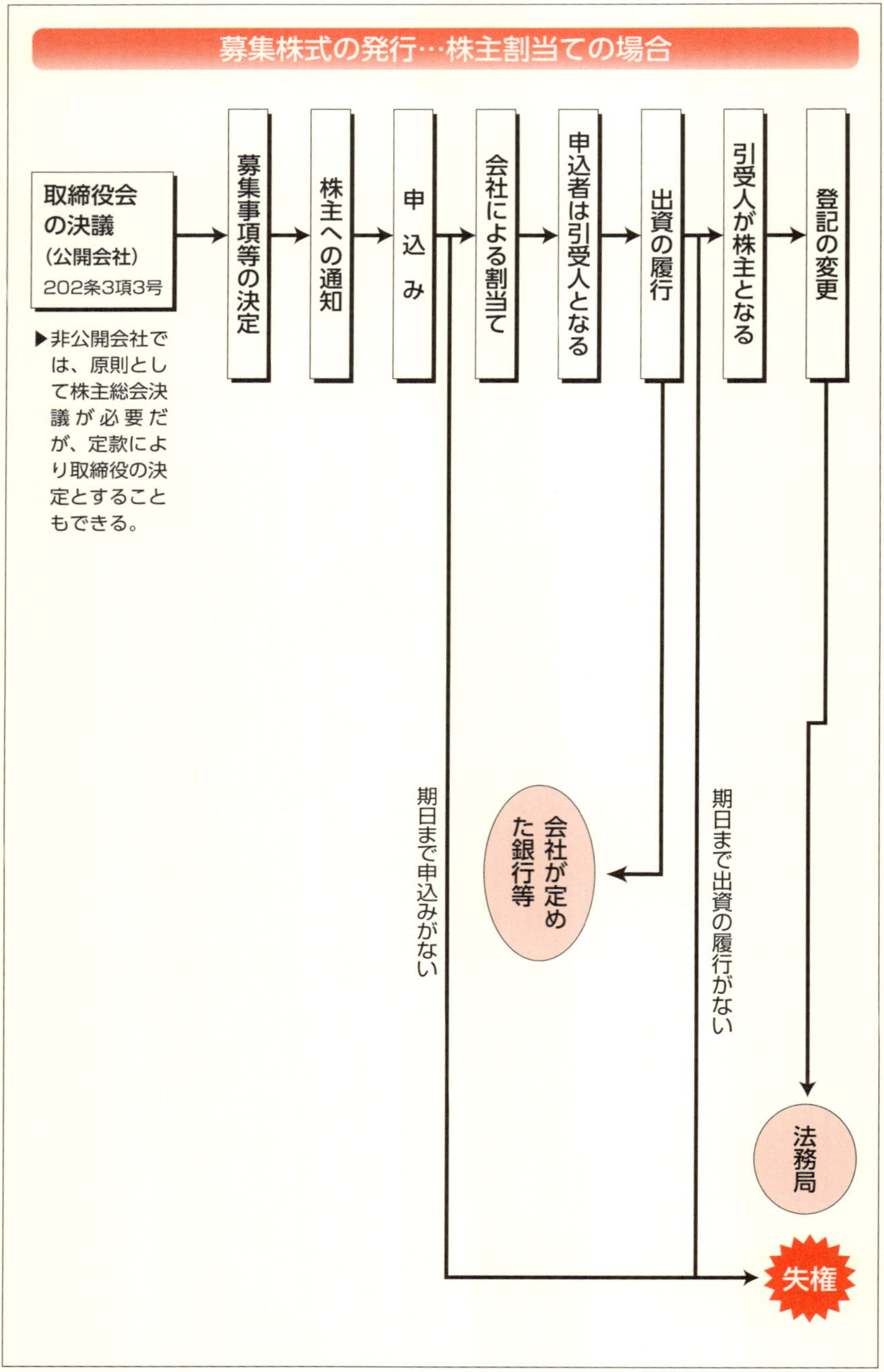

えないと解されています。非上場会社の株価算定には、簿価純資産法、時価純資産法、配当還元法、収益還元法、ＤＣＦ法、類似会社比準法などがありますが、近時の判例では、非上場会社の新株発行に際し、客観的資料に基づく一応合理的な算定方法によって発行価額が決定されたときは、その発行価額は、特別の事情のない限り、特に有利な発行価額にあたらないとしたものがあります（最判平成二七年二月一九日民集六九・一・五一）。

## 支配株主の異動を伴う場合の特則

もっとも、公開会社が大量の募集株式の発行等を行うと、会社支配権の所在に重大な影響を与え、既存株主の利益に大きな影響を及ぼす可能性があります。そして、近年、買収防衛の場面でこの種の大量の募集株式の発行等が行われ、国内外の投資家から批判を受けるようになりました。そこで、平成二六年改正法は、引受人（その子会社等を含む。）が株主となった場合に有する議決権の数が総株主の議決権の数の二分の一を超えるときは（このような引受人を**特定引受人**といいます。）、会社は払込み期日の二週間前までに、株主に対し、特定引受人の氏名・名称及び住所、特定引受人が有することとなる議決権数等を通知又は公告することとして（会社法二〇六条の二第一項）、情報開示の充実を図りました。そして、総議決権数の一〇分の一以上の議決権を有する株主が、通知公告の日から二週間以内に反対の通知をしたときは、原則として株主総会の決議を要することとなりました（会社法二〇六条の二第四項）。

募集新株予約権の発行についても、同様の特則が定められています（会社法二四四条の二）。

## 募集株式の申込み・割当てと出資の履行

会社は、募集に応じて募集株式の引受けの申込みをしようとする者に対し、株式会社の商号、募集事項、払込み取扱場所等を通知しなければなりません（会社法二〇三条一項）。これに応じて募集株式の引受けの申込みをする者は、氏名・名称及び住所、引き受けようとする募集株式の数を記載した書面の交付等を行います（同条二項、三項）。

募集株式の発行でも、募集設立の場合と同じように、株式の申込に際し、会社は申込人に申込み証拠金を払いこませ、後日、これを株式の払込み金に充当しているのが通例です。

株式の申込みがありますと、会社が、これに対して自由に割当を行います（割当て自由の原則。会社法二〇四条一項）。この割当てによって、株式申込人は株式引受人となり（会社法二〇六条）、その割り当てられた株式について、払込み金額の全額の払込み（会社法二〇八条一項）や現物出資財産の給付（会社法二〇八条二項）を行うことになります。株式引受人が出資の履行をしないときは、当然に募集株式の株主となる権利を失います（同条五項）。

なお、株主には、事前に募集株式の発行に関する事項を知り、必要に応じて募集株式の発行の差止め請求（会社法二一〇条）を行使する機会が与えられなければなりません。

そこで、株主に募集株式を引き受ける権利があたえられた場合や、第三者に対する有利発行がなされる場合などを除き（これらの場合には、株主はあらかじめ知らされますから、募集株式に関する事項を知っています）、会社は、払込み期日の二週間前に、募集事項を株主に通知するか、これに代えて公告をしなければならないことになっています（会社法二〇一条三項、四項）。

## 新株発行の効力の発生

払込金額の払込期日又は現物出資の給付日に出資の履行のあった募集株式については、その払込期日又は給付日に新株発行の効力が生じ、新株引受人はこの日から株主となります（会社法二〇九条）。

募集株式の発行の決議で定められた募集株式の全部について、引受、払込み等がなくても、引受、払込み等のあった募集株式だけが有効に発行されたこととなり、払込み期日までに引受、払込み等がないため失権となった分については、会社は募集を打ち切ってもよいですし、あらたに株主を募集してもかまいません。

以上によって、募集株式の効力が生ずるときは、会社の発行済株式総数や資本の額などの登記事項に変更を生ずることになりますから、会社は、二週間以内に変更登記を行います（会社法九一一条三項五号、九号、九一五条一項、二項）。

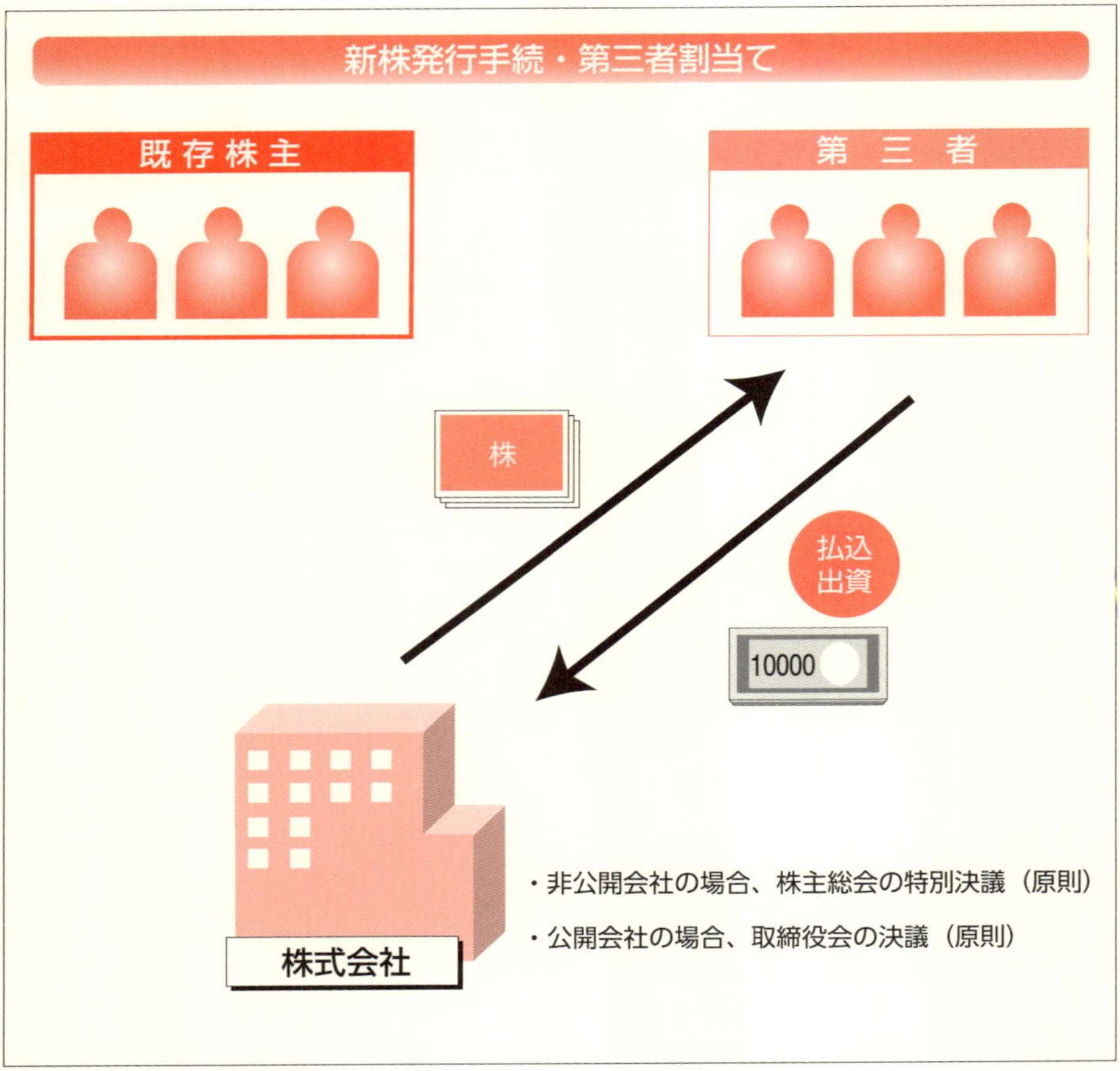

PART❷

# 違法な募集株式の発行等に対する措置

▼違法・不公正な募集株式の発行に対する救済

## 違法・不公正な募集株式の発行に対しては

新株発行を決定する機関は、会社の形態や発行方法によって一様ではありませんが、新株を発行する場合には、それぞれの規定を守って発行すべきは当然のことです。しかし、現実には不公正な発行、違法な発行が行われる場合がないわけではありません。

このような場合の措置として、次の制度があります。

### ① 新株発行の差止め

会社が法令または定款の規定に違反し、またはいちじるしく不公正な方法で募集株式を発行し、そのために、株主が不利益を受けるおそれがある場合は、株主は会社に対し、その募集株式の発行を止めるべきことを請求することができます（会社法二一〇条）。

法令・定款に違反する場合とは、現物出資について検査役による調査等が必要とされるのにそれを欠いて発行した場合（会社法二〇七条）、定款で定められた発行可能株式総数（会社法三七条、一一三条）を超えて発行がなされた場合などです。

次に、著しく不公正な方法による場合とは、不当な目的を達成する手段として募集株式の発行等が利用されることをいいます。

近年、第三者による株式買占めに対抗し、取締役（会）が議決権の過半数を確保するために募集株式の発行を決めるケースがありますが、裁判所は、新株発行を行うに至った種々の動機のうち、支配権維持のような不当な目的を達成するという動機が他のそれよりも優越し、それが主要な主観的要素であると認められる場合は、著しく不公正な方法に当たると判断する傾向にあります（**主目的ルール**。東京高決平成一六・八・四金商一二〇一・四など）。

なお、株式保有期間の制限はありませんから、名義書換を受けた直後の株主であっても、この制度を利用できます。

この差止めの請求は、裁判外においてもできることはもちろん、必要があれば訴えを提起することも、また、これを本案として、発行差止めの仮処分を求めることもできます。

### ② 引受人の差額支払義務

取締役（指名委員会等設置会社では、取締役または執行役）と通謀して、いちじるしく不公正な払込み金額で株式を引き受けた者は、会社に対して、その価額と公正な価額との差額を支払う義務を負います（会社法二一二条一項一号）。

この責任の追及については、株主による代表訴訟が認められています（会社法八四七条一項本文）。

本来会社に入ってくるはずの資金が入ってこないので、差額を支払わせて、会社に資金が確実に入るようにしようというのが立法趣旨です。

条文には、取締役等と「通じて」とありますので、取締役等との通謀がなければ、引受人がこの責任を負うことはありません。

### ③ 現物出資者の不足額支払義務

現物出資者は、募集株式の株主となったときにおける目的財産の価額が募集事項に定められた財産価額に著しく不足する場合には、会社に対して当該不足額を支払う義務を負います（会社法二一二条一項二号）。これも会社に資金を確保させるための規定であり、一種の契約不適合責任と捉えられています。

もっとも、現物出資者は、著しい不足について善意・無重過失のときは、募集株式の引受けを取り消し、この責任を回避することができます（同条二項）。

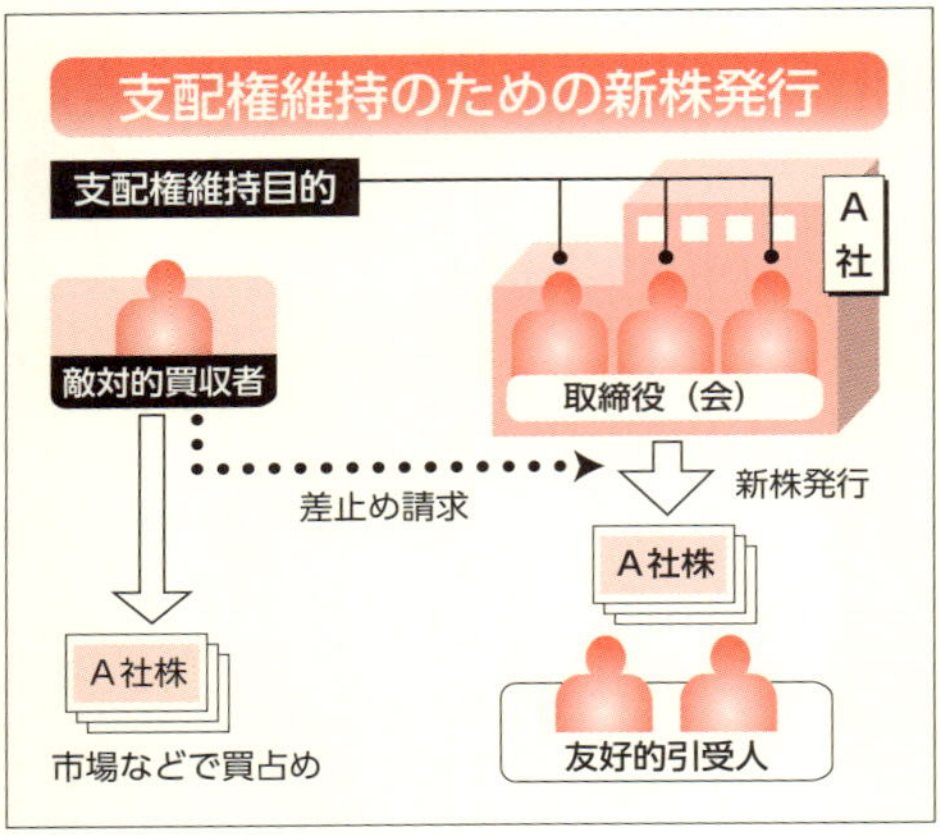


## 募集株式の発行に瑕疵があると

募集株式の発行に関して、法令または定款の違反があるときは、募集株式の発行そのものに法律的瑕疵があることとなり、違法性をおびてきます。しかし、この場合、その無効の主張を一般原則にまかせ、だれでもが、いつでもその主張をなしうるものとしますと、法律関係の安定を害することとなります。募集株式が発行されれば、会社はそれによって調達した資金を使って活動もするでしょうし、新しく発行された株式も流通しているでしょう。それを一般原則にまかせて、無効を主張できるものとするのは妥当ではないと会社法は考えたのです。

そこで、会社法は設立無効の場合に準じ、**新株発行無効の訴え**及び**自己株式処分無効の訴え**という制度を認めました。

どのような場合に、募集株式の発行が無効となるのかという無効原因については、会社法は別段、規定をおいていません。それは、募集株式の発行を無効とすることによる旧株主など会社関係者の利益を考え、また、同時に、無効とされることによって利益を害されることとなる新株主やその新株式の取引関係者の立場をも考慮し、取引の安全を重視してきめなければならないことです。

このように考えますと、募集株式発行の際に、会社が準拠すべき法令や定款に違反したことがあったとしても、その法令、定款違反の全てを無効原因とするのは、妥当でないといわなくてはなりません。

特に、募集株式の発行が効力を生じ、会社がそれを前提に、拡大された規模で活動をスタートした後は、募集株式発行を一体として無効とする無効原因は、厳格に考えるべきではないでしょうか。

## どのような場合が無効となるのか

一般に新株発行の無効原因となると考えられているものには、つぎのようなものがあります。

① 定款所定の発行可能株式総数をオーバーして募集株式を発行した場合

② 会社が定款に認められていない種類の株式を発行した場合

③ 公開会社以外の会社で株主総会決議を経ないで募集株式を発行した場合など、重大な法令、定款違反の場合で

す。こういう場合は、新株発行が無効とされます。

## 新株発行無効の訴え

募集株式の発行の効力が生じてしまえば、その無効を主張するには、訴えによらなければなりません。

訴えを提起できる人（提訴権者）は、株主、取締役、執行役及び監査役、清算人に限られ（会社法八二八条二項二号）、被告は、会社となります。出訴期間は、発行の効力が生じた日から六か月（非公開会社では一年）以内です（同条一項二号、三号）。

なお、ここでいっている募集株式発行の無効というのは、新しく発行された株式について、その発行を一体として無効とすることです。個々の株式引受の無効のことではありません。

## 無効の判決があると

募集株式の発行を無効とする判決が確定しますと、その判決は、当事者以外の第三者に対しても、その効力を有するものとされています（対世効…会社法八三八条）。

会社をめぐる法律関係を画一的に確定せしめようという趣旨からです。また、判決は、発行された新株を将来にむかってのみ失効させるにとどまり（将来効…会社法八三九条）、判決が確定されるまでの間に、その新株を前提になされてきた行為までも、無効とするものではありません。

こうして、会社法は無効の効力がさかのぼることを阻止して、それまでに進展してきた法律関係の安定をはかっているわけです。

会社は、判決確定時の株主に対し、払込金額に相当する金銭を支払わなければなりません（会社法八四〇条一項前段）。この場合、株券発行会社のときは、金銭の支払と引き換えに、株券を返還してもらうことになります（同条後段）。

もっとも、払込みの金額が、無効判決確定時の会社の財産状況からみて、いちじるしく不相当なときは、会社または株主の請求により、裁判所が払戻金額の増減を命ずることができます（同条二項）。

## 新株発行・自己株式処分不存在の確認の訴え

新株発行・自己株式処分無効の訴えとは別に、**新株発行等の不存在確認**の訴えというものがあります（会社法八二九条一号）。

商法の時代には、新株発行等の実体がない場合、解釈上、新株発行等の不存在確認の訴えが認められていましたが、会社法では、明文で認められています。違反の程度が大きすぎるので、取引の安全を後回しにしても健全な状態を確保しなければならないという趣旨です。不存在の原因としては、新株発行の手続きが全くなされていなかった場合、代表権のない者が新株主名義の株券を発行した場合などがあります。

この場合には、実体がない募集株式の発行ですから、いつでも、だれでも、どのような方法によってもその主張ができます。

新株発行・自己株式処分不存在確認の訴えを提起するときは、会社を被告として訴えを提起でき（会社法八三四条一三号、一四号）、出訴期間の制限もありません。請求を認容する判決には対世効があり（会社法八三八条）、しかも、その効力は過去にも遡ります（会社法八三九条括弧書）。

# PART3 社債とは

▼社債の性格と発行手続き

## 社債とは何か

会社が資金調達をする方法では、金融機関からの借入れや募集株式の発行等がその代表的な例ですが、前者は、金融機関の融資条件に合致する必要がありますし、仮に融資可能となっても、相当の利息の支払を余儀なくされます。

また、後者についても、募集株式の発行等を行いますと、株主割当てを除き、株式の所有割合による会社の支配関係に対する影響を避けられません。

そこで、このような問題を避けるために、**社債**の発行による資金調達がなされることがあります。

ここに社債とは、会社法の規定によれば、会社が行う割当てにより発生する当該会社を債務者とする金銭債権であって、募集事項についての定めに従い償還されるものをいいます（会社法二条二三号）。この要件を充たすものであれば、外国で発行しても社債となり、現に、コストの安さから、日本の株式会社は積極的に海外で社債を発行してきています。

## 社債と株式とはどう違うか

社債の本質は、あくまでも会社に対する金銭債権ですから、権利者である社債権者は外部の債権者にすぎず、この点で会社に対して持分権を有する株主とは大きく異なります。社債権者は株主と異なり、議決権などの共益権を持ちません。

また、社債権者は、会社の利益と無関係に、会社から一定の利息の支払を受けますが、株主は、会社に配当可能の利益がある場合に限り、利益の配当を受けることとなります。

さらに、社債権者は、償還期限の到来によって元本の返還を受け、会社解散の場合は債権者として弁済を受けます。これに対し、株主は、原則として会社が解散でもされないかぎり、会社の財産について分配を受けることはありません。

その会社解散に際しても、社債権者は株主より優先して弁済を受け、株主のほうは、会社が債務を弁済した後に残余財産が残ったとき、はじめてその分配にあずかることができるにとどまります。

このように社債と株式は、法律上の性格を異にしますが、株式の中には**議決権のない株式**、**償還株式**のように社債に近い性質の株式があり、逆に、社債にも、**転換社債**のような実質上株式に近い性質の社債があるなど、両者の中間的な制度も存在します。

## 社債の種類

社債は、**公募債**と**私募債**、**無記名社債**と**記名社債**、**エクイティ・リンク債**（新株予約権付社債などのように特定の株式と関係づけられた社債）と**普通社債**など、いくつかの分類の仕方がありますが、ここでは担保付社債と無担保社債を取り上げてみましょう。

**担保付社債**とは、担保付社債信託法に基づいて物上保証が付された社債をいい

### 社債と株式の違い

| | 社　債 | 株　式 |
|---|---|---|
| 権利者の地位 | 会社外部の債権者 | 持分権を有する会社の所有者 |
| 経済的側面 | 会社の利益と無関係に、一定の利息の支払いを受ける | 会社に配当可能利益がある場合に限り配当を受ける |
| 会社財産の分配・弁済 | 償還期限の到来によって、通常の債権者と同一順位で弁済を受ける | 原則として、会社財産の分配を受けず、残余財産の分配については、債権者に遅れて分配を受ける |

ます。担保の種類は、動産質、証書ある債権質、株式質、不動産抵当など、それにふさわしいものがあります。このような担保について、多数の、しかも変動する社債権者が個別に担保設定を受けたり、その実行をしたりするのは、事実上不可能です。そこで、担保付社債信託法によって、物上担保は、総社債のため受託会社（都市銀行、信託銀行、地方銀行など）に帰属するものとされ、受託会社において、総債権者のために担保権を取得、保存、実行することになっています（同法三六条）。

以上に対し、このような物上担保の付されていない社債を**無担保社債**といいますが（広義）、人的担保や特別法による一般担保等もない社債を指すこともあります（狭義）。無担保社債は、担保提供制限、利益維持、純資産額維持等の約定をつけ、これに違反すると期限の利益を喪失する旨の財務上の特約を付して発行されることが多く、これにより償還の確実性が図られています。

担保付社債は、社債権者の保護が充実していますので、従来、わが国で発行される社債のほとんどは担保付社債であり、無担保社債の発行は限られていました。しかし、昭和五〇年代から、実務上行われていた起債銘柄、起債額、発行条件などの制約が撤廃され、社債市場の自由化が進み、現在では、むしろ無担保社債が主流となってきています。

## 社債の発行

株主総会が社債を発行するときは、その都度、募集社債の総額、各募集社債の金額、募集社債の利率等の募集事項を定めなければなりません（会社法六七六条各号）。

取締役会設置会社では、取締役会が募集事項その他重要な事項として法務省令で定める事項を決定しますが（会社法三六二条四項五号）、これら以外の事項については、その決定を取締役に委任することができます（会社法三六三条一項）。指名委員会等設置会社においては、執行役に募集事項等の決定を委ねることができます（会社法四一六条四項本文）。

取締役会設置会社でない株式会社、持分会社（合名会社、合資会社及び合同会社）においては、業務執行決定機関が社債発行を決定することになります。

社債の発行方法には次の三つがあります。

①　特定の人（証券会社）に社債の総額またはその一部を包括的に引き受けさせる総額引受

②　直接公衆から社債権者を募集する公募発行

③　一定期間を定めてその期間内に公衆に対し個別的に社債を売り出す売出発行

**総額引受**の場合は、金融商品取引業者［証券会社］（金融商品取引法二条八項六号、九項、二九条）との間の引受契約の締結によって、発行会社は確実に社債の総額の払込みを受けることができます。証券会社は、後日、引き受けた社債を一般公衆に売り出し、引受価額と売出価額の差額をもって利潤とします。

**公募発行**の場合は、社債を発行した会社自身が社債権者をひろく募集する**直接募集**と、社債発行会社から委託を受けた会社（銀行または信託会社）が募集の手続きを行う**委託募集**とがあります。会社法は直接募集を頭におき、これを社債発行の典型的な方法と考えて、この方法を中心に規定していますが、実際の経済社会では直接募集はあまり行われていません。社債募集の手続きも専門化しており、委託募集が一般的です。

会社は、募集社債の引受けの申込をしようとする者に対し、会社の商号、募集事項等を通知しなければなりません（会社法六七七条一項各号）。これを受けて引受けの申込をする者は、氏名・名称及び住所、引き受けようとする募集社債の金額及び金額ごとの数等を記載した書面等を会社に提出するなどして(同条二項、三項)、申込みをします。

社債応募者の申込みに対し、割当がなされますと（会社法六七八条一項）、ここに社債契約が成立し、申込者は**社債権者**となります（会社法六八〇条）。募集社債の申込者は、払込みの期日（会社法六七六条一〇号）までに、払込金額の払込みをしなければならず、金銭の払込みに代えて金銭以外の財産を給付する契約があるときは、その給付をしなければなりません（同条一二号、会社法施行規則一六二条三号）。払込みは普通、全額についてなされますが、分割払込みの方法を定めることも可能とされています。

## 社債の流通

募集事項に**社債券**の発行が定められているときは（会社法六七六条六号）、会社は、社債を発行した日以後遅滞なく、社債券を発行しなければなりません（会社法六九六条）。社債券というのは社債権者の権利を表章する有価証券です。債券に記載すべき事項は法律で定められています（会社法六九七条一項各号）。

社債には、記名式のもの（社債権者の氏名・名称及び住所が社債原簿に記載される社債）と無記名式のもの（無記名式の社債券が発行されている社債）とがありますが、特別の定めがないかぎり、社債権者はこれにつき、相互に転換請求ができることになっています（会社法六九八条）。実際に発行されている社債は無記名式のものがほとんどです。

会社は、社債に関する事項をあきらかにするために**社債原簿**を作成し（会社法六八一条）、これを本店に置いて（会社法六八四条一項）、会社債権者等の閲覧に供しなければなりません（同条二項）。

無記名社債では、常に社債券が発行されます。無記名社債は、動産とみなされ（民法八六条三項）、その譲渡は債券の交付によって行われます（会社法六八七条）。また、質入は債券の引渡によって効力を生じ（会社法六九二条）、債券の継続占有が第三者への対抗要件となります（会社法六九三条二項）。

これに対し、記名社債の譲渡・質入は、社債券が発行されるときはその交付によって（会社法六八七条）、発行されないときはこれを譲渡する旨の意思表示によって効力が生じます。社債の譲渡・質入を、会社その他の第三者に対抗するためには、社債原簿の名義書換が必要です（会社法六八八条一項、二項）。

## 社債の利払い

社債権者は、募集事項に基づいて、会社から利息の支払いを受けることができます（会社法六七六条三号、五号）。

利息は会社に利益のあるなしにかかわらず、一定の利率によって支払われます。その利率、支払方法、支払時期などは全て募集事項に定められています。実際上ひろく行われている無記名社債では債券に利札が添付されていますので、この利札と引き換えに利息の支払が行われます。

この利札が債券から引き離された場合は、利札そのものが利息の支払請求権を表章する有価証券となって、債券とは別に、独立して流通することとなります。なお、利札が添付されていない債券で、社債の償還時に利息全部を一括して支払う方法を通常、**割引発行**とよんでいます。この場合は償還の額を社債の券面額とし、社債を発行するときは、券面額から利息に相当する額を差し引いた額で発行します。

## 社債の償還

次に、会社が社債権者に対し、社債の内容となっている借入金を返し、債務を弁済することを**社債の償還**といいますが、この償還についても、方法や期限は募集事項で定められています（会社法六七六条四号）。通常は社債発行後、一定期間据え置き、その後一定時までに随時償還をするか、または定期的に一定の額もしくはそれ以上の額を抽せんで償還し、ある時期までに全部について償還を終了する方法によっているようです。

会社が定期に社債の一部を償還すべき場合に、その償還を怠ったときは、社債権者は法律の定める手続きにより、社債の総額につき期限の利益を失わせることができます（会社法七三九条）。これは会社が社債の利息支払を怠った場合も同様です（同条）。

また、社債管理者が社債権者のために社債に係る弁済を受けたときは、社債発行会社の債務は消滅し、社債権者は社債管理者に対し、償還額及び利息の支払を請求することとなります（会社法七〇五条二項）。

なお、株式については自己株式の取得のような制限はなく、自己社債の取得は禁じられていません。会社は社債の価格が下落しているようなときなどは、自己の社債を取得し、社債を消滅して、いわゆる買入消却をすることも自由です。

### ★社債の振替制度

国内企業が短期の資金調達のために国内で発行するコマーシャル・ペーパー（ＣＰ）については、平成一三年に制定された「短期社債等の振替に関する法律」により、振替制度が始まりましたが、平成一四年には「社債等の振替に関する法律」に名称が変更され、その適用範囲が社債、国債に拡大されました。平成一六年には、株式等についても保管振替制度から振替制度に移行するのに伴い、「社債、株式等の振替に関する法律」に名称が変更され、振替社債については、社債券を発行せず、振替機関又は口座管理機関の振替口座簿の記載・記録により、譲渡・質入れの効力が生じることになりました。

PART 4

# 社債管理者

▼社債権者の利益を守るための制度

## 社債管理者とは

社債権者にとって、債権回収の拠り所になるのは、社債発行会社がもつ財産だけです。むやみに社債が発行されてしまうと、その分だけ発行会社の債務が増え、結局は社債権者が自分の債権を回収できないことになりかねません。

そこで、従来、商法は、社債の発行限度をもうけ、社債権者の利益を守ってきました。

しかし、これは社債を発行する段階ではうまく機能しても、発行後に会社の財務内容が悪くなってしまった場合には、まったく役に立ちません。そこで、平成五年の商法改正では、社債発行限度の規制を撤廃する一方で、新たに「社債管理会社」という制度を設けて社債権者の保護を図ることとなりましたが、この制度は、会社法の下でも「**社債管理者**」という制度として踏襲されています。

すなわち、会社は、社債を発行する場合には、社債管理者を定め、社債権者のために、弁済の受領、債権の保全その他社債の管理を行うことを委託しなければならないのです（会社法七〇二条本文）。

もっとも、社債権者が自ら保全をできるような場合は、社債管理者の設置を強制する必要性は高くありません。そこで、各社債の金額が一億円以上である場合（資力のある社債権者ですから、保全能力も高いはずです）、あるいは社債の総額を社債の最低額をもって除した額が五〇未満となるような場合（縁故募集など社債権者が少数のケースですから、直接発行会社と交渉することができます）には、社債管理者を置く必要はないとされています。

なお、この社債管理者になれるのは、銀行、信託会社、担保附社債信託に関する信託事業を営む会社、信用事業を営む農業協同組合、信用協同組合、信用金庫等に限られています（会社法七〇三条、会社法施行規則一七〇条各号）。

## 社債管理者の権限

社債管理者は、社債権者のために債権の弁済を受け、または債権の実現を保全するために必要な一切の裁判上または裁判外の行為をすることができます（会社法七〇五条一項）。

ただし、①支払猶予、責任免除及び和解、②訴訟行為、破産手続き、再生手続き、更生手続き等の手続きに属する行為をするときは、社債権者の重大な利害に関わってきますから、**社債権者集会**の決議を経なければなりません（会社法七〇六条一項本文）。

もっとも、②については、迅速に手続きを進める観点で募集事項に定めが設けてあれば、社債権者集会の決議を経ないですることも可能です（同項ただし書）。

社債管理者が前述の権限を行使するためには、ときに発行会社の業務や財産の状況を調査する必要がありますが、濫用防止の意味から裁判所の許可が必要とされています（会社法七〇五条四項）。また、

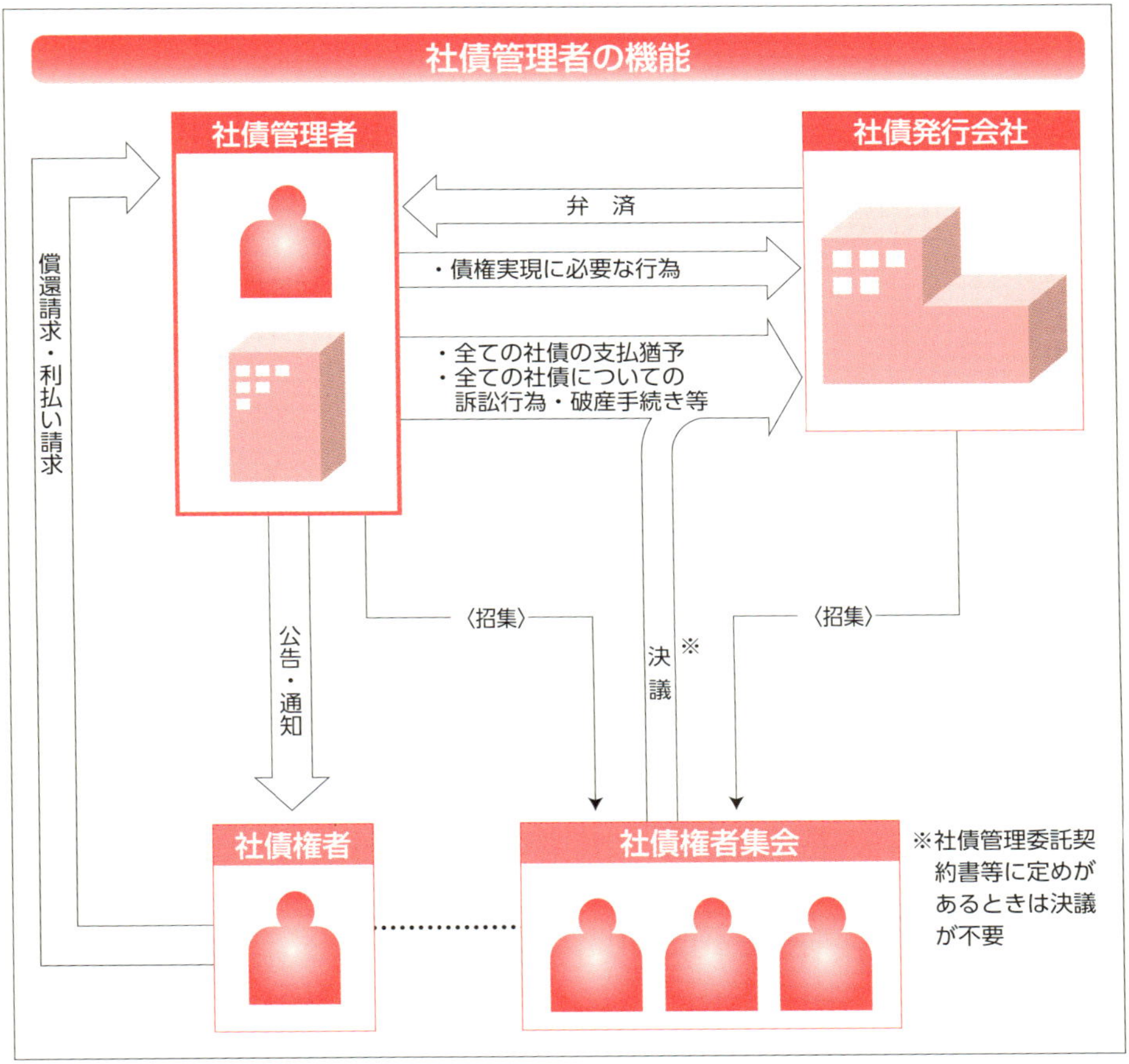


発行会社が社債権者に対してした弁済、和解等の行為が著しく不公正であるときは、社債権者は弁済等の取消しの訴えを提起することも可能です（会社法八六五条から八六七条）。

以上のほかにも、社債管理者は、社債権者集会の招集（会社法七一七条二項）、社債権者集会の代表者等の出席（会社法七二九条一項）、社債権者集会議事録の閲覧謄写請求（会社法七三一条三項）、社債権者集会決議の執行（会社法七三七条一項本文）、異議手続きにおける異議申述（会社法七四〇条二項）などを行う権限を有しています。

## 社債管理者の義務

社債管理者は、発行会社から直接の委託を受けているのですから、発行会社に対し「善良な管理者の注意義務」を負うのは当然です。しかし、社債権者との間では直接の契約関係がないので、特に公平誠実義務（会社法七〇四条一項）、善管注意義務（同条二項）が定められています。

なお、社債管理会社が発行会社に対し巨額の貸金債権を有しており、貸金債権の回収を優先させようと思えば、社債権の弁済を後回しにせざるを得ないなど、社債権者と社債管理者との利益が相反する場合が出てくることがあります。このような場合、社債権者のために裁判上又は裁判外の行為をする必要があるときは、裁判所は、債権者集会の申立てにより、特別代理人を選任することになります（会社法七〇七条）。

## 社債管理者の責任

社債管理者が会社法または社債権者集会の決議に違反する行為をして社債権者に損害を生じたときは、その社債管理者は社債権者に対し、連帯して損害賠償責任を負わなければなりません（会社法七一〇条一項）。

ところで、社債管理者の資格が銀行、信託会社等に限られているため、前述の利益相反事例のように、自社の貸金債権の回収を社債のそれより優先させ、その結果、社債管理者が誠実義務に違反する危険性が生じ得ます。

そこで、会社法は、社債管理者が自己の債権につき発行会社から担保の供与を受けたり、弁済等により債務消滅をしてもらったりしたなど、社債管理者の誠実義務違反にあたる可能性の高い事例を列挙した上で、発行会社のデフォルト（債務不履行）が生じた場合、その前又はその後三か月以内にこのような事例に該当したときは、証明責任を転換し、社債管理者側で無過失と因果関係の不存在を立証しない限り、社債権者に対し、損害賠償義務を負うとしています（会社法七一〇条二項）。

## 社債管理者の辞任・解任・変更

社債管理者が辞任できるのは、①発行会社と社債権者集会の同意を得た場合、②やむを得ない事由があり、裁判所の許可を得た場合、③社債管理委託契約に定めた事由が生じた場合です（会社法七一一条各項）。

社債管理者が全くいないという状況は好ましくありませんので、①の場合、他に社債管理者がいなければ、事務を承継する社債管理者を定めなければなりません（同条一項後段）。

また、②についても、その契約に事務を承継する社債権管理者に関する定めがあることが前提となっています（同条二項ただし書）。

解任については、社債管理者に義務違反がある、事務処理に不適任であるその他正当な理由があるとき、裁判所において、発行会社または債権者集会の申立てにより、社債管理者を解任できることとなっています（会社法七一三条）。

資格喪失、辞任、解任及び解散によって他に社債管理者がいなくなったときは、発行会社は、事務を承継する社債管理者を定め、これに社債の管理を委託するとともに、遅滞なく社債権者集会を招集してその同意を得る等の手続きをとらなければならないことになっています（会社法七一四条一項）。

## 社債管理者の報酬等

社債管理者の報酬、事務処理費用等は、社債発行会社との契約に定めがある場合を除き、裁判所の許可を得て、社債発行会社の負担とすることができます（会社法七四一条一項）。

そして、社債管理者は、これらの報酬等に関し、社債の弁済を受けた額について、社債権者に先立って弁済を受ける権利を有します（同条三項）。

## 社債管理補助者制度の創設

わが国では、社債の公募発行に際し、コスト増を招く、人材確保が困難といった理由から、会社法七〇二条ただし書に基づいて社債管理者を置かずに発行することが多いのが実情です。しかし、これでは社債権者の保護が十分とは言い切れないため、平成元年改正により、社債権者保護のための低コストで利用しやすい制度として、**社債管理補助者**制度が創設されました。

社債管理補助者の設置が可能なのは、第七百二条ただし書に基づいて社債管理者を置かないで社債発行がなされる場合に限られます（会社法七一四条の二本文、七一四条の六）。社債管理補助者には、社債管理者の有資格者のほか、弁護士、弁護士法人、弁護士・外国法事務弁護士共同法人も就任が可能です（会社法七一四条の三、会社法施行規則一七一条の二）。社債管理補助者の設置は、社債発行会社の任意に委ねられますが、これを設置するときは、会社と社債管理補助者との間で、社債の管理の補助を行うことの委託契約が締結されることになります。

社債管理補助者は、社債管理を包括的に行う社債管理者と異なり、あくまでも社債権者が行う社債管理を補助する者と位置づけられています。そのため社債管理補助者の権限は、破産手続参加、再生手続参加又は更生手続参加、強制執行又は担保権の実行の手続における配当要求、清算手続における債権の届出など、かなり限定的なものになっています（会社法七一四条の四第一項）。

以上の会社法が定める権限に加えて、発行会社が委託契約で権限を付与したときは、社債管理補助者において、発行会社との委託契約の範囲内で、社債権の弁済を受けたり、その実現を保全するために必要となる一切の行為等をしたりすることも可能となりますが（会社法七一四条の四第二項）、社債権者に大きな影響のあるものについては社債権者集会の決議が要件となります（会社法七一四条の四第三項各号）。

社債管理補助者は、社債管理者と同様、公平誠実義務と善管注意義務を負い（会社法第七一四条の七、七〇四条等）、社債権者に対する報告義務が課せられます（会社法七一四条の四第四項）。これらの義務違反により社債権者に損害が被ると、社債管理補助者にはその賠償義務が課せられます（会社法七一四条の七、七一〇条一項）。

なお、特別代理人の選任、行為の方式、辞任・解任等については、社債管理者の規定が広く準用されています（会社法七一四条の七）。

### 社債管理補助者の権限

- 破産手続、再生手続又は更生手続の参加
- 強制執行又は担保権の実行における配当要求
- 清算手続での債権の申出
- 資本金等の額の減少、組織変更、会社分割、合併等について社債発行会社から催告を受けること…等　※弁護士、弁護士法人も就任可

PART 5

# 社債権者集会

▼社債権者集会はこのようにして運営される

## 社債権者集会とは

社債権者は、もともと社債元利金の確実な弁済を共通の目的としていますが、社債の利率、償還の方法・期限、利息支払の方法・期限等の種類を共通にする社債権者については、おたがいに強い共通の利害関係を有するといえます。そこで、本来、社債権者は発行会社に対する債権者として、個別に権利を行使することが可能ですが、会社法は、社債権者の保護のため、団体的な権利行使が必要、あるいは適切な場合に限って、団体としての決議をとることを認めています。

ここに**社債権者集会**とは、社債権者の利害に重大な関係をもつ事項について、総社債権者の総意を決定するために、社債権者によって構成される会議体をいいます。臨時的に設けられる会議体であること、社債の種類ごとに社債権者によって組織される点が、その特徴とされています（会社法七一五条）。社債権者集会は、法定事項および社債権者の利害に関する事項について決議をすることが可能となっています（会社法七一六条）。

## 招集

社債権者集会の招集者は、一般に発行会社または社債管理者ですが（会社法七一七条二項）、担保付社債の場合は受託会社が招集することになります（担保付社債信託法三一条）。また、株主総会の少数株主による招集と同様、ある種類の社債の総額（償還済みの額を除く）の一〇分の一以上に当たる社債を有する社債権者は、発行会社または社債管理者に社債権者集会の目的と招集の理由を示して、社債権者集会の招集を請求することができます（会社法七一八条一項）。それにもかかわらず招集されないときは、裁判所の許可を得て、社債権者は、社債権者集会を招集することができます（会社法七一八条三項）。

招集者は、社債権者集会の日時及び場所、目的である事項等を定めて（会社法七一九条）、知れている社債権者、発行会社及び社債管理者に対し、書面で招集通知を発しなければなりません（会社法七二〇条一項）。その際、招集者は、知れている社債権者に対し、議決権の行使について参考となるべき事項を記載した書類（債権者集会参考書類）および債権者が議決権を行使するための書面（議決権行使書面）を交付する必要があります（会社法七二一条一項）。

社債は、無記名で発行されるのが通常ですが、その場合には、招集についての公告をなし（会社法七二〇条四項）、議決権行使の機会を与えなければなりません。これを見た無記名社債の社債権者が会日の一週間前までに請求をしてきたときは、招集者は、社債権者集会参考書類および議決権行使書面を交付しなければなりません（会社法七二一条三項）。

## 決議等

社債権者は、その有する当該種類の社債の金額の合計額（償還済の額を除く）に応じて議決権を有します（会社法七二三条一項）。議決権を行使しようとする無記名社債の社債権者は、会日の一週間前までに、その社債券を招集者に提示しなければなりません（同条三項）。なお、社債権者集会においては書面による議決権行使が可能です（会社法七二六条一項）。

議決権は、代理人による行使も可能です（会社法七二五条）。また、書面によ

## 社債権者集会と株主総会の類似点

| |
|---|
| ①…招集通知（発信主義） |
| ②…参考書類の交付 |
| ③…議決権の代理行使 |
| ④…議決権の不統一行使 |
| ⑤…書面による議決権の行使 |

## 社債権者集会と株主総会

| | 社債権者集会 | 株主総会 |
|---|---|---|
| 構成する人々 | 社債権者<br>・種類ごとに集会あり | 株主<br>・種類株主総会あり |
| 招集 | 記名社債については招集通知（発信主義）による<br>無記名社債については、公告が必要 | 招集通知（発信主義） |
| 議決権 | 社債の金額の合計額で議決権が決まる | 原則として１株１議決権 |
| 決議事項 | 法定事項及び社債権者の利害に関する事項 | 取締役会が存在しない場合は全て。存在する場合は、法定事項及び定款で定めた事項に限定 |
| 決議の効力要件 | 裁判所の認可が必要 | 株主総会の決議のみ<br>裁判所の認可は不要 |
| 決議への訴え | なし | 決議の取消し・不存在・無効確認の訴え |

る行使も当然可能ですが、招集者が承諾をすれば電磁的方法によることもできます（会社法七二七条）。会日の三日前までにその旨及び理由を通知すれば、議決権の不統一行使も認められます（会社法七二八条）。

社債権者集会において決議をする事項を可決するには、出席した議決権者の議決権の総額の二分の一を超える議決権を有する者の同意がなければなりません（会社法七二四条一項）。もっとも、重要な内容、例えば当該社債の全部についてする支払猶予、責任の免除等または更生手続きにおける議決権の行使等の決定等を可決するには、議決権者の議決権の総額の五分の一以上で、かつ、出席した議決権者の議決権の総額の三分の二以上の議決権を有する者の同意が必要となります（特別決議…会社法七二四条二項）。

社債権者集会は、頻繁、あるいは迅速な開催に不向きなため、その決議によって、一定の社債権者の中から、少数の適任者に処置を取らせることが便利なこともあります。そこで、**代表社債権者**を選任し、これに社債権者集会において決議する事項についての決定を委任することが認められています（会社法七三六条）。

株主総会と異なり、社債権者集会の決議は、裁判所の認可があってはじめて、その効力を生じることになっています（会社法七三四条一項）。決議の妥当性を担保するため、裁判所の後見的な関与が必要とされたのです。このような許可制があるため、株主総会決議におけるような決議取消し、不存在・無効確認訴訟は認められていません。

## 決議の執行

社債権者集会の決議を執行する者は、社債管理者または代表社債権者（社債管理者があるときを除く）ですが、社債権者集会の決議によって、他に決議執行者を求めることも可能です（会社法七三七条）。これらの者の解任等も、社債権者集会の決議で行います（会社法七三八条）。代表社債権者や決議執行者の報酬等については、発行会社との委託契約に定めがある場合を除き、裁判所の許可を得て、発行会社の負担とさせることができます（会社法七四一条一項）。

社債契約では、発行会社のデフォルトがあれば直ちに社債総額の期限の利益を喪失する旨定めるのが普通ですが、会社法でも二か月以上の催告期間をおいて通知をし、それでも履行されないときは社債期限の利益を喪失させることができることになっています（会社法七三九条）。

## 債権者異議手続き

社債発行会社が資本金の額の減少等を行う場合には、社債権者は、社債権者集会の決議に基づき、異議を述べることができますが（会社法七四〇条一項）、社債管理者においては、管理委託契約に特に禁止規定がない限り、このような決議を経ないで、社債権者のために異議を述べることができます（同条二項）。

## 決議の省略

機動的な意思決定を可能にするため、令和元年改正により、社債権者集会の目的である事項の提案がなされた場合、当該提案の議決権者の全員が書面又は電磁的記録で同意の意思表示をしたときは、社債権者集会の決議を省略して、当該提案を可決する旨の社債権者集会の決議があったものとみなすことが可能となりました（会社法七三五条の二）。

PART 6

# 新株予約権と新株予約権付社債

▼新株予約権はさまざまな目的のために使われる

## 新株予約権の意義と活用法

**新株予約権**とは、株式会社に対して行使することにより当該株式会社の株式の交付を受ける権利をいいます（会社法二条二一号）。株式会社が、これを発行すると、権利者は、所定の期間内に、所定の金銭を会社に払い込めば、会社から一定数の株式の交付を受けることができるというものです。平成一三年の改正前は、発行できる場合が限られていましたが、会社法の下では、発行目的に関する制約がありません。

　そこで、様々な利用方法が考えられますが、ここでは三つのケースをみてみましょう。第一は、**ストック・オプション**を付与する場合です。新株予約権は、その発行後に株価が上がれば上がるほど、新株予約権者としては、割安で値上り益の大きい株式を入手できることになります。そこで、会社の業績向上の意欲を高めるため、取締役、使用人等に新株予約権を与える場合があります。

　第二は、新株予約権を社債と同時に同一人に割り当てて発行する場合です。これには割当を受けた者が、新株予約権と社債を分離して譲渡できない場合と（**新株予約権付社債**）、分離譲渡が可能な場合があります（後述）。例えば、転換社債型の新株予約権付社債であれば、投資家にとっては、株価の値上がり局面では、株式に転換し、株価の値下がり局面では、社債のまま保有しておくことが可能となりますので、保有のリスクが減り、会社としても、投資家からの資金調達が円滑にできます。

　第三は、**敵対的買収**に対する防衛策として発行する場合です。会社が第三者に買収されそうなときに、買収者の持株比率を低下させる目的で発行されるケースです。その主要な目的が現経営者の支配権維持であるときは、著しく不公正な方法であるとして、差止めの対象とりますが（会社法二四七条）、株主全体の利益の保護という観点でその発行を正当化する特段の事情があれば、新株発行も予約権の発行も許されると解されます（ライブドア対ニッポン放送事件…東京高裁平成一七年三月二三日決定）。

## 新株予約権の発行手続き

株式会社が新株予約権を発行するためには、まず新株予約権の目的である株式の数またはその数の算定方法、新株予約権の行使に際して出資される財産の価額またはその算定方法などを定めます（会社法二三六条一項）。

　そして、実際に会社が発行するときは、その都度、募集新株予約権の内容及び数、募集新株予約権と引換えに金銭の払込みを要しないとする場合には、その旨などといった募集事項を決定しなければなりません（会社法二三八条一項）。決定機関は、募集株式の発行と同様です。

**▼公開会社**

　原則として取締役会で決議をします。指名委員会等設置会社では、執行役に委任することもできます（会社法四一六条四項）。

▼**公開会社以外の会社**

原則として、株主総会の特別決議で決します（会社法二三八条二項、三〇九条二項六号）。株主総会の特別決議で、割当日がその決議の日から一年以内の日である募集新株予約権に係る募集事項の決定については、取締役（取締役会設置会社では、取締役会）に委任することができます（会社法二三九条一項、三項、三〇九条二項六号）。

新株予約権の割当には、**株主割当**、**第三者割当**、**公募**の三種類があり、無償の場合を除いて、新株予約権の割当を受けた者は、払込み期日に払込み取扱銀行において、各新株予約権につき発行価額の全額を払い込まなければなりません（会社法二四六条一項）。所定の期日に払込みをしないと、失権することになります（会社法二八七条）。

会社が**新株予約権証券**を発行するときは（会社法二三六条一項一〇号）、新株予約権を発行した日以後遅滞なく新株予約権証券を発行します（会社法二八八条一項）。

新株予約権を発行するときは、発行済株式総数（登記事項）に影響が出るので、会社は新株予約権の発行後、本店の所在地では二週間、支店の所在地では三週間内に新株予約権の登記をしなければなりません（会社法九一一条三項一二号）。

## 新株予約権の有利発行

公開会社であると否とを問わず、株主割当を除き、①募集新株予約権と引換えに金銭の払込みを要しないとする場合で、それが新株予約権者に特に有利な条件となるとき、②払込み金額が特に有利な金額である場合には、株主総会の特別決議を経る必要があります（会社法二三八条二項、三〇九条二項六号）。この場合、取締役は、株主総会で、株主以外の者に対して特に有利な条件をもって新株予約権を発行することを必要とする理由を開示しなければなりません（会社法二三八条三項）。

なお、株式会社が新株予約権の無償割当てをするときは、新株予約権の行使の準備をする時間的余裕を与えるため、株主及び登録株式質権者に新株予約権の内容及び数を通知しなければなりませんが、平成二六年改正法では、割当期間の短縮化、容易な資金調達を図る観点から、この割当通知は、新株予約権無償割当てがその効力を生じる日後遅滞なく、かつ、その行使期間の末日の二週間前までにすればよいものと改められました（会社法二七九条二項）。

併せて、二週間の準備期間を確保するため、新株予約権の行使期間の末日が通知の日から二週間を経過する日前に到来するときは、当該行使期間が、通知の日から二週間を経過する日まで延長されたものとみなす旨の規定も整備されました（会社法二七九条三項）。

有利発行の決議は、割当日が決議の日から一年以内の日である募集についてのみ、有効とされています（会社法二三九条三項）。

## 新株予約権の譲渡方法

新株予約権の譲渡は、証券発行新株予約権（記名式と無記名式がある）では、新株予約権証券の交付が必要です（会社法二五五条一項本文）。それ以外の新株予約権では、当事者間の意思表示によって効力が生じ、**新株予約権原簿**（会社法二四九条）の名義書換が会社その他の第三者に対する対抗要件となります（会社法二五七条一項、二六〇条、二六八条一項、二六九条一項）。

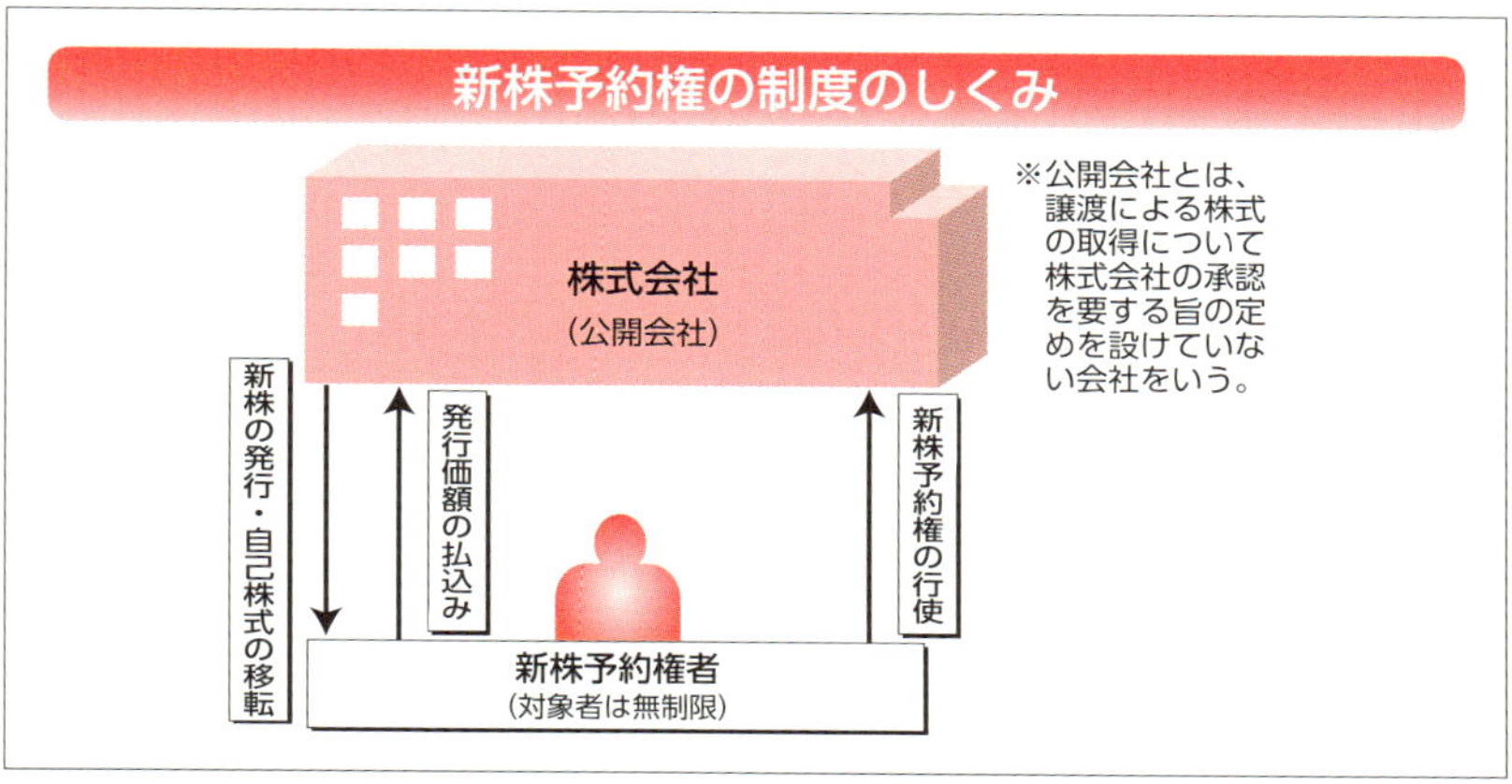


新株予約権では、取締役等に対するストック・オプションなど、譲渡を制限する必要が高い場合があります。その場合、新株予約権の発行決議において、その譲渡につき取締役会の承認を要するものと定めることができます（会社法二三六条一項六号）。

その場合、譲渡制限付きの新株予約権を譲渡しようとする者又はこれを取得した新株予約権権者は、会社に対して、この譲渡に承認をするか否かの決定をすることを請求し（会社法二六二条、二六三条一項）、取締役会の承認を得た上で、取得者の氏名及び住所を新株予約権原簿に記載しなければ、その移転を会社に対抗できません（会社法二五七条一項）。

## 会社の取得条項付新株予約権

会社は、例えば、ストック・オプションとして取締役等に新株予約権付与をする場合、取締役が退任するときは、新株予約権の行使前にこれを強制取得しておきたいと考えることがあると思います。このような場合には、新株予約権の発行決議において、新株予約権の取得事由及び取得の対価等を定めておくことで（会社法二三六条一項七号）、その事由が発生したときに、会社が取得条項付新株予約権を取得することができます（会社法二七五条一項）。

その場合、会社は、取得条項付新株予約権の新株予約権者及びその登録新株予約権質権者に対し、取得事由が生じた旨を通知しなければなりません（会社法二七五条四項）。

## 新株予約権の権利の行使

新株予約権の行使は、その行使に係る新株予約権の内容及び数、新株予約権を行使する日を明らかにして、しなければなりません（会社法二八〇条一項）。証券発行新株予約権の行使のときは、その新株予約権証券を会社に提出する必要があります（同条二項本文）。

新株予約権の行使に当たり、金銭を出資するときは、新株予約権行使日に、払込み取扱場所において、出資価額全額を払い込まなければなりません（会社法二八一条二項）。新株予約権を行使した者は、その行使の日に株主となります（会社法二八二条一項）。

新株予約権の行使は、法的には新株発

行契約を締結する予約の完結権であって、義務ではありませんから、必ずしも行使しなくても構いません。

ただ、上場会社では、取締役に対するエクイティ報酬として新株予約権を発行することがあり、この場合は、職務執行の対価としてこれを付与するのであり、取締役等に財産出資を求めることに合理性がありません。そこで、令和元年改正により、このようなケースでは権利行使の価額を定めず、権利行使に際しての金銭の払込みや現物出資の給付を要しないとすることが可能になりました（会社法二三六条三項一号）。

## 違法な新株予約権の発行に対する措置

会社が法令・定款に違反し又は著しく不公正な方法により新株予約権を発行することにより株主が不利益を受けるおそれがある場合には、株主は、会社に対しその発行の差止めを請求することができます（会社法二四七条）。また、新株予約権の発行についても、募集株式の発行と同様、画一的処理のために**新株予約権発行無効の訴え**の制度が設けられています（会社法八二八条一項四号）。

## 新株予約権付社債

**新株予約権付社債**とは、新株予約権を付した社債のうち新株予約権又は社債の一方を単独で譲渡することができないものをいいます（会社法二五四条二項、三項）。証券が発行されるときは、無記名式の**新株予約権付社債券**（会社法二四九条二号）が発行され、これに新株予約権と社債が表章されます。

新株予約権付社債には、転換社債型と新株引受権型があります。転換社債型は、新株予約権の行使によって、社債が償還され、その償還金が新株予約権の行使に必要な出資となるものです（会社法二三八条一項一号、二三六条一項二号）。これに対し、新株引受権型（非分離）は、金銭など社債以外の財産を出資する形で新株予約権が行使されるものです。

## 新株予約権付社債の発行

新株予約権付社債の発行については、社債の募集に関する規定ではなく、新株予約権の募集に関する規定が適用されます（会社法二四八条）。したがって、原則として、公開会社では取締役会決議で、公開会社以外の会社では株主総会の特別決議で、新株予約権の内容を含めた募集事項を決定します。

新株予約権付社債の新株予約権に係る部分について株主以外の者に対し特に有利な条件あるいは特に有利な金額で募集をするときは、株主総会の特別決議が必要です（会社法二三八条三項）。

## 新株予約権付社債の譲渡と権利行使

新株予約権付社債の譲渡は、社債又は新株予約権のいずれかが消滅した場合を除き、いずれか一方だけを譲渡することはできません（会社法二五四条二項、三項）。証券発行新株予約権付社債のときは、当事者間の意思表示のほか、新株予約権付社債券の交付がなければ、譲渡の効力が生じません（会社法二五五条二項）。

新株予約権付社債に付された新株予約権の行使の手続き、効果は、新株予約権の行使とほぼ同様です（会社法二八〇条三項～五項）。転換社債型及び代用払込みの場合には、払込み取扱場所において払込みをする必要はありません。

第8章

# 定款変更・会社分割・合併・倒産

PART 1

# 定款変更とその手続き

▼定款変更は厳重な手続きで行われる

## 定款変更とは

定款というのは、株式会社の根本規則をいい、会社にとっては、いわば憲法のようなものです。会社は、設立時に定款を作成することになっていますが（会社法二六条一項）、その後の事情変更にともない、これを変更する必要が生じることもあります。そこで、会社法は、これに必要な手続き等を定めています。

ところで、会社法の制定によって、会社の自治が大幅に認められ、規制緩和がなされた事項が相当数に上ります。その中には、定款で定めてはじめて効力が認められるものが少なくありませんので、会社が定款変更の労を惜しむようだと、新法のメリットを享受できないことになりかねません。そこで、会社としては、会社法に基づいて、改めて自社の定款を見直す必要に迫られているといえましょう。

なお、ここにいう定款の意味については注意が必要です。定款という用語には、規則そのものをさす場合（実質的意義）と、その規則を記載した書面（電磁的記録で作成した場合には情報を記録したファイル）をさす場合（形式的意義）がありますが、定款変更でいう定款とは、実質的意義の定款を変更することをさします。したがって、従来の縦書きの定款を横書きにして印字したからといって、それだけでは定款の変更に該当することはありません。

## 定款変更の手続き

前述したように、定款は、会社にとって憲法ともいうべき重要な根本規則なわけですから、憲法と同じく、変更のための手続きもやはり厳重で、株主総会の特別決議を経ることが必要となっています（会社法四六六条、三〇九条二項一一号）。

定款変更は、株主総会の決議によって当然に効力が生じるものと考えられており、書面たる定款の書換えがなくてもその効力が生じます（大判大正五年一〇月一四日民録二二・一八九四）。

定款変更をすると、設立のときと異なり、公証人の認証を経る必要はありませんが、その結果、登記事項（目的、商号、本店所在地等）に変更をきたすときは、二週間以内に登記をする必要があります（会社法九一五条一項、九七六条一項一号、商業登記法四六条一項ないし三項）。

株式会社が発行する全株式を譲渡制限株式としたり、ある種類の株式の内容として譲渡制限株式又は全部取得条項付株式に変更したりするために定款変更をする場合には、定款変更に反対する株主には**株式買取請求権**が（会社法一一六条一項一号）、新株予約権者には**新株予約権買取請求権**が認められています（会社法一一八条一項一号）。

なお、定款の変更が可能であるといっても、これによって強行規定や株式会社の本質に反することはできませんし、また、株主の固有権や株主平等の原則などを侵害することも許されません。

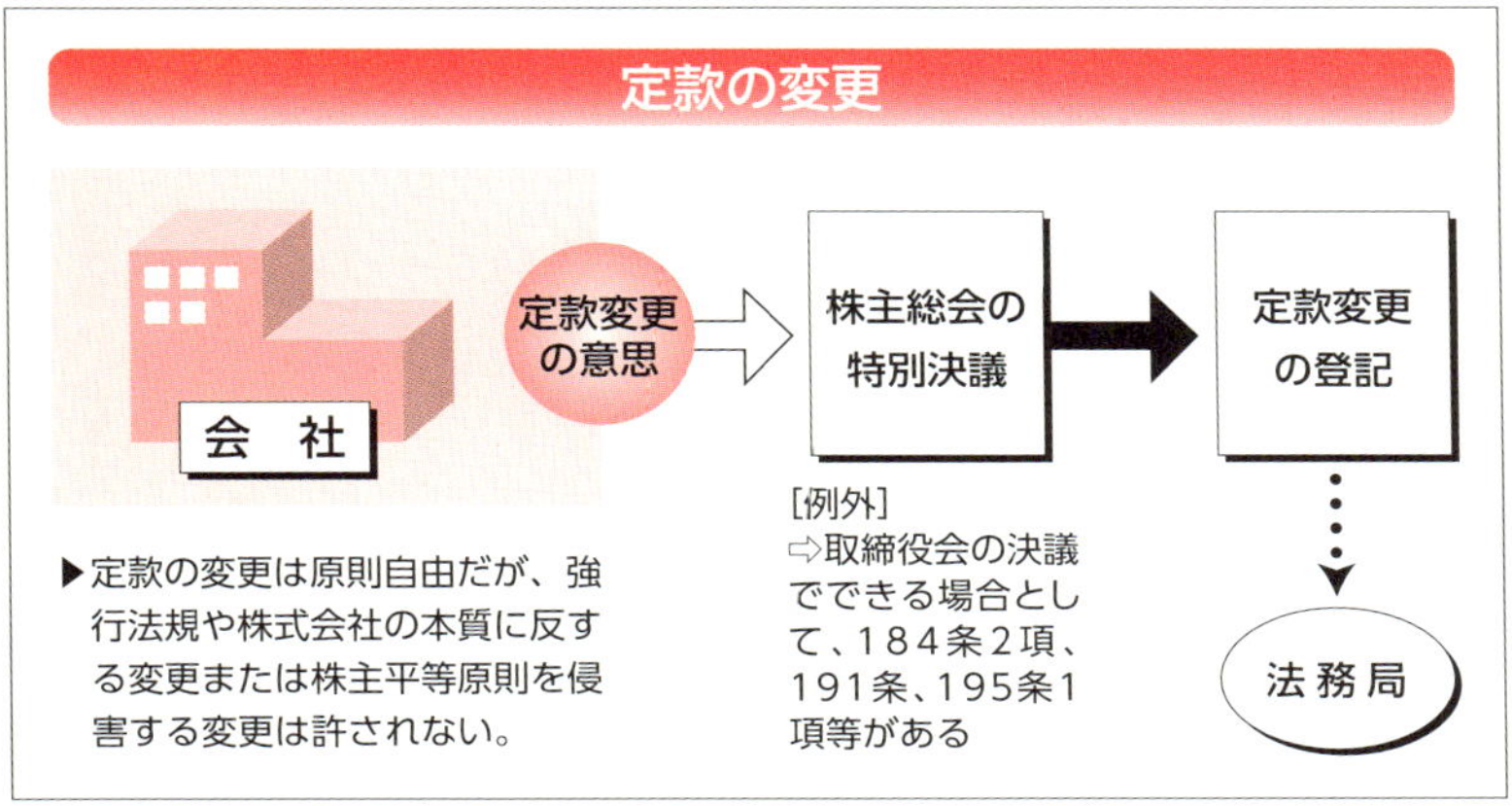
定款の変更
会　社
定款変更の意思
株主総会の特別決議
定款変更の登記
法務局
[例外]
⇨取締役会の決議でできる場合として、184条2項、191条、195条1項等がある
▶定款の変更は原則自由だが、強行法規や株式会社の本質に反する変更または株主平等原則を侵害する変更は許されない。

## 株主総会の特殊決議が必要な場合

定款の変更につき、株主に対する影響が特に大きい場合には、特殊の決議をもって行うことが必要とされています。

① **株式の譲渡制限の新設**（会社法三〇九条三項）

その発行する全部の株式の内容として、譲渡による当該株式の取得について当該株式会社の承認を要する旨の定款の定めを設ける定款の変更を行う場合です。公開会社を非公開会社に変えようとする場合であって、株主の投下資本の回収に大きく影響をあたえることに配慮されています。議決権の行使可能な株主の半数（これを上回る割合を定款で定めた場合には、その割合）以上であって、その株主の議決権の三分の二（これを上回る割合を定款で定めた場合には、その割合）以上に当たる多数で決議を行うことになっています。

② **剰余金分配請求権等についての各別の定め**（会社法三〇九条四項）

非公開会社において、剰余金配当請求権、残余財産分配請求権又は株主総会における議決権について、株主ごとに異なる取扱いを行う定款の定めについての定款の変更（その定款の定めを廃止するものを除く）を行う場合です。

閉鎖会社においては、属人的な権利の定めをするニーズがあり、このような定款変更も認められていますが、あくまでも株主平等原則の例外なので、厳格な要件が定められています。株主総会の決議は、総株主の半数以上（これを上回る場合を定款で定めた場合にあっては、その割合以上）であって、総株主の議決権の四分の三（これを上回る割合を定款で定めた場合にあっては、その割合）以上に当たる多数をもって行わなければなりません。

## 種類株主総会の決議が必要な場合

定款変更が、ある種類の株主の損害を及ぼすべきときは、その影響を受ける種類株主を構成員とする**種類株主総会**（当該種類株主に係る株式の種類が二以上ある場合にあっては、当該二以上の株式の種類別に区分された種類株主を構成員とする各種類株主総会）の決議がなければ、原則としてその効力を生じないことになっています。

① **譲渡制限株式や取得条項付株式とする定めの新設**（会社法一一一条二項）

種類株式発行会社が、ある種類の株式の内容として譲渡制限又は取得条項についての定款の定めを設ける場合です。

② **株式の種類の追加等**（会社法三二二条一項）

種類株式発行会社が株式の種類の追加、株式の内容の変更又は発行可能株式総数もしくは発行可能種類株式総数の増加をする場合です。

## 株主全員の同意又は種類株主全員の同意が必要な場合

① 定款を変更してその発行する全部の株式の内容として取得条項についての定款の定めを設け、又は当該事項についての定款の定めの変更（当該事項についての定款の定めを廃止するものを除く）をしようとする場合（株式会社が種類株式発行会社である場合を除く）には、株主全員の同意を得なければなりません（会社法一一〇条）。

もっとも、この場合には、株主全員の同意が必要となっているのですから、あらためて株主総会を実施する必要はありません。

種類株式発行会社が、ある種類の株式の発行後に定款を変更して当該種類の株式の内容として取得条項についての定款の定めを設け、又は当該事項についての定款の定めの変更（当該事項についての定款の定めを廃止するものを除く）をしようとするときは、当該種類の株式を有する株主全員の同意を得なければなりません（会社法一一一条）。

② ある種類の株式の発行後に定款を変更して、当該種類の株式について、その内容として、種類株主総会の決議を要しない旨の定款を設けようとするときは、当該種類の種類株主全員の同意を得なければなりません（会社法三二二条四項、二項）。

③ 株式会社は、特定の株主から株式（種類株式発行会社にあっては、ある種類の株式）を取得する旨の決定をするに際して、他の株主に自己を売主として追加することを請求する権利を与えない旨の定款の定めを設け、またはその定めについての定款の変更（その定款の変更の定めを廃止するものを除く）をしようとするときは、その株式を有する株主全員の同意を得なければなりません（会社法一六四条二項）。

## 取締役会決議で足りる場合

以上は厳格な手続きが定められている場合ですが、逆に、株主の利害にあまり関係しない場合には、定款変更に厳格な手続きを貫くのは不合理です。そこで、このような場合には、取締役会決議によって定款変更が認められています。次の場合が、これにあたります。

① 株式会社（現に二以上の種類の株式を発行しているものを除く）が株式分割の効力を生ずる日における発行可能株式総数をその日の前日の発行可能株式総数に株式の分割により増加する株式の総数の株式の分割前の発行済株式（種類株式発行会社にあっては、その種類の発行済株式）の総数に対する割合を乗じて得た数の範囲内で増加する定款の変更をする場合（会社法一八四条二項）。

② 株式会社が、株式の分割と同時に単元株式数を増加し、又は単元株式数についての定款の定めを設けるものであるなど一定の事由に該当する場合には、単元株式数（種類株式発行会社にあっては、各種類の株式の単元株式数）を増加し、又は単元株式数についての定款の定めを設ける場合（会社法一九一条）。

③ 定款を変更して単元株式数を減少し、又は単元株式数についての定款の定めを廃止する場合（会社法一九五条）。

PART2

# 株式交換制度と株式移転制度

▼完全親子会社関係を円滑に創設する

## 持株会社とは?

**持株会社**とは、株式（社員の持分を含む）を所有することにより、国内の会社の事業活動を支配することを主たる事業とする会社のことをいいます。自らは事業を営まず、傘下にある複数会社の株式を所有し、それらの会社の親会社となって、企業グループの中核となっていく会社のことを指すわけです。

従前、「私的独占の禁止及び公正取引の確保に関する法律」（略して**独占禁止法**）九条で、このような持株会社の設立は禁止されていました。といいますのも、このような会社を認めますと、株式支配を通じて、少額の資本の会社が巨大な資本と生産を独占的に支配してしまい、公正で自由な市場競争を確保できなくなるとの危惧感があったからです。

しかし、わが国の市場を開放的なものにし、企業の買収・合併、分社等について柔軟で機動的な組織編成を可能にするためには、このような規制を緩和することが必要です。

そこで、平成九年三月、独禁法九条が改正され、これにより持株会社の設立は原則自由、事業支配力が過度に集中する持株会社のみ設立禁止となりました。

## 株式交換・移転制度が生まれた背景

持株会社の解禁が認められたものの、実際には、完全子会社を創設するのは容易ではありませんでした。なぜなら、持株会社となるべき会社が子会社を設立し、これに対して現物出資を行うときは、検査役の調査等で時間がかかってしまいます。

また、持株会社となる会社を設立し、これが既存の事業会社の株式を買い付けるときは、買付けに応じない株主が残る可能性が常にあります。

さらに、持株会社となる会社を設立し、これが第三者割当増資を行い、既存の事業会社の株主に子会社の株式を現物出資してもらう方法もありますが、これとて事業会社の株主が応じてくれる保証はありません。

このように、旧商法の会社関係規定の下では、完全親子会社関係の創設に相当の困難が伴いましたので、これを円滑に進めるために平成一一年、商法が改正され、その内容が会社法に引き継がれています。

## 株式交換の手続きはどうする

**株式交換**とは、株式会社がその発行済み株式の全部を他の株式会社または合同会社に取得させることをいいます（会社法二条三一号）。既存の株式会社や合同会社を、**完全親会社**にするために行われます。

株式交換によって、**完全子会社**となる会社（以下B社といいます）の株主が有しているその会社の株式は、完全親会社（以下A社といいます）となる会社に移転します。そして、B社の株主は、A社が株式交換に際して発行する株式の割当を受けることによって、A社の株主となるのです（会社法七六九条一項）。

具体的な手続きは、概ね次のとおりです。

**① 株式交換契約の締結**

A社とB社が株式交換をするに当たり株式交換契約を締結します（会社法七六七条前段）。株式交換契約書の記載事項は法定されています（会社法七六八条）。

**② 株式交換契約等の開示**

A社とB社の株主総会の招集通知が発送されますが、これには議案の要領が記載されなければなりません（会社法二九九条四項、会社法施行規則六三条七号ワ）。そして、株式交換契約備置開始日から株式交換の効力発生日後六か月を経過する日まで、株式交換契約書等の内容を記載・記録した書面・電磁的記録が本店に備え置かれます（会社法七八二条一項、七九四条一項）。株主等は、これらを閲覧謄写できます（会社法七八二条三項、七九四条三項）。

**③ 株主総会の特別決議**

株主総会の特別決議（会社法三〇九条二項一二号）で、株式交換の承認を得ます（会社法七八三条一項）。株主の利害に重大な影響を及ぼす可能性があることに配慮した規定ですが、特殊決議、株主全員の同意が必要な場合もあります（会社法三〇九条三項二号、会社法七八三条二項、四項等）。

**④ 反対株主の株式買取請求権**

株式交換契約の承認に反対した株主は、会社に対し、自己の有する株式を公正な価格で買い取るよう請求することができます（会社法七八五条一項）。

**⑤ 債権者保護手続き**

会社法の制定に伴い、株式交換に際して、A社が株式に代わって金銭等を交付することが可能となったため（会社法七六八条一項二号）、A社の承継資産と流出資産との間のバランスが崩れる可能性がでてきました。

そこで、A社の債権者に異議の申し出を認め、これを受けたA社に弁済、担保提供、信託が義務づけられました（会社法七九九条一項三号、五項）。このほかにも、株式交換により影響を受ける債権者のための債権者保護手続きが整備されています（会社法七九九条一項三号）。

**⑥ 株式の移転**

B社の株主が有する株式は、株式交換の効力発生日にA社が全部取得し（会社法七六九条一項）、かわりにB社の株主は、A社の株主または社員となります（同七六九条三項一号、七七一条三項）。

## 簡易株式交換と略式株式交換

A社の規模に比較してB社のそれが極めて小さいときは、手続きの簡素化のため、簡易な手続きが設けられています。すなわち、株式交換に際しA社が発行する株式の数に一株当たり純資産額を乗じて得た額及び株式交換に際しA社が交付するAの社債その他の財産の帳簿価額の合計額がAの純資産額の五分の一を超えないときは、原則として、A社においては株主総会決議を要しません（**簡易株式交換**、会社法七九六条二項）。

また、影響が軽微なため、完全親会社（A社）の株主には株式買取請求権が認められていません（会社法七九七条一項ただし書）。

また、株式交換の一方の当事会社が他方の**特別支配会社**であるとき——すなわちある一方（支配会社とその完全子会社）が他方の会社の総株主の議決権の九〇パーセント（これを上回る割合を当該株式会社の定款で定めた場合には、その割合）以上を有しているとすれば、従属会社で株主総会を開けば当然に可決されるはずです。ゆえに開催の意味に乏しいため、従属会社での株主総会の株式交換承認決議が不要となっています（**略式株式交換**、会社法七九六条一項）。

　そして、特別支配会社は、株主総会で反対するはずがありませんので、株式買取請求権の行使が認められておりません（会社法七八五条二項二号括弧書）。

## 株式交換の差止めと無効の訴え

　株主が受ける不利益を事前に回避する手段として、法令・定款違反、交換条件等の著しい不当がある場合に、不利益を受ける株主に差止め請求が認められます（会社法七八四条の二、七九六条の二、八〇五条の二。平成二六年改正）。

　事後的な救済としては、法的安定性を図るために、株式交換の無効は、A社及びB社の株主、取締役、監査役（監査役設置会社に限ります）または清算人により、株式交換の効力発生日から六か月内に、訴えをもってのみ主張できるとして（会社法八二八条一項一一号、二項一一号）、株式交換無効の訴えが用意されています。

　株式交換の無効判決が確定しますと、A社が株式交換に際して発行した株式が無効となり（会社法八三九条）、B社の株式は、無効判決確定時点においてかつてB社株を有していた当該A株式の株主に対して交付されねばなりません（会社法八四四条一項）。

## 株式移転の手続きは

　**株式移転**とは、一又は二以上の株式会社がその発行済株式の全部を新たに設立する株式会社に取得させることをいいます（会社法二条三二号）。新たに設立する株式会社を完全親会社にするために行われます。

　完全子会社となる会社（以下D社といいます）の株主が有しているその会社の株式は、株式交換によって、設立する完全親会社となる会社（以下C社といいます）が全部取得します（会社法七七四条一項）。そして、D社の株主は、そのC社が株式移転に際して発行する株式の割当を受けることによって、C社の株主となるのです（同条二項）。

　具体的な手続きは、概ね次のとおりです。

### ① 株式移転計画等の開示

　D社の株主総会の招集通知が発送されますが、これには株式移転の議案の要領が記載されなければなりません（会社法二九九条四項、会社法施行規則六三条七号ヨ）。

　株式移転計画等の内容を記載・記録した書面・電磁的記録の備置き（会社法八〇三条一項）、株主の閲覧謄写権（同条三項）についても、株式交換と同様の規定が設けられています。

### ② 株主総会の特別決議

　株主総会の特別決議（会社法三〇九条二項一二号）で、株式移転の承認を受けます（会社法八〇四条一項）。

### ③ 反対株主の株式買取請求権

　株式交換と同様、反対株主に株式買取請求権が認められています（会社法八〇六条一項）。

### ④ 債権者保護手続き

　D社の発行している新株予約権付社債に係る債務をC社が承継する場合に（会社法七九九条一項三号）、C社の債権者に異議の申し出が認められるなど、債権者保護が図られています（会社法八一〇条一項三号）。

### ⑤ 株式の移転

承認決議がなされた場合、D社の株主は、自己の株式をC社に移転し、代わりにC社が設立に際して発行する株式の割当を受けることになります。

### ⑥ 設立登記と株式移転の効力

株式移転をしたときは、C社の本店所在地では株式移転の承認決議の日、株主等に対する株式買取請求権の通知・公告をした日から二〇日を経過した日等のうちいずれか遅い日から二週間、支店所在地では三週間以内に設立登記を行わなければなりません（会社法九二五条）。

そして、株式移転の効力は、C社が本店所在地で設立登記をなしたことによって効力を生じます（同法七七四条）。

### ⑦ 株式移転の差止めと無効の訴え

株式移転についても株主等の差止め請求権が認められています（会社法七八四条の二、七九六条の二、八〇五条の二。平成二六年改正）。

株式移転の無効は、C社の株主、取締役、監査役または清算人により、株式移転日から六か月内に、訴えをもってのみ主張することができます（会社法八二八条一項一二号、二項一二号）。

株式移転の無効判決が確定しますと、C社の清算が始まり（会社法四七五条三号）、株式移転に際して発行した株式の株主に対し、D社の株式を交付しなければなりません（会社法八四四条一項）。

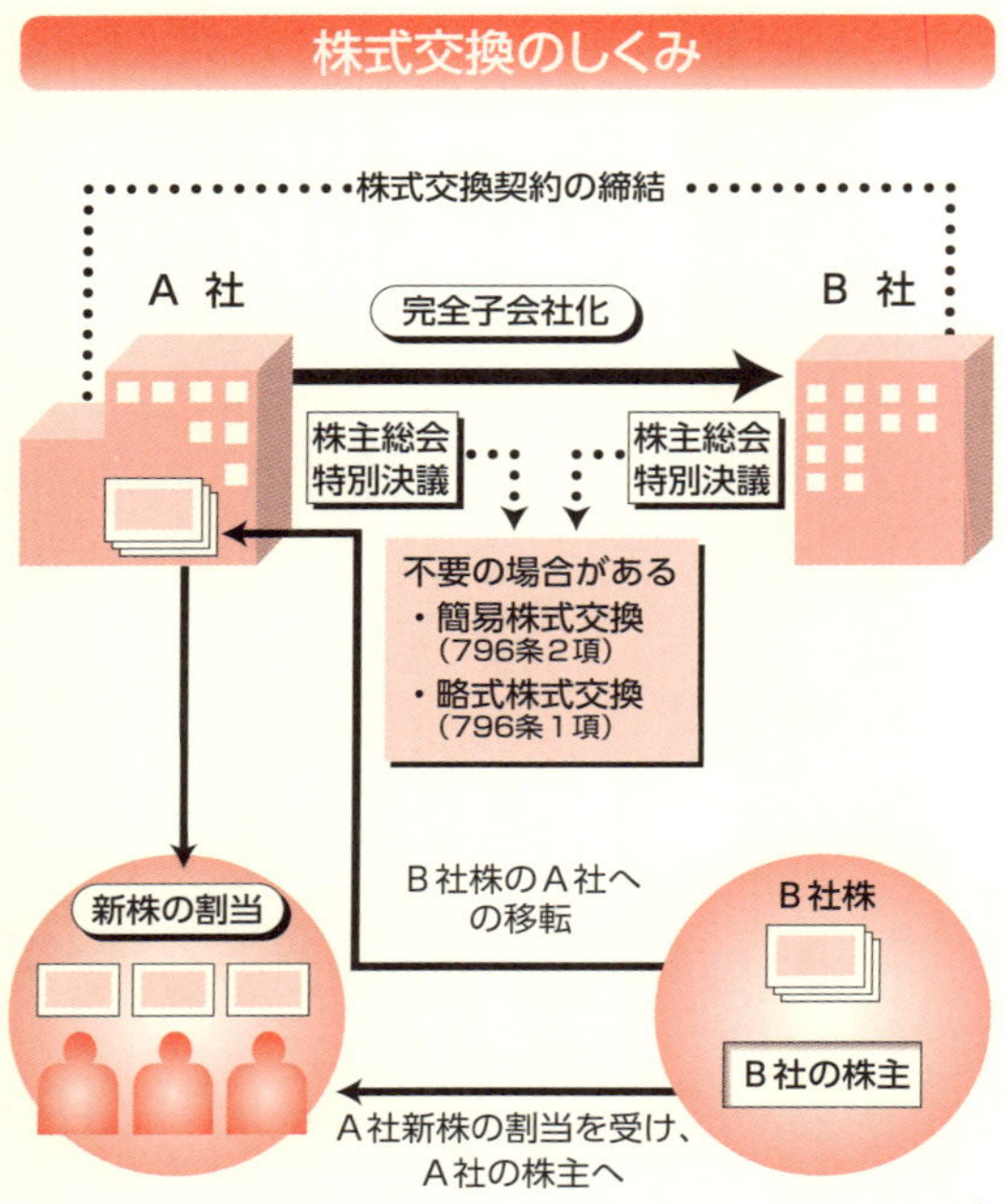


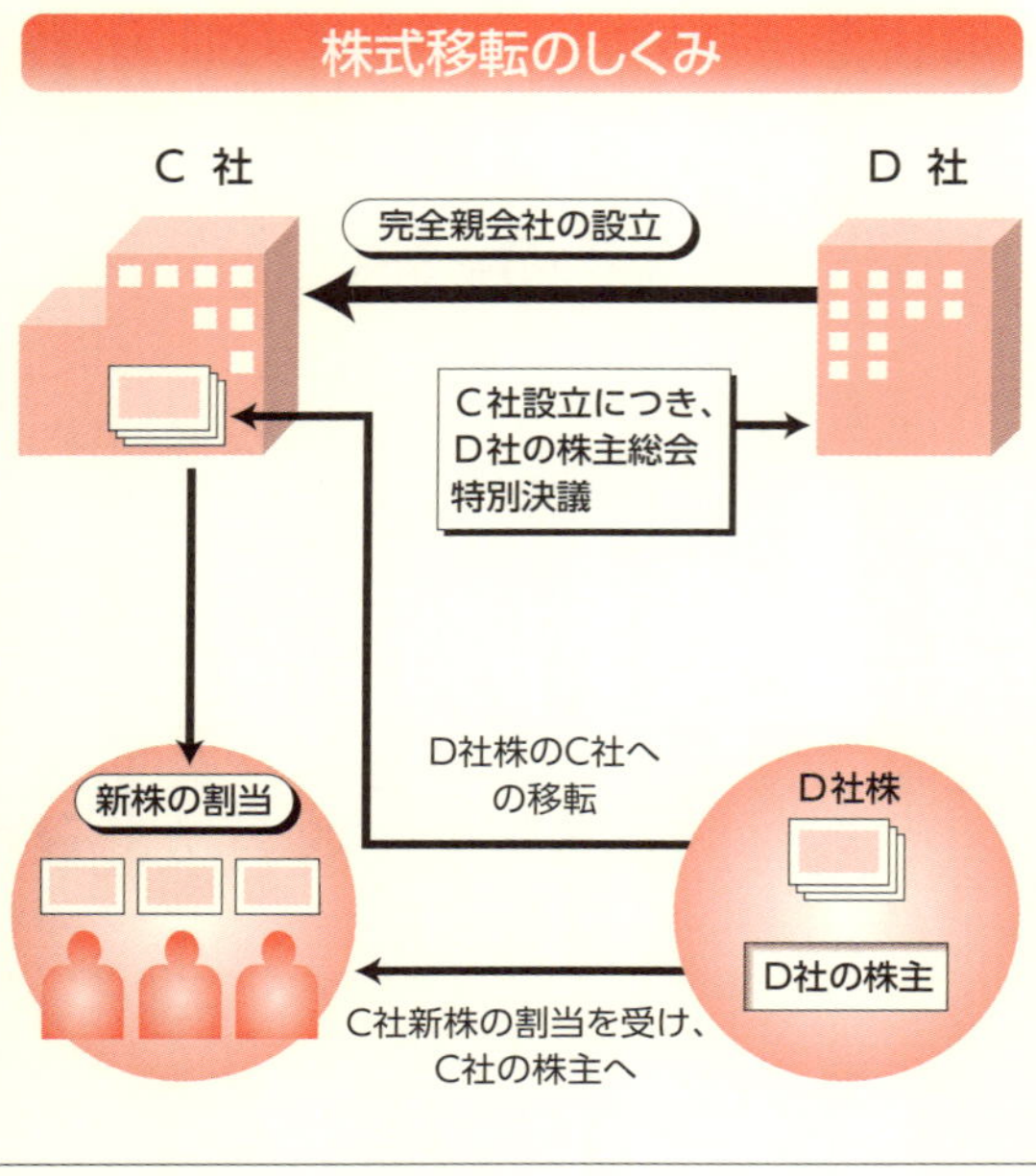

PART③

# 会社の分割

▼会社組織の再編成を円滑にする

## かつては会社再構成のための制度が不十分だった

会社間の競争は、国内的にみても国際的にみても、近年、ますます激しさを増しています。このような環境においては、会社経営を効率化して、その競争力をアップすることが不可欠です。

そのために、平成一二年には、会社の分割の制度が創設されました。ここに**会社分割**とは、株式会社または合同会社が事業に関して有する権利義務の全部または一部を分割後、新たに設立する会社または既存の他の会社に承継させることをいい（会社法二条二九号、三〇号）、事業の一部を独立させて経営効率を図る、不採算部門を切り離す、異なる企業の同一部門を統合して合弁事業を行うなどに利用されます。

もちろん、これまでも営業譲渡（旧商法二四五条一項一号）、現物出資又は財産引受（旧商法一六八条一項五号、六号、二八〇条ノ二・一項三号）、事後設立（旧商法二四六条）などの方法で、会社を分割することは可能でした。しかしながら、譲り受ける会社が対価を準備しなければならなかったり（営業譲渡、財産引受、事後設立）、検査役の調査手続きが必要だったり（現物出資、財産引受、事後設立）と、費用や時間がかかる点が指摘されていました。また、債務移転を伴う場合に、債権者の個別の同意を得なければならない点も、大きな問題点でした。

平成一二年の商法改正は、これらの問題点を克服し、会社組織の再編成を容易に行えるようにしたものであり、この制度が会社法に引き継がれているのです。

## 会社分割を種類に分けると

会社分割の種類としては、営業を譲り受ける会社が新設される会社なのか、既存の会社なのかによって、新設分割と吸収分割に分かれます。

**新設分割**は、ある会社（A社）が、その事業の全部又は一部を、新設する会社（B社）に承継させるものです（会社法二条三〇号）。例えば、複数の事業部門を有する会社が、一部の事業部門を会社として独立させ、経営の効率化を図るときに利用されます。

これに対し、**吸収分割**は、ある会社（C社）がその営業の全部又は一部を、既存の他の会社（D社）に承継させるものです（会社法二条二九号）。例えば、持株会社の下にある複数の子会社間の重複する部門を別子会社に集中させ、経営効率を図るときに利用されます。

## 会社分割の手続きは

会社分割の手続きは、会社法七五七条以下に詳しく規定されていますが、ここでは、その概略を紹介することとしましょう。

**①吸収分割契約の締結・新設分割計画の作成**

▼吸収分割のときは、分割会社と承継会社の両社が**吸収分割契約**を締結します

(会社法七五七条)。新設分割のときは、分割会社が**新設分割計画書**を作成します(会社法七六三条)。これらの書面には、設立会社の定款(新設分割の場合)など、重要な事項を記載しなければなりません(会社法七五八条一号~八号、七六三条一項一号~一二号)。

**②吸収分割契約・新設分割計画等の備置き(事前開示)**

▼各当事会社は、吸収合併契約等備置開始日(吸収分割の場合)・新設合併契約等備置開始日(新設分割の場合)から分割の効力が生じた日の後六か月を経過する日まで、吸収分割契約、新設分割計画の内容等を記載した書面等を本店に備え置き、株主及び債権者の閲覧等に供しなければなりません(会社法七八二、七九四条、八〇三条)。株主や会社債権者に会社分割の承認・異議についての資料を与え、さらには分割無効の訴えを提起するかどうかの判断材料を提供しようというわけです(各制度については後述)。

**③会社分割の承認決議**

▼会社分割は株主の地位に重大な影響を及ぼします。そのため、吸収分割のときは分割会社と承継会社の両社の株主総会で(会社法七八三条一項、七九五条一項)、新設分割のときは分割会社の株主総会で(会社法八〇四条一項)、それぞれ承認を得なければなりません(特別決議…会社法三〇九条二項一二号)。また、反対株主には株式買取請求権が認められています(会社法七八五条、七九七条、八〇六条)。

**④債権者保護手続き**

▼会社分割では、分割会社の財産が設立会社又は承継会社に移転し、分割会社の責任財産に変動が生じることがあります。また、分割会社の債務が、債権者たちの個別の同意を得ないで、設立会社又は承継会社に免責的に承継されることもあります。そこで、債権者保護の観点から、特定の債権者に対する公告及び催告が定められています(会社法七八九条二項、七九九条二項、八一〇条二項)。

また、この債権者に一定期間内に異議を申し出る機会を与え、分割をしてもその債権者を害するおそれがない場合を除き、その申し出を受けた会社には、弁済期の到来している債権者には弁済し、到来していない債権者に対しては相当の担保提供又は財産信託が義務づけられます(会社法七八九条五項、七九九条五項、八一〇条五項)。

なお、平成二六年改正によって、各別の催告を受けなかった債権者も、債務履行を請求できることとなりました(会社法七五九条二項、三項)。

**⑤労働者の異議申出手続き**

▼会社分割にあっては、労働契約上の地位も、個々の労働者の承諾なしに承継され、その身分に重大な影響が生じる可能性が高いので、分割会社は、吸収分割契約・新設分割計画を本店に備え置く日前に労働者と分割に伴う労働契約の承継に関して協議するほか、労働者及び労働組合に対する通知をしなければなりません(会社分割に伴う労働契約の承継等に関する法律二条)。

また、承継される事業に主として従事する労働者を分割会社に残留させる場合、承継される事業に主として従事する労働者以外の労働者を承継会社等に承継させる場合には、労働者は分割会社に異議を申し出ることが認められています(四条、五条)。

**⑥分割の登記**

▼会社の分割があったときは、効力発生日(吸収分割の場合)または分割承認決議の日等のうち遅い日(新設分割の場合)から、本店所在地では二週間、支店所在

地では三週間内に、分割会社又は承継会社については変更登記を、設立会社については設立登記をしなければなりません（会社法九二三条、九二四条）。

　吸収分割は、分割契約で定めた効力発生日に、新設分割は、新設会社の成立日（登記日）に、会社分割の効力が生じます（会社法七五九条一項、七六四条一項）。

**⑦分割事項記載書面の備置き（事後開示）**

▼分割会社、承継会社・設立会社は、会社分割の効力発生日後遅滞なく、相手方当事会社と共同して、承継会社・設立会社が分割会社から承継した権利義務並びに財産額及び債務額等を記載した書面・電磁的記録を、分割の効力発生日から六か月間、本店に備え置かなければなりません（会社法七九一条、八〇一条、八一一条）。これは、株主らに分割無効の訴えを提起するか否かの判断材料を提供する趣旨です。

## 簡易分割手続き・略式分割手続き

　会社分割でも、簡易な株式交換（会社法七九六条二項）や簡易な合併（会社法七八四条二項）と同様に、分割の影響が小さいときには、手続きが簡素化されています。

　すなわち、分割会社では、承継会社・設立会社に承継させる資産が総資産の五分の一を超えないとき（会社法七八四条二項、八〇五条）、承継会社では、分割に際し交付する承継会社の株式数に一株当たり純資産額を乗じて得た額及び分割に際し交付する承継会社の社債その他の財産の帳簿価額の合計額が承継会社の純資産額の五分の一を超えないときは、分割会社の株主総会の承認決議を省略することができるようになっています（会社法七九六条二項）。

　吸収分割の当事会社の一方が他方の総株主の議決権の一〇分の九以上を有するときは、従属会社における分割承認の株主総会は不要です（会社法七八四条一項、七九六条一項）。

## 会社分割の効果は

　分割の効力が生じると、設立会社又は承継会社は、吸収分割契約書、新設分割計画書の記載に従い、分割会社の権利義務を承継します（会社法七五九条一項、七六一条一項）。

　合併の場合と同様、いわゆる包括承継に該当しますから、たとえば免責的債務引受であっても、債権者から逐一同意を得る必要はありません。

## 詐害的な会社分割に対する債権者保護

　近年、特定の部門の生き残り手段として、会社分割により会社の不採算部門を分離し、これに振り分けられた債権者の債権回収を困難にするといった濫用事例が問題となっていました。そして、このような詐害的な会社分割が行われた場合、民法上の詐害行為取消権の行使等により、残存債権者の保護を認める判例が相次いでいたところです。平成二六年改正では、民法の一般原則に委ねるのは適当ではないとの判断の下、会社法に残存債権者の保護の規定が設けられることになりました。具体的には、会社分割について分割会社が承継会社等に承継されない債務の債権者（残存債権者）を害することを知って会社分割をした場合には、残存債権者は、承継会社等に対して、承継した財産の価額を限度として、当該債務の履行を請求することができるようになりました（会社法七五九条四項本文）。ただし、吸収分割の場合であって、吸収分割承継会社が吸収分割の効力が生じた時において残存債権者を害すべき事実を知らなかったときは、この限りでないとされています（同項ただし書）。

## 会社分割の差止め

平成二六年改正によって、株主が不利益を受けるような会社分割について、明文で事前の救済手段が新設され、合併の法令・定款違反、略式分割における分割条件の著しい不当がある場合に、不利益を受ける分割会社又は承継会社の株主に会社分割を止めることを請求できるようになりました（会社法七八四条の二、七九六条の二、八〇五条の二）。従前、解釈上の疑義のあった通常の組織再編に関する差止請求権について（略式組織再編では、明文の規定がありました。）、株主保護の観点から、明文でこれが認められるようになったものです。

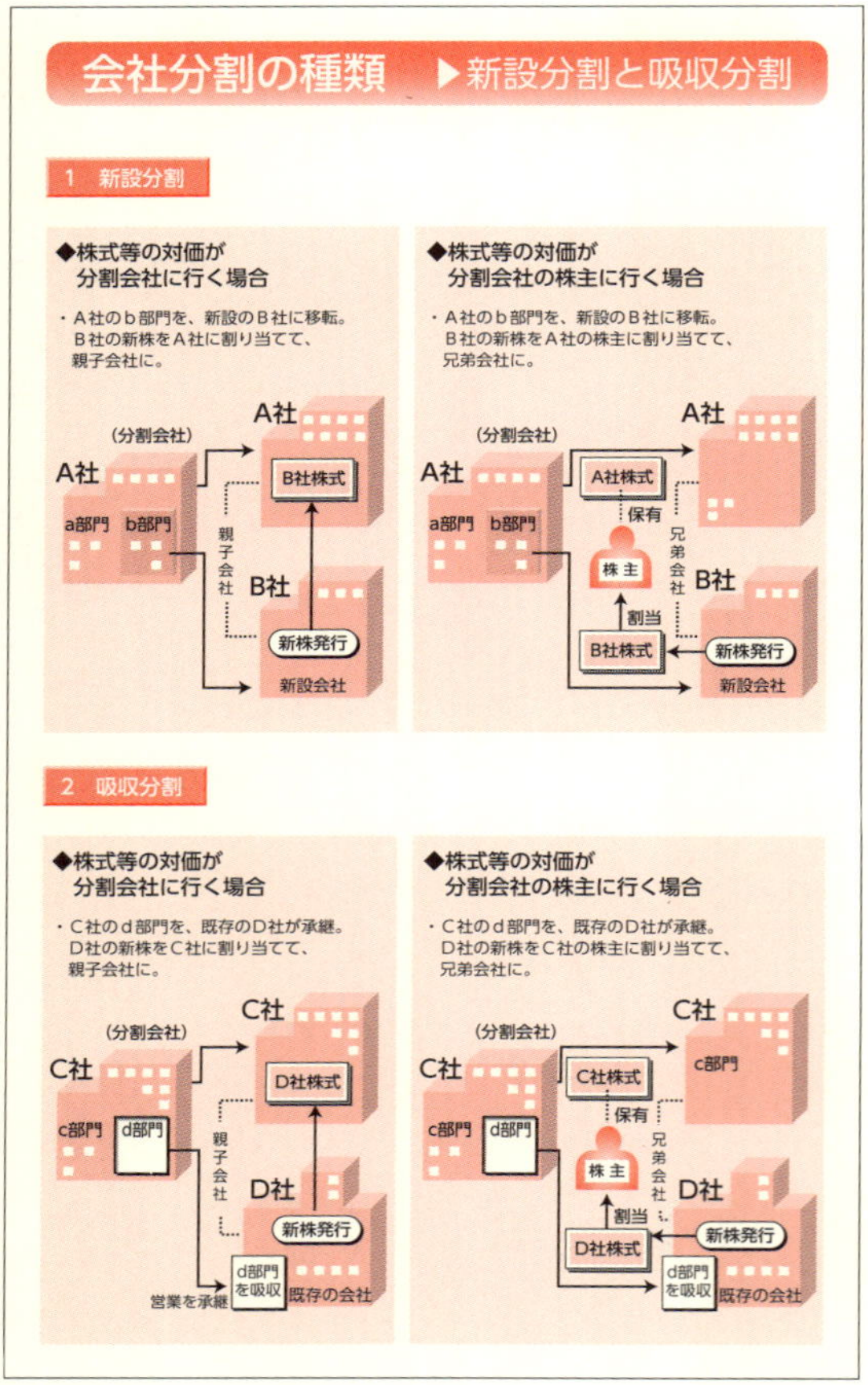


## 分割無効の訴えとは

会社分割がなされますと、それが有効であることを前提に、当事会社がさまざまな法律関係を形成していきます。

そこで、その手続き等に瑕疵（欠陥）があったときは、法律関係の画一的確定、無効主張の制限など、**分割無効の訴え**に関する制度が整えられています。

具体的には、分割の無効は、分割の日から六か月以内に、訴えをもってのみ無効を主張することができます（会社法八二八条一項九号、一〇号）。

また、訴えの提訴権者は、株主、取締役、執行役、監査役、清算人、破産管財人又は分割を承認しない債権者に限られます（会社法八二八条二項九号、一〇号）。

分割無効の原因については、明文の規定がなく、解釈によるしかありません。しかし、分割契約書・分割計画書の作成懈怠、分割承認決議の瑕疵、債権者保護手続きとしての公告・催告の懈怠等がこれにあたると解されています。無効判決については、法律関係が画一的に確定され（会社法八三八条）、その効力の遡及効が否定されます（会社法八三九条）。

PART④

# 事業譲渡等

▼株式会社は事業の譲渡等をすることができる

## 事業譲渡の意味は

会社法は、事業の全部の譲渡、事業の重要な一部の譲渡等について、株主総会の特別決議を要求するなどの規制を加えています。改正前の商法で用いられていた「営業」という文言が「事業」に変わりましたが、実質的な変更はないと解されています。

この事業譲渡の意義について、判例は、一定の営業目的のため組織化され、有機的一体として機能する財産（得意先関係等の経済的価値のある事実関係を含む）の全部または重要な一部を譲渡し、これによって、譲渡会社がその財産によって営んでいた営業的活動の全部または重要な一部を譲受会社に受け継がせ、譲渡会社がその譲渡の限度に応じ法律上当然に競業避止義務を負う結果を伴うものと解しています（最高裁昭和四〇年九月二二日判決）。

例えば、生産加工業を営む会社を例にとってみれば、工場、機械、材料、半製品、商品、預金、債権、仕入先、得意先、営業の信用、営業上の秘密、ノウハウ、暖簾《のれん》、営業上の債務などが組織的、有機的に一体となって、事業活動を行っています。

ここに列挙した個々の資産等の譲渡ではなく、一定の営業目的のため組織化され、有機的一体として機能する財産を譲渡し、譲受会社がこれを承継するのが、ここにいう事業譲渡なのです。見方を変えれば、それは事業の主体たる地位を他人に移すこととも言えましょう。

## 事業譲渡の決定手続き

①事業の全部の譲渡、②事業の重要な一部の譲渡（総資産の五分の一を超えるもの）に当たっては、譲渡会社では、その行為の効力発生日までに、株主総会の特別決議によって、当該行為に係る契約の承認を受けなければなりません（会社法四六七条一項一号～三号、三〇九条二項一一号）。

事業の譲渡以外でも、③他の会社（外国会社その他の法人を含む）の事業の全部の譲受け（五分の一基準があります。すなわち、他の会社から譲り受ける事業全部の対価の額が事業を譲り受ける側の株式会社の純資産額の五分の一以下であるときは、株主総会の決議を要しません このような事業譲渡を**簡易事業譲渡**といいます。…会社法四六八条二項参照）、④事業全部の賃貸、事業全部の経営委任、事業上の損益全部を共通にする契約等の締結・変更・解約、⑤事後設立についても、同様に株主総会の特別決議が必要となっています（会社法四六七条一項四号、五号）。

このうち①から④（以下「事業譲渡等」といいます）までは、譲受会社が譲渡会社の**特別支配会社**であるとき、すなわちある譲渡会社の総株主の議決権の九〇パーセント（これを上回る割合を当該株式会社の定款で定めた場合には、その割合）以上を譲受会社及びその完全子会社が有しているときは、株主総会を開けば当然に可決されるはずですから、開催の意味に乏しいため、これを開かなくてもよいことになっています（略式株式譲渡。会社法四六八条一項）。

## 通知・公告と反対株主の買取請求権

事業譲渡等は、株主に対する影響が大きいため、効力発生日の二〇日前までに、株主に対し、事業譲渡等をする旨を通知しなければなりません。

右にあげた③の場合、譲受資産に譲受会社の株式が含まれるときは、他の会社の事業全部を譲り受ける旨及びその株式に関する事項も通知事項に加わります（会社法四六九条三項）。

事業譲渡をする会社が公開会社である場合や株主総会の決議により事業譲渡等の契約が承認された場合には、公告をもって通知に代えることができます（会社法四六九条四項）。

事業譲渡等に反対する株主は、会社に対し、自己の有する株式を公正な価格で買い取ることを請求することができます（会社法四六九条一項）。公正な価格は、株主と会社で協議をして決めますが、その調整がつかなかったときは、会社または反対株主が裁判所に価格決定の申立てをすることができます。

もっとも、簡易事業譲渡の場合は（会社法四六九条一項二号かっこ書き）、その影響の軽微性に鑑みて、略式事業譲渡の場合は、支配株主（会社法四六九条二項二号かっこ書き）が反対の議決権を行使するはずがないため、いずれも株式買取請求権が認められていません。

## 事業譲渡が行われると

事業譲渡とする旨の契約は、次の効果を生じます。

まず、譲渡会社と譲受会社との間では、事業を構成しているいろいろな財産を譲渡会社から譲受会社に移転し、事業主としての地位も譲渡会社から譲受会社に引きつがなければなりません。実際には事業を構成する各個の財産は多く、その種類、性質も異なりますから、財産の種類にしたがって、各別に移転をし、また、第三者に対抗しうる対抗要件をそなえるなどの手続きが必要になります。契約内容によっては、事業上の秘訣を伝えたり、取引の関係先への紹介なども必要となってまいります。

また、事業を譲渡した後、譲渡会社が再び、同一の営業を営みますと、事業譲渡の実効性が失われてしまいますので、会社法は、事業譲渡会社はその譲渡ののち、原則として同一市町村（東京都では特別区、政令指定都市で区）の区域内および隣接する市町村の区域内においては、二〇年間、同一の営業をなしてはならない旨定めています（会社法二一条一項）。これを譲渡会社の競業避止義務といいます。

特約によってこの競業避止義務の範囲、内容に変更を加えることはできますが、制限を強化する場合でも、それは同一及び隣接の府県内で、かつ三〇年を超えない範囲に限られます（同条二項）。なお、譲渡会社が不正競争の目的のもとに同一の営業をなすことは認められません（同条三項）。

前述のとおり、最高裁は、譲渡会社がこの競業避止義務を負う場合をもって事業譲渡といっていますが、学説は、両者の結びつけに反対する見解が有力です。

次に、この事業譲渡の第三者に対する関係はどうなのでしょうか。

事業の譲受会社が譲渡会社の商号を続

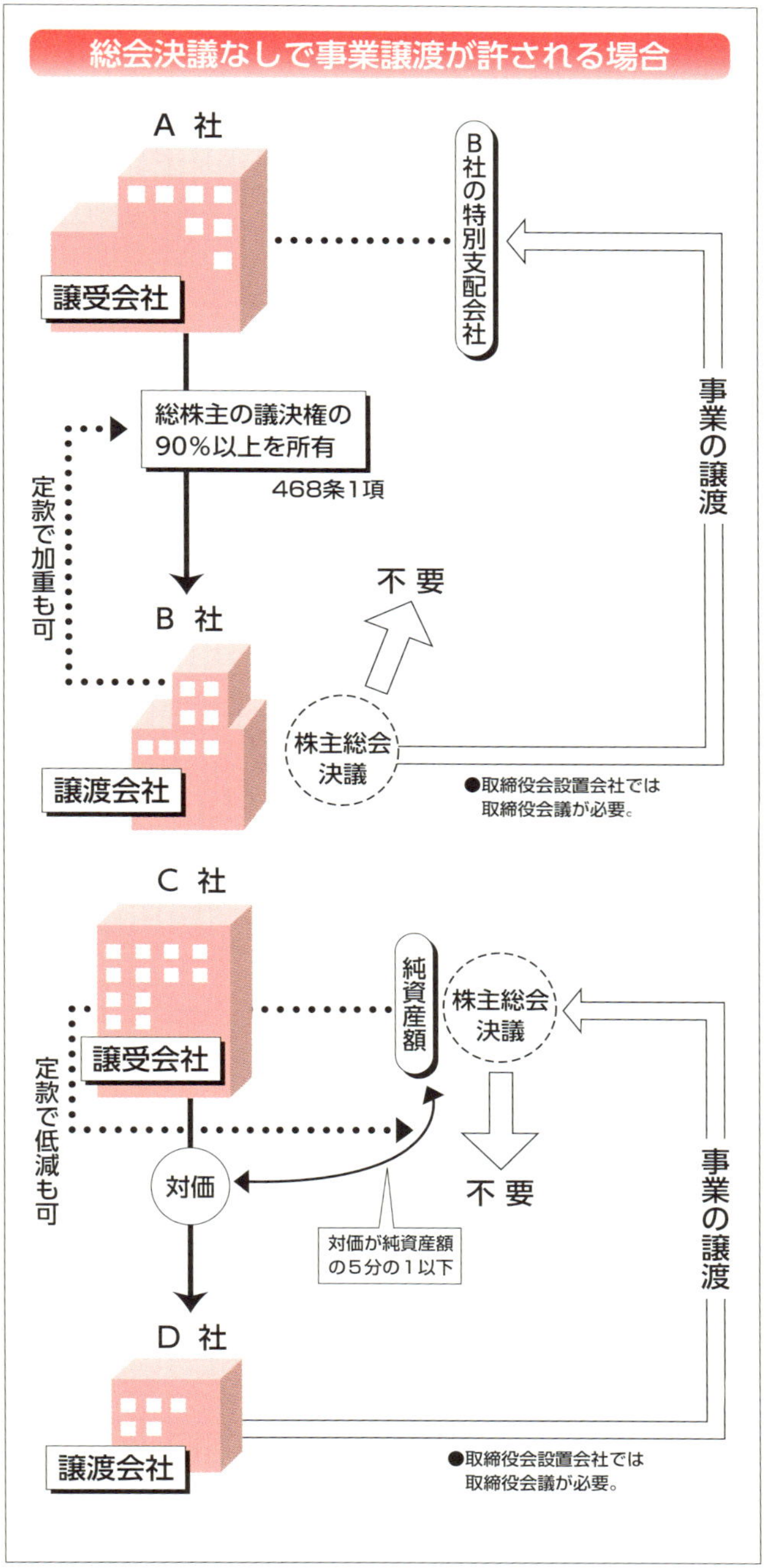


用するときには、たとえ、譲受会社が譲渡会社の事業によって生じている債務を引き受けないときでも、譲受会社は、原則として、これについて弁済をする責任を負いますが（会社法二二条一項）、遅滞なく責任を負わない旨の登記や通知をした場合には、その責任を負わなくてすみます（同条二項）。

　商号を続用しない場合であっても、譲受会社において、あえて譲渡会社の債務を引き受ける旨を広告したときは、譲受会社に弁済の義務が生じてきます（会社法二三条）。

　また、譲受会社が商号を続用する場合、譲渡会社の事業によって生じた債権について、債務者が事業譲渡の事情を知らず、しかも、それを知らないことについて重大な過失がなくて、譲受会社に弁済をしたときは、たとえ、その債権が本当は譲受会社に移転されていなくても、債務者の行った弁済は有効とされます（会社法二二条四項）。譲受会社としては、譲渡会社に不当利得返還請求をしていくほかありません。

PART⑤

# 株式交付制度

▼子会社化が円滑にできるようになった

## 株式交付制度とは

ある会社が他の会社を買収し、それを子会社化したいと考えたとします。その際、新たな買収資金を調達するのを避けるため、自社が保有する自己株式をもって買収資金に代えたいと思ったとしましょう。この場合の方法として、まず考えられるのが自社で募集株式の発行（新株発行）を行い、買収したい会社の株式の株主から現物出資を受ける方法ですが、これには検査役の調査が必要となる（会社法二〇七条）、出資者・取締役等の財産価格補填責任（会社法二一二条、二一三条）の負担が生じます。そのためこの方法は、普及しませんでした。

次に、株式交換（会社法二条三一号）が考えられますが、これは完全子会社を作るための手段であり、そこまでする必要がない、買収したい会社の中に他の株主が残っても差し支えない場合には、使いづらい制度です。

このように従前は買収会社が自社株を対価として被買収会社を子会社化するのが難しく、これを円滑に行うために導入されたのが**株式交付**制度です。

## 株式交付制度の意義

株式交付とは、株式会社（株式交付親会社）が他の株式会社（株式交付子会社）をその子会社とするために当該他の株式会社の株式を譲り受け、当該株式の譲渡人に対して当該株式の対価として当該株式会社の株式を交付することをいいます（会社法二条三二号の二）。譲受けの対象は、株式交付子会社の株式に加えて新株式予約権等とすることも可能となっています（会社法七七四条の三第一項七号）。株式交付子会社の既発行の新株式予約権等が行使されてその株式数が増えると、せっかく作った親子関係が崩れかねないからです。

株式交付は、親子会社関係を創設するための組織再編の性格があり、いわば部分的な株式交換による株式の取得と評価できます。そこで、株式交付親会社に対するのと同じような規制が株式交付親会社に適用されます。

また、株式交付は、株式交付子会社の株式の有償譲渡ないし現物出資と類似する側面がありますので、募集株式の発行等における引き受け申込み、割当て、現物出資財産の給付等の手続を参考にした規制がありますが、円滑な会社買収（子会社化）を図るため、検査役の調査や財産価格補填責任の規制は課されません。

## 株式交付の手続は

株式交付の手続は、概ね次の順序で進められます。

**①株式交付計画の作成**

株式交付親会社において、株式交付子会社の商号及び住所、株式交付親会社が株式交付に際して譲り受ける株式交付子会社の株式の数の下限（株式交付子会社が株式交付親会社の子会社となる数でなければなりません。）等を定めます（会社法七七四条の二、七七四条の三各項）。

株式交付計画は、非取締役会の非設置会社では取締役の過半数で（会社法三四八条二項）、設置会社では取締役会が決定します（会社法三六二条四項）

### ②事前・事後の情報開示

株式交換と同じように、株式交付親会社では、株式交付計画備置開始日から株式交付の効力発生日後六か月を経過する日までの間、株式交付計画の内容等の事項を記載し、又は記録した書面又は電磁的記録をその本店に備え置きます（会社法八一六条の二第一項）。

### ③株式交付計画の承認等

株式交付親会社は、効力発生日の前日までに、株主総会の特別決議で株式交付計画の承認を受けるのが原則ですが（会社法八一六条の三、三〇九条二項一二号）、株式交付において交付する対価の合計額の株式交付親会社の純資産に対する割合が五分の一（これを下回る割合を株式交付親会社の定款で定めた場合にあっては、その割合）を超えないときは、その必要がありません（簡易手続。会社法八一六条の四第一項本文）。

### ④反対株主の株式買取請求

反対株主は、株式交付親会社に対し、自己の有する株式を公正な価格で買い取ることを請求することができます（会社法八一六条の六本文）。ただし、簡易手続がとられるときは、影響の小ささを考慮して株式買取請求が認められません（同条ただし書）。

### ⑤債権者異議手続

株式交付に際して株式交付子会社の株式及び新株予約権等の譲渡人に対して金銭等を交付することが可能ですが（会社法七七四条の三第一項五号）、その金額が多いと株式交付親会社から不当に財産が流出することになりかねません。そこで、交付する金銭等が株式交付親会社の株式に準ずるものとして法務省令で定めるもののみである場合以外の場合には、株式交付親会社の債権者が株式交付親会社に対し、株式交付について異議を述べることが可能です（会社法八一六条の八）。異議を受けた株式交付親会社は、債務の弁済や担保の設定などを行う必要が生じます（会社法会社法八一六条の八第五項）。

## 株式譲渡の申込み・割当て等

株式の譲渡に応じる子会社株主は、その旨を親会社に書面で通知して申し込みを行います。株式交付親会社は、これを受けてどの株主から何株譲受けるかを決め、それを株主に通知します。

株式交付親会社は、原則として、どの株主から何株譲受するかを自由に決めることができます。

もし申込者が少なく子会社化に必要な株式が集まらない場合は、株式交付は成立せず、無効になります。この場合、株式交付親会社は、株式交付子会社の株主に対し、速やかにその旨を通知しなければなりません。

## 株式交付の効力の発生と事後の情報開示

### ①効力発生日

株式交付の効果は、株式交付計画で定められた効力発生日に発生します。この日に、株式交付親会社は、株式交付子会社の株式や新株予約権等を譲り受け、譲渡人は、株式交付親会社の株主となります（会社法七七四条の一一第一項から四項まで）。

なお、株式交付親会社は、株式交付計画で定めた当初の効力発生日から三か月以内であれば、効力発生日を変更することができ（会社法八一六条の九第一項、二項）、変更をしたときは、変更前の効力発生日の前日までに、変更後の効力発生日を公告しなければなりません（同条三項）。

**② 事後の情報開示**

株式交付親会社は、効力発生日後遅滞なく、株式交付に際して株式交付親会社が譲り受けた株式交付子会社の株式の数等の事項を記載し、又は記録した書面又は電磁的記録を作成し、効力発生日から六か月間、本店に備え置かなければなりません（会社法八一六条の一〇第一項・二項）。

## 株式交付の差止めと無効

**① 株式交付の差止**

他の組織変更と同じように、株式交付が法令又は定款に違反する場合において、株式交付親会社の株主が不利益を受けるおそれがあるときは、株式交付親会社の株主に株式交付の差止請求権が認められています（会社法八一六条の五）。

**② 株式交付の無効**

株式交付の手続に瑕疵がある場合の規律についても、他の組織変更と同じく、法律関係の早期安定、画一的処理の観点から、株式交付の無効は訴えによってのみ行えるものとされ（会社法八三九条）、提訴権者（八二八条二項一三号）、提訴期間（会社法八二八条一項一三号）等に一定の制限が加えられています。

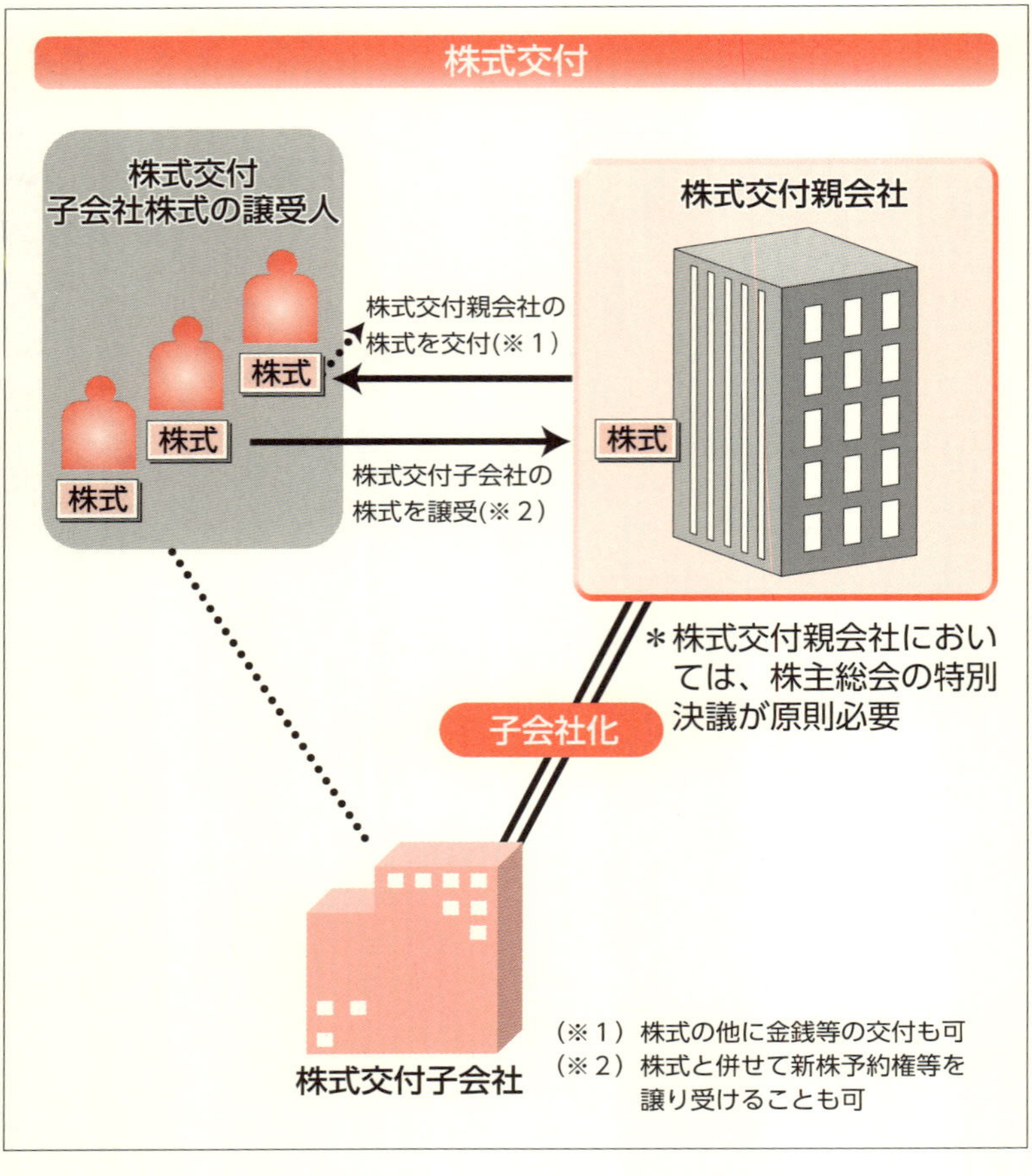

PART 6

# 会社の合併

▼合併は企業結合の典型

## 合併とその態様

合併とは、二つ以上の会社が契約によって一つの会社に合同することをいいます。合併は、経営の合理化、企業間の相互補完や競争回避など、さまざまな目的のために行われます。わが国でも、金融機関、製薬会社をはじめとして、近年、大型の合併が相次いできています。

合併には、当事会社の一つだけが残り、他の会社が消滅して、残った会社に吸収される場合と、当事会社全部が消滅し、それと同時に新会社が設立される場合があります。

前者の場合を**吸収合併**、後者の場合を**新設合併**といいます。A会社が残り、B会社が解散して、そのA会社に吸収される場合が吸収合併、A、B両会社が解散してしまい、同時に新しくC会社を設立し、A、B両会社の株主や財産を収容する場合が新設合併なのです。実際に行われる多くは吸収合併です。

株式会社は、他の株式会社と合併することももちろんできますが、持分会社（合名会社、合資会社、合同会社）と合併することも可能です。

## 合併は事業譲渡と似ているが

合併は、**事業譲渡**と似ているところがあります。特に吸収合併は、その感じが強いといえましょう。合併も事業譲渡もだいたい、行われる目的は同じようなものですし、手続き的にも、株主総会の特別決議を要し、反対株主には株式の買取請求権が認められるなど、類似点が多いのです。

しかし、事業譲渡では、譲渡会社を消滅させるためには清算手続きが必要ですし、また、譲渡会社の株主が譲受会社に加わるためには、募集株式の発行等の手続きが必要です。合併の場合は、すでに述べたように、そのような手続きは要りません。また、法律上のとらえ方としても、事業譲渡は取引上の契約とみられるのに対し、合併は団体法上・組織法上の特殊の契約と目されている点も、両者が根本的に異なる点といえましょう。

## 合併には独占禁止法もからんでくる

合併は、ときに競争の排除、市場の支配・独占のために行われることがあります。そのような場合は、合併によって市場が独占され、その結果、種々の弊害が生ずることが予想されます。そこで、独占禁止法は、合併によって、一定の取引分野における競争を実質的に制限することとなる場合や、合併が不公正な取引方法によるものである場合は、合併を禁止し、これに違反するときは、公正取引委員会が排除措置をとることができるものとしています（独占禁止法一五条一項、一七条の二）。

このため、公正取引委員会は、特定の規模以上の国内の会社が合併しようとするときは、あらかじめ、公正取引委員会に届け出をなさしめ、会社は、届出受理の日から三〇日経過するまでは合併をしてはならないことになっています（独占禁止法一五条二、三項）。会社がこれに違反して合併したときは公正取引委員会から合併無効の訴えを起こされる可能性もあります（同法一八条一項）。

## 合併の手続きは合併契約から

合併の手続きは、当事会社の間で**合併契約**を結ぶことからはじまります。合併契約にあたっては、**合併契約書**が作られます（会社法七四八条一項）。

合併契約書の記載事項は、細かく法律で定められています（会社法七四九条一項、七五一条一項、七五三条一項、七五五条一項）。吸収合併の場合と新設合併の場合とに分けて、会社法が定める合併契約書に記載すべき事項をあげると、次のとおりです。

▼**吸収合併の場合**（会社法七四九条一項）

① 存続会社及び消滅会社の商号及び住所
② 消滅会社の株主に対し交付する金銭等に関する事項
③ ②の金銭等の割当てに関する事項
④ 消滅会社が新株予約権を発行しているときは、その新株予約権者に対して交付する存続会社の新株予約権または金銭に関する事項
⑤ ④の新株予約権等の割当てに関する事項
⑥ 吸収合併が効力を生ずる日

▼**新設合併の場合**（会社法七五三条一項）

① 消滅会社の商号および住所
② 新設会社の目的、商号、本店所在地および発行可能株式総数
③ 新設会社の定款で定める事項（②を除く）
④ 新設会社の設立時取締役の氏名
⑤ 設立時会計参与等の氏名または名称
⑥ 消滅会社の株主に対し交付する新設会社の株式の数またはその数の算定方法並びに新設会社の資本金及び準備金の額に関する事項
⑦ ⑥の株式の割当てに関する事項
⑧ 新設会社が消滅会社の株主に対してその株式に代わる新設会社の社債等を交付するときは、当該社債等に関する事項
⑨ ⑧の社債の割当てに関する事項
⑩ 消滅会社が新株予約権を発行しているときは、その新株予約権者に対して交付する新設会社の新株予約権または金銭に関する事項

これら法定事項の記載を欠き、あるいは、その記載が不適法のときは、合併の無効をきたします。逆に、合併契約書に、法定の事項以外の事項を任意的に記載することは差し支えありません。普通は、消滅会社の従業員の取扱いの問題とか、役員の退職慰労金、財産の引継ぎの問題、合併条件の変更などが、この種の任意的な記載事項として盛り込まれます。

## 事前の情報開示

合併によって、株主は将来の議決権割合、株価等に対する影響を受けますし、会社債権者にとっても、債権の回収可能性が左右されかねません。そこで、株主にとっては、株主総会での合併承認決議に賛成するか否かを判断するため、会社債権者にとっては、債権者異議を述べるか否かを判断するための判断材料を入手しておく必要があります。

そこで、吸収合併の各当事会社は、合併契約等備置開始日から吸収合併等の効力発生日後六か月を経過する日（消滅会社では、効力発生日）までの間、合併契

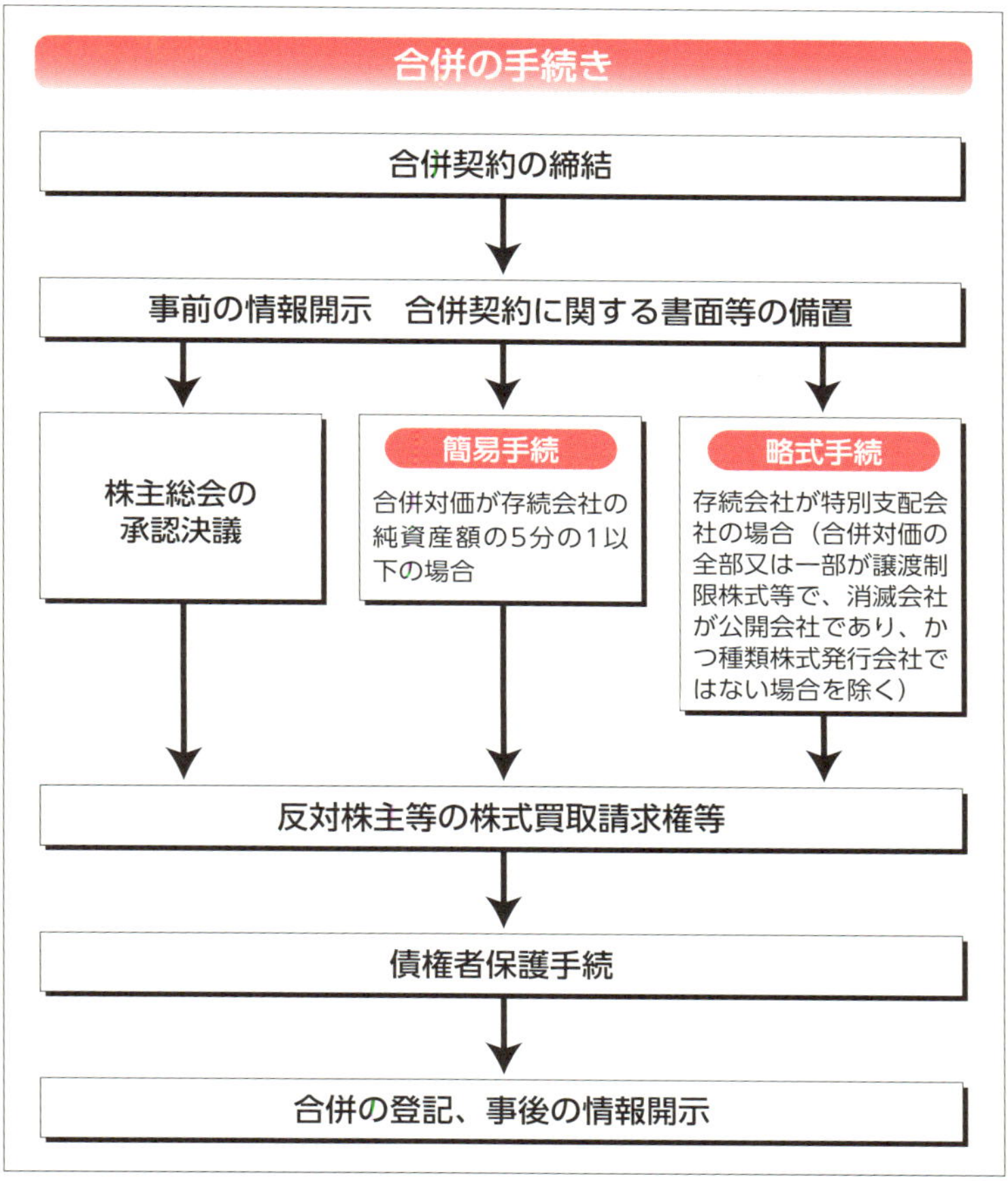


約の内容、合併条件の相当性に関する事項等を記載した書面等を本店に備え置かねばなりません（会社法七八二条一項、七九四条一項）。新設合併の各当事会社および新設会社についても、同様です（会社法八〇三条一項一号）。

そして、株主および会社債権者は、営業時間内ならいつでもこの書類の閲覧を求め、またはその会社の定めた費用を支払ってその謄本もしくは抄本の交付を求めることができることになっています（会社法七八二条三項、八〇三条三項、七九四条三項）。

## 合併承認決議

各当事会社は、簡易合併・略式合併の場合を除き、株主総会の決議によって、合併契約の承認を受けなければなりません（会社法七八三条一項、七九五条一項、八〇四条一項）。

前述の合併の株主に対する影響の大きさを考慮して、合併承認決議は、原則として、特別決議により（会社法三〇九条二項一二号）、さらにケースによっては、特殊決議（会社法三〇九条三項、七八三条三項、八〇四条三項）、株主全員の同意（会社法七八三条二項、八〇四条二項）、種類株主総会の特別決議（会社法七九五条四項、三二四条二項六号）が必要となっています。

## 反対株主等の株式買取請求権等

株主総会に先立ち、吸収合併等に反対する旨を消滅会社に通知し、かつ、株主総会でも合併契約書の承認に反対した株主は、会社に対し、決議がなければ有したはずの公正な価格で自己の有する株式を買い取るよう会社に請求することができます（**株式買取請求権**、会社法七八五条一項、七九七条一項、八〇六条）。新株予約権者にも、同様に買取請求権が認められています（会社法七八七条）。

## 債権者の保護手続き

各当事会社は、合併承認決議の日から二週間内に、債権者に対し、合併に異議があるならばその旨申し出るよう官報で公告し、かつ知れてる債権者には各別に催告しなければなりません（会社法七八九条一項、七九九条一項、八一〇条一項）。ただし、右の知れてる債権者に対する催告は、公告を官報の他にも日刊新聞紙又は電子広告（定款で決めておきます）によって行うときは、債権者に対する各別の催告は不要です（会社法七八九条三項、七九九条三項、八一〇条三項）。

債権者が期間内に異議の申立てをしないときは、合併を承認したものとみなされますが（会社法七八九条四項、七九九条四項、八一〇条四項）、債権者が異議を述べると、会社は、その債権者に弁済、担保提供、信託会社への信託をするなどの満足を与えることが必要です（会社法七八九条五項、七九九条五項、八一〇条五項）。

これらの規定は、業績の悪い会社と合併するなどした場合、会社債権者が弁済を受けられなくなる危険性があるので、会社債権者を保護する観点から設けられた規定です。逆に言えば、その債権者がすでに十分な担保を有していた場合など、会社債権者が損害を被るおそれがないときにまで、その債権者に弁済等を行う必要性はありません。

そこで、異議を述べた会社債権者を害するおそれがないときには、その債権者に対しては弁済等をすることを要しないこととなっています（会社法七八九条五項ただし書、七九九条五項ただし書、八一〇条五項ただし書）。

## 合併の登記

吸収合併における存続会社は、効力発生日から二週間以内に、その本店所在地で消滅会社の解散登記、存続会社の変更登記をしなければなりません（会社法九二一条、九七六条一号）。新設合併のときは、消滅会社については解散登記、新設会社については設立登記が必要です（会社法九二二条、九七六条一号）。

## 事後の情報開示

吸収合併における存続会社は、効力発生日後遅滞なく、合併により承継した消滅会社の権利義務その他法務省令で定める事項を記載した書面等を作成し、効力発生日から六か月間、本店に備え置いて、株主および会社債権者に開示しなければなりません（会社法八〇一条一項、三項）。

そして、存続会社の株主および会社債権者は、会社の営業時間内、いつでも、その閲覧、謄本または抄本の交付を求めることができます（同条四項）。

新設合併における設立会社においても、同様に開示義務が定められています（会社法九二三条）。株主、会社債権者に、合併無効確認訴訟を提起すべきか否かを判断させる資料を与える趣旨です。

## 簡易合併と略式合併

**▼簡易合併**

　前述のとおり、合併は、株主の権利に重大な影響を及ぼすので、株主総会の特別決議事項とされたり、情報開示のための諸手続きを設けるなどの手当てがなされています。

　しかし、合併の全部が全部、株主の権利に重大な影響を及ぼすわけではありません。吸収合併の場合において、存続会社の規模が際立って大きく、合併に伴い発行される新株の数も少ないときは、消滅会社から承継する事業の影響はわずかでしょうし、存続会社の株主の持株比率の低下もたいしたことはないはずです。

　そこで、吸収合併後に存続する株式会社においては、消滅会社の株主に交付する存続会社の株式の数に一株当たりの純資産額を乗じて得た額等が存続会社の純資産額の五分の一以下の場合には、合併差損が生じるなどの例外的な場合を除き、株主総会の承認を要しないものとされています（簡易合併。会社法七九六条二項）。

　また、影響の軽微性から、簡易合併における存続会社の反対株主には株式買取請求権が認められていません（会社法七九七条一項ただし書）。

　もっとも、いかに特別総会の承認が不要であるといっても、多勢の株主が反対している場合にまで簡易な合併手続きを認めるのは合理的とは言えませんので、法務省例で定める数の株式を有する株主が反対の意思の通知をしたときは、簡易合併の手続きを取ることはできません（同条三項）。

　なお、消滅会社については、合併により会社が消滅し、株主への影響も大きいわけですから、株主総会の特別決議は必要です。

### ▼略式合併

　吸収合併の当事会社の一方が他方当事会社の総株主の議決権の一〇分の九（定款でこれを上回る割合を定めることができます）以上を有するときは（**特別支配会社**…四六八条一項）、従属会社では株主総会の決議を要しません（会社法七八四条一項、七九六条一項）。株主総会を開けば、当然に特別支配会社の株主としての賛成により可決されますので、改めて従属会社の株主総会を開催する実益が乏しいことから、このような規定が置かれています。

　特別支配会社が反対の議決権を行使するはずがありませんので、略式合併では特別支配会社の株式買取請求権も認められておりません（会社法七八五条二項二号括弧書き、七九七条二項二号括弧書き）。

## 合併の効果――三角合併が可能となった

　新設会社では、当事会社の全部が解散し、新会社の設立を生じます。また、吸収合併においては、存続会社のほかの当事会社が合併によって解散することとなります。しかし、この場合は、普通の解散のときと異なり、清算手続きをとる必要がありません。その会社は、合併の効力が発生するのと同時に消滅することとなります（会社法四七一条四号）。

　消滅会社の権利義務は、当然に存続会社（吸収合併）または新設会社（新設合併）に包括承継されます（会社法二条二七号、二八号、七四八条）。

　ただ、対抗要件をそなえることを要する権利については、不動産とか株式など、その権利の種類に応じた対抗要件をそなえる手続きが必要です。

　新設合併では、消滅会社の株主は、消滅会社の株式に代えて新設会社の株式の交付を受け、新設会社の株主となりますが、吸収合併では、必ずしもそうではありません。消滅会社の株主は、存続会社の株式ではなく、社債、新株予約権、新株予約権付社債、その他の財産（金銭、親会社の株式等）が交付されることもあります（対価の柔軟化…会社法七四九条一項二号ロハニホ、三号、七五一条一項三号）。

消滅会社の株主に対し存続会社が金銭を交付するのを**交付金合併**といい、親会社の株式を交付するのを**三角合併**といいます。

三角合併によって、欧米の巨大企業が積極的にわが国の企業の合併に乗り出してくる可能性も出てきました。

例えば、外国企業が日本に一〇〇％子会社を設立し、その子会社が日本企業を吸収合併して、子会社が消滅会社の株主に対し、存続会社の株式ではなく、親会社である外国企業の株式を交付するかたちをとることができます。そうすると、実質的には外国企業が日本企業を買収したのと同じ状況を作り出すことができるのです。

## 合併の差止め

平成二六年改正によって、株主が不利益を受けるような合併について、明文で事前の救済手段が新設されました。具体的には、合併の法令・定款違反、略式合併における合併条件の著しい不当がある場合に、不利益を受ける消滅会社又は存続会社の株主に差止請求が認められています（会社法七八四条の二、七九六条の二、八〇五条の二）。従前、明文のあった略式組織再編における差止請求権以外の通常の組織再編について、同様の差止請求権を認め得るかについて疑義があったことから、株主保護の観点で、これを明文で認めることとされたものです。

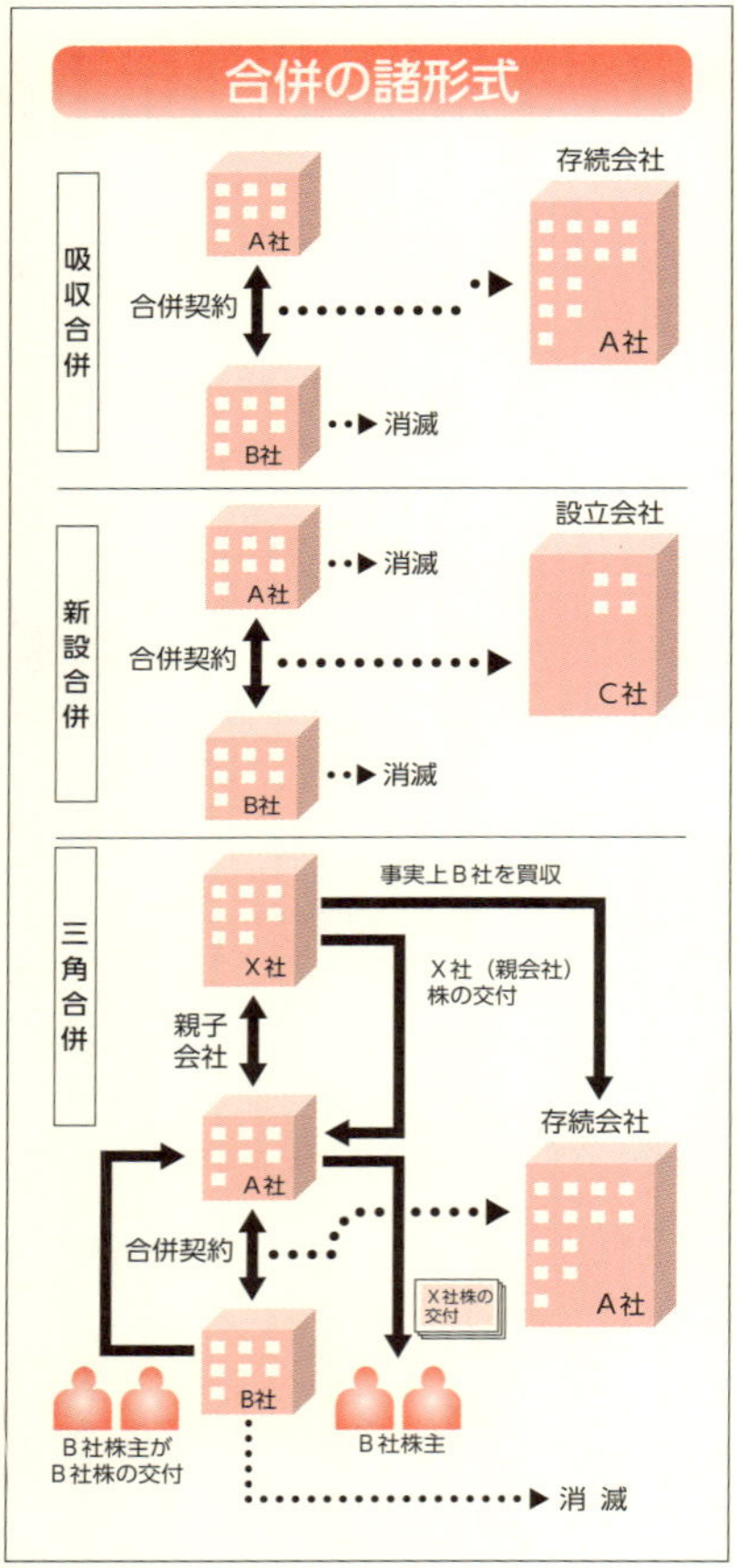


## 合併の無効

以上の合併の手続きに欠陥があるときは、合併の無効をきたすこととなります。ただ、合併の無効は、株主や会社債権者をはじめ、多くの会社関係者に重大な影響をあたえることですので、その無効の主張を一般原則にまかせますと、混乱を生ずるおそれがあります。そこで、会社法は、会社設立無効の場合などと同様、法律関係の画一的確定のための対世効（会社法八三八条）、無効判決が確定した場合の遡及効の否定など（会社法八三九条）、特別な手続きや効力を定めた**合併無効の訴え**を設けています（会社法八二八条一項七号、八号）。

〔著者紹介〕

**井口　茂**（いぐち　しげる）

早稲田大学政治経済学部卒。弁護士業の傍ら、飯能市教育委員や目白学園女子短大講師などを歴任した。1993年逝去。

著書に、『担保・保証の法律と実務』『民法らくがき帳』（自由国民社）、『契約』『相続・遺産わけ・遺言』『財産法16講』『裁判例にみる女性の座』『弁護士漫歩』『法諺漫策』『法律用語あれこれ』（以上、法学書院）、『判例に学ぶ法律考現学』（共著・ぎょうせい）、『会社法の常識』（中央経済社）などがある。

**鷹取　信哉**（たかとり　のぶや）

早稲田大学法学部卒。弁護士（東京弁護士会所属）。

著書に『問答式　企業責任の法律実務』（共同執筆・新日本法規）、『担保・保証の法律と実務』『債権回収の法律知識』『土地家屋の法律知識』『契約書式の作成全集』（共著・自由国民社）がある。

**田中　昭人**（たなか　あきと）

早稲田大学法学部卒。弁護士（第一東京弁護士会所属）。著書に『建築訴訟』（共著・民事法研究会）がある。

**会社法の基礎知識**

2007年８月15日　初版発行
2024年10月28日　第６版第１刷発行

著　者　井口　茂
　　　　鷹取　信哉
　　　　田中　昭人
発行者　石井　悟
印刷所　大日本印刷株式会社
製本所　新風製本株式会社
本文・DTP　中央制作社

発行所　自由国民社

東京都豊島区高田3-10-11
TEL　営業03(6233)0781　編集03(6233)0786
https://www.jiyu.co.jp/